Zur Autorin

Robyn Lee Burrows ist in Bourke in Neusüdwales, Australien, geboren und aufgewachsen. Zusammen mit ihrem Ehemann, drei Söhnen, ihrer Katze und ihrem Australian Cattle Dog Bruiser lebt sie in Mudgeeraba, einem Dorf im Hinterland der Gold Coast, wo ihre Familie seit sieben Jahren ein Tiefbauunternehmen betreibt. Robyn Lee Burrows ist nicht nur eine überaus talentierte Zeichnerin, sondern hat auch zwei Sachbücher veröffentlicht.

Weil die Hoffnung nie versiegt ist ihr erster Roman.

ROBYN LEE BURROWS

WEIL DIE HOFFNUNG NIE VERSIEGT

Deutsch von Cécile Lecaux

BASTEI LÜBBE TASCHENBUCH
Band 14745

1. Auflage: Juli 2002
2. Auflage: August 2002

Vollständige Taschenbuchausgabe

Bastei Lübbe Taschenbücher ist ein Imprint
der Verlagsgruppe Lübbe

Deutsche Erstveröffentlichung
Titel der australischen Originalausgabe: When Hope is strong
© 1995 by Robyn Lee Burrows
Published by Arrangement with Robyn Lee Burrows
© für die deutschsprachige Ausgabe 2002 by
Verlagsgruppe Lübbe GmbH & Co. KG, Bergisch Gladbach
Dieses Werk wurde vermittelt durch die Literarische Agentur
Thomas Schlück GmbH, 30827 Garbsen.
Einbandgestaltung: Gisela Kullowatz
Titelillustration: Picture Press/AKG-Image
Satz: hanseatenSatz-bremen, Bremen
Druck und Verarbeitung: Nørhaven A/S, Viborg
Printed in Denmark
ISBN 3-404-14745-6

Sie finden uns im Internet unter
http://www.luebbe.de

Der Preis dieses Bandes versteht sich einschließlich
der gesetzlichen Mehrwertsteuer.

Für Christopher, der für kurze Zeit
Teil unseres Lebens war ...

Inhalt

TEIL I

Bridie

KAPITEL 1

Beenleigh, Queensland
Freitag, 17. Dezember 1875

Jetzt dürfte es nicht mehr weit sein. Vermutlich gleich hinter dem nächsten Hügel.«

Maddie Hall, die neben ihrem Mann oben auf dem harten hölzernen Bock saß, warf einen abwesenden Blick auf Teds dunklen Bart, der im Sonnenlicht glänzte. Das sagte er nun schon seit Stunden. Zumindest kam es ihr so vor. Jedes Mal, wenn sie einen weiteren Hügel bewältigt hatten, hatte sie oben auf der Kuppe Ausschau gehalten und gehofft, endlich das kleine Dorf auszumachen, aber bisher hatten sie nichts anderes zu sehen bekommen als Buschland. Hunderte, nein Tausende von grüngrauen Eukalyptusbäumen mit kraftlos herabhängendem Laub säumten die staubige Wegstrecke und erfüllten die schwüle Luft mit ihrem unverwechselbaren, durchdringenden Geruch.

Mit jedem Meter, den der ächzende Pferdewagen sich auf der holprigen Piste vorwärts bewegte, die man kaum als Straße bezeichnen konnte, wirbelten die Räder eine Wolke feinsten Staubes auf. Das Blattwerk der Bäume warf ein unregelmäßig getüpfeltes Schattenmuster auf den Weg. Maddie schloss die Augen und fühlte, wie die Luft einem heißen Atem gleich über ihr Gesicht strich. Ihre Haut fühlte sich schmutzig an und

11

spannte. Flüchtig dachte sie an die Badewanne irgendwo in dem Berg ihrer Habe hinten auf dem Wagen und wischte sich mit einem Taschentuch über die Stirn. Über ihnen brannte von einem schier endlosen strahlendblauen Himmel die gleißende Sonne herab.

»Alles in Ordnung?«, fragte Ted mit einem Blick auf seine Frau.

Maddie nickte und rang sich ein Lächeln ab. Ihrer Stimme traute sie nicht. Sie wusste, dass sie, sobald sie den Mund aufmachte, in Tränen ausbrechen würde. Und war der Damm erst gebrochen, würde sie nicht mehr aufhören können und weinen, bis ihr Körper sich auflöste und in der trockenen Erde versickerte. Der Gedanke deprimierte sie noch mehr. Sie wusste, dass ihr Mann es nicht ausstehen konnte, wenn sie weinte. Nein, sagte sie sich streng. Es wird keine Tränen geben. Ganz leise, sodass nur sie selbst es hören konnte, seufzte sie in sich hinein und trauerte insgeheim ganz alltäglichen Kleinigkeiten nach.

Beth und Kitty rutschten unruhig auf ihren improvisierten Sitzen hin und her. Sie plapperten unablässig. Emma schlief zusammengerollt auf Maddies Schoß, und ihr Gewicht lastete immer schwerer auf ihren Schenkeln.

»Wie dieses Kind bei dem Gerüttel schlafen kann, ist mir ein Rätsel«, bemerkte sie schließlich.

»Es ist nicht mehr weit, Liebes. Wir sind bald da«, versprach ihr Mann, die Zügel lose in den kraftvollen Händen.

Maddie presste nur gottergeben die Lippen zu einem schmalen Strich zusammen und rückte mit der freien Hand die Krempe ihres Hutes zurecht. Einzelne rotgoldene Haarsträhnen hatten sich aus dem Knoten gelöst, zu dem sie ihr Haar am Morgen hastig geschlungen hatte, und kitzelten ihren schlanken Hals. Sie legte die Finger um die kleine pummelige Hand ihrer zweijährigen Tochter, in einem vergeblichen Versuch, das Kind vor den sengenden Sonnenstrahlen zu schützen.

»Alles in Ordnung da hinten, Dan?« Ted drehte sich um und spähte durch den Staub nach hinten.

Maddie warf ebenfalls einen Blick zurück, die Augen gegen das gleißende Licht zusammengekniffen. Dan, Teds jüngerer Bruder, sah bereits ganz wie ein Siedler aus auf der braunen Stute, die Ted am vergangenen Morgen zusammen mit dem Wagen und den anderen Pferden in Brisbane gekauft hatte. Er führte einen Fuchs als Packpferd neben sich her.

Dan begegnete ihrem Blick und grinste. Zwei Reihen makelloser weißer Zähne blitzten auf und schimmerten durch den Staub. Er war siebzehn, noch nicht ganz ein Mann, und doch auch kein Kind mehr. Er war fast hübsch, wenn auch auf eine etwas derbe Art. Groß, blond und drahtig. Maddie blickte wieder auf ihren Mann. Ted, stämmig und dunkelhaarig, hätte seinem Bruder nicht unähnlicher sein können. Äußerlich hatten die beiden nur die Farbe ihrer Augen gemein, ein durchdringendes Saphirblau, das sie an ihre Wedgwood-Teller erinnerte. Die Teller waren ein Abschiedsgeschenk ihres Vaters, ein kostbarer Schatz, der sorgfältig verpackt hinten im Wagen verstaut war.

Nach einer Zeit, die ihr vorkam wie eine Ewigkeit, wandte Ted oben auf dem erhöhten Kutschbock den Kopf, ein Lächeln auf den erschöpften Zügen.

»Seht mal nach vorn, Mädchen!«, rief er.

Maddie starrte angestrengt geradeaus. Etwas weiter vorn schimmerten die Dächer mehrerer Häuser durch das Laub der Bäume, und Rauchsäulen kräuselten sich über den Wipfeln. Von irgendwoher war wütendes Hundegebell zu hören. Die Zivilisation hatte sie wieder. Endlich. Maddie atmete erleichtert auf, als der hoch beladene Wagen an diesem heißen Dezembernachmittag schwankend und rumpelnd in Beenleigh einfuhr.

Das Dorf war genau so, wie sie es sich vorgestellt hatte. Eine Hand voll schäbiger, windschiefer Häuschen, aus denen Kinder gelaufen kamen, die sie aus ungepflegten Vorgärten heraus stumm und mit großen Augen anstarrten. Die Zäune um die Hütten herum waren lückenhaft, und die Latten standen nach allen Seiten wie abgebrochene, schiefe Zähne. Überall wucherte Unkraut, und Rankpflanzen krochen an Hauswänden empor, von denen die Farbe abblätterte.

Frauen gingen ihren Alltagspflichten nach und holten Wäsche von der Leine, während im Schatten der Behausungen kleine Kinder im Dreck spielten. Hier und da bellte ein Hund den Wagen an, vor dem gackernde Hühner auseinander stoben.

Schließlich erreichten sie die Dorfmitte. Die übliche Reihe von Läden säumte die Straße auf beiden Seiten; wie immer handelte es sich um gedrungene, dicht aneinander gereihte Gebäude mit Veranden davor. Sattlerei, Apotheke, Metzgerei, Arztpraxis, Schusterei, Rechtsanwaltpraxis, Schnapsbrennerei und Lebensmittelladen: Die Schilder waren verblasst und die Farbe stellenweise abgeblättert. Die Queensland National Bank besaß eine Sandsteinfassade, der man trotz der dicken Staubschicht eine gewisse Eleganz nicht absprechen konnte.

Und dann, zwischen dem schmutzigen Schaufenster eines Barbiers und dem Tabakladen der Herren Hepworth entdeckte Maddie das Schild mit der Aufschrift: »Land Office – District of Beenleigh« – das Grundbuchamt.

Das Büro war hinter einem Vordach verborgen, dessen Anstrich dort, wo er noch vorhanden war, in der Hitze Blasen warf. Sie legte Ted eine Hand auf den Arm.

»Sieh mal, da drüben!«

»Wir haben es geschafft«, sagte er und brachte die Pferde zum Stehen. Einen Moment saß er einfach da und betrachtete mit einem ebenso schiefen wie breiten Grinsen das Schild.

Steif stiegen sie vom Wagen. Das gleißende Sonnenlicht auf der offenen Straße blendete Maddie beinahe. Die Gebäude schienen sich ihr entgegenzuneigen, und es kam ihr vor, als würde der Boden unter ihren Füßen schwanken. Wie nach einer langen Schifffahrt musste ihr Körper sich erst daran gewöhnen, wieder festen Boden unter den Füßen zu haben.

Ted stieg die paar Stufen hinauf und betrat das Grundbuchamt. Maddie und die Kinder folgten ihm.

»Tag auch!«, schmetterte er dem Angestellten entgegen. »Ich möchte ein Stück Land.«

Ein untersetzter Mann mittleren Alters schob geräuschvoll seinen Stuhl auf den Bodendielen zurück, erhob sich schwerfällig von einem unordentlichen Schreibtisch und kam auf den Tresen zu.

»Ted Hall ist mein Name.« Ted reichte dem Mann die Hand.

»Alf Stokes«, grunzte der Mann und drückte Ted zurückhaltend die Hand. »Da sind Sie bei mir richtig.«

Der Beamte trat zur Seite und bog den Oberkörper leicht zurück, die Hände tief in den Taschen vergraben. Er musterte den Neuankömmling abschätzend. Ted zeigte auf seine Familie, die zögernd an der Tür wartete.

»Das sind meine Frau Maddie mit unseren Töchtern Elizabeth und Emma und meine Schwägerin Katherine. Der Bursche draußen bei den Pferden ist mein Bruder Dan.«

Alf nickte Maddie zu. »Freut mich, Sie kennen zu lernen, Missus. Und auch die jungen Damen. Kommen Sie doch rein. Setzen Sie sich.« Er zog seinen Schreibtischstuhl heran und fuhr mit der Hand über die Sitzfläche, als glaubte er ernsthaft, auf diese Weise den Staub entfernen zu können, der sich längst im Holz festgesetzt hatte.

Im Inneren des Büros kam es ihnen nach der Helligkeit draußen düster vor. Maddie lächelte unsicher und erwiderte mit einem Nicken den Gruß des Mannes. Das Lächeln galt ebenso seinem schleppenden Akzent wie seinen Worten. Sie waren jetzt seit sechs Jahren in Australien; Zeit genug, den steifen britischen Akzent abzulegen, den sie sich bewusst erhalten hatte. Zeit genug, sich an Hitze, Fliegen und Staub zu gewöhnen. Die Alf Stokes der Kolonie erinnerten sie tagtäglich daran, wie leicht man sein Erbe vergaß.

Steif nahm sie Platz, und ihr Blick glitt zur offenen Tür, während sie mit einer behandschuhten Hand abwesend Fliegen von ihrem Gesicht verscheuchte. Nachdem sie aus unerfindlichem Grund eine spontane Antipathie gegen den Beamten mit dem geröteten, aufgedunsenen Gesicht entwickelt hatte, zog sie es vor, ihr Augenmerk auf Dan zu richten, der draußen bei den

Pferden geblieben war. Er kann wirklich gut mit Tieren umgehen, dachte sie, als sie sah, wie er ihr schweißnasses Fell streichelte.

Maddie wartete. Emma saß müde auf ihrem Schoß, das Gesicht noch rosig vom Schlafen. Niemand rührte sich. Staub wirbelte träge in den schräg durch die schmutzige Fensterscheibe hereinfallenden Sonnenstrahlen. Abgesehen vom Ticken einer Uhr war kein Laut zu hören. Die Zeit schien stillzustehen.

Ted stand immer noch vor dem Tresen, ein albernes Grinsen auf dem Gesicht. Der Beamte stand ihm abwartend gegenüber.

»So«, sagte Ted schließlich. »Da sind wir also.«

Maddie schloss die Augen. Der Bann war gebrochen.

Alf Stokes fluchte in sich hinein und blickte sich unwillig im Raum um. Er sah prinzipiell nicht gerne Frauen in seinem Reich. Nicht, dass er nichts für Frauen übrig gehabt hätte. Er fand Frauengesellschaft durchaus angenehm, aber alles zur rechten Zeit und am rechten Ort.

Daheim, wo sie hingehörten. Wo sie ihren Haushaltspflichten nachgingen und sich um die Kinder kümmerten. Allerdings hatte er sich widerstrebend damit abfinden müssen, dass die Frauen, die sein Büro betraten, noch kein Heim hatten, in dem sie sich aufhalten konnten. Sie trugen in der Regel tapfere Mienen zur Schau und waren gewissermaßen Flüchtlinge, gewöhnlich aus den größeren Orten im Süden, Frauen, die ihren Ehemännern nachgefolgt waren, die nur einem weiteren Traum hinterherjagten.

Land! Das begehrteste Gut. Kostbares Land, das man

abholzen und bewirtschaften konnte. Das war der Traum, der diese verzweifelten Familien zu ihm führte, ihre magere Habe auf wacklige Gefährte getürmt. Stadtmenschen aus dem Süden, größtenteils Briten, die gewöhnlich keinen Schimmer von Landwirtschaft hatten.

»Sie sehen erhitzt aus, Missus, wenn Sie gestatten, dass ich das anmerke«, bemerkte Alf mit geheucheltem Mitgefühl. Tatsächlich gehörte das zu seinem Plan, sich unerwünschter Frauen zu entledigen. Bislang hatte die Methode ihre Wirkung noch nie verfehlt. Er schenkte der Frau vor ihm ein strahlendes Lächeln. Sofort hob sie peinlich berührt die Hände an die Wangen, so als stelle sie sich vor, sie sähe so erhitzt und zerzaust aus wie ihre kleine Tochter.

Nachdem er sich ihre Aufmerksamkeit gesichert hatte, fuhr er fort. »Wenn Sie ein Stück die Straße runter zum Café gehen, wird der Inhaber Ihnen und den Mädchen gerne etwas zu trinken geben. Sie könnten sich auch vorher etwas frisch machen, wenn Sie das möchten. Auf der Rückseite ist ein Waschhaus.«

Zu Stokes' Erleichterung machte sich die Frau mit den Kindern gleich auf den Weg, und er blieb mit dem Mann allein zurück.

»Sie wollen also Land, ja?«, fragte Alf Stokes.

»Ja. Land«, bestätigte Ted mit einem Nicken. »Wir sind den ganzen weiten Weg von Kiama gekommen.«

»Ich brauche ein paar Angaben.« Der Beamte holte Bleistift und Papier. »Sie sind also aus Kiama, ja?«

»Richtig. Sechs Jahre haben wir da gelebt. Wir haben auf einer Farm mitgearbeitet. Dan auch, zumindest die letzten drei Jahre, seit er von der Schule abgegangen ist. Aber auf einer fremden Farm zu arbeiten ist nicht dasselbe wie seinen eigenen Grund und Boden zu bewirtschaften.«

»Nein«, bestätigte der Beamte vorsichtig und schlug nach einer lästigen Fliege, die seinen Kopf umschwirrte. »Wohl nicht.«

»Und da dachte ich mir, wir gehen nach Norden«, fuhr Ted fort. »Kein spontaner Entschluss, Gott bewahre. Ich habe sorgfältig darüber nachgedacht. Dann hörte ich, dass man hier für kleines Geld Land bekommen könne. Unten im Süden spricht man von nichts anderem mehr. Queensland! Das Land der Verheißung! Billiges Land, und das reichlich! Und da dachte ich mir, ich versuche es mal. Wir sind vor ein paar Tagen mit dem Dampfer aus Brisbane gekommen.«

Alf Stokes war in missmutiger Stimmung. Er verrichtete seine Arbeit hier in Beenleigh nun schon seit drei Jahren, und der Posten hatte sich als eine einzige große Enttäuschung entpuppt. Der Staub, die Hitze, die Armut. Damals, wohlbehütet in der Stadt, hatte er nicht einmal geahnt, dass es Orte wie diesen gab. Bedächtig holte er ein sauberes weißes Taschentuch aus der Hemdtasche und wischte sich den Schweiß von der Stirn. Er wusste, dass manch einer sagte, der schwerste Teil bei der Landauswahl in der Gegend bestehe darin, an Alf Stokes vorbeizukommen. Er warf Ted einen grimmigen Blick zu und knallte das nötige Kartenmaterial, die Pläne und die Preislisten auf den staubigen Tresen.

»Also, hier ist alles etwas anders als unten im Süden, mein Guter. Hier im Busch gibt es keine schmucken Geschäfte, kein Bier, keine hübschen Sachen für die jungen Damen. Nichts! Die Zivilisation ist noch nicht bis hierher vorgedrungen. Sehen Sie sich doch nur dieses Wetter an. Eine Hitze, die den stärksten Mann umhaut. Sind Sie ganz sicher, dass Sie das wollen? Sie müssen absolut sicher sein, bevor Sie die Verträge unterschreiben. In der Gegend geht es drunter und drüber, und jeden Tag geben irgendwelche Siedler auf. Die armen Kerle können das Geld für Instandhaltungsmaßnahmen nicht aufbringen und haben nach Jahren elender Schufterei nicht mehr vorzuweisen als einen für ungültig erklärten Eintrag im Grundbuch.«

Ted war sprachlos. Der Beamte fasste sein Schweigen als Zögern auf und fuhr hastig fort. »Das Leben da draußen ist hart, daran besteht kein Zweifel. Vor allem für Frauen. Der Busch ist kein Ort für Frauen und Kinder. Haben Sie sich das auch wirklich gründlich überlegt?«

Abrupt verstummte er. Ich kenne diesen Mann gar nicht, ging es ihm durch den Kopf. Was geht mich das an? Es ist sein Leben. Er fühlte, wie ihm wieder Schweiß den Hals hinunterrann, und griff erneut zu seinem Taschentuch.

Teds Verärgerung wuchs mit jedem Wort des Grundbuchbeamten. Eine Ader an seiner Schläfe pochte heftig. Der Mann wollte ihn aufs Glatteis führen! Zorn drang an die Oberfläche seines Bewusstseins, wo er vor sich hin köchelte wie ein dampfender Eintopf auf dem Herd. Sechs Jahre habe ich hierauf gewartet, dachte er. Sechs verfluchte Jahre. Und jetzt will mir dieser unleidige Schreibtischhengst erzählen, es sei nicht der Mühe wert. Er beugte sich vor und stützte sich mit beiden

Händen auf den Tresen, einen entschlossenen Ausdruck im Gesicht.

»Mich schreckt harte Arbeit nicht, Mr. Stokes. Und alle Warnungen dieser Welt werden mich nicht umstimmen.«

»Haben Sie ein bisschen was gespart für schlechte Zeiten?«, fragte der Beamte sarkastisch.

»Ich habe nie behauptet, ich wäre wohlhabend. Aber es reicht für den Anfang.«

Ted brach ab, verlegen über seinen Wutausbruch. Er tastete nach seinem Geldgürtel, in dem das mühsam angesparte Startkapital untergebracht war, das ihnen über eine ungewisse Zeit hinweghelfen sollte. Sechs Jahre, in denen er mit allem geizte und sich selbst, aber auch Maggie und den Kindern über das absolut Notwendige hinaus nichts gegönnt hatte. Nein, er würde sich nicht entmutigen lassen, und kein schlecht gelaunter Regierungsbeamter würde ihn umstimmen.

»Ich habe die Werbung für billiges Land in der *Gazette* gelesen«, sagte er bestimmt. »Und darum bin ich jetzt hier.«

Alf Stokes wünschte plötzlich, die ganze Angelegenheit wäre bereits abgewickelt, damit er zum Hotel rüberschlendern konnte, um sich wie jeden Tag sein Bierchen zu genehmigen. Er dachte an die dunkle Mahagonitheke, das leise Gläserklappern, den durchdringenden Geruch fermentierenden Hopfens und den Tabakrauch.

Widerwillig schob er den Gedanken fort und konzentrierte sich wieder auf den Mann, der vor ihm stand. Seufzend schob er die Karten über den Tresen und strich sie dabei glatt.

»Bitte sehr. Sie können unter den Parzellen wählen, die noch nicht mit einem Namen versehen sind. Die sind alle noch frei. Wählen sie. Sie sind alle ziemlich gleich, würde ich sagen.«

»Das sind aber kleine Parzellen, Mr. Stokes.« Ted kratzte sich abwesend am Hinterkopf und schaute dann genauer hin. »Mir schwebte eigentlich etwas in der Größenordnung von eintausend Morgen vor.«

Der Laut, den Alf von sich gab, klang wie eine Mischung aus Schnauben und Kichern. »Besser zweihundert Morgen in Küstennähe als tausend Morgen im Westen. Sie werden noch froh sein, nicht zu viel Land zu haben, wenn es ans Zäuneziehen geht. Eine verfluchte Schufterei dieses Zäuneziehen.«

Ted studierte die Karte mehrere Minuten lang aufmerksam und tippte dann mit dem Finger auf das vergilbte Papier. »Da. Das scheint mir ein guter Platz zu sein. Nicht zu weit vom Bach und von der Hauptstraße.«

»Stimmt, die Lage ist nicht übel. Ist erst vor wenigen Tagen wieder frei geworden. Ein Typ hatte das Land vor ein paar Jahren gekauft, hat sich aber nie dort niedergelassen. Das verstieß gegen die vertraglichen Bedingungen. Die Regierung will, dass das Land besiedelt wird. Die Leute sollen auf ihrem Land leben, Häuser bauen und den Boden bewirtschaften. Besitzer, die sich nicht blicken lassen, sind unerwünscht.«

Alf musterte Ted argwöhnisch, den Bleistift wieder in der Hand. »Sie beabsichtigen doch, auf dem Land zu wohnen?«, wollte er wissen.

Ted nickte. »Ja, Mr. Stokes.«

»Gut! Darf ich davon ausgehen, dass Sie mit den Siedlungsbedingungen vertraut sind?« Teds verständnislose

Miene sprach Bände. »Nein«, fuhr er entschlossen fort, wie ein Hund, der einen Knochen zernagte. »Wohl nicht. Also, Sie stellen einen Antrag auf ein bestimmtes Grundstück. Die Krone erhebt hierfür jedes Jahr eine Pacht. Nur eine Formalität. Sie sind verpflichtet, einen dauerhaften Wohnsitz zu errichten. Das entfällt in diesem Fall allerdings, da bereits ein Gebäude auf dem Land vorhanden ist.«

»Es steht ein Haus drauf!«, rief Ted aus.

»Nun ja, das ist vielleicht etwas übertrieben. Hütte wäre wohl zutreffender. Ich weiß natürlich nicht, in welchem Zustand sie heute ist. Sie ist Jahre nicht mehr bewohnt worden und mindestens 20 Jahre alt. Hat den Tarlingtons gehört. Das waren die ersten Siedler hier, noch bevor das Land in Parzellen aufgeteilt wurde.«

»Trotzdem. Das ist immerhin ein Anfang. Auch wenn wir noch etwas Arbeit reinstecken müssen.«

»Mehr als ›etwas‹, würde ich meinen. Wie dem auch sei. Kommen wir zurück zu den Erwerbsbedingungen. Das Land muss eingezäunt werden. Sie müssen Ihr Vieh auf dem eigenen Grund und Boden halten. Falls Sie kein Vieh halten, müssen in einem Umfang, der dem eines Zauns entspricht, andere werterhöhende Maßnahmen am Grundstück vorgenommen werden. Haben Sie das verstanden?«

»Ja.«

»Wenn Sie auf Pachtgrundlage all diese Bedingungen erfüllt haben, können Sie das Land käuflich erwerben. Die bis dahin geleistete Pacht wird auf den Kaufpreis angerechnet.«

»Klingt fair.«

»Und Sie wollen diese Parzelle haben? Sie haben sich entschieden?«

»Ja!«

»Zweihundertdreißig Morgen. Mal sehen ...« Er addierte zügig die Zahlen, die er aus den Dokumenten vor sich entnahm. »Das macht ein Pfund fünf Schilling für die erste Jahrespacht, zuzüglich drei Pfund Kontrollgebühr. Alle paar Wochen wird jemand rausgeschickt, der die Grenzen kontrolliert.«

Ted zählte das Geld ab und hielt die abgenutzten Scheine noch einen Moment in der schwieligen Hand, bevor er sie Stokes reichte. Der Beamte hatte auch gleich alle nötigen Unterlagen parat. Er zeigte Ted, wo er mit vollem Namen unterschreiben musste, und setzte dann das staatliche Siegel unter die Urkunde. »Mr. Edward Hall«, verkündete er anschließend feierlich, »ab sofort sind Sie stolzer Pächter von Parzelle 34, Parish of Boolai. Ich gratuliere, Sir.«

Nachdem die Formalitäten erledigt waren und das Glas Bier in greifbare Nähe gerückt war, klopfte er Ted auf die Schulter.

»Willkommen in Queensland. Kommen Sie, zur Feier des Tages lade ich Sie auf ein Bier ein. Man könnte hier glatt verdursten.«

KAPITEL 2

Randolph Tarlington stand in der Mitte der staubigen Straße und beobachtete, wie die beiden Männer in den Schatten der Veranda vor dem Pub eintauchten. Auch aus der Entfernung erkannte er mühelos die o-beinige Gestalt von Alf Stokes, dem Leiter des örtlichen Grundbuchamtes. Erhitzt und müde von dem langen Ritt, die Hände in die Seiten gestemmt und die Lippen fest zusammengepresst, blickte er über die Straße.

»Verdammt!«, fluchte er schließlich und trat gezielt gegen eine Pferdetränke, die, teilweise überschattet von einem Vordach, an der Grenze zwischen Straße und nicht vorhandenem Bürgersteig stand.

»Verflixt und zugenäht! Was ist nur aus diesem Land geworden. Da will man eine Parzelle pachten, und wo ist der zuständige Beamte? Im Hotel, um sich ein kühles Bier zu genehmigen. Kein Wunder, dass sich in diesem Land nichts bewegt!«

Er stakste weiter zum ›Gehweg‹, als ein schwerer Wagen vorbeirumpelte und dabei riesige Staubwolken aufwirbelte. Wütend schüttelte er die erhobene Faust in Richtung des Hotels und versetzte der Tränke einen weiteren Tritt, diesmal von der anderen Seite.

Schnaufend vor Ärger stand Randolph da und überlegte, was er als Nächstes tun sollte. Er konnte sich entweder auf die Treppe setzen und warten, dass Stokes zurückkam, oder er folgte diesem ins Hotel. Nein, entschied er, als ihm eine Idee kam. Der Ritt von Boolai war ermüdend gewesen. Ihm war heiß, und er hatte

Durst. Ein kühles Getränk würde ihm sicher gut tun. Allerdings nicht in der lärmenden Hotelbar, dachte er und lachte in sich hinein.

Brutal an den Zügeln zerrend, band er sein Pferd los und schwang sich geschmeidig in den Sattel. Dann wendete er das Tier und bohrte ihm die Hacken in die Seiten. Er würde später zurückkommen. Erstens, um das Land zu pachten, dessentwegen er aus Boolai hergeritten war, und zweitens, um Stokes einen Vortrag über Arbeitsmoral zu halten. Randolph lächelte in sich hinein bei dem Gedanken an sein bevorstehendes Gespräch mit dem Beamten.

Er lenkte das Pferd durch eine löchrige Seitenstraße zum Hintereingang des Pubs. Er wollte nicht, dass sich jetzt schon herumsprach, dass er hier war. Außerdem war die Inhaberin des Pubs in der Vergangenheit überaus zuvorkommend gewesen, und das in mehr als einer Hinsicht. Mrs. Hennessy. Unter 30 und bereits seit mehreren Jahren Witwe, immer offen für ein paar belanglose hübsche Phrasen und die Zärtlichkeiten eines Mannes.

Als er sein Pferd hinter dem Haus anband, grinste er bei der Erinnerung an seinen letzten Besuch im Ort und den geschmeidigen, willigen Körper der Hotelbetreiberin. Und willig war sie immer für ein paar Schillinge, die man ungebeten unter dem gestärkten Kopfkissen hinterließ.

»Kein Honorar, um Himmels willen«, beharrte sie jedes Mal kichernd. »Eine Art Amüsiergebühr. Ein Geschenk in Anerkennung für eine zusätzliche Dienstleistung.«

Als er die gewundene Treppe zu dem Zimmer hinaufstieg, das er für die Nacht reserviert hatte, spürte er ein erwartungsfrohes Kribbeln im Bauch.

Die Treppe weckte die Erinnerung an längst vergangene Zeiten und ein Haus am Meer, in Brisbane. Bilder von polierten Holzböden, schattigen Alkoven und langen, hallenden Fluren vermischten sich mit dem Duft nach gebratenem Rindfleisch mit Klößen und dem über allem liegenden Geruch nach Bienenwachs.

Die Erinnerung war verblasst, wirkte verschwommen durch die dazwischenliegenden Jahre. Sie befiel ihn häufig in kurzen Eindrücken, wachgerufen von Kleinigkeiten, ganz plötzlich und unerwartet. Sandburgen. Klematis, die moosbewachsene Mauern überwucherten. Angenehm warme, sonnige Tage. Der salzige Duft der Meeresluft in der Abenddämmerung. Sein Vater, der über die Stadt hinweg auf die Berge zeigte ...

Es war Winter. Sie saßen in der fahlen Sonne auf der Terrasse und blickten auf das aufgewühlte Meer, die salzige Gischt vom Wind aufgepeitscht, der das trockene Laub zu Randolphs Füßen aufwirbelte. Eine tief hängende Wolkendecke verdunkelte den Horizont. Seevögel segelten in Ufernähe langsam über das Meer hinweg.

Randolph mochte es, wie die Vögel sich bewegten, wie sie mit nur einigen wenigen Flügelschlägen scheinbar schwerelos auf irgendeinem unsichtbaren Luftstrom dahinglitten, um sich dann ganz plötzlich pfeilschnell ins graue Wasser zu stürzen. Die Luft anhaltend, als würde er selbst in die Wellen eintauchen, wartete er, dass die Vögel wieder auftauchten und glitzernde Wassertropfen aus dem Gefieder schüttelten.

»Wie alt bist du, Sohn?«

»Elf ... fast.« Randolph riss den Blick von den Vögeln los.

»Elf schon!«

»Nächsten Monat. Am fünfzehnten«, fügte er stolz hinzu. Sein Vater wirkte abwesend und hörte gar nicht richtig zu. Randolph fröstelte, als der kalte Wind ihm ins Gesicht blies.

»Siehst du das Land dort draußen?« Hedley zeigte nach Süden auf die fernen Berge, deren Gipfel gerade noch die Hausdächer überragten. Die Höhenzüge schimmerten indigoblau, fern und geheimnisvoll unter dem blassen Himmel.

»Ja.« Randolph nickte und reckte den Hals, um besser sehen zu können.

»Da gehen wir hin.«

»Warum, Vater?«

Hedley drehte ruckartig den Kopf zur Seite, als hätte ihn die Frage verärgert. Der Ausdruck auf seinem Gesicht war jedoch nicht unfreundlich. »Oh, dafür gibt es viele Gründe, mein Sohn. Ich bin das Stadtleben leid. Hier gibt es für mich keine Herausforderung mehr.« Er zeigte wieder mit einer Hand nach Süden. »Du bist wohl noch zu jung, um das zu verstehen, aber wer da raus geht, der ist noch ein richtiger Mann. Der legt den Grundstein für eine neue Zukunft, ein völlig neues Erbe für seine Familie.«

»Dann gibt es dort keine Stadt?«

»Nicht dort, wo wir hingehen. Abgesehen von vereinzelten Holzfällern und natürlich den Eingeborenen lebt dort niemand. Es wird ein hartes, aber wie ich hoffe auch befriedigendes Leben werden.«

Hedley Tarlington breitete mehrere Dokumente vor seinem jungen Sohn aus, die er sorgfältig glatt strich. »Weißt du, was das ist?«, fragte er.

Randolph schüttelte den Kopf. Das ganze Gerede von Herausforderungen und Zukunft verwirrte ihn. Außerdem hatte er das Wort »Erbe« noch nie zuvor gehört und überlegte noch, ob er seinen Vater nach seiner Bedeutung fragen sollte.

»Nein, natürlich nicht, wie auch«, fuhr Hedley stirnrunzelnd fort. »Das sind Pachtverträge. Pachtverträge für Land. Die staatliche Genehmigung, Land zu besiedeln.«

»Wird das viel Geld kosten?« Die fernen Berge waren sicher sehr teuer. Hedley war in der alten Heimat ein wohlhabender Industrieller gewesen. Und er hatte erst kürzlich Anteile an verschiedenen einträglichen Warenhäusern in Brisbane erstanden, ideal gelegen in der Nähe der neuen Lebensmittelläden in der Queen's Wharf Road. Geld war kein Thema, und Randolph nahm an, dass, auch wenn das Land teuer war, Hedley es sich mühelos leisten konnte.

Hedley Tarlington lachte. »Nein, Sohn. Das da draußen ist Wildnis. Busch, Gestrüpp. Stellenweise so dicht, dass man sich einen Weg hindurch hacken muss. Die Regierung sucht händeringend Siedler, die es erschließen. Zehn Pfund Jahrespacht, mehr verlangen sie nicht. Allerdings würde es nicht uns gehören. Zumindest nicht gleich. Aber wir werden das Land bewirtschaften, und wenn wir uns anstrengen, werden sie uns vielleicht, nur vielleicht, erlauben, es zu kaufen.«

»Wird das lange dauern, Vater?«

Hedley Tarlington schmunzelte und zauste seinem

jungen Sohn das Haar. »Du stellst eine Menge Fragen. Das ist gut. Dieses Land wird dein Erbe sein. Und eines Tages, in weiter Zukunft, wird es sehr viel wert sein. Wenn es deinen Söhnen und Enkeln gehört. Wenn du dich in Geduld übst als mein einziger Sohn und Erbe, wird diese belohnt werden.«

»Das Land wird eines Tages mir gehören?« Der Junge blickte wieder auf die blauen Berggipfel am Horizont.

»Vergiss das nie, Sohn: Ohne Land besitzt ein Mann gar nichts.«

Randolph blickte feierlich zu seinem Vater auf und dachte an seine Schwester. Sein Vater hatte Cordelia mit keinem Wort erwähnt. Er beabsichtigte also nicht, ihr das Land zu hinterlassen. Es sollte ihm gehören, ihm allein. Und wenn dieses Land irgendwann in ferner Zukunft ihm gehören sollte, musste es einen Namen haben.

»Und wie heißt dieser Ort, Vater?«

»Glengownie. So werden wir ihn nennen. Ein schöner, solider Name, findest du nicht auch?«

»Glengownie«, wiederholte Randolph. Zufrieden mit dem Klang, zog er sich langsam zurück und ließ seinen Vater mit den Papieren allein in der kalten Sonne zurück.

»Pah«, sagte Cordelia verächtlich. »Wen interessiert schon so blödes altes Land.« Sichtlich unbeeindruckt von Randolphs Neuigkeiten, arrangierte sie ihre Puppen neu. »Außerdem gefällt es Mama hier in diesem Haus. Sie wird niemals hier weg wollen. Das weiß ich. Sie hat es mir gesagt. Aber das ist ein Geheimnis. Sag es ja nicht weiter.«

»Vater hat aber gesagt, wir werden alle gehen!«

»Ich werde mir deine albernen Geschichten nicht länger anhören«, begehrte Cordelia auf und stampfte zornig mit dem Fuß. »Du erzählst wieder Märchen, Randolph. Und Vater hat gesagt, dass er dir den Hosenboden stramm zieht, wenn er dich noch einmal Lügenmärchen erzählen hört. Wenn du nicht damit aufhörst, erzähle ich ihm alles. Du weißt, dass ich es ernst meine.«

Mädchen sind blöd, dachte er. Lügenmärchen, pah. Diese Mädchen waren zu nichts nütze außer um mit Puppen und anderem Krimskrams zu spielen. Und ihren Kopf durchzusetzen. Ein Bruder, das wäre viel schöner. Er wünschte, er hätte einen Bruder. Er spielte mit den Glasmurmeln in seiner Hosentasche. Ja. Zusammen würden sie mit Murmeln spielen können. Und mit seinen Zinnsoldaten.

Dann dachte Randolph wieder an das Land. »Mein einziger Sohn und Erbe«, hatte sein Vater gesagt. Wenn er einen Bruder hätte, müsste er auch das Land teilen. Das Erbe, von dem sein Vater gesagt hatte, es würde eines Tages ihm gehören. Cordelia aber war ein Mädchen und zu weniger Aufregendem bestimmt. Er verspürte einen Anflug von Mitleid mit ihr. *Ohne Land besitzt ein Mann gar nichts!* Er dachte über die Worte seines Vaters nach, dachte an die Pachturkunden, den greifbaren Beweis für sein Erbe. Und er spürte plötzlich, wie wichtig er selbst für die Pläne seines Vaters war.

»Also gut. Dann glaub mir eben nicht. Aber sag später nicht, ich hätte dich nicht gewarnt«, entgegnete Randolph hastig. Es war ihm gleich. Sie war selber schuld. Eines Tages würde er das Land bekommen, so wie sein

Vater es versprochen hatte, und Cordelia würde gar nichts haben. Nichts!

Er wechselte das Thema, lenkte bewusst von dem dicken Lederriemen neben dem Kamin ab. »Ich habe vorhin Mutter unten gesehen. Sie sagt, wir sollen uns die Hände waschen und zum Mittagessen runterkommen. Es gibt dein Lieblingsgericht.«

»Und das wäre?« Endlich blickte Cordelia von ihren Puppen auf.

»Eintopf.«

»Igitt!«

Hedley Tarlington brachte seine Familie nach Süden, zu den Bergen und darüber hinaus. Das bequeme Stadtleben, das Randolph bis dahin gekannt hatte, ließen sie zurück. Glengownie: weites unbewohntes Land, glühend heiß und ungastlich, verlassen bis auf einige Holzfäller auf der Suche nach kostbarem Zedernholz und die umherziehenden Aborigines. Man schrieb das Jahr 1852.

Im Gegensatz zu den Erinnerungen an sein früheres Leben in der Stadt waren jene an diese späteren Jahre noch so lebendig, als wäre es erst gestern gewesen. Anfangs war das alles, die Umsiedelung in die Wildnis, noch ein großes Abenteuer gewesen. Das Land erstreckte sich in alle Richtungen, so weit das Auge reichte. Überall Bäume, Bäche und breite Flüsse. Randolph gewöhnte sich schnell an diese neue Umgebung. Er liebte das Land, die dichten Wälder, die Einsamkeit, das Gefühl von Freiheit. Hier maß man die Zeit nicht nach der Uhr, sondern nach Sonne und Jahreszeiten.

Aus Stunden wurden Tage, aus Tagen Wochen und Monate. Die Arbeit nahm kein Ende: Das Land musste gerodet, eine Hütte gebaut und Zäune gezogen werden. Randolph stand auf, wenn die ersten blassen Sonnenstrahlen den östlichen Himmel rot färbten, und verbrachte den ganzen Tag mit seinem Vater im Freien.

Seine Mutter bestand darauf, dass er jeden Abend nach dem Essen in der Küche beim Licht einer einzigen Öllampe über alten Schulbüchern brütete, bis vor Müdigkeit und Lampenruß die Buchstaben vor seinen Augen verschwammen. Tag, Nacht. Nacht, Tag. Eine endlose Abfolge, vorhersehbar, immer gleich. Es war keine Zeit, sich zu langweilen. Wie von Sonne und Wind genährt, wuchs er zu einem schlanken, braun gebrannten jungen Burschen heran.

Die zwei Jahre jüngere Cordelia war ein hübsches Kind mit flachsfarbenem Haar und blauen Augen. Randolph fand sie frühreif und eitel, weil sie oft stundenlang vor dem mannshohen Spiegel im Zimmer ihrer Eltern posierte. Sie war das Nesthäkchen der Familie, verwöhnt und verhätschelt. Das entbehrungsreiche Leben auf Glengownie war ihr verhasst. Die Tage verbrachte sie im Haus, wo sie entweder im Haushalt half oder aber unter Aufsicht ihrer Mutter an dem großen Esstisch in der Küche lernte.

Ihre ständigen Klagen wegen des mangelnden Komforts gingen Randolph auf die Nerven. Sie hat kein Recht, sich zu beklagen, dachte er wütend, wenn er über die staubigen Weiden ritt. Wenn sie nur einen Tag mit ihm tauschen müsste, würde ihr aufgehen, wie gut sie es hatte.

Im Laufe der Zeit entfremdeten sie sich voneinander,

war sie doch mit Kochen oder Saubermachen beschäftigt, Aufgaben, die er als banal und unwichtig betrachtete. Frauenarbeit. Glengownie, das war es, was zählte. Ein Reich zu errichten. *Ohne Land besitzt ein Mann gar nichts.* Das Land, das eines Tages seins sein würde, stand zwischen ihnen. Er wusste, dass sie nichts davon bekommen würde.

Für jene, die in der Gegend unterwegs waren, wurden Hedley und Randolph, beide nach traditioneller Art der Siedler gekleidet, bald zu einem vertrauten Anblick. Und Hedley trug nicht nur das rote Flanellhemd, den breitkrempigen Filzhut, die weißen, groben Baumwollhosen mit den Gamaschen und den steifen Stiefeln, sondern auch einen Revolver, diskret unter dem Gürtel verborgen. Er hatte einiges in Waffen investiert, da ihm zu Ohren gekommen war, dass es in der Gegend von Schwarzen und allerlei Taugenichtsen wimmelte, die einen einsamen Siedler als Freiwild betrachten mochten.

Mehrere Jahre strampelten sie sich für einen Hungerlohn mit einigen Tausend Rindern ab, mussten Dürren und Überschwemmungen ertragen, lebten über lange Zeiträume von Pökelfleisch und ungesäuertem Fladenbrot. Die einzigen Hilfsarbeiter, die im weiten Umkreis zu kriegen waren, waren Drückeberger und Tagediebe, harte, grobschlächtige Männer, die vom Tweed aus nordwärts zogen. Sie verlangten horrende Löhne, aber Hedley sorgte wenigstens dafür, dass sie sich jeden Penny verdienten, den sie in die gierigen Finger bekamen. Er war ein anspruchsvoller, aber fairer Boss.

Neben den Rinderhirten kümmerten Randolph und Hedley sich trotz Hitze und Staub auch selbst um das Vieh. Sie trieben mit Hilfe von fast fünf Meter langen

Peitschen die Rinder in Pferche und fesselten sie mit Rohlederseilen, um sie mit einem Brandzeichen zu versehen. Hedley stellte seinen Männern stämmige Pferde zur Verfügung, baute ihnen primitive, aber solide Unterkünfte und ließ sie die Rinderherden hüten, die er von den Downs herabgetrieben hatte. Von den einstmals wohlgenährten Tieren waren nicht mehr viele übrig: Die Rinder waren immer stärker abgemagert, und die meisten waren eingegangen, verhungert oder in der nassen Jahreszeit in irgendeinem Schlammloch verendet.

Wenn die Flut kam, und in manchen Jahren gab es jeden Monat eine neue Überschwemmung, wurden die Straßen unpassierbar, es konnten keine Lebensmittel bis nach Glengownie gebracht werden, und sie lebten in der ständigen Furcht vor dem Verhungern. Einige der besten Rinderhirten von Glengownie ertranken in dem reißenden Wasser, das ganze Täler überflutete und auf seinem Weg zum Meer jenseits des sumpfigen Küstenstreifens alles mit sich riss. Ihre leblosen Körper blieben, so wie jene der ertrunkenen Rinder und Wildtiere, irgendwo in einem Zaun oder dem Geäst überfluteter Bäume hängen, wo sie, wenn der Wasserpegel wieder sank, von der Sonne und Millionen von Fliegen in stinkende, verwesende Fleischklumpen verwandelt wurden.

Glengownie war ein Traum gewesen, der in der rauen Wirklichkeit viel von seinem Zauber verloren hatte.

Randolph liebte das Land, aber als die Jahre verstrichen, begann er, sich um seine Mutter zu sorgen, die blass und sehr dünn geworden war und oft weinend auf dem Bett der kleinen Hütte lag; eine Frau, die den

Kampf gegen den Busch verloren hatte und sich nach einem wolkenverhangenen englischen Himmel sehnte.

»Mutter? Geht es dir gut?«, fragte er schließlich, als er sie den vierten Tag in Folge im Bett vorfand. Randolph legte die Arme um sie und war erschrocken davon, wie knochig sie sich durch das Nachthemd hindurch anfühlte. Warum war ihm der allmähliche körperliche Verfall seiner Mutter nicht früher aufgefallen? War er zu beschäftigt gewesen mit dem Land, um ihre Not zu erkennen?

Hedley hatte kein Mitleid mit seiner Frau. Randolph wurde später in dieser Nacht von den erhobenen Stimmen seiner Eltern geweckt, die mühelos durch die dünne Trennwand drangen.

»Ich verlange nur, dass du kochst und sauber machst und die Kinder unterrichtest. Ich habe zu viel mit dem Land zu tun, um eine neurotische Frau zu verhätscheln. Wenn es dir hier nicht gefällt, besorge ich dir eine Passage auf dem nächsten verfügbaren Schiff, das von Brisbane nach England ausläuft. Du kannst bei deiner Schwester wohnen. Vielleicht wird eine Weile fernab von deiner Familie dir helfen, dir über deine Prioritäten klar zu werden.« Hedleys Stimme klang angespannt und müde.

»Was ist mit den Kindern? Wie wollt ihr zurechtkommen?«

»So wie jetzt auch, denke ich. Eine Frau, die den ganzen Tag nur im Bett liegt, ist im Busch nicht zu gebrauchen. Andere Frauen schaffen es doch auch.«

Randolph hörte den Vorwurf, und Bitterkeit stieg in ihm auf. Die Worte seines Vaters waren grausam. Zu schonungslos. Teufel, immerhin war sie eine Frau. Sie war ein bequemes Leben in einem Haus voller Bediensteter gewohnt. Sie hatte Brisbane nicht verlassen wollen; Hedley hatte sie gegen ihren Willen in diese von Gott verlassene Wildnis gebracht und von ihr erwartet, sich durchzuschlagen, so wie er selbst. Seine Mutter, die bis zu ihrem ›Umzug‹ nach Glengownie in ihrem ganzen Leben nie hatte kochen oder putzen müssen. Am liebsten wäre er rüber gegangen, um sie zu trösten und seinen Vater aufzufordern, rücksichtsvoller zu sein. Stattdessen zog er sich die Bettdecke über den Kopf und hielt sich die Ohren zu.

Ein paar Monate später küsste seine Mutter ihn und seine Schwester zum Abschied und segelte heim nach England, ihr blasses, eingefallenes Gesicht tränenüberströmt. Randolph stand mit Cordelia auf dem Pier von Brisbane und blickte ihr mit feierlichem Ernst nach, als sie aus seinem Leben verschwand. Er winkte und winkte, bis das Schiff nur noch ein kleiner Punkt auf dem Wasser war und seine Arme bleischwer waren und sich anfühlten, als würden sie gleich abfallen. Er war 16 Jahre alt, und der Weggang seiner Mutter kam ihm vor wie der Weltuntergang.

KAPITEL 3

Randolph fühlte sich innerlich leer. Missmutig und verdrossen ritt er über die Weiden. Er vermisste die Sanftheit seiner Mutter schmerzlich. Er schrieb ihr, kritzelte Berichte über den Alltag im Busch auf Papier,

Briefe, die nie abgeschickt wurden, da sich kein Postbote so weit in die Wildnis vorwagte.

Wenn er am Nachmittag von den Herden zum Haus zurückkam, konnte er sie sich beinahe dort vorstellen und sehen, wie das Kleid ihren schlanken Körper umwehte. Sie lächelte, hieß ihn daheim willkommen, und es war, als wäre sie nie fort gewesen. Und wie sehr er sich auch bemühte, sich dafür zu wappnen, war es für ihn immer wieder von neuem ein Schock, nur Cordelia im Haus anzutreffen, die, wie er wusste, nicht auf ihn wartete, sondern auf Hedley, den Vater, den sie förmlich anbetete.

Im Haus lief sie Hedley hinterher wie ein Hündchen, wich ihm nicht von der Seite. Sie verwöhnte ihn, goss warmes Wasser für ihn in die große hölzerne Badewanne, sobald er müde und schmutzig von der Arbeit das Haus betrat. Sie kochte seine Lieblingsgerichte, so wie ihre Mutter es ihr beigebracht hatte, und erledigte auch sonst alle Hausarbeiten. Randolph musste, auch wenn er es nicht aussprach, zugeben, dass sie eine sehr gute Köchin war und auch die Hütte tadellos in Ordnung hielt. Es war, als hätte Cordelia seine Mutter ersetzt, und flüchtig fragte er sich, wie Cordelia wohl reagieren würde, wenn ihre Mutter zurückkam, womit er ganz fest rechnete.

Hedley zog seine Tochter gerne auf. »Mein kleiner Schatten«, nannte er sie liebevoll und zauste ihr das von der Sonne ausgebleichte, mit blonden Strähnen durchzogene Haar. »Meine Güte, sieh sich einer diese Sommersprossen an! Wie undamenhaft!«

Die Sonne war erbarmungslos und verschonte niemanden. Obwohl sie immer einen breitkrempigen Hut trug, wenn sie wusch oder in ihrem kleinen Garten arbeitete, der sie alle mit frischem Gemüse versorgte, war ihre einstmals blasse Haut inzwischen gebräunt und ihre Nase mit einer Vielzahl von Sommersprossen gesprenkelt.

»Das ist mir egal«, entgegnete sie und stampfte wütend mit dem Fuß auf. »Wer sieht mich denn hier draußen? Wer sieht schon meine hübschen Kleider?« Sie betrachtete ihre abgebrochenen Fingernägel und ihre Hände mit den Spuren alter Blasen.

»Du siehst aus wie ein Junge«, ärgerte Randolph sie, obwohl er sah, dass sie den Tränen nah war. Hedleys liebevolles Necken seiner kleinen Schwester ärgerte ihn. Immerhin war er der Sohn und verdiente die ungeteilte Aufmerksamkeit seines Vaters.

»Tue ich nicht! Und ich mag hübsche Kleider und Bänder. Manchmal wünschte ich allerdings schon, ich wäre ein Junge, dann könnte ich tun, was mir gefällt, und bräuchte mir keine Gedanken darüber zu machen, undamenhaft zu wirken!«

»Nun, vielleicht hast du ja eines Tages Gelegenheit, deine schönen Kleider und Bänder anzuziehen. Und wenn du erwachsen bist, wirst du heiraten, in einem schönen Haus wohnen und viele Babys haben wollen.«

Randolph sah den traurigen Ausdruck auf dem Gesicht seines Vaters. Er fragte sich, ob er ihre Mutter, seine Frau, vermisste. In Randolphs Herz hatte ihre Abwesenheit ein großes, schmerzendes Loch hinterlassen, ein nagendes Gefühl, dass etwas nicht stimmte, wie beharrliche Zahnschmerzen. Cordelia legte ihrem Vater die Arme um die breiten Schultern. Ihre Stimme klang tief und eindringlich.

»Sag das nie wieder! Ich werde nie von hier weggehen!

Niemals! Ich will hier bei dir bleiben und mich um dich kümmern.«

»Wir werden sehen, Kleines. Wir werden sehen. Du bist noch jung, und für Zukunftspläne ist es noch zu früh.«

Randolph sah, wie Cordelia ihren noch mädchenhaften, schlaksigen Körper an Hedley schmiegte. Der Anblick ärgerte ihn. Das war der Platz seiner Mutter, und der Anblick seiner Schwester, die sich an ihren Vater heranwarf wie eine aufdringliche Katze, reizte ihn. Er hätte sie schütteln mögen, wollte sie scharf zurechtweisen, aber die Worte blieben ihm im Hals stecken. Stattdessen biss er sich auf die Lippen und lief verwirrt und empört aus dem Raum.

Es dauerte Monate, bis der Brief aus Brisbane sie erreichte, abgegeben von einem Holzfäller auf der Durchreise. Der Mann sah aus wie ein Strauchdieb, aber Hedley bat ihn dennoch herein und drückte ihm eine Tasse Tee in die schwieligen Hände. Die Ankunft eines Briefes war schon für sich allein ein Ereignis. Hedley stellte ihn auf den Kaminsims im Esszimmer. Randolph konnte sich nicht erinnern, dass schon einmal Post bei ihnen abgegeben worden wäre. Er betrachtete den Brief misstrauisch und versuchte, den Inhalt zu erraten.

Nachdem der Überbringer des Briefes wieder gegangen war, nahm Hedley den Brief und öffnete ihn feierlich. Einige Sekunden lang las er, das dünne Papier fest mit beiden Händen umklammernd. Er presste die Lippen zu einem schmalen Strich zusammen. Sein Gesichtsausdruck war unergründlich.

»Der Brief ist aus England. Eure Mutter ... sie ist tot.«

Als er sich seinen Kindern zuwandte, glaubte Randolph Tränen in den Augen seines Vaters glitzern zu sehen, aber ganz sicher war er nicht. Hedley zerknüllte den Brief und warf ihn in die kalte Feuerstelle. Randolph sah schweigend zu, ganz benommen von der Nachricht. Kurz sah er noch einmal seine Mutter an Bord des Schiffes vor sich, sah, wie die Entfernung zwischen ihnen größer und größer wurde, wie mit jeder Sekunde mehr Wasser sie trennte. Er verdrängte die Erinnerung, und die Erkenntnis, dass er sie nie wiedersehen würde, zerriss ihm das Herz.

Später, als er allein war, holte er den Brief aus der Feuerstelle, setzte sich an den Küchentisch und strich das Papier glatt. Verschwommen sah er durch einen Tränenschleier die Worte auf dem verknitterten Papier.

Lieber Hedley,
es stimmt mich sehr traurig, das ich diejenige sein muss, die dich vom Hinscheiden deiner Frau in Kenntnis setzen muss. Sie hat sich auf der Überfahrt an Bord des Schiffes mit einem Fieber angesteckt und war von ihrer Ankunft in England an bettlägerig. Obwohl ihr die beste verfügbare medizinische Versorgung zuteil wurde, hat ihr Zustand sich stetig verschlechtert, bis sie dann gestern im Schlaf verstorben ist. Es wird dir aber sicher ein Trost sein, dass sie sich nicht lange quälen musste und sanft entschlafen ist. Sie wurde in der Familiengruft bestattet, wie du es sicher gewollt hättest. Mein aufrichtiges Beileid und bestell bitte den Kindern ganz liebe Grüße von mir. Ihre letzten Worte galten ihnen ...

Der Brief trug das Datum von vor fast einem Jahr.

Randolph saß lange da wie betäubt. Er war in einem Alter, in dem ihn das Leben ständig von neuem verwirrte, und er brauchte Erklärungen, jemanden, der ihm gut zuredete. Seine Mutter wäre genau die Richtige gewesen, um ihm seine Ängste zu nehmen, das wusste er. Und jetzt war sie tot. Tot! Seit fast einem Jahr! Und doch hatte es keinen Hinweis auf ihr Ableben gegeben, kein Zeichen. Er hätte es doch spüren müssen, den Tod der Frau, die ihm das Leben geschenkt hatte. Und ganz besonders berührte ihn, dass die Sorge seiner Mutter sogar auf dem Totenbett noch anderen gegolten hatte als ihr selbst.

Von da an erinnerte ihn auch der leiseste Hauch von Lavendelduft schmerzlich an seine Mutter. Und wäre da nicht das verblasste Foto gewesen, das sie ihm vor ihrer Abreise gegeben hatte, wäre ihr Gesicht im Laufe der Zeit in Randolphs Erinnerung verschwommen.

Von jenem Tag an nannte Hedley nie wieder ihren Namen. Es war, als wären Worte so kostbar geworden wie Wasser und Nahrung, als dürften sie nicht verschwendet werden. Randolph sprach nicht mit Cordelia, weil er nicht wusste, wie er seine Gefühle in Worte fassen sollte. Im Übrigen hätte Cordelia sich doch nicht für seine Probleme interessiert. Das Einzige, was sie interessierte, war ihr geliebter Hedley. Es war richtig abstoßend, wie sie ihn anbetete, nie von seiner Seite wich und ihn verwöhnte wie eine Ehefrau.

Die Tage verstrichen in einem Nebel der Trauer. Es kam ihm vor, als gelte jeder Gedanke seiner Mutter. Der Schmerz überfiel ihn ganz plötzlich und unvermutet und raubte ihm schier den Atem. Er sehnte sich danach, sie zu berühren, das Gesicht in ihrem süßlich riechenden Haar zu vergraben und ganz tief den Duft ihrer Haut einzuatmen. Er folgte ihr in seinen Träumen; vage Bilder, die verführerisch knapp außerhalb seiner Reichweite schwebten und sich in Luft auflösten, sobald er sich näher heranwagte und sie berühren wollte. Sogar die Erinnerung an sie entzog sich ihm.

Und in seinem Schmerz rückte immer wieder ein Name in den Vordergrund. Hedley! Hedley war schuld am Tod seiner Mutter. Hedley hatte sie fortgeschickt. Hatte er nicht selbst gehört, wie sein Vater ihre Rückreise nach England plante? Wäre sie nicht an Bord dieses verfluchten Schiffes gewesen, wäre sie noch am Leben.

Vage Emotionen wuchsen und schwärten tief in seinem Herzen, um nach Monaten in einem die Seele vergiftenden Hass auf Hedley Tarlington hervorzubrechen, den Mann, der seine Mutter getötet hatte, so sicher, als hätte er ihr eine Kugel in den Kopf gejagt.

Randolph packte den Brief zusammen mit seinen wenigen kostbaren Besitztümern wie den Murmeln, mit denen er nicht mehr spielte, und der kleinen Sammlung Zinnsoldaten, die er seinerzeit gern mit einem Bruder geteilt hätte, in ein kleines, selbst gebasteltes Holzkästchen. Er schloss den Deckel über seiner Kindheit und verstaute das Kästchen entschlossen hinter seinem Bett. Erst dann leistete er sich selbst und seiner toten Mutter einen Schwur. Ihr Tod sollte nicht umsonst gewesen sein. Irgendwie, irgendwann, würde Hedley Tarlington bezahlen für das, was er ihr angetan hatte.

Im Alter von 43 Jahren heiratete Hedley Tarlington wieder. Randolph erinnerte sich noch gut an das Jahr: 1859, das Jahr, in dem die neue Kolonie Queensland sich trotz leerer Kassen von ihrer wohlhabenden Schwester Neusüdwales lossagte.

Hedley hatte eigentlich nie ernsthaft erwogen, wieder zu heiraten. Und wo hätte er auch eine Frau finden sollen, die gewillt war, sich mitten in der Wildnis niederzulassen, in einem unzivilisierten Winkel von Queensland, den er zu seinem Zuhause erkoren hatte? Komfort gab es auf Glengownie jedenfalls keinen.

Alles in allem war das Leben erträglich. Die Träume, die ihn nach dem Tod seiner Frau verfolgt hatten, waren weniger geworden. Auch die Schuldgefühle hatten abgenommen, durch harte Arbeit tief in seinem Unterbewusstsein vergraben. Er hatte es sich einfach nicht gestattet, ins Grübeln zu geraten wegen einer unabänderlichen Tatsache.

Stattdessen ritt er in großen Abständen nach Brisbane, wo er einige der diskreten Freudenhäuser der Innenstadt aufsuchte. Dort kannte ihn niemand. Wenn er seinen Kopf auf ein schmutziges Kissen bettete, neben einer Hure, die freudig sein Geld genommen hatte, um ihn dann von seiner Frustration zu erlösen, war er anonym, nur ein Freier von vielen. Seine Bedürfnisse wurden leicht befriedigt, und das zu einem verhältnismäßig geringen Preis. Liebe, sagte er sich streng, hatte damit nichts zu tun.

Es war Frühling. Die Luft war kühl, der Morgenhimmel blass und wolkenlos. Nachdem er mehrere Abende in Folge sehr spät ins Bett gekommen war, ging Hedley an diesem Tag schon früh zu Bett, entschlossen, etwas

Schlaf nachzuholen. Die Laken fühlten sich kalt an, als er ins Bett stieg.

Es kam ihm vor, als wäre er eben erst eingedöst, als der Traum ihn wieder heimsuchte; ähnlich jenen, die ihn immer wieder plagten, nur lebensechter, realer. Jemand lag neben ihm im Bett. Er stöhnte und streckte die Hand aus, bis er weiches Fleisch ertastete. Warm, verführerisch. Erregt ließ er die Hand über den Körper an seiner Seite gleiten. Feste Brüste, Schenkel, die sich auf ihn zuschoben, Beine, die sich unter dem dünnen Nachthemd um seine schlangen. Er zog die Frau an sich und fühlte, wie seine Erregung wuchs.

»Vater?«

Die Stimme, kaum mehr als ein Flüstern, ließ ihn abrupt inne halten. Etwas zerrte an seinen Sinnen. Cordelia? In seinem Bett? Er zwang sich, aus dem Traum zu erwachen, von dem er nun wusste, dass es gar keiner war, sondern die furchtbare Wirklichkeit. Was machte sie hier? Was dachte sie sich denn? Hektisch strampelte er mit den Beinen die Bettdecke fort. Die kalte Luft ließ ihn frösteln, als er aus dem Bett flüchtete. Ihm war übel vor Abscheu.

Seine Hände zitterten unkontrolliert, als er ein Streichholz anriss und die Laterne neben seinem Bett anzündete. Nach mehreren vergeblichen Versuchen fing der Docht endlich Feuer, und eine flackernde gelbe Flamme tauchte den Raum in weiches Licht. In den tanzenden Schatten sah er sie inmitten der zerknüllten Laken sitzen, zitternd und kalkweiß im Gesicht.

»Was soll das werden?« Seine Stimme klang, als käme sie von weither, losgelöst. Als wäre es nicht seine eigene.

Sie hockte vor ihm auf dem Bett, die Arme um den Oberkörper geschlungen, und wiegte sich leicht vor und zurück. Tränen rannen ihr über das Gesicht. Hedley stand eine Weile unentschlossen da und wusste nicht, ob er sie ausschimpfen oder in die Arme nehmen sollte, wie er es bisher immer getan hatte, um sie zu trösten.

»Mir war kalt. Ich dachte, du könntest mich wärmen. So wie früher, als ich noch ein Kind war. Ich bin mitten in der Nacht hereingeschlichen und bin zwischen dich und Mama geschlüpft. Es war so mollig warm ... so warm ...«

Hedley starrte seine Tochter verdattert an. Durch das dünne Nachthemd zeichnete sich ein wohl geformter, sogar verführerischer Körper ab. Die obersten Knöpfe standen offen, und auf einer Seite war das Hemd über ihre Schulter gerutscht und ließ sogar die sanfte Rundung einer Brust sehen. Gott Allmächtiger! Er musste blind gewesen sein. Cordelia war 17, und sie war eine Frau. Er hatte es gar nicht registriert.

Nachdem sie weinend in ihr Zimmer zurückgekehrt war, saß Hedley noch lange wach und dachte über die Situation nach. War Cordelia wirklich nur in aller Unschuld zu ihm gekommen, wie sie behauptete? Wusste sie denn nicht, dass sie inzwischen zu alt war, um noch in sein Bett zu kommen? Sie war zu alt, um mit ihrem Vater zu schmusen.

Plötzlich kam ihm ein Gedanke, der ihm den Atem verschlug. Was, wenn sie in ihm auf eine kranke Art nicht den Vater, sondern den Mann sah? Er schüttelte ungläubig den Kopf. Und wenn er nicht aufgewacht wäre? Was wäre geschehen, wenn sie nicht gesprochen hätte? Was, wenn ...? Zweifel tanzten durch seine Gedanken.

Er musste dafür sorgen, dass so etwas sich nicht wiederholte. Er fand keinen Schlaf mehr. Im Laufe der quälenden Nacht dachte er die Situation gründlich durch, bis er glaubte, noch ganz verrückt zu werden vor Sorge. Am Morgen hatte Hedley einen Entschluss gefasst. Es gab keine andere Lösung. Diese an Besessenheit grenzende Liebe, die Cordelia ihm entgegenbrachte und die er jetzt erst als das erkannt hatte, was sie war, musste ein Ende haben. Er musste sich eine Frau suchen.

Hedley fuhr nach Brisbane in der Hoffnung, eine respektable Witwe zu finden. Die Vorstellung, sein Leben mit einer Fremden zu teilen, deprimierte ihn, und fast hätte er kehrtgemacht und wäre unverrichteter Dinge nach Glengownie zurückgefahren. Aber die Erinnerung an Cordelia, die weinend in seinem Bett saß, trieb ihn vorwärts, bis endlich die ersten vorgelagerten Häuser in Sicht kamen.

Er nahm sich ein Zimmer in einem Hotel im Zentrum der Stadt. Es war ein elegantes Gebäude mit schmucker Sandsteinfassade und einer Veranda mit verspielter Holzbrüstung. Streng genommen, dachte er sich, während er zusah, wie ein Hausdiener seine Anzüge ordentlich auf dem Bett ausbreitete, verkörperte das Hotel all das, was er an seinem Stadtleben vor Glengownie so sehr gehasst hatte, dass er in die Wildnis gezogen war.

Morgen wollte er O'Flaherty besuchen, einen alten Freund, der seit Jahren in der Stadt lebte und möglicherweise eine geeignete Heiratskandidatin kannte. Aber erst einmal brauchte er einen Drink, um sich Mut zu machen für die Aufgabe, die vor ihm lag.

Im Saloon unten im Erdgeschoss ging es ziemlich laut zu, und die Luft war völlig verräuchert. Auf seinem Weg zum Tresen nickte Hedley freundlich einigen Bekannten zu.

»Tarlington, altes Haus!« Eine Hand klopfte ihm kraftvoll auf den Rücken. Obwohl er die Stimme Jahre nicht mehr gehört hatte, erkannte er sie sofort wieder. Poulson, der Inhaber eines Zulieferers, mit dem er früher regelmäßig zu tun gehabt hatte. Er wandte sich der Stimme zu.

»Sie sind es also tatsächlich«, fuhr Poulson fort, ergriff Hedleys Hand und schüttelte sie überschwänglich. »Schön, Sie mal wiederzusehen. Das muss ja mindestens fünf Jahre her sein.«

»Sieben«, sagte Hedley, nachdem er in Gedanken kurz nachgerechnet hatte.

»Sie sind also zu Besuch in der Stadt. Was gibt es denn für einen besonderen Anlass? Kommen Sie. Ich lade Sie auf einen Drink ein. O'Flaherty hat mir erzählt, Sie hätten sich da draußen im Busch einen Namen gemacht.«

Bei der Erwähnung von O'Flaherty wurde Hedley von seinem Gegenüber abgelenkt und musste wieder an den Grund für seinen Aufenthalt in der Stadt denken. Aber er konnte wohl kaum Poulson, der nach sieben Jahren fast ein Fremder war, auf die Nase binden, dass er gekommen war, um sich eine Frau zu suchen. Plötzlich kam er sich sehr alt und dumm vor.

»O'Flaherty? Sehen Sie ihn denn regelmäßig?«

»Gewiss«, entgegnete Poulson und schob ein Glas Bier über den Tresen auf ihn zu. »Ich habe ihn erst letzte Woche gesehen, wenn auch nur flüchtig.« Er schüttelte den Kopf und blickte starr geradeaus. »Furchtbare Geschichte.«

Hedley horchte auf. »Was meinen Sie? Was ist denn passiert? Ist ihm etwas zugestoßen?«

Poulson strich mit dem Daumen über das glatte Holz der Bar. »Natürlich, Sie können nichts davon erfahren haben draußen im Busch«

»Wovon zum Teufel sprechen Sie überhaupt?«

»Von seiner Tochter. Sie ist, Sie wissen schon ...« Poulson klopfte sich vielsagend auf den dicken Bauch.

»Hat O'Flaherty Ihnen das erzählt?«

»Nein. Einer meiner Angestellten hat eine Schwester, die als Hausmädchen bei O'Flaherty arbeitet. Offenbar hat es einen Riesenskandal gegeben. Das Mädchen weigert sich, den Namen des Burschen zu nennen, und O'Flaherty glaubt, sie wollte ihn nur schützen. So wie ich das sehe, wird er dem Kerl die Birne wegpusten, wenn er je seine Identität erfährt. Aber man sagt, O'Flaherty hätte dieser Schlag aus der Bahn geworfen. Er hat so große Stücke auf sie gehalten. Immerhin ist sie sein einziges Kind.«

Hedley versuchte, sich an das Mädchen zu erinnern, aber vergeblich. O'Flaherty war ein paar Jahre älter als er selbst und hatte erst spät geheiratet. Seine Frau war dann kurz nach der Geburt des Kindes gestorben. Verschiedene Haushälterinnen hatten das Mädchen großgezogen. Das Letzte, was er gehört hatte, war, dass sie nach England geschickt worden war, um eine, wie O'Flaherty sich ausgedrückt hatte, anständige, ›nichtkoloniale‹ Erziehung zu genießen.

»Soso. Ich wollte ihn eigentlich morgen besuchen, aber wenn es Probleme gibt ...« Er sah seine Pläne schon in sich zusammenfallen wie ein Kartenhaus. In seiner Naivität hatte er auf O'Flahertys Unterstützung gebaut. Und er hatte nicht viel Zeit; Randolph und Cordelia erwarteten ihn innerhalb einer Woche zurück.

»Ich würde sagen, wenn O'Flaherty jetzt eins braucht, dann jemanden, der ihm hilft, seine Probleme zu vergessen, sei es auch nur für ein paar Stunden.«

»Vielleicht haben Sie Recht.« Noch bestand Hoffnung.

»Natürlich wäre das alles nicht passiert, wenn sie eine Mutter hätte. Eine Frau ist für einen funktionierenden Haushalt unentbehrlich.«

Als Hedley am Abend zwischen die gestärkten Laken schlüpfte, gingen ihm Poulsons Worte nicht mehr aus dem Sinn. Er dachte an Cordelia, wie sie weinend in seinem Bett saß. Hörte, wie er bei der Erinnerung scharf die kühle Nachtluft einsog.

In einem funktionierenden Haushalt ist eine Frau unentbehrlich.

Die Ereignisse der vergangenen Wochen hatten bewiesen, dass Poulson damit absolut Recht hatte.

KAPITEL 4

O'Flaherty, den Hedley voller Zuneigung als ›schwarzhaarigen irischen Klotz‹ bezeichnete, war ein gerissener und cleverer Geschäftsmann. Die beiden Männer hatten sich an Bord der *Dumfries* kennen gelernt, jenes Schiffes, mit dem sie 1839 den Klauen Londons entkommen und in die blühende, noch junge Stadt

Adelaide gelangt waren. Gemeinsam waren sie über Land nach Norden gereist, wobei sie unterwegs verschiedene Gelegenheitsarbeiten angenommen hatten, um ihre Weiterreise zu finanzieren. Schließlich hatten sie Brisbane erreicht, eine noch kleine, auseinander gezogene Ortschaft, die sich eben erst von den Fesseln der Obrigkeit frei gemacht hatte. Mehrere Glücksfälle, verbunden mit der Bereitschaft, hart zu arbeiten, und gepaart mit untrüglichem Geschäftssinn, hatten sie reich gemacht. Heute besaß O'Flaherty mehrere Warenhäuser, eine Fabrik am Fluss sowie zahlreiche Immobilien überall in der Stadt.

Am nächsten Morgen war Hedley überrascht, die Fabrik, von der aus O'Flaherty seine Geschäfte führte, geschlossen vorzufinden. Perplex ging er von dort zur Privatadresse seines alten Freundes, einer großen Sandsteinresidenz in bevorzugter Lage am Fluss. Dort traf er auf ein Chaos. Große, sorgfältig verschlossene Packkisten stapelten sich auf den Veranden, Hausangestellte hasteten geschäftig mit weiteren Kisten hin und her.

O'Flaherty öffnete auf sein Läuten hin persönlich und empfing Hedley überschwänglich.

»Tarlington! Sie kommen mir gerade recht. Ich wollte mich vor unserer Abreise noch verabschieden, wusste aber nicht, wie ich Sie erreichen sollte, so abgeschottet wie Sie im Busch leben. Was für ein Glück, dass Sie noch rechtzeitig vorbeischauen.« Trotz der an den Tag gelegten Jovialität seines alten Bekannten entging Hedley die leise Trauer nicht, die aus seinen Zügen sprach.

»Sie reisen ab?«

O'Flaherty führte Hedley in den geräumigen Salon, in

dem noch einige Sessel standen, und bedeutete einem Hausmädchen, ihnen Erfrischungen zu bringen.

»In weniger als einer Woche. Ich habe alles verkauft. Wir kehren zurück in die Heimat. Ich habe schon länger davon geträumt. Ich habe genug Geld angehäuft und möchte Irland wiedersehen, bevor ich sterbe.«

»Was soll das Gerede vom Sterben? Dann gehen Sie nicht zurück nach Queensland?«

Hedley nahm aus den Augenwinkeln eine Bewegung war. In einer Ecke des Raumes saß eine junge Frau und nähte, das anmutige Gesicht von rabenschwarzem Haar umrahmt. Mit einem schüchternen Lächeln schaute sie zu den zwei Männern herüber.

O'Flaherty folgte Hedleys Blick. »Sie werden sich nicht an meine Tochter Bridget erinnern. Bridie, sag unserem Gast guten Tag.«

Das Mädchen flüsterte einen Gruß und beugte sich dann wieder über seine Näharbeit. Ein Hausmädchen brachte eine Karaffe Whisky und einen Krug Wasser, dazu Gläser und eine Platte mit Sandwiches. O'Flahertys Tochter klemmte sich ihr Nähzeug unter den Arm und zog sich diskret zurück.

O'Flaherty schenkte ihnen zwei großzügige doppelte Whisky ein und gab dann jeweils zwei Fingerbreit Wasser dazu. »Cheers«, sagte er und prostete seinem Gast zu. Er trank einen Schluck. »Also, mein Freund, was führt Sie nach Brisbane? Hatten Sie das Bedürfnis nach einigen Annehmlichkeiten der Zivilisation?« Er stieß Hedley leicht an und lachte laut.

»Ganz im Gegenteil«, entgegnete Hedley, entschlossen, ganz offen zu sein, was seine Absichten betraf. »Ich bin gekommen, um mir eine Frau zu suchen.«

»Eine Frau? Nach all den Jahren, in denen Sie allein gelebt haben? Ich dachte, aus Ihnen wäre längst ein eingefleischter, verknöcherter Junggeselle geworden.«

»Ich habe mich gefragt, ob Sie vielleicht eine Frau wüssten, die in Frage käme. Eine Dame, vielleicht eine Witwe.«

O'Flaherty rieb sich mit nachdenklichem Blick das Kinn. »Nun, ich hätte da schon so eine Idee.«

»Ja?« Hedley beugte sich in seinem Sessel vor. Vielleicht würde es ja viel leichter werden, als er erwartet hatte.

»Hören Sie, das kommt alles ein wenig plötzlich. Lassen Sie mich nachdenken. Ich habe heute Abend ein paar Freunde zu einem Abschiedsessen zu Gast. Kommen Sie doch auch. Es werden auch ein paar Damen dabei sein – alleinstehend, versteht sich. Meist Witwen mit tadelloser Herkunft. Vielleicht ist eine darunter, die Ihnen zusagt. Das wäre eine ideale Gelegenheit für Sie, sie kennen zu lernen. Wenn Sie einverstanden sind, dann lasse ich ein zusätzliches Gedeck auflegen.«

Später am selben Abend saß Hedley an einem Tisch, an dem es recht lebhaft zuging, O'Flahertys Tochter Bridie gegenüber. Auf den ersten Blick hatte er sie bereits hübsch gefunden mit dem dunklen Haar, das sie zurückgekämmt und im Nacken zu einem Knoten geschlungen hatte, den grünen Augen und dem breiten, sinnlichen Mund, und als sie sich dann während der Mahlzeit unterhielten, stellte er fest, dass sie darüber hinaus intelligent und blitzgescheit war.

Sie trug ein lilafarbenes Kleid mit tiefem Dekolleté, das die weiche Rundung ihrer Brüste hervorhob. Der Schnitt verriet ihm, dass das Kleid O'Flaherty ein kleines Vermögen gekostet hatte. In der kleinen Vertiefung an ihrem milchweißen Halsansatz ruhte eine Kamee an einem schmalen Seidenbändchen, das die gleiche Farbe hatte wie das Kleid. Im Laufe des Abends ertappte er sich mehrmals dabei, wie sein Blick fast magisch zu diesem Punkt hingezogen wurde, und er stellte sich vor, sacht mit den Fingerspitzen ihre Haut zu streicheln, die schimmerte wie Seide.

Verglichen mit Bridie wirkten die Witwen, von denen Hedley ursprünglich eine als in Frage kommende Kandidatin eingestuft hatte, durchschnittlich und uninteressant. Ihre Konversation war zum Einschlafen langweilig, und sie alle hatten zu viel Rouge aufgetragen. Es dauerte nicht lange, und er erkannte, dass die einzige Frau im Raum, die seine Blicke auf sich zog, Bridie O'Flaherty war.

Müde von diesem angenehmen Abend kehrte Hedley zurück in sein Hotel. Das Klappern der Hufe seines Pferdes hallte laut in den verwaisten Straßen. Die Straßenlaternen warfen Schatten auf das Pflaster. Er war ganz versunken in Gedanken an sie, stellte sie sich auf Glengownie vor, wie sie abends auf ihn wartete, wenn er erschöpft und staubig von den Weiden kam. Bei dem Gedanken wurde ihm ganz warm ums Herz. Er sah sie in jeder dunklen Gasse, das Haar schwarz wie Kohle, die Haut samtweich, die vollen Lippen, die ihn über die festlich gedeckte Tafel hinweg anlächelten.

Am nächsten Vormittag saß er erneut auf einem mit Brokat bezogenen Stuhl in O'Flahertys Salon. O'Flaherty sah angestrengt und blass aus, einen besorgten Ausdruck auf dem Gesicht.

»Nun?«, erkundigte sich Hedleys Gastgeber, als sie

beide starken schwarzen Kaffee tranken. »Darf ich annehmen, dass Sie sich gestern Abend gut amüsiert haben?«

»Allerdings. Aber ich bin nicht nur gekommen, um Sie zu diesem wundervollen Abend zu beglückwünschen. Es gibt noch einen anderen Grund für meinen heutigen Besuch.« Es brachte nichts, um den heißen Brei herumzureden oder sich mit Nichtigkeiten aufzuhalten.

»Ach! Tatsächlich?«

Hedley stand auf und ging ans Fenster. Er blickte auf den gepflegten Rasen hinter dem Haus. Er wollte lieber nicht sehen, wie sein alter Freund auf seine Worte reagierte. Was hatte Poulson doch gleich gesagt? *Man sagt, O'Flaherty hätte dieser Schlag aus der Bahn geworfen. Er hat so große Stücke auf sie gehalten. Immerhin ist sie sein einziges Kind.*

Hedley drehte sich um, holte tief Luft und fuhr fort. »Ich weiß über Bridie und ihr Kind Bescheid.« O'Flaherty schnappte nach Luft, aber Hedley hob eine Hand, um ihm zu signalisieren, er solle jetzt nichts sagen. »Woher ich es weiß ist unwichtig.«

O'Flaherty seufzte müde, beugte sich vor und barg das Gesicht in den Händen. Als er sprach, klang seine Stimme gedämpft. »Ich habe nächtelang kein Auge zugetan. Zweifellos hat sie Schande über die Familie gebracht. Gott sei Dank muss ihre Mutter das nicht mehr erleben.«

»Sie haben ein Problem. Sie können sie nicht hier zurücklassen, schwanger und allein. Andererseits, was wollen Sie der Familie daheim sagen?«

»Glauben Sie, darüber hätte ich mir nicht bereits den Kopf zerbrochen?«

»Und was für Alternativen gibt es noch?«

O'Flaherty schüttelte den Kopf. »Keine. Welcher Mann würde eine Frau wollen, die den Bastard eines anderen unter dem Herzen trägt?«

»Wie weit ist die Schwangerschaft fortgeschritten?«

»Ich habe erst vor zwei Wochen davon erfahren. Wir haben überlegt, das Kind wegzumachen, aber sie will nichts davon wissen. Außerdem ist derzeit kein Arzt in der Stadt, und ich kann sie schlecht zu einer dubiosen Engelmacherin in einem schmutzigen Hinterhof schicken.«

»Es gibt nur eine Lösung, O'Flaherty.«

O'Flaherty wandte sich Hedley langsam zu, einen fragenden Ausdruck auf dem Gesicht. »Was meinen Sie, Tarlington?«

»Ich würde Ihre Tochter gerne heiraten. Habe ich Ihre Erlaubnis, sie zu fragen?«

»Sie wollen Bridie heiraten?«

»Fakt ist, dass ich sie charmant, geistreich und wunderschön finde.« Hedley lachte knapp. »Aber wem sage ich das?«

»Sie würden Sie heiraten, obwohl ...?«

Die Worte, die Hedley fast die ganze Nacht geprobt hatte, sprudelten nun aus ihm hervor. »Ich brauche eine Frau. Bridie braucht einen Vater für ihr Kind. Das Ansehen des Namens O'Flaherty wird gewahrt.«

»Das wäre eine Lösung.«

»Das wäre die perfekte Lösung. Bridie kann hier in der Kolonie bleiben. Sie brauchen Sie nicht mit in die Heimat zu nehmen und zu lügen, um ihren Zustand zu erklären. Ich gebe zu, mein Haus auf Glengownie ist nichts Besonderes, aber es ist gemütlich. Bridie und meine Tochter Cordelia sind im gleichen Alter. Sie würden einander Gesellschaft leisten.«

»Wenn ich sie vor meiner Abreise unter die Haube bringen könnte, würde mir das eine große Last von den Schultern nehmen. Ich kenne Sie, Hedley. Ich weiß, dass Sie bei Ihnen in guten Händen wäre.«

»Dann habe ich Ihre Erlaubnis, um ihre Hand anzuhalten?«

»Ja.«

»Noch eins. Bitte sagen Sie ihr noch nichts. Ich wäre gern derjenige, von dem sie es erfährt.«

Hedley blieb weniger als eine Woche Zeit bis zu seiner geplanten Rückkehr nach Glengownie, nur Tage, um sich über seine neu erwachten Gefühle klar zu werden. Am nächsten Morgen fuhr er mit O'Flahertys Erlaubnis mit Bridie in einem offenen Buggy durch die Stadt zum Strand. Sie war auf der Fahrt sehr ruhig und wirkte ganz in die Betrachtung der Landschaft vertieft. Hedley konnte sie zu keiner richtigen Unterhaltung bewegen. Er fragte sich flüchtig, ob O'Flaherty ihr nicht doch von seinen Absichten erzählt hatte, und da wusste er auch nicht mehr, was er sagen sollte.

Sie setzten sich im Schatten einer Tamarinde auf eine Decke und machten sich über den Inhalt eines Picknickkorbes her, den O'Flahertys Haushälterin gepackt hatte. Als die zweite Flasche Wein geleert war, wusste Hedley ganz ohne Zweifel, dass er zärtliche Gefühle für sie hegte. Er wollte sie in die Arme nehmen, die Wärme ihres Körpers fühlen, etwas Farbe in ihre blassen Wangen streicheln.

»Ich möchte Sie heiraten«, sagte er stattdessen und griff nach ihrer Hand.

Sie war sichtlich verdutzt und machte große Augen. »Mich heiraten?«, stammelte sie. »Aber ich ...«

»Ich weiß von dem Baby«, unterbrach er sie freundlich. »Niemand in Glengownie müsste je davon erfahren. Was mich betrifft, wäre dieses Kind ein Tarlington. Ich will gar nichts von dem richtigen Vater wissen. Wenn Sie Ja sagen, werden wir eine Übereinkunft treffen, dieses Thema nie wieder zur Sprache zu bringen.«

Er erschrak, als sie ganz plötzlich in Tränen ausbrach. Er kam sich linkisch vor und wusste nicht, ob er sie trösten oder mit ihren Gefühlen allein lassen sollte. Schließlich entschied er sich gegen Letzteres, rückte näher an sie heran und nahm sie in die Arme. Sie war ein so zierliches junges Ding, so zerbrechlich und klein, dass sie ihm kaum bis zur Schulter reichte. Nach einiger Zeit beruhigte sie sich wieder und putzte sich die Nase. Hedley hielt sie auf Armeslänge von sich.

»Bitte sag, dass du meine Frau wirst. Es wäre für uns beide eine Lösung. Ich brauche eine Frau, und im Gegenzug gebe ich deinem Kind einen Namen. Ich erwarte nicht von dir, mich zu lieben. Ich wäre schon damit zufrieden, wenn du mich ein klein wenig mögen würdest.«

Zwei Tage später waren sie verheiratet.

Cordelia hörte spät an einem Septembernachmittag, wie der Buggy vor dem Haus zum Stehen kam.

»Vater! Vater!«, rief sie und lief aufgeregt zur Tür. Hedley war eine Woche zuvor abgefahren und hatte versprochen, ihr aus der Stadt Stoffe, Knöpfe und Bänder mitzubringen. Sie konnte es kaum erwarten, zu sehen, was er gekauft hatte.

Sie stürmte hinaus und blieb gleich darauf wie ange-wurzelt stehen. Ihr Vater half einer Frau aus der Kut-sche. Sie sah noch sehr jung aus, richtig hübsch, und trug ein weißes Kleid aus dünnem, fließendem Stoff. Der Wind drückte das Kleid an ihren schlanken Körper, und sie zog die elegante Stola fester um die Schultern. Hed-ley sah sehr schick aus in einem neuen mittelgrauen Anzug. Furcht übermannte sie, und ihre Knie wurden weich. Halt suchend lehnte sie sich an den Verandapfos-ten. Warum brachte er diese Frau nach Glengownie? Wo sollte sie schlafen? Er hätte sie wenigstens vorwarnen können, dass er Besuch mitbringen würde.

»Wo ist Randolph?«, fragte Hedley, hakte die Frau un-ter und führte sie auf Cordelia und die Hütte zu.

»Er treibt Vieh auf die hinteren Weiden und wird erst heute Abend zurück sein.«

»Er ist also nicht da. Cordelia, das ist Bridie. Sie ist meine neue Frau. Wir wurden gestern im Büro des Frie-densrichters in Brisbane getraut.« »Möchtest du sie nicht auf Glengownie willkommen heißen?«

Cordelia war wie vor den Kopf geschlagen. »Aber ... Mutter ... Es ist noch keine zwei Jahre her, dass sie ge-storben ist!«, rief sie aus.

»Etikette!«, schnaubte Hedley verächtlich. »Es war keine Zeit, sich wegen solcher Nichtigkeiten den Kopf zu zerbrechen.«

»Aber Vater. Du hast nie erwähnt ... du hast nie ge-sagt, dass du ...«

Hedley lächelte und legte seiner jungen Frau einen Arm um die Taille. »Ehrlich gesagt, ist alles sehr schnell gegangen. Als wir gestern geheiratet haben, kannten wir uns erst seit drei Tagen.«

»Drei Tage!«, keuchte Cordelia. Sie registrierte jetzt, dass die Frau nicht sehr groß war – sie reichte ihrem Vater gerade mal bis zur Schulter –, mit blauschwarzem Haar, Grübchen in den Wangen und einem warmen Lächeln. Sie reichte Cordelia eine behandschuhte Hand, die aber zog es vor, diese freundschaftliche Geste zu ignorieren.

»Manchmal ist das Leben voller Überraschungen«, sagte Hedley. Er drehte das Mädchen mit den schwarzen Haaren zu sich herum und drückte ihm einen Kuss auf die Stirn. »Bridie hier ist voller Überraschungen.«

»Überraschungen! Überraschungen! Ich hasse Überraschungen! Ich dachte, wir drei wären eine Familie. Du, Randolph und ich. Ich habe alles versucht, um dich glücklich zu machen, oder etwa nicht? Ich habe es versucht … ich habe mir wirklich große Mühe gegeben.«

Sie fühlte, wie ihre Lippen zitterten, und Tränen schossen ihr in die Augen. Das war nicht fair. Hedley gehörte ihr, und jetzt würde sie ihn mit dieser Fremden teilen müssen. Ungeduldig fuhr sie sich mit der Hand über das Gesicht, gedemütigt, dass die Fremde sie weinen sah.

Hedley legte ihr die Hände auf die Schultern. »Freu dich doch für uns, Cordelia.«

»Freuen!«, rief sie aus und schüttelte seine Hände ab. Ihr Vater kam ihr plötzlich vor wie ein Fremder. Dass er so etwas tun konnte, ohne ihr vorher ein Wort zu sagen … »Du kehrst nach einwöchiger Abwesenheit mit einer Frau zurück, von der du behauptest, sie wäre deine Frau, und erwartest ernsthaft, dass ich mich freuen soll. Und was ist mit Randolph? Oder hast du ihn vielleicht vorab ins Vertrauen gezogen? Ich schätze, er wird begeistert sein von seiner … Stiefmutter.«

»Mir wäre es lieber, ihr seht in mir eine Schwester«, meinte Bridie, »oder vielleicht eine Freundin.«

»Wie alt ist sie eigentlich?«, fragte Cordelia, als hätte Bridie nichts gesagt, und stemmte die Hände in die Seiten.

»Siebzehn.«

Cordelia nickte und fuhr sich mit der Zungenspitze über die Lippen.

»Das dachte ich mir. Warum hast du mir nicht gesagt, dass du wieder heiraten willst, anstatt heimlich zum Friedensrichter zu laufen.«

»Cordelia«, sagte Hedley traurig, »es ist geschehen. Und wir alle müssen damit leben. Vielleicht hätte ich eine Nachricht vorausschicken sollen, um euch vorzuwarnen. Vielleicht war es falsch von mir, euch damit zu überraschen. Aber bitte verwehre mir nicht diese Chance auf ein neues Glück.«

Cordelia entgegnete nichts darauf, sondern bedachte ihren Vater nur mit einem zornigen Blick und lief in ihr Zimmer. Sie wusste, dass er nie verstehen würde, dass sie ihr eigenes Leben um seins herum organisiert hatte, in der Überzeugung, er brauche niemanden außer ihr. Wie sehr sie sich geirrt hatte. Drei Tage! Mehr hatte Hedley nicht gebracht, um ihr Leben auf den Kopf zu stellen. Drei Tage!

»Lass sie.« Sie hörte Hedleys Stimme gedämpft durch die dünne Wand. »Keine Sorge, sie wird sich schon wieder beruhigen.«

»Eher friert die Hölle zu«, flüsterte Cordelia in sich hinein, als sie das Ohr an die geschlossene Tür drückte und lauschte. »Ich werde sie hassen bis in den Tod.«

KAPITEL 5

Der gute Hedley. Er gab sich solche Mühe, damit sie sich auf Glengownie willkommen fühlte.

Ungerührt von Cordelias Ausbruch maß er dem unhöflichen Empfang seiner Tochter keine weitere Bedeutung bei. »Es wird einige Zeit dauern, aber sie wird es verwinden«, versicherte er ihr. »Du musst verstehen, dass wir drei eine ganze Weile ganz für uns allein waren. Wir haben so unsere Gewohnheiten. Ich nehme an, es war ein ziemlicher Schock für sie, dass ich völlig unerwartet mit einer Ehefrau zurückgekommen bin. Vielleicht hätte sie dich freundlicher empfangen, wenn du alt und hässlich wärst«, lachte er.

Bridie war ziemlich sicher, dass Hedley irrte. Cordelia hätte keine andere Frau auf Glengownie willkommen geheißen. Sie hatte in Cordelias Augen einen Anflug von Hass gesehen, und ihre ganze Haltung hatte unverhohlene Feindseligkeit ausgedrückt, als wäre sie eifersüchtig auf Bridies Beziehung zu ihrem Vater.

Aber wenn Bridie Cordelias Reaktion merkwürdig erschienen war, so verwirrte ihr erster Eindruck von Hedleys Sohn Randolph sie noch mehr. Er kehrte am Abend sichtlich erschöpft heim. Er hatte Zäune gezogen, und seine Arme und Hände waren übersät von kleinen Kratzern und Schnitten vom Stacheldraht.

Nach einem ersten, ungläubigen Blick war er überaus charmant gewesen. Wie die Reise gewesen wäre?, hatte er gefragt. Und wie ihr Glengownie gefiele? Da er ihr gegenüber so freundlich war, bat sie Hedley, ihr eine Schüssel warmes Wasser zu bringen, und wusch Randolph dann Blut und Schmutz von den Armen. Cordelia, die sich endlich wieder blicken ließ, nachdem sie den ganzen Nachmittag schmollend auf ihrem Zimmer verbracht hatte, bedachte sie alle drei mit einem grimmigen Blick.

Am nächsten Tag sattelte Hedley zwei Pferde, und er und Bridie ritten in Richtung der Berge. Langsam, als nähme er Rücksicht auf ihren Zustand, führte er sie durch den dichten Wald zu der Ebene vor der Küste. Dort stiegen sie ab und ließen ihre Pferde grasen.

»Und, was meinst du?«, fragte er, als sie von einer kleinen Anhöhe aus den Blick über das Land vor ihnen schweifen ließen. In der Ferne, jenseits des Sumpflandes, konnte sie weißen Sand sehen, der ein Stück weiter ins blaue Meer überging. Der Himmel war strahlend blau. Die laue Luft strich ihr durch das Haar. Sie hatte das Gefühl, dass, wenn sie riefe, ihre Stimme meilenweit über das niedrige Gestrüpp hinweggetragen werden würde.

»Es ist wunderschön«, sagte sie. »Und so ruhig, verglichen mit der Stadt.«

»Ganz in der Nähe gibt es einen Ort, wo wir zu Mittag essen können. Wir können die Pferde sich selbst überlassen, sie werden sich nicht weit entfernen.«

Hedley nahm den Picknickkorb und bedeutete ihr, ihm in den Wald zu folgen. Galant hielt er die Äste zur Seite, damit sie vorbei konnte. Nach einer Weile gelangten sie an einen kleinen Bach, der sich vor einem kleinen Felsvorsprung staute und einen kleinen Teich bildete. Am Ufer wuchs üppiger Farn, dessen filigrane Blätter sich sacht im Wind wiegten. Schattenfetzen huschten über den Boden, dass es aussah, als wäre die Erde lebendig. Im Geäst der Bäume über ihnen schnatterten Papageien.

Hedley breitete eine Decke im Gras aus. »Das ist es«, sagte er. »Das ist mein Lieblingsplatz. Ich habe ihn vor Jahren bei einer Erkundungstour entdeckt. Du bist der erste Mensch, den ich je hergebracht habe.«

Bridie setzte sich, beeindruckt von diesem Geständnis. Dann hatte Cordelia diesen Ort noch nie gesehen? Irgendwie machte dieses Wissen sie glücklich. Hedley trat hinter sie und berührte die Spange, die ihr Haar hielt. »Darf ich?«

Sie nickte, auch wenn sie nicht wusste, was er vorhatte. Bislang hatten sie die Ehe nicht vollzogen. Die Hochzeitsnacht hatten sie in getrennten Zimmern im Haus ihres Vaters verbracht. Es hatte im ganzen Haus kein breites Bett gegeben, da der Hausstand aufgrund der bevorstehenden Abreise ausgelagert war. Und in der vergangenen Nacht, der ersten auf Glengownie, hatte Hedley bis in die frühen Morgenstunden mit Randolph am Küchentisch gesessen und Geschäftliches besprochen. Sie selbst war, müde von der Schwangerschaft, der langen Kutschfahrt und Cordelias feindseligem Empfang, früh zu Bett gegangen.

Hedleys Finger streiften ihre Wange, warm und überraschend weich für einen Mann, der seinen Lebensunterhalt mit der Landwirtschaft verdiente. Sie fühlte, wie ihr Haar auf ihre Schultern herabfiel, und ließ sich zurücksinken, bis sie den harten Boden durch die karierte Decke fühlte. Sie schloss die Augen und fühlte die Sonne warm auf ihrer Haut.

Sie fühlte sich schläfrig, lethargisch. Der leichte Geruch nach Pimentöl verriet ihr, dass Hedleys Gesicht ganz dicht bei ihrem war. Sie zwang sich, die Augen zu öffnen. Er saß neben ihr und betrachtete sie sehr eindringlich. Er hatte Falten um die Augen, und das Haar war an seinen Schläfen ergraut. Er hatte einen freundlichen Mund. Sie fragte sich flüchtig, wie seine Lippen sich auf den ihren anfühlen würden. Als hätte er ihre Gedanken gelesen, beugte er sich herab. Sie konnte ihn schmecken. Tabakgeruch. Er zog sie in seine Arme.

»Ich liebe dich«, sagte er schlicht und strich mit einem Finger über ihre Wange. »Ich wusste vom ersten Tag an, dass ich dich für mich haben musste. Vielleicht war das selbstsüchtig von mir. Ich hätte dir die Möglichkeit geben können, einen jüngeren Ehemann zu finden, jemanden, dem du dein Herz hättest schenken können. Aber wie impulsiv ich auch gehandelt haben mag, jetzt ist es getan. Ich bitte nicht um viel. Ich kann nur versprechen, dich und das Kind zu lieben, und irgendwann wirst auch du hier auf Glengownie so glücklich sein, wie ich es bin.«

Hedley. Er war so freundlich. Hatte er sie nicht vor einem Leben in Schande bewahrt? Und es schien ihm nichts auszumachen, dass sie von einem anderen schwanger war. Ihr Vater war so traurig und enttäuscht gewesen, dass er sie beinahe verstoßen hätte; er hatte ihr immer wieder vorgehalten, dass sie sein Leben und den guten Ruf seiner Familie ruiniert habe. Kein Mann würde eine Frau heiraten wollen, die ein uneheliches Kind geboren hatte.

Es hatte zahlreiche hitzige Streitgespräche gegeben, in denen ihr Vater immer wieder versucht hatte, ihr den Namen des Mannes zu entlocken, der seine einzige Tochter enterht hatte. Aber es wäre müßig gewesen, seinen Namen preiszugeben; er war ohnehin längst über alle Berge. Bridie hatte ihn nicht mehr gesehen seit jenem Tag, an dem sie ihm von ihrem Verdacht erzählt hatte, schwanger zu sein. Sie hatte keine Antwort bekommen, als sie am folgenden Tag an die Tür seines Zimmers im Gasthaus geklopft hatte, und ihre diskreten Nachforschungen hatten ergeben, dass er die Stadt mit einem vollbepackten Handpferd verlassen hatte. Ihr Vater hatte Recht. Sie hatte ihr Leben ruiniert. Und hier war Hedley, der ihr keinen Vorwurf machte, sondern sich vielmehr darüber sorgte, was sie von ihm halten mochte.

Sie nahm seine Hand und führte sie an ihrem Hals herab zu den Knöpfen ihrer Bluse. Die Häkchen fühlten sich hart und klein an. Sie holte tief Luft und löste sie eins nach dem anderen, ihren Körper von dem engen Stoff befreiend.

Er saß einen Augenblick nur da und betrachtete sie mit grenzenloser Zärtlichkeit. »O Gott!«, murmelte er schließlich. »Sieh dich nur an. Du bist so wunderschön. Ich habe dich gar nicht verdient.«

»Psssssst.« Sie legte ihm einen Finger auf die Lippen. »Nicht reden.«

Seine Lippen suchten ihre Brust. Sie fühlte die Wärme seiner Haut, seiner Lippen. Seine Hände wanderten sachte über ihren Körper, liebkosten sie, bis sie sich ganz leicht fühlte, als würde sie auf warmem Wasser dahintreiben. Noch nie hatte sie etwas Vergleichbares erfahren. Und die Liebe, die Zärtlichkeit, die er für sie empfand, beflügelte sie so, dass sie meinte, sich hoch in die Lüfte emporschwingen zu können wie eine Lerche an einem Sommertag. Sie lag da, fühlte sein Gewicht auf sich und konnte es kaum erwarten, ihn in sich zu fühlen.

»Wir müssen vorsichtig sein wegen des Babys«, sagte er, als er sich entkleidete.

»Dem Baby geht es gut«, erwiderte sie. »Halt mich nur fest.«

Ganz langsam liebte Hedley sie im hohen Gras. Er war zartfühlend und rücksichtsvoll. Die Papageien hoch oben im Geäst waren verstummt.

Hinterher zogen sie sich wieder an und aßen zu Mittag. Gelegentlich wandte sie den Kopf und ertappte ihn dabei, wie er sie beobachtete. Bridie fühlte sich unbehaglich. Sie fragte sich, was er wohl denken mochte. Hatte sie ihm Vergnügen bereitet, oder war er enttäuscht von ihr? Vielleicht fand er sie furchtbar naiv und unerfahren. Sie wusste einfach nicht, was in ihm vorging.

Nach einer Weile stand er auf und half ihr auf die Füße. Tapfer, da es noch recht frisch war, zog er sich aus und watete in das natürliche Wasserbecken.

»Komm«, rief er und winkte ihr zu, während er sich auf der Wasseroberfläche treiben ließ. »Es ist eiskalt, aber unglaublich erfrischend.«

Vor Kälte und Vergnügen quietschend watete sie hinein. Ihre Arme und Beine wurden schon bald taub. Hinterher ließen sie sich pitschnass auf die Decke fallen und hielten einander im Arm. Hedley zog sie an sich, und sie fühlte, wie seine Männlichkeit sich bereits wieder regte. Fürsorglich rieb er ihre eisigen Gliedmaßen, um sie zu wärmen.

Er nahm sie noch einmal, diesmal fordernder. Entspannter und mehr im Einklang mit ihren eigenen Gefühlen gab sie sich ihm rückhaltlos hin und genoss die Gefühle, die er in ihr weckte.

Es war wunderbar, atemberaubend.

Cordelia hielt insgeheim Ausschau nach Anzeichen von Unruhe, die darauf hindeuteten, dass Bridie unzufrieden war mit ihrem neuen Leben und bald in die Stadt zurückkehren würde. Aber Bridie hatte sich offenbar keine falschen Vorstellungen vom Leben auf Glengownie gemacht. Und so verfolgte Cordelia grimmig und unverhohlen feindselig, wie sie Hedley umsorgte.

»Wenn ich noch einmal sehe, wie sie Vater mit ihren großen Kuhaugen anhimmelt, schreie ich«, bemerkte sie eines Abends, nachdem Hedley und Bridie sich schon früh in ihr Zimmer zurückgezogen hatten.

Sie waren in der Küche, einem Anbau auf der Rückseite der Hütte. Sie bestand aus einem großen Raum mit geweißten Wänden und einem harten Lehmboden. Töpfe und Pfannen hingen in einem geordneten Durcheinander an großen Haken von der Decke.

Cordelia beugte sich vor. Wütend stach sie mit dem Schürhaken in die glühenden Kohlen, dass ein Funkenregen durch den Kamin aufstieg.

»Beruhige dich, Cordelia«, ermahnte Randolph sie und blickte von der Tasse Tee auf, die er sich gerade einschenkte. Entschlossen stellte er die Teekanne auf den Tisch. »Du zündest noch das Haus an. Im Übrigen bist du nur eifersüchtig, weil du jetzt das Haus mit einer anderen Frau teilen musst.« Er gab zwei gehäufte Löffel Zucker in seinen Tee und rührte kräftig um.

»Sei nicht albern. Warum sollte es mich stören, dass

sie die Hausarbeit übernommen hat. Ich habe jetzt deutlich mehr Freizeit.«

»Bridie wird bleiben, ob es dir passt oder nicht. Und ganz egal, wie sehr du sie auch fortwünschen magst, du wirst doch nichts an ihrer Anwesenheit ändern. Vielleicht solltest du dich einfach damit abfinden. Sie macht Vater glücklich. Hass ist ein so sinnloses Gefühl, Cordelia. Reine Kraftverschwendung. Außerdem wird er leicht zur Besessenheit und trübt das Urteilsvermögen.«

Randolphs Worte verletzten sie. Sie hatte erwartet, dass er sich auf ihre Seite gegen Bridie stellen würde. Sie warf ihm einen verzweifelten Blick zu. »Du bist ein Mann. Du verstehst das nicht. Es ist so widerlich. Vater hat eine Frau, die so jung ist, dass sie seine Tochter sein könnte. Er hätte jemanden wählen sollen, der altersmäßig zu ihm passt.«

Randolph lachte schallend. »Als ob es eine Rolle gespielt hätte. Und das weißt du ganz genau. Du hättest an jeder etwas auszusetzen gehabt, bei jeder einen Grund gefunden, sie zu hassen.«

»Das stimmt nicht. Das klingt ja so, als wäre ich ein richtiges Biest, Randolph.«

»Schade, dass du nicht etwas diskreter bist.«

»Ich sollte diskreter sein, ja? Fass dir doch an die eigene Nase. Mir ist nicht entgangen, wie du sie anstarrst, wenn du dich unbeobachtet fühlst.«

Er senkte den Kopf, bis sein Gesicht dicht vor ihrem war. »Meine Angelegenheiten haben dich nicht zu interessieren. Offensichtlich brauchst du etwas, das dich von deinem eigenen Hass ablenkt. Etwas, dass deine Besessenheit in andere Bahnen lenkt.«

»Hör auf«, zischte sie.

»Das ist doch nur die Wahrheit ... Ich bin deine Provokationen leid, dein ständiges Sticheln und deine Boshaftigkeiten. Anfangs war es ja noch ganz lustig zu sehen, wie du dich aufplusterst. Inzwischen geht es mir nur noch auf die Nerven. Wie auch immer, ich gehe jetzt schlafen. Ich habe genug von diesem Hickhack. Gute Nacht.«

Cordelia saß allein in der dunklen Küche und dachte darüber nach, wie unfair das alles war. Und nicht einmal ein Funken Mitgefühl von Randolph. Sie hatte geglaubt, er würde sich durch die plötzliche Heirat ihres Vaters in die eine oder andere Richtung lenken lassen, aber nein, er tat so, als wäre das Ganze eine akzeptable Veränderung ihrer aller Leben. Cordelia vergrub das Gesicht in den Händen und weinte bitterlich.

Die Kohlen in der Feuerstelle erkalteten langsam. In der Küche wurde es kalt. Steif stemmte sie sich aus ihrem Stuhl und ging schlafen.

So ist das also, dachte sie. Sogar Randolph lässt mich im Stich.

Was er Cordelia gesagt hatte, entsprach der Wahrheit; Hass war tatsächlich eine sinnlose Empfindung. Randolph Tarlington hatte aus Erfahrung gesprochen. Er kannte dieses Gefühl nur zu gut. Es nagte an seinen Eingeweiden, raubte ihm den Verstand. Es hielt ihn davon ab, klar zu denken. Und ganz gleich, was er auch unternahm, um dieses Gefühl loszuwerden, es ließ sich einfach nicht abschütteln.

Der Schmerz, den er empfand, seit er vom Tod seiner Mutter erfahren hatte, war kaum weniger geworden.

Rückblickend war er zu dem Schluss gekommen, dass ihre Rückkehr nach England unnötig gewesen war. Sie hätte ebenso gut in die Stadt zurückkehren können, wo Randolph sie dann besucht hätte. Vielleicht hätten sie und Cordelia auch in dem Haus in Brisbane bleiben und nie nach Glengownie kommen sollen. Der Busch war kein Ort für eine Frau.

Hedley hatte seine Mutter weggeschickt. Und wenn sie nicht an Bord dieses Schiffes gewesen wäre, auf dem das tödliche Fieber grassierte, wäre sie noch am Leben. Und nun hatte Hedley eine neue Braut nach Hause gebracht. Es war, als hätte er Mutter völlig aus seinen Gedanken verbannt, als ob sie nie existiert hätte. Hedley hatte keine zweite Chance auf Glück verdient. Seine Mutter hatte auch keine zweite Chance bekommen.

Im Laufe der Tage ertappte Randolph sich dabei, wie seine Gedanken immer mehr um Bridie kreisten. Ohne dass es ihr bewusst war, verzauberte sie ihn mit ihren strahlenden Augen und ihrem unwiderstehlichen Lächeln. Er beobachtete sie, verfolgte brütend jeder ihrer Bewegungen und wartete auf ein Zeichen dafür, dass sie ihn bewusst wahrnahm. Aber sie hatte nur Augen für seinen Vater und schien ihn gar nicht zu sehen.

In seiner Verzweiflung ersann er Mittel und Wege, in ihrer Nähe zu sein. Er stand unbemerkt im Schatten der Weiden und sah ihr dabei zu, wie sie nackt im Fluss badete und das Wasser glitzernd über ihre vollen Brüste rann. Er presste die Finger auf den Mund und stellte sich vor, wie es wäre, ihre Lippen auf den seinen zu fühlen. Er versuchte, sich Bridie und seinen Vater bei der Liebe vorzustellen, aber vergeblich. Und so lauschte er den gedämpften Geräuschen ihres Liebesspiels durch die dünne Trennwand und fühlte, wie sein ganzer Körper sich anspannte vor Verlangen.

Sie gehörte seinem Vater, aber eines Tages würde sie ihm gehören. Das würde seine Rache sein. Das würde ihn von seinem Hass auf Hedley befreien.

Derweil beobachtete Randolph Cordelia und verfolgte belustigt, wie seine Schwester ihre Verachtung für Bridie herausließ. Sie konnte kein gutes Haar an der neuen Frau ihres Vaters lassen. Er wusste, dass der Verlust von Hedleys exklusiver Zuneigung die eigentliche Wurzel des Übels war und nicht die vorgeschobene Schamlosigkeit seiner Ehe mit einer um so vieles jüngeren Frau. Doch bald schon ging ihm ihre ständige Bissigkeit auf die Nerven, bis er schließlich gewissermaßen in Notwehr sorgfältig ausgesuchte Worte abfeuerte und ihre Gedanken sezierte, bis er wusste, dass Eifersucht und Verzweiflung sie fast um den Verstand brachten.

Cordelia! Sie war zu offensichtlich in ihrer Ablehnung, zu offen. Subtilität hieß das Zauberwort. Durch Diplomatie ließ sich mehr erreichen, durch sanfte Beeinflussung von Gedanken und Gefühlen ließ sich der Lauf der Dinge viel eher verändern. Und wenn er vorsichtig war, wenn er überlegt vorging, würde er keine Spuren hinterlassen, die sich bis zu ihm zurückverfolgen ließen.

An einem heißen Morgen drei Monate nach Bridies Ankunft auf Glengownie, begleitete Cordelia ihn in den Stall, wo er ein Pferd sattelte; er wollte die Grenzen abreiten auf der Suche nach mehreren vermissten Rindern.

»Noch ein Tag mit dieser Frau, und ich werde verrückt«, beklagte sie sich, als sie die Stalltür hinter sich schloss. Drinnen war es kühl und roch nach Häcksel und Melasse. Sonnenlicht fiel durch Ritzen in den Wänden herein.

Randolph seufzte; offenbar stand ihm ein weiterer Streit bevor. Sie konnten scheinbar nicht mehr miteinander reden, ohne sich letztendlich anzuschreien.

»Sieh mich nur an«, fuhr sie fort. »Im Haus eingesperrt. Mit ihr! Manchmal glaube ich, Vater tut das mit Absicht, nur um mich zu ärgern.«

»Das ist ja auch nicht besonders schwer. Mir scheint, in letzter Zeit ärgerst du dich einfach über alles. Im Übrigen könntest du ja auch weggehen.«

»Was?! Glengownie verlassen?« Sie lachte schrill. »Sei nicht albern!«

»Erzähl mir nicht, du hättest noch nie daran gedacht«, fuhr er fort, in dem Wissen, dass ein Streit sich nun nicht mehr vermeiden ließ. Er grinste in sich hinein. Wenn schon, dann richtig. »Hast du schon mal an Brisbane gedacht? Du hast doch Mutters Erbe, und ich bin sicher, dass Vater nichts dagegen hätte. Außerdem gäbe es dort keinen Mangel an heiratsfähigen Männern.«

»Damit sie hier in aller Ruhe meine Position untergraben kann? Das hier ist auch mein Zuhause, Randolph. Außerdem ... du wirst doch nicht ernsthaft annehmen, dass sie bleiben wird, oder? Sei nicht albern. Sie wird den mangelnden Komfort bald leid sein.«

»Du übersiehst da eine Kleinigkeit, Schwesterchen. Bridie kann nirgendwohin. Sie wird nicht gehen. Nicht bald, und überhaupt nie. Das hier ist jetzt auch ihr Zuhause.«

Randolph hob ächzend den schweren Sattel auf den

Pferderücken. Er hatte genug von ihren ewigen Klagen. Immer war Bridie an allem schuld. Bridie dies, Bridie jenes! Warum konnte sie die Dinge nicht endlich akzeptieren, so wie sie waren, und in die Zukunft schauen? Er lachte; es klang bitter. »Cordelia, meine Liebe, was du brauchst, ist ein Mann ganz für dich allein. Jemand, der dich auf andere Gedanken bringt.«

»Werd nicht vulgär.«

»Aber es stimmt doch. Es geht doch im Grunde gar nicht um Bridie. Es geht um Vater.«

»Was redest du da?«

»Mir ist nicht entgangen, wie du ihn ansiehst. Er ist doch nicht dein Liebhaber, verdammt nochmal.«

»Blasphemie steht dir nicht gut zu Gesicht. Mutter wäre schockiert, wenn sie dich hören könnte!«

Randolph seufzte. Wie immer, wenn er ihre Anhänglichkeit gegenüber Hedley kritisierte, schaffte sie es, ihm den Schwarzen Peter zuzuspielen. »Lenk nicht vom Thema ab«, knurrte er. »Sieh dich doch an. Du siehst fast aus wie eine Eingeborene. Du solltest dich etwas mehr pflegen. So wie du aussiehst, bekommst du nie einen Mann.«

»Ach, halt doch den Rand und geh. Ich will gar keinen Mann. Ich will nicht heiraten. Sie wird bald wieder verschwinden, wart's nur ab. Verweichlichtes Stadtmädchen. Sie wird mit dem Leben hier draußen nicht fertig werden. Dann sind wir drei wieder unter uns. Wie früher. Du wirst es noch erleben.«

»Und wie kommst du darauf, dass sie gehen wird?«

»Sie ist schwanger«, zischte Cordelia mit verächtlich zusammengekniffenen Augen. »Sie wird ihr Baby nicht in der Wildnis aufziehen wollen. Was, wenn es krank wird oder gar stirbt? Vielleicht schickt Vater sie ja zurück in die Stadt.«

»Nein! Unmöglich.«

Sie lachte schrill. »Es ist so widerlich. Dabei sind sie erst ein paar Monate verheiratet.« Ihre Augen weiteten sich, als käme ihr plötzlich ein Gedanke. »Du glaubst doch nicht, dass er sie heiraten musste, oder? Vielleicht hatte er ...«

»Wer hat dir gesagt, dass sie schwanger ist?«, fiel Randolph ihr ins Wort. Er stand mit einem Fuß im Steigbügel da und fühlte Übelkeit in sich aufsteigen.

»Niemand, Dummkopf. Du kannst es selbst sehen, wenn du nur genau hinsiehst. Du bist ein blinder Idiot.«

Randolph nahm den Fuß wieder aus dem Steigbügel und fuhr herum. Er wollte ihre Behauptung abstreiten, wollte ihr eine Hand auf den Mund legen und ihr Lügenmaul zum Schweigen bringen. Sie war so voller Hass. Machte sie denn vor gar nichts Halt, nur um Bridie herabzuwürdigen? Er hob die Hand wie zum Schlag. Cordelia wich langsam zurück, Schritt für Schritt.

»Es ist wahr«, wiederholte sie. »Warum glaubst du mir nicht?«

»Das kann nicht sein! Du irrst dich, Cordelia! Es gibt kein Kind.«

»Warte, Randolph.« Ihre Stimme war kaum mehr als ein Flüstern. »Deine wunderbare Bridie wird noch einen Tarlington-Sohn zur Welt bringen. Einen weiteren Erben für Glengownie. Daran hast du bisher wohl nicht gedacht, was?«

Sie hatte Recht. Er hatte nie in Betracht gezogen, dass sein Vater noch ein Kind zeugen könnte. »Du irrst, Cordelia. Glengownie ist mein. Das hat Vater mir schon vor Jahren versprochen. Niemand kann es mir wegnehmen. Du bist nur eine boshafte alte Jungfer. Es ist wirklich höchste Zeit, dass du unter die Haube kommst und mit deinen widerlichen Verdächtigungen von hier verschwindest. Lass Bridie in Frieden, du rachsüchtige Krähe.«

Sie riss die Stalltür auf. Licht strömte herein, so grell, dass er blinzeln musste. »Die Zeit wird zeigen, dass ich Recht habe. Wenn es ein Junge ist, wirst du dein heiß geliebtes Land teilen müssen. Und was dann? Was wird dann aus Glengownie? Wird dir die Hälfte genügen?«

»Dazu wird es nicht kommen.«

Cordelia trat dichter an ihn heran, ihr Gesicht wutverzerrt. »Ich durchschaue dein lächerliches Spiel. Dass du sie begehrst, sieht doch ein Blinder. Die Frau deines Vaters! Es ist widerlich, zu sehen, wie du sie förmlich mit den Blicken verschlingst, leidend wie ein liebestoller Kater.«

»Fahr zur Hölle, Cordelia«, schrie er, nicht länger in der Lage, ihre Anschuldigungen abzustreiten.

Er sah, wie sie zum Haus stürmte, und konnte sich eine letzte Beleidigung nicht verkneifen. »Xanthippe!«

Dann drehte sich ihm der Magen um, und er erbrach ins Stroh. Als der Würgereiz nachließ, sank er schwach und zitternd an die Holzwand.

Das Pferd stampfte auf, um lästige Fliegen von seiner Fessel zu verscheuchen, und schnaubte ungeduldig.

Cordelia hatte das Baby mit keinem Wort erwähnt, aber Bridie erkannte an der grimmigen Miene ihrer Stieftochter, dass diese Bescheid wusste. Sie hatte sich große Mühe gegeben, ihren wachsenden Leibesumfang zu verbergen, hatte trotz des anschwellenden Bauches ihr Korsett eng geschnürt, bis sie das Gefühl hatte zu platzen. Hedley hatte geschimpft und gemeint, sie würde noch dem Kind schaden.

»Was spielt es denn für eine Rolle«, sagte er eines Abends, als sie im Bett lagen. »Du bist jetzt eine verheiratete Frau. Außerdem wissen sie gar nicht, wann das Kind kommen soll. Alle gehen davon aus, dass es von mir ist. Das habe ich dir versprochen, und ich beabsichtige, dieses Versprechen einzuhalten.«

Sie liebte ihn dafür, für diese rückhaltlose Akzeptanz ihrer selbst. »Danke, Hedley«, entgegnete sie und rollte sich auf die Seite. Sein Gesicht hob sich vom helleren Umriss des offenen Fensters ab. »Ich habe nachgedacht. Es gibt da etwas, was ich gern für dich täte.«

»Und was sollte das sein?«, fragte er lachend und legte ihr einen Arm um die Taille. Dann legte er die Hand auf ihren Bauch und streichelte die kleine Wölbung. »Ich habe alles, was ein Mann sich nur wünschen kann. Mein Zuhause. Meine Gesundheit. Eine wunderschöne Frau.«

»Ich würde dir gerne ein Kind schenken.« Ihr war, als wollte er zu protestierenden Worten ansetzen, und sie legte ihm zwei Finger auf den Mund »Nein, sag nichts. Das wäre meine Art, dir zu vergelten, was du für mich getan hast. Du hast mich so genommen, wie ich war. Du hast keine Fragen gestellt. Du hast mir keine Moralpredigt gehalten. Das ist der einzige Weg, der mir einfällt, wie ich dir deine Güte vergelten kann.«

»Das war keine Güte, sondern ein Akt der Liebe.«

Ihre Kehle war plötzlich wie zugeschnürt, und ihre Augen füllten sich mit Tränen. Sie brachte keinen Ton hervor. Hedley gab so viel und verlangte im Gegenzug so wenig. Wenn sie dieses Kind zur Welt gebracht und ihr Körper sich von der Geburt erholt hatte, würde sie ihm das kostbarste Geschenk überhaupt machen: einen weiteren Sohn, der den Fortbestand des Namens Tarlington sicherte.

KAPITEL 6

Obwohl Bridie versuchte, ihre Sorge zu verdrängen, beobachtete Hedley Tarlington mit wachsender Verblüffung Cordelias zunehmenden Hass auf seine junge Frau. Seine Hoffnung, dass Cordelia und Bridie sich anfreunden würden, hatte sich nicht erfüllt. Da er sich seinen Fehler nicht eingestehen wollte, suchte er Entschuldigungen für das Verhalten seiner Tochter, ließ ihr Zeit, sich an die neue Situation zu gewöhnen, in der Hoffnung, dass sie sich doch noch mit den unabänderlichen Tatsachen abfand. Aber schließlich kam er nicht mehr umhin einzusehen, dass er sich etwas vorgemacht hatte. Er hätte wissen müssen, dass die Zeit Cordelia nicht versöhnlicher stimmen würde.

Die Anspannung zehrte an seinen Nerven. Er beobachtete, wie Bridie immer nervöser wurde wegen der ständigen Spannungen, und wusste, dass er nicht zulassen durfte, dass Cordelias Boshaftigkeit die Gesundheit seiner Frau oder des Ungeborenen beeinträchtigte. Es gab nur eine Lösung. Es war höchste Zeit, dass Cordelia Glengownie verließ.

Wie erwartet, gab es reichlich Tränen, gefolgt von hysterischem Geschrei. Sie hasse ihn, er zwinge sie, ihren Platz einer Fremden und ihrem Kind zu überlassen. Hedley erbleichte bei ihren hasserfüllten Worten, die Bridie durch die dünnen Wände unweigerlich mithören musste.

»Nein, Cordelia. Mein Entschluss steht fest«, entgegnete Hedley unnachgiebig. Er würde sich nicht erweichen lassen. »Ich habe in Brisbane Erkundigungen eingeholt. Es gibt da eine Witwe, eine Mrs. Simms, die ein Institut für junge Damen leitet. Die Mädchen dort werden etwa in deinem Alter sein. Töchter wohlhabender Landbesitzer aus dem Westen. Natürlich wirst du auch Unterricht haben. Deine Erziehung ist in den vergangenen Jahren sehr vernachlässigt worden. Und als meine einzige Tochter musst du angemessen in die Gesellschaft eingeführt werden, damit du einen ordentlichen Mann bekommst.«

»Ich will nicht heiraten«, protestierte sie unter Tränen. »Ich will nur hier bei dir auf Glengownie bleiben.«

Hedley brachte sie im Buggy nach Brisbane. Steif verabschiedete sie sich von Randolph, indem sie ihm förmlich die Hand schüttelte. Bridie ignorierte sie völlig. Hedley warf seiner Frau einen entschuldigenden Blick zu. Er würde sie nach seiner Rückkehr aus der Stadt die vergangenen schwierigen Monate vergessen machen. Vielleicht würden ja ein paar neue Kleider des Schneiders in der Charlotte Street, die speziell dazu ersonnen waren, ihren zunehmenden Umfang zu kaschieren, sie aufheitern.

Cordelia sprach nur wenig. Sie schmollte bereits, als sie der ersten Wegbiegung folgten und Glengownie ihren Blicken entschwand. Dann schaute sie ihrem Vater unverwandt in die Augen. Hedley zuckte zusammen angesichts der unverhohlenen Verachtung auf ihren Zügen.

»Das wirst du noch bereuen, Vater, das schwöre ich. Glengownie war mein Zuhause, und du hast nicht das Recht, mich von hier fortzuschicken. Ich werde niemals zurückkommen. Nicht, solange sie hier ist. Hast du verstanden?«

Und Hedley bezweifelte nicht, dass sie jedes Wort meinte, das sie sagte.

Randolph war überrascht, dass Cordelias Weggang tatsächlich eine Lücke in seinem Leben hinterließ. Nun hatte er niemanden mehr, mit dem er über die Zukunft von Glengownie sprechen konnte, und obwohl Cordelia ihn als Blitzableiter benutzt hatte, an dem sie ihren Hass auf Bridie auslassen konnte, erkannte er nun, da es zu spät war, dass sie trotz allem eine verwandte Seele gewesen war. An manchen Tagen schien Hedley sich gar nicht mehr für das Land zu interessieren, so sehr war er mit seiner neuen Frau beschäftigt.

Cordelia hatte Recht gehabt. Ungläubig beobachtete Randolph, wie Bridies Leib sich unter den Petticoats immer mehr rundete und sie mit fortschreitender Schwangerschaft immer schwerfälliger wurde. Fleißig nähte sie Kleidung für das Baby, niedliche Sachen, so winzig, als wären sie für eine Puppe bestimmt. Jeden Tag nähte sie mehrere Stunden lang, wobei das lange schwarze Haar ihr weich über die Schultern und den gebeugten Rücken fiel. Im fortgeschrittenen Stadium der Schwangerschaft bewegte sie sich nur noch watschelnd durch die Hütte, eine Hand beruhigend auf ihrem dicken Bauch ruhend.

Das Kind kam knapp acht Monate nach der Hochzeit. Eines Morgens, als die ersten Sonnenstrahlen eben erst begannen, die frostige Nacht zu vertreiben, machte Hedley sich auf den Weg, die Ehefrau eines der Rinderhirten zu holen, die auch als Hebamme agierte.

Randolph wurde hinausgeschickt, um nach den Rindern auf einer tief liegenden Weide in der Nähe zu sehen, als die Wehen einsetzten und ihr Körper von heftigen Krämpfen geschüttelt wurde. Trotz der Entfernung konnte er ihre Schreie hören, die sich gen Himmel erhoben wie ein Schwarm aufgeschreckter Krähen vom Kadaver einer verendeten Kuh. Er litt mit ihr, draußen auf der Weide, unter der sengenden Sonne.

Später schlüpfte er ins Zimmer und betrachtete sie im Schlaf. Ihre Wangen waren sehr blass, und tintenschwarze Strähnen ihres Haares waren über das Kissen gebreitet. Sie atmete stoßweise nach der Anstrengung, und ihre Brust hob und senkte sich gleichmäßig unter dem sauberen Laken. Das Baby, ein Junge, ganz so wie Cordelia es vorausgesagt hatte, lag neben ihr in seinem Bettchen. Von ihm war nur ein winziges runzliges Gesichtchen zu sehen, so vollständig war er in Decken gewickelt.

Sie nannte das Baby Hugh. Der Kleine war ein friedliches, anspruchsloses Baby, das zufrieden in seinem Körbchen lag und vor sich hin lachte und gluckste, wenn es nicht schlief. Jedes Mal, wenn Randolph die Küche betrat, war sie dort und mit dem Kleinen beschäftigt. Er sah, wie sie das Kind diskret in einer Ecke der Küche stillte, am Feuer, denn es war Winter, und eisiger Wind fuhr mit unheimlichem Pfeifen durch die Bäume und griff mit kalten Fingern durch jede Ritze der Hütte.

Es verging kein Tag, an dem Randolph nicht an sie dachte. In den Stunden, die er unter der blassen Sonne draußen auf den Weiden verbrachte, und auch in den schlaflosen Nächten, in denen er sich unruhig in seinem schmalen Bett herumwälzte, stellte er sich ihren Körper vor, ihren Mund, so weich unter seinem, ihr schwarzes Haar wie ein Schleier vor ihren nackten Brüsten. Diese Visionen frustrierten ihn noch mehr, bis er glaubte, vor Verlangen den Verstand zu verlieren. Vorsichtig plante und manipulierte er. Er konnte nicht mehr lange warten. Die Zeit nahte, da Bridie sein werden würde.

Hugh wuchs zu einem fröhlichen Kleinkind heran, das erste, wacklige Schritte in der Hütte unternahm, die kurzen, dicken Finger in Bridies Rock gekrallt. Er war dunkelhaarig wie seine Mutter und sehr stämmig, mit einem sonnigen Naturell und voller Neugier.

Sie hatten Cordelia nicht mehr gesehen, seit Hedley sie vor über einem Jahr in Mrs. Simms Institut für junge Damen untergebracht hatte. Hedley schrieb ihr regelmäßig, lange Briefe voller Neuigkeiten, die er immer erst Bridie zeigte, bevor er sie abschickte, aber er bekam keine Antwort. Es schien, als hätte Cordelia alle Brücken hinter sich eingerissen.

Und so war der erste Brief von ihr eine große Überraschung. Er war knapp und sachlich. Cordelia hatte einen Mann kennen gelernt, Maximilian Hoffnann, Anwalt mit Kanzlei in der Stadt, und er hatte um ihre Hand angehalten. Da sie noch nicht volljährig war, brauchte sie Hedleys Einwilligung. Ob Hedley bereit wäre, nach Brisbane zu kommen, um ihren Bräutigam in spe kennen zu lernen?

Hedley traf umfangreiche Vorbereitungen für die Fahrt. »Ich werde mindestens eine Woche bleiben, vielleicht auch zwei«, teilte er Bridie beim Abendessen mit. »Ich habe im vergangenen Jahr meine geschäftlichen Angelegenheiten schleifen lassen und kann so zwei Fliegen mit einer Klappe schlagen.«

Bridie hob Hugh vom Boden auf, wo er schläfrig auf einer Decke vor dem Feuer lag und am Daumen lutschte.

»Ich würde dich gerne begleiten«, sagte sie. »Ich brauche ein paar Sachen für Hugh.«

»Nicht diesmal. Ich werde sehr beschäftigt sein, und für dich wäre es sicher nicht spaßig, mit einem Baby im Hotelzimmer herumzusitzen. Vielleicht fahren wir für ein paar Tage nach Brisbane, wenn es wärmer ist. Schreib auf, was du brauchst, und ich verspreche, alles für dich besorgen zu lassen.«

Bridie nickte. »Also gut, dann im späten Frühling. Versprochen?«

»Versprochen.« Hedley lachte und zwinkerte ihr verschwörerisch zu. Dann beugte er sich vor und strich Hugh mit der Hand über die dunklen Locken. »Und ich halte meine Versprechen.«

»Was willst du tun, wenn er nicht mehr da ist?«

Bridie, die gerade am Herd stand und kochte, wandte sich ihm stirnrunzelnd zu, nicht sicher, ob sie sich nicht verhört hatte. Sie verstand nicht, was er meinte. »Wie meinst du das? Wenn wer nicht mehr da ist?«

»Mein Vater. Hedley.«

Sie musterte Randolphs Gesicht aufmerksam. Hedley war seit einigen Tagen fort, in Brisbane, um Cordelias zukünftigen Mann in Augenschein zu nehmen. Bridie hatte ihm vom Garten aus nachgewunken, als er davongeritten war, unglücklich beim Gedanken an die einsamen Nächte, die vor ihr lagen.

Der Anflug eines Lächelns umspielte Randolphs Lippen. Seine Augen wirkten kalt, berechnend. Wollte er sie aufziehen? Wenn ja, hatte sie den Witz noch nicht begriffen. »Ich verstehe nicht.«

Er seufzte ungeduldig. »Hedley ist viel älter als du. Und im Busch wird man für gewöhnlich nicht sehr alt. Harte Arbeit, Unfälle. Was, wenn er stirbt? Was willst du dann tun?«

Der Gedanke kam für sie völlig unerwartet. Hedley? Tot? Für sie war das unvorstellbar, auch wenn Randolph offensichtlich bereits über diese Möglichkeit nachgedacht hatte. Er stand vor ihr, die Hände auf den Hüften, und wartete auf ihre Antwort.

»Keine Ahnung. Darüber habe ich noch nicht nachgedacht.«

»Du hast nicht über die Zukunft deines Kindes nachgedacht?«, fragte er ungläubig.

»Wir haben noch nie darüber gesprochen.«

»Oh. Dann hat er dir nichts von dem Geld erzählt.«

»Nein.« Die Unterhaltung wurde mit jeder Minute

verwirrender. Geld? »Gibt es Probleme wegen Geld?« Sie hatte den Bemerkungen ihres Vaters seinerzeit vor ihrer Heirat mit Hedley entnommen, dass ihr Mann nicht nur Glengownie besaß, sondern darüber hinaus zahlreiche sehr einträgliche Geschäftsbeteiligungen in Brisbane.

Randolph strich sich scheinbar gedankenverloren über das Kinn. Dann fuhr er fort, wobei er sie sehr eindringlich musterte. »Das Geld gehört eigentlich gar nicht Hedley. Es gehörte meiner Mutter. Eine große Erbschaft. Das meiste ist in einem Fond für Cordelia und mich angelegt. Wir haben allerdings erst mit 25 Zugriff darauf.«

»Davon wusste ich nichts. Hedley hat es niemals erwähnt ...«

»Nein, wohl nicht. Er spricht nicht gerne darüber.«

»Aber ich bin seine Frau. Mir kann er sich doch anvertrauen.«

»Er ist empfindlich – zumindest was das Geld betrifft.«

Plötzlich kam ihr der Gedanke, Randolph könnte glauben, sie hätte seinen Vater nur deshalb geheiratet, weil sie Hedley für wohlhabend gehalten hatte. Die Unterstellung ärgerte sie. »Wie kannst du es wagen«, zischte sie. »Ich bin nicht an dem Geld interessiert, falls du das meinst.«

»Dann sag mir, warum du meinen Vater dann geheiratet hast.«

»Ich habe Hedley geheiratet, weil ...« Bridie verstummte. Die Frage war ganz plötzlich gekommen. Sie hatte keine Zeit gehabt nachzudenken. Sie konnte ihm nicht die Wahrheit sagen, dass sie von einem anderen

Mann schwanger gewesen war. Dass das Kind, das Randolph für seinen Halbbruder hielt, gar kein Blutsverwandter war. Nervös zupfte sie an ihrer Schürze.

»Liebe kann es nicht gewesen sein«, fuhr Randolph fort. »Mein Vater hat selbst zugegeben, dass er dir nur drei Tage den Hof gemacht hat, ehe ihr getraut wurdet. Wie hast du es angestellt, ihn einzuwickeln? Hast du ihn verführt? Hast du ihn gezwungen, eine ehrbare Frau aus dir zu machen, nachdem du ihm zu Willen gewesen bist?«

Sie wich einen Schritt zurück, außer sich vor Zorn. »Wie kannst du es wagen! Schämst du dich gar nicht, dich in Hedleys Abwesenheit so aufzuführen und mich derart zu beschuldigen? Deine Unterstellungen sind alle falsch. Und du irrst noch in einem anderen Punkt. Der Grund, weshalb ich Hedley geheiratet habe, der Grund, weshalb ich seine Frau geworden und mit ihm nach Glengownie gekommen bin, ist Liebe!«

»Du liebst einen Mann, der alt genug ist, um dein Vater zu sein?«

»Ja.«

Randolph zuckte die Achseln. Plötzlich nahmen seine Züge einen weicheren Ausdruck an. »Es fällt mir schwer, das zu verstehen. Aber wenn du es sagst, werde ich es wohl glauben müssen.«

Bridie hielt die Luft an. In ihrer Wut hatte sie Randolph gesagt, sie würde Hedley lieben, obwohl sie diese Worte nie zu ihrem Mann gesagt hatte. Ich liebe dich. Drei unbedeutende Worte, und doch würden sie ihn unbeschreiblich glücklich machen. Wie oft hatte er sie zu ihr gesagt? Dutzende Male.

Er kam auf sie zu und legte eine Hand an ihre Wange.

Sie zuckte instinktiv zusammen und rückte kaum merklich von ihm ab.

»Randolph ...«, begann sie zögernd.

Er war nicht unattraktiv. Genau genommen hatte Hedley vermutlich vor zwanzig oder mehr Jahren ziemlich genauso ausgesehen. Groß, über einen Meter achtzig, sonnengebräunt, schlank, mit einem gepflegten Schnauzer, der ihm ein distinguiertes Aussehen verlieh. Eine jüngere Ausgabe ihres Mannes, abgesehen von dem Hauch von Skrupellosigkeit, der ihm anhaftete.

»Heh!« Er trat abrupt hinter sie, legte ihr die Hände auf die Schultern und übte leichten Druck aus. Sie fühlte sich unbehaglich. Ein Arm glitt an ihrem herab, und sie fühlte seine nackte Haut, dort wo der Ärmel ihres Kleides am Ellbogen endete. Er drehte sie zu sich herum. Sie konnte seinen ungleichmäßigen Atem hören. Als sie aufblickte, sah sie geradewegs in seine dunklen Augen. »Ich wollte dich nicht ärgern.«

Sie wollte weg von ihm, aber sein Arm glitt über ihren Rücken bis zu ihrer Taille, und er zog sie fest an sich. Sie konnte die Bewegung seiner Brust fühlen, als er atmete.

»Es ist alles gut. Kein Grund, sich wegen der Zukunft zu sorgen«, sagte er. »Ich habe einen Plan. Ich kann dir helfen, dir alles bieten, falls etwas passiert. Cordelia würde dir sicher nicht helfen. Das weißt du. Sie verachtet dich.«

Bridie nickte. Ihr Mund war ganz trocken, und ihr Magen verkrampfte sich. Cordelia. Die ihre eigene Ehe mit einem wohlhabenden Anwalt in der Stadt plante. Und nach all dieser Zeit immer noch einen Groll gegen Bridie hegte. Es stimmte; Cordelia hasste sie.

»Plan! Was denn für ein Plan?«

Randolph senkte den Kopf, bis sein Gesicht ganz nah an ihrem war. »Du und ich. Ich möchte dich berühren, Bridie. So wie du noch nie berührt worden bist.«

Diesmal war absolut klar, was er meinte. Die Worte dröhnten in ihrem Schädel, als seine Lippen sich auf die ihren legten. Seine Arme schlossen sich wie Zwingen noch fester um ihre Taille.

Plötzlich ertönte lautes Weinen aus dem Schlafzimmer, in dem Hugh schlief. Sie erschraken beide. Randolph lockerte für einen Moment seinen Griff. Hastig befreite sie sich aus seiner Umarmung und eilte an ihm vorbei. Als sie durch die Tür lief, warf sie einen Blick zurück und sah Randolph mit zornigem Gesicht schwer atmend im Raum stehen.

Bridie nahm Hugh aus seinem Bettchen und wischte ihm die Zornestränen aus den Augen. Sie drückte das Kind an ihre Brust und barg das Gesicht an seinem Haar. Was sollte sie tun? Hatte sie Randolph irgendwie ermutigt? Hatte sie ihn, ohne es zu wollen, glauben gemacht, sie wäre an ihm interessiert? Sie überlegte fieberhaft. Er begehrte sie. Wie sollte sie ihm aus dem Weg gehen? Sie waren ganz allein in der Hütte. Es gab keine Schlösser an den Türen. Sie konnte ihn nicht daran hindern, nachts in ihr Zimmer zu kommen. Und Hedley erwartete sie in frühestens einer Woche zurück.

Bridie wachte davon auf, dass die Matratze unter seinem Gewicht nachgab. Sie schlug die Augen auf und blickte geradewegs in Randolphs Gesicht, das seltsam schimmerte im Licht der Lampe, die er bei sich hatte.

»Bitte ...«, flehte sie und setzte sich noch ganz schlaftrunken auf. Er legte ihr eine Hand auf die Schulter und drückte sie sanft, aber bestimmt zurück auf die Matratze.

Es war zwecklos zu schreien. Niemand würde sie hören, abgesehen von Hugh, der in seinem Bettchen in einer Ecke des Zimmers lag und schlief. Sie wollte ihn nicht aufwecken, ihm keine Angst machen, und so blieb sie still liegen in dem Bewusstsein, dass ihr nichts und niemand helfen konnte. Hinterher lehnte er sich über sie hinweg und drehte den Docht herunter. Die Flamme wurde kleiner, flackerte, ging aus. Sie lag mit dem Gesicht zum Fenster im Dunkeln. Randolph schmiegte sich von hinten an sie und legte besitzergreifend einen Arm um ihre Taille, über ihren Bauch. Sie fragte sich, ob er die Tränen spürte, die über ihre Wangen strömten und auf das Kissen tropften.

KAPITEL 7

Letztlich war die Verführung Bridies ganz leicht gewesen. Es hatte keine handgreifliche Auseinandersetzung gegeben; sie hatte kampflos nachgegeben, so wie er es erwartet hatte. Er hatte ihr keine andere Wahl gelassen.

Als er am nächsten Morgen aufwachte, war das Zimmer von blassem Licht erfüllt. Trotz der kalten Realität des neuen Tages konnte er noch nicht so ganz glauben, dass er seinem Vater das genommen hatte, was diesem das Kostbarste auf der Welt war. Bridie. Sie schlief noch, ihre Haut fast durchscheinend gegen die Laken. Sanft weckte er sie, drang erneut in sie ein und verlor sich in ihrer berauschenden Weichheit.

Er brachte ihr das Frühstück ans Bett; eine Tasse dampfenden Tee, Toast mit Butter und ein Glas Orangenmarmelade, die sie gerne aß. Sie schob den Toast beiseite und setzte sich auf, hübsch anzusehen in einem weißen Nachthemd. Schweigend trank sie den heißen Tee mit Milch und musterte ihn über den Rand ihrer Tasse hinweg eindringlich.

Er dachte bei sich, dass er etwas sagen sollte. Nachdem er sein Ziel erreicht hatte, war ihm sehr daran gelegen, diesen Stand der Dinge auch zu erhalten. »Hedley braucht nichts davon zu erfahren«, begann er vorsichtig.

»Was hast du geglaubt, dass ich ihm sage? Du hättest mich vergewaltigt?«

Ihre Lippen waren zu einem schmalen Strich zusammengepresst. Es fiel ihm schwer, diese Härte mit den Lippen in Einklang zu bringen, die er erst vor einer halben Stunde geküsst hatte. »Vergewaltigt? Ich finde, du warst recht willig.«

»Hatte ich denn eine andere Wahl?«

Er schüttelte den Kopf. »Ich habe dich nicht vergewaltigt.«

»Nein.« Sie seufzte. »Wahrscheinlich nicht. Oberflächlich betrachtet. Aber was wäre gewesen, wenn ich mich gewehrt, wenn ich geschrien und gekämpft hätte? Was hättest du dann getan?«

»Aber das hast du nicht. Ich meine, geschrien und dich gewehrt.« Er konnte sehen, wie sie diese Feststellung mit leichtem Stirnrunzeln verdaute. Sie schien verwirrt, wusste offensichtlich nicht, was sie sagen sollte.

Sie hatte passiv dagelegen, als würde er es sich anders überlegen und wieder gehen, wenn sie ihn einfach ignorierte. Sanft hatte er sie mit Händen und Lippen liebkost, sie geküsst, entschlossen, sie zu erregen. Er wusste, dass er kein unattraktiver Mann war, und eine Hure in Beenleigh hatte ihn einige Jahre zuvor gekonnt in die Geheimnisse der körperlichen Liebe eingeweiht, sodass er sich seither als vollendeten Liebhaber betrachtete. Dass sie keine Reaktion auf seine Bemühungen gezeigt hatte, ärgerte ihn.

Sie errötete.

»Du wirst Hedley also nichts sagen«, stellte er fest. Er fühlte sich frei und verwegen. »Und vergiss nicht, was ich dir gestern gesagt habe. Ich werde für dich sorgen, falls Hedley etwas zustößt. Das ist unser geheimer Pakt.«

Von den Stimmen geweckt, wachte Hugh auf und rief nach ihr. Randolph beugte sich vor und nahm ihr die leere Tasse aus der Hand. Dann holte er den noch ganz verschlafenen Jungen und legte ihn ihr auf den Schoß. Langsam öffnete er das Dutzend winziger Knöpfe vorn an ihrem Nachthemd und zog ihr anschließend den Stoff über die Schultern, bis sie mit nacktem Oberkörper dasaß. Er strich mit einem Finger über die Rundung einer blassen, von blauen Adern durchzogenen Brust.

Sie ignorierte ihn und legte das Kind an. Sie hatte Hugh noch nicht entwöhnt, und Randolph sah fasziniert zu, wie der Kleine die Zunge um ihre Brustwarze legte und gierig saugte. Bei diesem Anblick regte sich sein Verlangen erneut. Er legte sich neben sie, und als er

Hughs Mund an ihrer Brust beobachtete, schoss ihm plötzlich ein Gedanke durch den Kopf.

»Das nächste Kind wird von mir sein«, sagte er und schaute sie dabei an, um zu sehen, wie sie auf seine Worte reagieren würde.

Sie lachte; ein verächtlicher, harter Klang, der Hugh veranlasste, den Kopf von ihr abzuwenden und in die Richtung zu blicken, aus der Randolphs Stimme kam.

»Warum heiratest du nicht, wenn du dir so sehr ein Kind wünschst?«

»Es gibt Meilen im Umkreis keine ledige Frau. Schlechte Bedingungen für eine Brautschau, findest du nicht auch?« Er dachte flüchtig an die Frauen der Rinderhirten, Frauen mit rauen Händen und ausladenden Hüften, die den ganzen Tag unter primitiven Bedingungen schufteten, ständig mehrere Kinder am Rockzipfel.

Irgendwann lag Hugh gesättigt und schlafend an ihrer Seite. Bridie hob ihn sanft auf den Arm und legte ihn zurück in sein Bettchen, nachdem sie ihm einen Kuss auf den herzförmigen Mund gedrückt hatte. Sie ging zur Tür und zog sich dabei das Nachthemd wieder über die Schultern, aber er war schneller und versperrte ihr den Weg. Sie blieb stehen. Sie hielt sich sehr gerade und zuckte leicht vor seinen Händen zurück. Einen Augenblick dachte er, sie würde Widerstand leisten.

Sie sah wunderschön aus, wie sie da stand, das Gesicht mit dem sinnlichen Mund von lockigem schwarzem Haar umrahmt. Ihre Haut glühte wie die Kohlen drüben im Küchenherd. Sie blickte zu ihm auf und musterte ihn aus grün gesprenkelten Augen, den Kopf in einem herausfordernden Winkel geneigt. Ein Anflug von Verachtung huschte über ihr Gesicht. Durch den Ausschnitt ihres Nachthemdes konnte Randolph ihre Brüste sehen, so weich und doch straff und fest. Langsam und wortlos führte er sie zurück zum Bett. Worte waren überflüssig.

Innerlich verging Bridie vor Scham, jedes Mal, wenn Randolph sie anfasste. Er war ein keuchender, hektischer Liebhaber und nicht sanft und rücksichtsvoll wie Hedley. Wenn Randolph sie nahm, kam es ihr vor, als würde sie von einem Wirbelwind erfasst, der ihren Körper hierhin und dorthin schubste und zerrte, um seine Gier zu stillen, bis sie nach Luft schnappte wie ein Fisch auf dem Trockenen und am ganzen Leib zitterte.

Sie kam sich vor wie eine Hure, war verwirrt und wurde von quälenden Schuldgefühlen geplagt. Ihre Gedanken wanderten immer wieder zu Hedley, dem Ehemann, der sie verehrte und ihr seine Liebe auf so viele verschiedene Arten zeigte. Sie hatte ihr Ehegelübde gebrochen. Und wenn Hedley es erfuhr? Er würde sie hassen, dessen war sie sich ganz sicher. Vielleicht würde er ihre Untreue ja spüren, wenn er zurück war. Er würde es niemals verstehen, auch wenn sie den Mut aufbrächte, ihm alles zu gestehen. Sie sehnte sich danach, mit der Hand über seine grauen Schläfen zu fahren und seine kraftvollen Arme um sich zu spüren. Aber er war fort und konnte ihr nicht helfen.

Randolph hatte sie in seiner Gewalt, so sicher wie auf die Nacht ein neuer Tag folgte. Und bei alledem fürchtete sie sich noch vor dem, was Randolph angedeutet hatte. Was, wenn Hedley etwas zustieß? Wenn ein dummer Unfall seinem Leben vorzeitig ein Ende machte? Aber sie brauchte sich keine Sorgen zu machen; sie und Hugh waren sicher. Randolph würde für sie sorgen. Wenn das Undenkbare geschah, würde er sie heiraten, und sie würde auf Glengownie bleiben können. Er hatte es versprochen. Und sie hatte keinen Grund, an seinen Worten zu zweifeln.

Hedley würde nie erfahren, was geschehen war, dafür würde sie sorgen. Und wenn er zurückkam, würde sie die Worte zu ihm sagen, von denen sie wusste, dass sie ihn glücklich machen würden; sie würde ihm sagen, dass sie ihn liebte. Ganz bestimmt würde er lächeln, wenn er sie hörte, so wie er gelächelt hatte, als sie ihm in der Nacht, bevor er nach Brisbane geritten war, erzählt hatte, dass sie endlich das Versprechen erfüllen könne, dass sie ihm vor so vielen Monaten gegeben habe. In weniger als acht Monaten würde sie ihm ein Kind schenken. Sein Kind. Einen weiteren Tarlington-Erben.

Hure! Flittchen! Die Scham verfolgte sie, peinigte sie. Den ganzen Sommer über kam es Bridie vor, als stünde ihre Haut in Flammen. Jeder einzelne Nerv prickelte. Bei jedem Geräusch fuhr sie schuldbewusst herum, überzeugt, dass Hedley die Wahrheit von ihrem Gesicht ablesen konnte. Ihre einzige Freude in jenen heißen, sengenden Tagen ihres dritten Sommers auf Glengownie war der Gedanke an Hedleys Kind, das stark und gesund in ihr heranwuchs.

Jeden Tag ging sie zum Fluss am Fuß des Hügels gleich hinter der Hütte. Es war nur ein kurzer, angenehmer Spaziergang im Schatten der großen Eukalyptusbäume rechts und links des Weges. Sie liebte es, dort zu baden, ganz für sich allein, in einem moosbewachsenen, natürlichen Becken, das von den herabhängenden Ästen einer Trauerweide verdeckt wurde, deren Blätter, wenn sie auf die ansonsten spiegelglatte Oberfläche fielen, immer größer werdende Kreise aussandten.

Die Kühle des Wassers beruhigte sie und ließ sie zumindest für einige Zeit alles andere vergessen. Hinterher lag sie in der Sonne, um sich trocknen zu lassen, eine Hand locker auf dem Bauch ruhend. Sie konnte die ersten zögerlichen Bewegungen des Kindes fühlen, ganz leicht, wie das Flattern kleiner Flügel an einer Glasscheibe. Die Bewegung freute sie, stärkte ihre Liebe zu ihrem Mann.

»Du bist sicher, mein Kind«, flüsterte sie und streichelte ihre gebräunte Haut. »Niemand kann dir etwas tun.«

Aber irgendwann konnte Bridie ihm nicht einmal mehr am Fluss entkommen. Randolph folgte ihr gelegentlich dorthin und bedrängte sie, während Hugh ganz in der Nähe im Schatten schlief. Sie konnte nichts tun; er hatte sie in der Hand. Wenn sie davon anfing, Hedley alles sagen zu wollen, drohte er, zu behaupten, sie hätte ihn verführt und nicht umgekehrt. Oder sie ihrem Schicksal zu überlassen, falls sie eines Tages seine Hilfe brauchte. Wie sie sich auch drehte und wendete, sie war ihm ausgeliefert.

Sie hatte ihm noch nichts von ihrer Schwangerschaft gesagt, auch wenn er es bald selbst würde sehen können. Vielleicht würde er das Kind in seiner Überraschung für seines halten. Sie würde ihn in dem Glauben lassen. Vielleicht würde er sie ja dann endlich in Frieden lassen. Sie schwieg weiterhin. Später, sagte sie sich. Sie würde es ihm später sagen, wenn sie den Zeitpunkt für günstig hielt. Bis dahin hütete sie ihr Geheimnis und genoss es, ihm etwas so Wichtiges vorzuenthalten.

Irgendetwas an ihr zog ihn so unwiderstehlich an wie das Licht die Motten. Er konnte einfach nicht genug von ihr bekommen. Randolph wusste, dass sie sich ihm nur widerwillig hingab, und er hatte auch erkannt, dass es ihm nicht gelungen war, Hedleys Macht über sie zu brechen. Sie hatte nur Augen für ihren Mann.

Und so war es das Wissen um seine Rache an seinem vertrauensseligen Vater, das ihn mit Befriedigung erfüllte. Sie ihrerseits wurde von schrecklichen Gewissensbissen geplagt. Das entging ihm nicht, und es gefiel ihm. Hedley, da war er sicher, war völlig ahnungslos.

Ihre Gespräche an den trägen Nachmittagen am Fluss drehten sich unweigerlich um das eine Thema, und mit der Zeit fing er an, den Streit, der hieraus entbrannte, zu hassen. Wie um sich selbst zu beruhigen, sprach sie vom Heiraten. Verpflichtungen und Loyalität. Heiraten? Gott, das konnte er nun wirklich nicht brauchen. Überhaupt hatte er ja schon alles, was er wollte. Bridie und seine Freiheit dazu. Die Vorstellung war ihm verhasst, und so versicherte er ihr hastig, dass ihm nichts ferner läge als heiraten zu wollen.

»Ich will nicht heiraten«, beharrte er. »Heirat, meine Schöne, ist eine List der Frauen, ersonnen, um einen Mann in Ketten zu legen und die Zerstörung seiner Seele voranzutreiben.«

Sie maß ihn mit einem seltsamen Blick. »Aber du hast versprochen, mich zu heiraten, falls Hedley etwas zustößt ...«

»Ich sagte, ich würde mich um dich kümmern. Glaubst du mir nicht? Aber heiraten? Davon habe ich nie gesprochen.«

Ihre Gesichter waren einander so nah, dass sie sich fast berührten, und die leichte Brise wehte feine Strähnen ihres Haars an seine Wange. Ihre Haut war von der Sommerhitze gerötet, und feine Schweißperlen bedeckten ihre Oberlippe.

»Manchmal denke ich, du bist ein Meister im Verdrehen von Worten, Randolph. Du sagst etwas, meinst aber etwas völlig anderes. Du bist gerissen und berechnend, und ich weiß nie, was du denkst. Du machst mir vage, obskure Versprechungen, die du dann geschickt nach deinen eigenen Bedürfnissen und Wünschen auslegst. Ich wünschte, ich könnte deine Gedanken lesen. Dann wüsste ich vielleicht, woran ich mit dir bin.«

Sie war zu empfindlich. Einen Moment zitterten ihre Lippen, und er fürchtete bereits, sie würde in Tränen ausbrechen. Er hoffte, dass sie es nicht tat; Frauentränen waren ihm ein Gräuel.

»Pssst.«

Er küsste die Worte von ihrem Mund und streichelte sie, zog sie ganz fest an seinen schlanken, drahtigen Körper, bis sie nach Luft schnappte und anfing zu zappeln.

»Randolph, nicht. Du tust mir weh.« Widerwillig ließ er sie los, hielt sie auf Armeslänge von sich und bewunderte ihren geschmeidigen, nackten Körper. Durch die schwingenden, herabhängenden Äste der Trauerweide fielen Flecken von Sonnenlicht, die über ihre Haut tanzten. Ihr Körper glänzte in der Hitze und hob sich deutlich von den dunkleren Felsen im Hintergrund ab. Die Nachmittage am Fluss hatten ihre Haut gebräunt. Ihre Figur war runder geworden, fülliger, was ihm sehr gut gefiel; sie war nach Hughs Geburt nie wieder so schlank geworden wie vorher.

»Ich brauche keine Ehe. Ich will ein Kind. Du kannst mir das geben, und niemand außer uns wird es je erfahren. Es wird unser Geheimnis sein, etwas, das nur uns allein gehört.« Randolph strich mit der Hand über ihren leicht gewölbten Bauch und knetete sacht ihre Haut.

Er hob den Kopf und begegnete ihrem Blick. In ihren Augen lag ein sonderbarer Ausdruck. Er hatte das Gefühl, eine Erklärung geben zu müssen. »Glengownie«, sagte er. »Eines Tages wird das alles hier mir gehören. Das ist mein Erbe. Mein Recht. Ich brauche einen Erben, einen Sohn. Jemanden, der eines Tages mein Werk fortsetzt. Wozu wäre die ganze elende Schufterei sonst gut?«

Sie rückte von ihm ab, rollte sich auf die Seite und schob mit einem Grashalm eine neugierige Ameise fort, die über ihre abgelegten Kleider krabbelte. »Kannst du dich nicht mit dem zufrieden geben, was du hast? Warum willst du noch mehr?«

Später sah er zu, wie sie im Fluss badete, seine Spuren von ihrem Körper wusch, um zur Hütte zurückzukehren. Die Unterhaltung hatte ihn ein wenig beunruhigt. Heiraten? Randolph schüttelte sich.

»Ich hasse die ganze Einrichtung Ehe, verstehst du. Lieben, ehren und gehorchen. Bis dass der Tod euch scheidet. Das haben auch meine Eltern einander mal versprochen«, rief er ihr zu. Seine Stimme hallte von den hohen Granitwänden wieder und wurde zu ihm zurückgeworfen. Sie fuhr fort, sich zu waschen, als hätte sie ihn nicht gehört.

Randolph fühlte Zorn in sich aufwallen. Sie verstand ihn nicht. »Meine Mutter konnte das Leben im Busch nicht ertragen, und da hat er sie weggeschickt. Zurück nach England. Dort ist sie gestorben, ganz allein. An einem Fieber, das sie sich auf dem Schiff eingefangen hatte.«

»Du kannst doch die Ehe an sich nicht nur deshalb ablehnen, weil die deiner Eltern ein tragisches Ende genommen hat.« Bridie wandte sich ihm zu, ihr Spiegelbild vor sich auf der stillen Wasseroberfläche. Verführerisch strich sie die Tropfen von ihren Armen und watete aus dem Wasser.

»Das Schlimmste war, dass ich nichts davon wusste. Sie war schon fast ein Jahr tot, als wir den Brief bekamen. Zwölf Monate!«

»Bitte, Randolph. Reg dich nicht auf.« Sie stand vor ihm. Wasser rann in kleinen Bächen über ihre nackte Haut, an ihren Schenkeln herab. Eine Woge der Bitterkeit durchströmte ihn. Plötzlich wollte er sie wieder nehmen, brutal; er wollte ihren weichen, biegsamen Körper zwischen hartem Fels und sich selbst festnageln und zustoßen, bis ihm die Luft ausging. Er fuhr sich mit dem Handrücken über die Lippen und fühlte, wie rau diese waren.

»Es ist die Wahrheit. Aber das interessiert dich wohl nicht. Wenn sie nicht gestorben wäre, wärst du nicht hier. Wo wärst du denn heute, wenn Hedley nicht gewesen wäre? Vielleicht hättest du ja einen netten jungen Ehemann und ein Haus in der Stadt.«

»Hör auf!«, fuhr sie ihn schroff an.

»Magst du die Wahrheit nicht hören, Bridie? Vielleicht sollten wir uns einmal über deine Ehe unterhalten. Ist sie wirklich das, was du dir erträumt hast?«

»Ist das der Grund, weshalb du mich begehrst?«, herrschte sie ihn mit wutverzerrtem Gesicht an. »Glaubt ein kranker Teil von dir, er könnte auf diese Weise Rache üben an deinem Vater, weil er deine Mutter fortgeschickt hat? Er hat sie nicht getötet, Randolph. Er hatte keine Schuld an ihrem Tod!«

Er sprang auf, packte sie bei den Schultern und schleuderte sie beiseite. Sie stieß unsanft gegen die Felswand. Ihr Kopf flog zurück und prallte gegen den Stein. Sie schnappte überrascht nach Luft, und ihre Lippen formten ein perfektes »O«, ehe ihre Augen sich vor Schmerz verdüsterten. Randolph erstarrte, entsetzt von dem, was er getan hatte. Er umfasste ihr Gesicht mit beiden Händen, ehe er sie wieder zurückzog und von ihr forttaumelte.

Sie biss sich auf die Unterlippe und weinte; heiße Tränen strömten ihr über das Gesicht. Schließlich wischte sie sich das Gesicht ab und kam auf ihn zu, wobei sie ihm Worte entgegenschleuderte, die er nicht hören wollte.

»Manchmal habe ich den Verdacht, das ist der einzige Grund, weshalb du mich begehrst. Weil ich die Frau deines Vaters bin. Die verbotene Frucht. Hast du schon als kleiner Junge immer das haben wollen, das du nicht haben konntest, Randolph? Das, was verboten war?« Sie umkreisten einander wie Raubtiere.

»Das reicht!« Er hatte genug gestritten für einen Tag. Im Übrigen war sie zu nah an der Wahrheit. War er so leicht zu durchschauen? Oder hatte sie nur geraten? Er wusste es nicht sicher zu sagen. Er senkte den Blick, als wäre er plötzlich ganz fasziniert von den kleinen Kieselsteinen am Flussufer.

»Darum hast du auch keine Schuldgefühle, wenn du mit mir zusammen bist«, fuhr sie unbeirrt fort. Sie schob das Kinn vor; in ihren Augen standen immer noch Tränen.

Schuldgefühle? Gott, nein! Aber sie hatte ihm ja bereits deutlich zu verstehen gegeben, dass sie kein Verständnis hatte für seine Rachegelüste. »Hast du welche?«, konterte er.

Sie wandte den Blick ab und fuhr sich mit einer Hand über das Gesicht. »Du kennst mich überhaupt nicht«, sagte sie leise.

»Du bist eine Frau. Mehr brauche ich nicht zu wissen.«

»Ja, ich bin eine Frau, und ich brauche Liebe.«

»Liebe! Wie idealistisch«, mokierte er sich. »Eine typisch weibliche Bemerkung, wie ich sie von dir nicht anders erwartet hätte. Und was genau ist Liebe, Bridie? Vielleicht kannst du es mir erklären. Soweit ich weiß, handelt es sich dabei um eine obskure Emotion, die nicht einmal Gelehrte zu erklären vermögen. Liebe! So etwas gibt es gar nicht.«

»Wie kannst du dir da so sicher sein?«

Randolph legte sich wieder hin und starrte in den Himmel. Er wusste keine Antwort auf ihre Frage. Liebe? War es das, was er auf eine verworrene Art für sie empfand? Hatten echte Gefühle seinen ursprünglichen

Wunsch nach Rache abgelöst? Seine Gefühle verwirrten ihn. Er wollte sie. Er brauchte sie. Aber Liebe ...?

Im Geäst der Bäume über sich konnte er Dutzende bunter Papageien sehen. Am blauen Himmel darüber stand eine blasse Mondsichel. Er schloss die Augen und fühlte die Sonne auf seinem Gesicht. Das laute Gekreische der Vögel hallte von den Felswänden wider.

Es kam ihm vor, als würden sie immer so auseinandergehen, in erbittertem, unvermeidbarem Streit. Heimliche Treffen, die unweigerlich zu Macht- und Willenskämpfen ausarteten. Die endlosen Streitereien quälten ihn und verdarben ihm die gute Laune. Er dachte an seinen Vater, der ihn hintergangen hatte, indem er seine Mutter fortschickte. Diese Ehe war ein Witz gewesen, und nun hatte er über seinen Vater triumphiert, indem er seine zweite Ehe zu gleicher Nichtigkeit herabgewürdigt hatte.

Der Gedanke verschaffte ihm wie immer eine gewisse Befriedigung. Nein, er durfte Bridie nicht lieben. Das würde nur für weitere unschöne Komplikationen sorgen. Außerdem wusste er die Wahrheit. Sie liebte Hedley und nicht ihn. Der einzige Grund, weshalb sie mit ihm schlief, waren die Versprechungen, die er der ängstlichen und naiven jungen Frau gemacht hatte, die für den Fall, dass sie verwitwete, ganz auf ihn angewiesen war – glaubte sie. Was er tun würde, wenn sie seine Spielchen durchschaute? Denn mehr war es nicht. Ein Wettkampf der Illusion und des Argwohns, ein heimlicher Kampf des Willens und des Verlangens.

Obwohl er Bridie nicht liebte, konnte er sich noch nicht von ihr trennen. Noch brauchte er sie. Geduldig beobachtete er, wie ihr Körper ein weiteres Mal runder und fülliger wurde, als ein zweites Kind in ihrem Bauch heranwuchs. Als sie ihm schließlich von dem Baby erzählte, durchströmte ihn ein wildes Triumphgefühl. Jetzt würde Glengownie einen rechtmäßigen Erben bekommen. Sein Kind. Nicht Hedleys. Nicht Hugh.

Seine Rache war perfekt. Fast.

KAPITEL 8

Logan Witness
Samstag, 21. Juni 1862
Brisbane News

Sogar aus Sydney und Melbourne reisten Gäste an, um der Hochzeit von Miss Cordelia Tarlington, der einzigen Tochter von Hedley Tarlington und seiner verstorbenen Gattin, und Mr. Maximilian Hoffnann, einem angesehenen, in Brisbane ansässigen Rechtsanwalt, beizuwohnen. Die Trauung fand in der anglikanischen St.-John-Kirche statt. Die Braut, wunderschön in einem umwerfenden Kleid aus weißem Georgette und einem Schleier aus Brüsseler Spitze, wurde von ihrem Vater, der extra zu diesem Anlass von seinem Gut Glengownie nach Brisbane gereist war, zum Altar geführt. Im Anschluss fand ein festliches Bankett für mehrere Hundert Gäste im Newstead House statt, der Residenz von Captain John Wickham. Mr. und Mrs.

Hoffnann werden nach kurzen Flitterwochen gemeinsam das Haus des Bräutigams am Kangaroo Point beziehen.

Hedley reiste zur Hochzeit nach Brisbane. Die hochschwangere Bridie beschloss, daheim zu bleiben. Die lange Fahrt im Buggy über die löchrige Piste, die man kaum als Straße bezeichnen konnte, wäre in ihrem Zustand ein Albtraum gewesen.

»Außerdem«, erklärte sie Hedley, »ist es Cordelias großer Tag, und ich denke, meine Anwesenheit würde sie nur verstimmen.«

Hedley machte ein unglückliches Gesicht. »Ich kann dich doch nicht ganz allein zurücklassen. Was ist, wenn das Baby zu früh kommt?«

»Ich komme schon zurecht. Es sind noch ein paar Wochen bis zur Geburt. Geh du nur zur Hochzeit deiner Tochter und tu all das, was stolze Väter bei solchen Gelegenheiten tun.«

»Wenn du nicht mitkommst nach Brisbane, kann Randolph ja bei dir bleiben.«

»Nein!«

Er musterte sie mit sonderbarem Blick.

»Ich schaffe das auch allein«, stammelte sie, bemüht, ihre heftige Reaktion herunterzuspielen. »Bitte geh und amüsier dich. Immerhin führt ein Vater nicht jeden Tag seine Tochter zum Altar.«

Letztlich setzte Hedley sich durch, und Randolph blieb daheim.

Dominic Westley Tarlington kam schnell, wenn auch nicht schmerzlos, einige Monate vor Hughs zweitem

Geburtstag zur Welt, aus Bridies Leib ausgestoßen wie durch Kräfte, die sich ihrer Kontrolle entzogen. Sie hatte die Geburt ganz allein durchstehen müssen, da Hedley sich noch in Brisbane aufhielt und Randolph den ganzen Tag mit den Männern draußen war, um Zäune an der Nordgrenze zu reparieren. Die Wehen hatten vollkommen unvermutet eingesetzt, nach Bridies Berechnungen zwei Wochen zu früh. Glücklicherweise hatte die Frau eines der Rinderhirten Hedleys Weisung folgend nach ihr gesehen und sie zusammengerollt auf dem Fußboden liegend gefunden, die Arme um das Neugeborene gelegt, um es gegen die Kälte zu schützen.

Randolph kehrte am Abend heim. Bridie hörte ihn vom Bett aus: das Knarren eines Stuhls, das leise Poltern, als er seine Stiefel auszog. Und dann betrat er ohne anzuklopfen das Zimmer.

Zunächst ignorierte er sie und ging sofort zur Wiege, beugte sich über das Kind und starrte aufmerksam in dessen runzliges Gesichtchen. Schließlich wandte er sich ihr zu. Sie war überrascht, dass er sichtlich überwältigt war.

»Ich habe also einen Sohn. Einen Erben für Glengownie.« Ein leises triumphierendes Lächeln umspielte seine Mundwinkel.

Sie nickte und verspürte keinerlei Gewissensbisse wegen dieser Lüge. Außerdem hatte seine Gleichgültigkeit ihr gegenüber sie verletzt. Er hatte nicht einmal die Höflichkeit besessen, sich nach ihrem eigenen Befinden zu erkundigen. Sie wollte ihm von den Schmerzen erzählen, davon, dass sie das Gefühl gehabt hatte, die Wehen würden sie zerreißen, als das Baby sich den Weg ans Licht gebahnt hatte. Sie hatte furchtbare Angst gehabt ganz allein und hatte versucht, die bevorstehende Geburt aufzuschieben, bis Hilfe eintraf.

»Es wird keine Kinder mehr geben«, teilte sie ihm mit, als er am Bett stand.

Randolph ging zurück zur Wiege und beugte sich tief über den Säugling. »Und wie willst du eine weitere Schwangerschaft verhindern?«, fragte er lachend und richtete sich wieder auf.

»Ich werde schon dafür sorgen. Die Schwarzen kennen Mittel und Wege.«

»Diese Aborigines unten am Fluss haben dir Flausen in den Kopf gesetzt. Wie sollten sie verhindern können, dass Kinder entstehen? Die meisten ihrer Frauen tragen eins auf der Hüfte, während sie gleichzeitig ein zweites stillen, ganz zu schweigen von der Horde älterer Kinder, die hinter ihnen herrennen.«

»Das ist mir egal. Irgendwie werde ich es schaffen. Sieh mich an. Erst zwanzig und schon zwei Söhne.«

»Ich finde dich sehr schön.« Er streckte zögernd die Hand aus und hob eine dunkle Strähne an. Einen kurzen Augenblick fühlte sie Mitleid mit ihm.

Nachdem er das Zimmer verlassen hatte, ging ihr tausenderlei durch den Kopf. Offenbar argwöhnte Randolph in keinster Weise, dass sie ihn getäuscht haben könnte und er nichts mit Dominics Zeugung zu tun hatte. Tatsächlich war sie bereits in der sechsten Schwangerschaftswoche gewesen, als Randolph sich ihr das erste Mal aufgedrängt hatte. Sie lächelte in sich hinein. Diese Täuschung war ein kalkuliertes Risiko gewesen, und wenn Randolph sich nur die Mühe gemacht hätte nachzurechnen, wäre ihm klar gewesen, dass er nicht der Vater sein konnte. Aber nein, mit solchen Kleinigkeiten hielt er sich nicht auf; er ging einfach davon aus, dass alles zu seinem Vorteil laufen würde.

Bridie wusste, dass er unbeschreiblich stolz war auf Dominic. Sie lebten in einer Zeit, in der Söhne hoch im Kurs standen. Sie bereitete sich mental darauf vor, sich in Geduld zu üben, während der Junge aufwuchs. Noch gab es keine Veranlassung, ihm die Wahrheit zu sagen. Die Situation passte in ihre Pläne. Sie würde ihn zwingen, sein Versprechen ihr gegenüber zu halten, falls es nötig wurde, und Randolphs Überzeugung, dass er der Vater war, verlieh ihr als Dominics Mutter einen gewissen Vorteil. Irgendwann in ferner Zukunft würde es hart auf hart kommen, und dann würden klare Verhältnisse geschaffen werden müssen. Und bis dahin würde sie ihr Geheimnis für sich bewahren.

Ende der Sechzigerjahre des 19. Jahrhunderts sah die Zukunft der Tarlingtons nicht gerade rosig aus. Möchtegern-Siedler, die nach Land gierten, reichten eine Petition bei der Regierung von Queensland ein und erbaten die Erlaubnis, das weite brachliegende Land im südöstlichen Teil des Staates urbar machen zu dürfen. Die Viehzüchter fürchteten um ihre Weidegründe und versammelten sich in Scharen in Brisbane im exklusiven Queensland Club. Es folgte eine Versammlung, bei der es ziemlich laut zuging.

Hedley berichtete Randolph von der Versammlung, einen Ausdruck der Resignation auf dem Gesicht. »Natürlich besteht die Forderung nach mehr Land schon seit Jahren, so ganz unerwartet kam es also nicht.«

Sie ritten zum Fluss, da Hedley darauf bestand, unter vier Augen mit Randolph zu sprechen. Es hatte Monate nicht mehr geregnet, und der Wasserlauf war nur noch ein klägliches Rinnsal, das sich zwischen den Felsen herschlängelte. Am schlammigen Ufer waren noch die Spuren der gestrigen Rettungsaktion zu sehen, bei der sie ein weiteres Kalb aus dem Schlamm gezogen hatten, dem die Krähen bereits die Augen und die halbe Wange weggepickt hatten. Das Tier war nicht mehr zu retten gewesen. Hedley hatte ihm eine Kugel in den Kopf gejagt, und er und Randolph hatten den Kadaver vom Wasser weggebracht, damit er bei der Verwesung nicht das letzte Wasser verseuchte.

»Und was hat die Regierung vor?«, unterbrach Randolph ihn und band sein Pferd an einem tief hängenden Ast fest. Er sah zu, wie Hedley mit unergründlicher Miene steif absaß. »Und was wollen sie mit uns machen? Uns verjagen?«

Der Wind trug ihm den Gestank verwesenden Fleisches zu, vermischt mit dem säuerlichen Geruch des Schlammes. Er war nicht sicher, ob die Gerüche ihm Übelkeit verursachten oder die Aussicht, das Land zu verlieren. Glengownie nach all den Jahren verlassen müssen? Unvorstellbar!

»Der Vorsitzende der Versammlung behauptet, die Regierung von Queensland spiele immer noch mit dem Gedanken, freien Siedlern den Zugriff auf das Land zu gestatten. Wenn das passiert, sind wir ruiniert, fürchte ich. Natürlich bilden wir, die Ersten Siedler, eine einheitliche Front, aber wir sind nur eine kleine Hand voll. Wir können nichts gegen die Regierung ausrichten, und die Männer, die Land wollen, sind bestimmt mehrere

Hundert Mal zahlreicher als wir. Es ist nur eine Frage der Zeit, aber ich fürchte, wir haben den Kampf verloren.«

»Wir haben alles getan, was sie verlangt haben. Wir haben die hundertvier Pfund und noch mehr investiert, haben Viehhöfe angelegt und provisorische Zäune errichtet, wo es uns sinnvoll erschien. Sie werden uns doch sicher nicht das ganze Land wegnehmen. Besteht nicht wenigstens die Chance, dass wir einen Teil behalten können?«

»Als Pächter haben wir ein Vorkaufsrecht, aber das ist auf eine gewisse Anzahl von Parzellen beschränkt. Für mich ist das nur eine billige Geste, mehr nicht.«

»Verflucht! Und was tun wir jetzt?«

Hedley blieb stehen und fuhr sich mit der Hand über die Stirn. »Randolph, ich habe viel darüber nachgedacht. Vielleicht sollten wir das Land einfach aufgeben und nach Brisbane zurückgehen. Ich muss an Hugh und Dominic denken, an ihre Erziehung. Ganz zu schweigen von Bridie.«

»Du willst von hier weggehen?« Randolph wirbelte herum.

»Nein, aber ich will nicht länger mit den Enttäuschungen leben und dem Gefühl des Versagens«, entgegnete Hedley traurig. »Ich bin kein armer Mann. Ich brauche nicht auf Teufel komm raus an diesem Stück Land festzuhalten.«

»Willst du damit sagen, wir sollen Glengownie kampflos aufgeben?« Unvorstellbar! Hedley, der härter als sie alle geschuftet hatte, um dem Land den Lebensunterhalt für seine Familie abzuringen, konnte doch nicht einfach alles hinschmeißen. »Ich dachte, du liebst dieses

Land. Wie kannst du auch nur daran denken, von hier fortzugehen?«

»Verstehst du denn nicht, Randolph? Siedler werden über das Land herfallen wie die Heuschrecken. Stell dir doch nur vor, wir müssten mit ansehen, wie sie unser Land besetzen. Vielleicht ist es besser, gleich zu gehen ...«

»Nein! Glengownie ist unser Zuhause. Ich werde es nicht aufgeben.«

Er wünschte, er könnte mit Cordelia sprechen, so wie in alten Zeiten. Sie war die Einzige gewesen, die ihn verstand. Aber heute, da sie verheiratet war und weit weg von Glengownie, würden seine Ängste sie vermutlich kalt lassen. Als Hedleys Tochter hatte sie immer gewusst, dass sie nichts von dem Land erben würde.

Randolph dachte an die anderen. Wie sie wohl dazu standen, ihre Heim zu verlieren? Bridie? Ihr würde es nichts ausmachen; sie gehörte nicht hierher. Hugh, der nach Randolph der nächste Erbe war? Nein, das Land würde eines Tages Dominic gehören, dafür würde er sorgen.

»Es geht nicht darum, was wir wollen. Man lässt uns keine Wahl ...«

»Wir können doch nicht einfach das Land übergeben und weggehen«, fiel Randolph ihm zornig ins Wort. Er musste seinen Vater davon überzeugen, einen Teil des Landes zu behalten. Hedley besaß immer noch die Warenhäuser in Brisbane; er hatte noch andere Einnahmequellen. Aber was war mit ihm selbst?

Ohne Land ist ein Mann nichts.

»Also gut, Randolph, wenn es dir so viel bedeutet.

Wenn du das Land willst, gehört es dir. Triff du die Entscheidungen. Ich habe genug.«

»Dann können wir Glengownie behalten?«

»Ich werde zwei Parzellen aussuchen. Was von dem Vieh noch übrig ist, werden wir verkaufen müssen. Künftig wird das hier die Heimat von Bauern und Holzfällern sein und nicht von Viehzüchtern. Wart's nur ab.«

Randolph nickte wortlos. Hedley nahm einen kleinen Beutel aus seiner Manteltasche, zupfte etwas Tabak heraus und rollte ihn zwischen den ledrigen Händen. Nach einer Weile blickte er nachdenklich auf. »Allerdings ist an unsere Vereinbarung eine Bedingung geknüpft. Ich werde das Land nicht endlos finanziell unterstützen. Wenn es nicht innerhalb eines angemessenen Zeitraums von, sagen wir ..., zehn Jahren einen vernünftigen Profit abwirft, machen wir Schluss. Ich denke, das ist fair.«

So ist das also, dachte Randolph. Noch mehr Einschränkungen! Und Hedley wird jeden meiner Schritte beobachten und darauf warten, dass ich ihm sein Darlehen zurückzahle! Er wandte sich ab und blickte auf den Fluss. Das Laub der ausladenden Eukalyptusbäume am Ufer glänzte in der Sonne silbrig. »In Ordnung«, sagte er entschlossen. »In zehn Jahren wirst du diesen Ort nicht wiedererkennen. Moderne Anbau-Methoden, neue Wege, den Boden fruchtbarer zu machen. Du wirst es nicht bereuen, das verspreche ich.«

»Ich hoffe es. Das ist mein Ernst, Randolph. Ich bin müde. Ich bin es leid, mir dieses ungastliche Land anzusehen. Leid, Geld in eine Unternehmung zu stecken, die zum Scheitern verurteilt zu sein scheint. Und doch hat der Busch wahre Männer aus uns gemacht.«

»Ich kann mich noch an den Tag erinnern, an dem du mir erzählt hast, dass wir hierher nach Glengownie gehen würden.«

»Es kommt mir vor, als läge das eine Ewigkeit zurück. Du warst noch ein Kind. Seit damals ist so viel passiert.«

»Du sagtest: ›Dieses Land wird dein Erbe sein, für deine Söhne und ihre Söhne nach ihnen‹. Ich habe das nie vergessen. Ich könnte das Land nicht einfach aufgeben.«

»Das Leben verläuft manchmal in seltsamen Bahnen. Jetzt hast du ein Erbe, aber niemanden, dem du es hinterlassen kannst. Du solltest heiraten, Randolph, und eigene Söhne zeugen. Du bist fast dreißig. Es ist nie zu spät. Sieh mich an.«

»Ich habe keine Heiratspläne«, entgegnete Randolph knapp.

»Das sehe ich. Wie auch immer, das ist deine Sache. Wenn ich auch zugeben muss, dass Cordelias Heirat mir eine große Last von der Seele genommen hat. Jede Frau sollte die Gelegenheit bekommen, zu heiraten und Kinder zu bekommen. Immerhin gibt es in dieser Kolonie viel mehr Männer als Frauen.«

Randolph war Cordelias Ehemann seit ihrer Heirat mehrmals begegnet. Er fand den blassen Maximilian Hoffnann unverfroren und arrogant. Im Übrigen setzte er ein wenig zu freigiebig größere Geldsummen beim Pferderennen. »Solange Hoffnann ihr gegenüber großzügig ist und ihr einen angemessenen Lebensstil ermöglicht, wird sie sicher zufrieden sein.«

»Keine Ahnung. Ich habe aber noch andere Pläne, die dich interessieren werden. Hugh und Dominic kommen auf ein Internat in Brisbane. Bridie ist nicht in der Lage, sie noch weiter zu unterrichten, und niemand soll ihnen nachsagen können, sie wären Analphabeten.«

»Cordelia und ich sind auch so zurechtgekommen«, entgegnete Randolph zähneknirschend und dachte daran, wie er abends völlig erschöpft nach einem langen Tag draußen beim Vieh über seinen alten Schulbüchern sitzen musste.

»Ja«, entgegnete Hedley lächelnd. »Und sieh dich heute an. Ich bin stolz auf dich, Sohn, auf das, was wir gemeinsam erreicht haben. Aber ich möchte, dass Hugh und Dominic erfahren, dass es noch ein anderes Leben gibt als das hier. Sie können ja später zurückkommen. Die Türen von Glengownie werden ihnen immer offen stehen.«

»Du sagtest, du wolltest zwei Parzellen auswählen«, lenkte Randolph das Gespräch wieder auf das Land.

»Ja. Und wir werden ein neues Haus errichten müssen. Ich habe beschlossen, die Parzelle, auf der unsere Hütte steht, nicht zu nehmen, sondern stattdessen das Land auf der anderen Flussseite. Und ich werde ein Haus in der Stadt mieten. Bridie und ich werden abwechselnd dort und auf Glengownie wohnen.«

»Ein Haus in Brisbane? Ist das denn nötig? Ihr könnt doch im Hotel wohnen.« Geld für ein neues Stadthaus, Geld, das auf Glengownie dringender benötigt wurde.

»Nein! Das Haus ist für Bridie. Ich bin ihr nach all der Zeit etwas schuldig. Sie ist noch jung. Sie hat noch so viele Jahre vor sich.«

Randolph nickte. »Wir haben also keine Wahl«, gab er widerstrebend zu. »Keine Hoffnung, Glengownie in seiner Gesamtheit zu erhalten.«

»Nein.« Hedley schüttelte den Kopf. »Noch vor Jahresende werden Horden von Siedlern hier einfallen. Glaub mir, wenn ich es irgendwie verhindern könnte ...«

Das Gespräch schien beendet. Randolph band sein Pferd los und schwang sich wütend in den Sattel.

Mistkerle! Er schäumte. Stinkende, miese Schweine! Glengownie gehört mir. Irgendwann, irgendwie wird es wieder mir gehören. Ich habe zehn Jahre Zeit, um mich zu etablieren. Gott allein weiß, wie ich das schaffen soll, aber ich werde es schaffen. Ich werde Hedley beweisen, dass er sich irrt, was dieses Land angeht. Ich werde etwas daraus machen, es wird wachsen und gedeihen. Ich werde nach und nach weitere Parzellen zukaufen. Ich werde mir ganz Glengownie zurückholen und noch mehr dazu.

Die Aborigines nannten das Land *Boolai*, was ›zwei‹ bedeutet. Hoch oben in den Bergen sprudelte Wasser aus dem Boden, rann über massive Felsen und mit Flechten bedeckte Granitwände, wurde sprudelnd immer mehr, immer schneller, bis sich irgendwann zwei Flüsse bildeten, die meilenweit durch den Busch strömten. Der Erste wurde Boolai genannt, der andere, der einen nördlicheren Verlauf nahm, einfach nur The Creek – der Fluss. Einige Meilen vor dem Meer vereinten die Flüsse sich wieder und bildeten einen breiten Strom.

In Richtung Küste befand sich ein weiter, unbewohnbarer Landstrich, der an die Küstenebenen grenzte. Teebäume und Enten beherrschten die scheinbar endlose Weite, in der sich ein Teich an den anderen reihte.

Dieses Land hieß bei den Aborigines *baloon*, ›großer Sumpf‹, und als *wongaree* bezeichneten sie das Bergkänguru.

Im Rahmen des Land Alienation Act löste die Regierung im Jahre 1868 die Pachtverträge für weite Landabschnitte auf und gab das Land zur Besiedelung frei. Die Gegend wurde offiziell Boolai genannt, ein Name, der passender schien als viele andere Vorschläge. Sie umschloss das Land um Glengownie, die Berge und auch die Täler dahinter.

Die Landvermesser kamen als Erste und markierten die Parzellen. Dann wurde das Land zur freien Auswahl angeboten, und in allen führenden Provinzzeitungen jener Zeit erfolgte eine Bekanntmachung. Bewerber, ganze Familien, die ihre kostbare Habe auf klapprigen Wagen aufgetürmt gleich mitbrachten, schlugen neue Schneisen durch den Busch. Sie überschwemmten das Land so unermüdlich wie Wellen, die sich gefräßig einen wehrlosen Sandstrand hinaufrollen. Mit frisch unterzeichneten Pachtverträgen in der Tasche errichteten sie primitive Hütten, fällten riesige Bäume und pflanzten Getreide an. Randolph verfolgte angewidert, wie sie das Land übernahmen, das einst zum Reich der Tarlingtons gehört hatte.

Als vormaliger Pächter hatte man Hedley Tarlington ein Vorkaufsrecht auf die Parzellen eingeräumt. Als er vom neu eröffneten Grundbuchamt in Beenleigh zurückkehrte, lag auf seinen Zügen eine Mischung aus Befriedigung und Bedauern. Er hatte die gewünschten Parzellen bekommen, aber Randolph wusste, dass ihn der Verlust des restlichen Landes schmerzte.

»Ich habe zwei Parzellen von jeweils mehreren Hundert Morgen zwischen den beiden Flüssen erworben«, teilte Hedley Randolph bei seiner Rückkehr mit. »Es sind zwei gute, etwas höher gelegene Parzellen mit großem Baumbestand und einem Boden, der ganz ordentlich sein dürfte. Ich denke, du wirst mit meiner Wahl zufrieden sein.«

Hedley zahlte Holzfällern gutes Geld dafür, dass sie die besten Zedern fällten, die das Land noch zu bieten hatte. Die gewaltigen Stämme wurden mühsam zu Brettern verarbeitet, und Zimmerleute machten sich an den Bau eines ordentlichen Hauses auf dem Land des neuen Glengownie: ein hübsches zweistöckiges Gebäude, das Hedley mit den hochwertigsten Möbeln ausstattete, die er kriegen konnte.

Bridie war den ganzen Tag damit beschäftigt zu planen, zu nähen und die Zimmerleute im Auge zu behalten sowie die Gärtner, die angeheuert worden waren, die Wildnis um das Haus herum in einen Garten zu verwandeln. Nach sechs Monaten waren Haus und Garten fertig; die Handwerker hatten sich Hedleys in Aussicht gestellten Bonus für eine besonders zügige Fertigstellung nicht entgehen lassen wollen. Sogar Randolph musste zugeben, dass die neue Residenz eine Pracht war.

Ein separater Flügel des Hauses, mit einem großen Schlafzimmer, Salon und Bad, war im Erdgeschoss Hedley und Bridie vorbehalten. Der Salon war sehr geräumig. Um den offenen Kamin herum stellte Bridie bequeme Sofas auf, die sie mit einer reichen Auswahl Chintz-Kissen schmückte. Passende Vorhänge zierten die deckenhohen Fenster zur breiten Veranda und fingen die frühe Morgensonne ein. Sie pflanzte Geißblatt und Jasmin an, die sie geduldig immer wieder an den Verandapfosten hochband.

Die Jahre waren freundlich zu Bridie gewesen, wie Randolph feststellte; sie sah kaum älter aus als an jenem Tag vor inzwischen über zehn Jahren, da Hedley sie nach Glengownie gebracht hatte. Wenn Hedley geschäftlich unterwegs war, suchte er Bridie nach Einbruch der Dunkelheit in den Räumen im Erdgeschoss auf. Sie war höflich, nachgiebig, aber auch distanziert ihm gegenüber. So als wäre sie in Gedanken weit weg, während er sie nahm. Es war keine Rede mehr von Hochzeit oder weiteren Kindern. In vieler Hinsicht waren diese Begegnungen zur Routine geworden, zu einer reinen Befriedigung seiner Triebe.

Wie angekündigt, schickte Hedley die Jungen nach Brisbane aufs Internat. Randolph bekam sie nur selten zu Gesicht, wenn sie die Ferien auf Glengownie verbrachten. Dominic war zu einem intelligenten, neugierigen und wachen Jungen herangewachsen. Randolph beobachtete ihn und malte sich aus, wie er dem Jungen eines Tages die Wahrheit sagte.

KAPITEL 9

Die Aborigines waren keine Bauern; sie zogen es vor, sich mit dem zu begnügen, was die Natur ohne Eingreifen des Menschen hergab. Sie brauchten weder Getreide, noch verspürten sie das Bedürfnis, an einem bestimmten Ort zu verweilen. Für Niedriglöhne arbeiteten sie für die neuen Siedler. Manchmal verschwanden sie ohne Vorankündigung für Wochen, sehr zum Ärger ihrer Arbeitgeber. Randolph beschimpfte sie als faule Hunde und trieb seine Arbeiter gnadenlos an.

Hedley beobachtete Randolph verstohlen; seinen Umgang mit den Aborigines, seine schroffe Haltung den Siedlern gegenüber, denen er unweigerlich auf der Straße oder im Hafen begegnete. Schließlich musste er sich eingestehen, dass Randolph sich zu einem unerträglichen Grobian entwickelt hatte.

»Ein hochmütiges, starrsinniges Ekel«, bemerkte Hedleys Buchhalter eines Tages, als er und Hedley über den Büchern saßen. Es hatte zuvor einen Streit gegeben, weil Randolphs Zahlen nicht mit seinen übereinstimmten, woraufhin Randolph ihn der Inkompetenz bezichtigt hatte.

»Sie sind ein wahrer Gentleman, Hedley«, fuhr der Buchhalter hastig fort. »Aber Randolph ... nun ja, es sind da ein paar Geschichten im Umlauf, von denen die eine oder andere sicher nicht übertrieben ist, und sie werden auch wichtigen Leuten zu Ohren kommen.« Sie schüttelten beide den Kopf und wandten sich dann wieder angenehmeren Themen zu.

Im Winter 1871 bekam Hedley einen hartnäckigen Husten. Anfangs versuchte er noch, seinen Zustand vor seiner Frau zu verbergen, aber Bridie ließ sich nicht täuschen und holte den Doktor. Der Arzt war ein alter Mann mit schlurfendem Gang, der sich schon vor Jahren zur Ruhe gesetzt hätte, wenn sich denn ein Nachfolger hätte finden lassen. Er warnte Hedley, dass er eine Lungenentzündung vermute, und schickte ihn ins Bett.

Das Leben auf Glengownie wurde für Hedley zur Qual,

geprägt von ständiger Frustration und immer neuen Enttäuschungen. Vom Haus aus, an das er jetzt gefesselt war, sah er zu, wie neue Äcker angelegt wurden. Das Nichtstun zehrte an seinen Nerven. Bridie sorgte sich sehr um ihn, drängte ihn, die eine oder andere Köstlichkeit zu essen, die sie zubereitet hatte, und war zu ihm ansonsten nachsichtig wie zu einem verwöhnten Kind.

»Bitte hör auf, mich so zu verhätscheln«, bat er schließlich. »Es ist doch nur eine Erkältung.«

»Sei nicht so brummig.« Bridie beugte sich vor und küsste ihren Mann auf die Stirn. »Außerdem ist es keineswegs nur eine Erkältung, wie du sehr wohl weißt. Mit einer Lungenentzündung ist nicht zu spaßen. Das hat der Doktor auch gesagt.«

»Der Teufel soll die Ärzte holen. Was wissen die schon?« Er setzte sich schwerfällig auf und bekam prompt einen neuen Hustenanfall.

»Alles in Ordnung?«, fragte Bridie stirnrunzelnd.

Hedley ließ nach Luft ringend den Kopf auf das Kissen zurücksinken und verscheuchte sie mit einer Hand. Einen Moment beneidete er Randolph, der allein unter blauem Himmel irgendwo auf Glengownie unterwegs war, weit fort vom Haus.

Langsam erholte sich Hedley von seiner Erkrankung. Bridie drängte ihn, sich auf die warme Veranda zu setzen, von wo aus er die gerodeten Paddocks sehen konnte, die fast bis zum Fluss reichten. Aber er langweilte sich. Jedes Magazin und jede Zeitung im Haus hatte er bereits von der ersten bis zur letzten Zeile gelesen und jedes einzelne Thema mit jedem diskutiert, der in der Nähe war. Dann, eines Morgens, begehrte er gegen das Nichtstun auf.

»Ich werde nicht einen weiteren Tag in diesem Schaukelstuhl verbringen«, knurrte er. Bridie setzte zu einer Erwiderung an, aber er ließ sie gar nicht zu Wort kommen. »Nein, Bridie, es ist mir gleich, was du sagst. Meine Lunge ist wieder in Ordnung, aber mein Verstand trocknet aus. Ich sterbe noch vor Langeweile.«

Um ihr zu beweisen, wie fit er war, stand er auf, hob den Stuhl über den Kopf und warf ihn von der Veranda auf den Hof, wo er auf der steinhart gebackenen Erde in Dutzende Einzelteile zersprang. Bridie schnappte nach Luft. Der Schaukelstuhl war sündhaft teuer gewesen und erst im vergangenen Jahr vom Postboten geliefert worden.

»Wir gehen nach Brisbane, Bridie. Um Dominic und Hugh zu besuchen.«

»Hältst du das wirklich für klug? Immerhin bist du sehr krank gewesen.«

»Ich habe genug davon, verhätschelt zu werden. Ich bin kein Invalide. Bitte hör auf, mich wie einen zu behandeln!«

»Ich wollte nur helfen«, entgegnete Bridie verletzt.

Sofort bereute er seine Worte. »Entschuldige«, sagte er und nahm ihre Hand. »Ich wollte nicht undankbar sein. Nur, das alles ...« Er suchte nach den richtigen Worten. »... das Herumsitzen. Es macht mich wahnsinnig. Ich will die Krankheit endlich vergessen und mein Leben weiterleben. Um unser beider willen. Sonst kann ich mich ebenso gut gleich hinlegen und sterben.«

»Ich weiß.« Ich verstehe, sagten ihre Augen.

Hedley dachte oft über die vergangenen Jahre nach und wünschte, sein Leben wäre in anderen Bahnen verlaufen. Manches Mal hatte er sich beinahe geschlagen gegeben; der Tod seiner ersten Frau, der Verlust des Landes, das er früher bewirtschaftet hatte. In diesen Zeiten hatte er sich von der Welt abschotten, von seiner Trauer abkehren wollen, aber etwas hatte ihn angetrieben und veranlasst weiterzumachen.

Nicht dass die Jahre allzu unfreundlich mit ihm umgesprungen waren. Rückblickend betrachtet hatte er ein erfüllendes Leben gehabt. Auf schlechte Zeiten waren gute gefolgt, und irgendwann war auch die Trauer, die mit jedem Verlust einhergeht, neuem Optimismus gewichen. Alles in allem konnte man wohl sagen, dass er im Leben Glück gehabt hatte. Seine Geschäfte in Brisbane hatten ihn reich gemacht, und auch wenn Glengownie nicht der finanzielle Erfolg gewesen war, den er sich einst erhofft hatte, fühlte er sich befreit, nachdem er das Ruder Randolph überlassen hatte.

Wie immer, wenn Hedley über die Vergangenheit nachdachte, wandten seine Gedanken sich Bridie zu. Seine Liebe zu ihr war nie weniger geworden, und er dankte tagtäglich Gott dafür, dass sie seine Frau geworden war. Jahre hatte sie mit ihm mitten im gottverlassenen Queensland ein Leben in Abgeschiedenheit, ja Einsamkeit geführt. Sie hatte sich nie beklagt, hatte ihm nie etwas anderes entgegengebracht als Liebe und Ergebenheit. Nun war es an der Zeit, ihr diese Treue zu vergelten.

Er hatte ihr bewusst den Erwerb des Hauses in Brisbane verschwiegen; davon wollte er ihr erzählen, wenn sie heute Abend allein in ihrem Zimmer waren. Heute Morgen war mit der Post die Besitzurkunde gekommen. Hedley lächelte, als er sich ihre Freude vorstellte, wenn sie die Neuigkeit erfuhr.

Hugh und Dominic waren seit fast einem Jahr auf der Grundschule in der Stadt, und Bridie vermisste die beiden ganz furchtbar. Sie waren ordentliche Jungs, die viel zu schnell heranwuchsen. Hedley fühlte oft eine Distanz zwischen sich und ihnen, als wäre der Altersunterschied einfach zu groß.

»Ich bin ein dummer alter Mann, Liebes«, gab er zu, als sie nach dem Abendessen auf der Veranda saßen. Am Horizont war ein schmaler roter Streifen zu sehen, vor dem sich die Silhouetten der Bäume abhoben wie Scherenschnitte. Der Duft des Geißblatts lag in der Luft, und hoch oben in den Ästen über ihnen zirpten die Zikaden.

»Unsinn, Hedley. Du bist erst knapp über fünfzig. Das ist doch nicht alt.«

»Viele Männer werden nicht mal so alt.«

»Es gibt auch viele Männer, die im Leben vom Pech verfolgt werden. Die nie die wahre Liebe fnden.« Sie nahm seine Hand, drehte sie mit der Handfläche nach oben und streichelte sie. »Sieh dir diese Schwielen an. Das sind die Hände eines Arbeiters und nicht die eines Dummkopfes. Und schon gar nicht die eines alten Mannes.«

Ihre Worte beruhigten ihn jedoch nicht. »Ich versuche, mir uns in zehn Jahren vorzustellen. Hugh und Dominic; ich kenne sie kaum noch. Und von Alters wegen könnte ich ihr Großvater sein. Cordelia ... ist sie glücklich in der Stadt? Ich weiß es nicht. Ich höre nur selten von ihr. Und Randolph ... er lebt immer noch für den Traum, das Land zurückzuholen, das man uns genommen hat. Und du, Bridie, ich sehe ein vergeudetes Leben. Ja, ich bin ein dummer alter Mann, streite es nicht ab.«

»Das klingt, als würdest du vieles bedauern, Hedley?«

»Bedauern?«, fragte er überrascht. Er überlegte einen Moment. »Ja, ich denke, es gibt tatsächlich ein paar Dinge, die ich bedaure. Und was ist mit dir, Bridie? Bist du glücklich? Ich frage nie danach. Nicht etwa, weil es mir nicht in den Sinn käme, sondern weil ich mich vor dem fürchte, was du darauf erwidern könntest.«

Das Licht aus dem Schlafzimmer hinter ihnen fiel auf die Steinfliesen. Hedley musterte seine Frau. In den vergangenen zehn Jahren war sie etwas fülliger geworden und zu einer wahren Schönheit herangereift, einer Frau mit Würde und Eleganz. Sie lächelte ihn an und streichelte zärtlich seine Wange.

Er sehnte sich danach, ihre Lippen zu küssen. Der Impuls wurde so übermächtig, dass er die Augen schloss, um den Anblick ihres Gesichts auszublenden. Er wurde von Zärtlichkeit überwältigt und fühlte, wie sein Verlangen sich regte. Unwillig schob er den Gedanken beiseite. Vielleicht später, wenn er ausgesprochen hatte, was er ihr sagen wollte.

»Was denkst du?«, fragte sie schließlich und zog die Hand zurück. Der Wind fühlte sich auf seiner Haut kalt an nach der Wärme ihrer Hand.

Hedley seufzte, streckte die Beine aus und blickte in die Dunkelheit hinaus. »Ich habe dir bisher noch nichts davon erzählt, aber vor zwölf Monaten hätte ich das alles hier fast aufgegeben. Glengownie war einmal eine Vision von mir, ein Traum. Vor Jahren bildete ich mir ein, dass ein Mann nicht wirklich gelebt habe, solange er nicht sein eigenes Land gezähmt hat. Es war ein lächerlicher Traum, aus einem obskuren Wunsch heraus entstanden. Das weiß ich heute.«

»Und doch bist du noch hier. Was hat dich bewogen, deine Meinung zu ändern?« Inzwischen war es Nacht geworden. Bridie riss ein Streichholz an und hielt es an den Docht der Lampe.

»Randolph hat mich überredet, zu bleiben. Er hat mich davon überzeugt, er könne von dem Land leben. Ich habe ihm zehn Jahre finanzielle Unterstützung zugesagt, um das Land zu bewirtschaften und in die Gewinnzone zu führen. Zehn Jahre! Damals schien mir das noch ein halbes Leben entfernt zu sein, und jetzt sind schon zwölf Monate vergangen.«

»Es war ein arbeitsreiches Jahr mit dem Bau des neuen Hauses und der Unterbringung der Jungen im Internat ...« Ein wehmütiger Ausdruck trat auf ihr Gesicht.

»Ich weiß, dass du sie vermisst, dass es dir schwer fällt, sie monatelang nicht zu sehen. Ich habe eine Überraschung für dich.« Er holte die Besitzurkunde für das Haus aus der Jackentasche und reichte sie ihr.

»Hedley! Was ist das?«

Er fühlte sich zurückversetzt zu jenem Tag, an dem er seinem elfjährigen Sohn die Pachturkunden für ein Stück Land gezeigt hatte: Glengownie. Der aufgewühlte Ozean, die dahingleitenden Seemöwen vor grauem Himmel; einen Augenblick kam ihm die Erinnerung so real vor, so greifbar. *Da gehen wir hin. In die Berge und noch weiter ... die Männer dort draußen, das sind richtige Männer ... Denk immer daran, Sohn, ohne Land ist ein Mann nichts.* Die Worte hallten in ihm wieder, raubten ihm einen Moment den Atem. Worte aus einem anderen Leben, gesprochen aus seiner damaligen Naivität heraus – Worte, die ihm entfallen waren. Bis jetzt. Hatte er das wirklich zu Randolph gesagt?

Hedley drückte ihr die Urkunde in die Hand. »Es ist ein hübsches Haus in Brisbane, direkt am Fluss. Es ist alles bereit. Wir können einen Teil unserer Zeit dort verbringen, nah bei Hugh und Dominic. Glengownie erfordert nun nicht mehr meinen ganzen Einsatz und meine ständige Anwesenheit.«

Bridie starrte auf das Dokument, das zusammengefaltet auf ihrem Schoß lag. Als sie schließlich den Kopf hob, sah er, dass ihre Augen vor Tränen glitzerten. »Ich weiß nicht, was ich sagen soll. Wie kann ich dir nur danken?«

»Du dankst mir tagtäglich damit, dass du hier bei mir bist. Ich liebe dich, Bridie.«

Ohne ihre Antwort abzuwarten, holte Hedley ein kleines Päckchen aus der Tasche und drückte es ihr in die Hand. »Hier, das ist für dich. Nur ein kleiner Trost für das einsame Leben, das ich dir aufgezwungen habe, aber ich bin sicher, dass du seine Schönheit zu schätzen wissen wirst.«

Bridie drehte das Päckchen in den Händen und betastete das geprägte Geschenkpapier.

»Mach es auf«, drängte er sie, ungeduldig darauf, ihre Reaktion zu sehen.

Langsam löste sie das silberne Band, und unter dem Papier kam ein kleines Samtkästchen zum Vorschein. »O Hedley, wie wunderschön«, rief sie überwältigt aus und neigte dann den Kopf, um den Inhalt näher zu betrachten. Auf weißem Satin lag eine filigrane Brosche, die mit Dutzenden winziger Diamanten und Smaragde besetzt war.

»Lass mich sie dir anstecken.«

Geschickt öffnete er die Schließe und stach die Nadel

durch Bridies Bluse. Als seine Hand dabei ihre Brust streifte, fühlte er ihren weichen Busen unter dem Stoff. Sie saß reglos da und starrte in die Dunkelheit. Er glaubte zu sehen, wie ihre Unterlippe zitterte.

»Was ist denn?« Er drehte ihren Kopf zu sich herum, bis er ihr Gesicht deutlich sehen konnte. Ihre Wangen waren tränennass. »Warum weinst du?«, fragte er leise und wischte die Tränen mit dem Daumen fort.

»O Hedley, du bist ein so wunderbarer Ehemann. Ich habe dich gar nicht verdient.«

Sie stand auf und zog ihn auf die Füße. »Komm ins Bett. Ich brauche dich«, sagte sie schlicht.

Später fing Bridie im Schlafzimmer an zu packen. Ihre Augen strahlten vor Vorfreude. Sie wieselte durch den Raum und packte ihre Kleider in eine Truhe.

»Wie gefällt dir das?« Sie hielt sich einen pfirsichfarbenen seidenen Morgenmantel vor. Dann legte sie ihn beiseite und griff nach einem anderen, fliederfarbenen. »Oder lieber der?«

»Sie sind beide schön, Liebes. Bridie, bitte hör mir zu. Es gibt noch einen Grund, weshalb ich nach Brisbane möchte.«

»Du vermisst die Jungs ebenso sehr wie ich.« Bridie klappte den Deckel der Truhe herunter und wandte sich ihrem Mann zu. »Leugne es nicht. Ich weiß es.«

Hedley fühlte, wie seine Züge sich trotz der ernsten Angelegenheit, die er mit seiner Frau besprechen wollte, zu einem Lächeln verzogen. »Ja. Das ist richtig. Aber es gibt noch einen Grund.«

»Ja?« Sie blieb vor ihm stehen, und er blickte in ihre grün gesprenkelten Augen.

»Die vergangenen Monate, die Krankheit ...« Er fuhr

sich mit der Hand durch das Haar und schloss für einen Moment die Augen wie schon vorhin auf der Terrasse, um sie nicht zu sehen, wenn er die folgenden Worte aussprach. »Verflucht! Was ich sagen will, ist, dass ich nicht jünger werde. Nein, unterbrich mich nicht. Ich bin jetzt über fünfzig. Möglich, dass ich noch zwanzig Jahre lebe, aber ich könnte ebenso gut eines Morgens nicht mehr aufwachen. Jedenfalls möchte ich sicher sein, dass du nach meinem Tod gut versorgt bist. Sobald wir in der Stadt sind, werde ich meinen Anwalt aufsuchen. Ich werde das Haus in Brisbane auf dich überschreiben. Es wird dir gehören, mein Schatz. Auf diese Weise kann ich sicher sein, dass du ein Dach über dem Kopf hast, für den Fall, dass mir etwas zustößt. Außerdem bekommst du Unterhalt bezahlt aus meinen Geschäften in der Stadt, und ich werde auch einiges Geld auf deinen Namen anlegen.«

»Bitte, Hedley. Ich weiß, dass es dir verhasst ist, von solchen Dingen zu sprechen.«

»Wie meinst du das? Wir haben nie über Geld oder Pläne für deine Zukunft gesprochen. Das hatte ich schon lange vor.«

Ein verwirrter Ausdruck trat auf ihr Gesicht. »Aber Randolph hat gesagt ...«

»Ja?«, fragte er ungeduldig.

»Er hat gesagt, du hasst es, über Geld zu sprechen«, schloss sie lahm.

»Was für ein Unsinn! Außerdem weiß er nicht viel über meine Geschäfte außerhalb von Glengownie. Ich will sicher sein, dass du versorgt bist. Ich weiß nicht, ob du dich diesbezüglich auf Randolph und Cordelia verlassen könntest. Randolph interessiert nur das verdammte

Land. Und Cordelia, nun ja, ihr beide habt euch nie anfreunden können, und daran wird sich wohl so bald nichts ändern. Ich bin sehr wohlhabend, Bridie. Und ich werde sicherstellen, dass mein Geld so verwendet wird, wie ich es will. Randolph hat das Land, und Cordelia hat einen Mann, der für sie sorgt. Ich mache mir Sorgen um dich, Hugh und Dominic.«

»Dann gehört das Geld dir?«

»Natürlich.« Die Frage verblüffte ihn. »Wem denn sonst?«

»Ich dachte, deine erste Frau hätte es mit in die Ehe eingebracht.«

Er runzelte die Stirn. »Meine erste Frau? Sie hat etwas Geld hinterlassen, eine kleine Erbschaft. Sie hat sie zu gleichen Teilen Cordelia und Randolph vermacht. Eine nur geringe Summe. Sie hat sie von einer Großtante geerbt, die nie geheiratet hat.« Hedley legte die Arme um sie und zog sie an sich. »Bridie, du kommst manchmal auf sehr seltsame Gedanken. Weiß der Teufel, wieso. Du hättest doch nur zu fragen brauchen. Ich hätte dir gern geantwortet.« Er legte ihr eine Hand unter das Kinn und hob ihren Kopf an. »Und, was hältst du von diesem Urlaub, hm?«

»Es wird dir sehr gut tun, einmal rauszukommen, Hedley. Die frische Seeluft. Wir können am Strand spazieren gehen, und du kannst Freunde im Klub besuchen. Die Jungs können jedes Wochenende daheim verbringen. Denk doch nur, Picknicks, Theaterbesuche ...« Bridie lächelte. »Vielleicht können wir ja diesmal sogar ein paar Monate bleiben?«

»Mal sehen. Ich denke, wir können beide etwas Abwechslung brauchen.«

Und so fuhren sie am nächsten Morgen los, der Buggy vollbeladen mit Kisten und Truhen, gezogen von zwei sorgfältig gestriegelten Pferden. Hedley sah Randolph draußen auf dem Feld stehen, die Augen mit einer Hand gegen die spätherbstliche milde Sonne abgeschirmt. Er winkte. Es würde Sommer werden, bevor er Glengownie wiedersah.

Bridie und Hedley verbrachten viele glückliche Monate in Brisbane und überwachten die Renovierungsarbeiten an dem neuen Haus im grünen Stadtteil Kangaroo Point, unmittelbar am Fluss. Es war ein elegantes, geräumiges Haus auf fast fünf Morgen Land, das auf der Rückseite leicht zum Wasser hin abfiel. Von den Schlafzimmern im Obergeschoss aus konnte man durch die Bäume hindurch und über die Dächer der Stadt hinweg die blauen Berge sehen, jenseits deren Glengownie lag.

Das Haus war das genaue Gegenteil der kleinen Blockhütte, in der sie in den ersten Jahren auf dem alten Glengownie gelebt hatten. Das zweistöckige Herrenhaus war aus Porphyr gebaut, hatte mit Sandstein eingefasste Fenster und Türen und verfügte über ein Dach aus echtem Schiefer. Durch die Eingangstür gelangte man in ein geräumiges Foyer, von dem die einzelnen Räume abgingen: ein formeller Salon, eine Bibliothek, ein privater Salon, das Esszimmer, ein Wohnzimmer, ein Frühstückszimmer und dahinter eine Küche mit Hauswirtschaftsraum, großer Speisekammer und Spülküche. Einen sorgfältig durchdachten, von einer Mauer umgebenen Gemüsegarten gab es auch. Seitlich waren ein Kutschenhaus und Stallungen angebaut, und in einem separaten Gebäude war das Hauspersonal untergebracht.

Hedley stellte einen Gärtner und eine Haushälterin ein. Zusätzliches Personal kam täglich zum Saubermachen, Waschen und Versorgen der Pferde. Bridie war entsetzt von solcher Verschwendung, aber er brachte sie mit einem Kuss zum Schweigen.

»Unsinn, Liebes«, sagte er lachend. »Hierher kommen wir, um uns zu erholen. Du kannst auf Glengownie kochen und putzen. Aber hier bist du eine Prinzessin, die Dame des Hauses, und wirst auch entsprechend behandelt.«

Zum ersten Mal in seinem Leben fühlte Hedley sich frei, alles zu tun, was ihm gefiel. Er brauchte nur noch an sich und Bridie zu denken – außer an den Wochenenden, wenn seine Söhne und deren Freunde das Haus mit Leben erfüllten.

Er verwöhnte Bridie und genoss das Entzücken auf ihrem Gesicht bei jeder seiner Aufmerksamkeiten. Partys, Bootsfahrten auf dem Fluss, Spaziergänge durch die windigen Stadtparks. Er unternahm mit ihr Einkaufsbummel und erwarb allerlei für das neue Haus: Teppiche, erlesene Lampen, Tagesdecken, Glaswaren, Porzellan.

Ein geregelter Tagesablauf war überflüssig. Sie aßen, wann es ihnen in den Sinn kam, gingen in der Abenddämmerung am Fluss spazieren, liebten sich ganz spontan; Augenblicke der Leidenschaft zwischen weichen seidenen Laken an regnerischen Tagen. Er wachte morgens schon sehr früh auf, eine lebenslange Gewohnheit, und beobachtete sie im Schlaf. Die dunklen Wimpern, die so lang waren, dass sie ihre Wangen berührten, das ebenholzfarbene Haar auf dem Kissen. Die weichen, zärtlichen Lippen.

Das Haus mit seiner friedlichen Atmosphäre beruhigte ihn, tat ihm gut. Trotz seiner Behauptung auf Glengownie, eine Beschäftigung zu brauchen, war er hier oft damit zufrieden, im Wintergarten hinter dem Haus zu sitzen und auf den Fluss zu blicken, der sich träge ins Meer ergoss. Es gab immer etwas zu sehen. Kleine Flotten von Schleppkähnen und Kuttern fuhren langsam vorbei, Schoner mit kostbarer Ladung für die Kolonie, Dampfer, die Passagiere zu fernen Städten brachten.

Die Aussicht erinnerte Hedley an das Leben, das er hinter sich gelassen hatte, und die Betriebsamkeit der Stadt faszinierte ihn für einige Zeit. Es gab sogar Tage, an denen er zu seiner eigenen Überraschung Stunden nicht an Randolph und Glengownie dachte. Als würde die Erinnerung verblassen, trübe werden wie der schlammige Fluss. Aber er wusste, dass dieses Gefühl nicht von Dauer sein würde. Schon bald würde er dieses neuen Lebens überdrüssig werden. Bridie zuliebe blieb er, auch als sich in ihm längst Rastlosigkeit regte. Schließlich wurde er ganz nervös und konnte es kaum erwarten, in den Busch zurückzukehren. Er wollte sehen, welche Fortschritte Randolph in seiner Abwesenheit gemacht hatte. Sein Sohn hatte geschrieben und von der heranwachsenden Ernte berichtet.

Er blickte immer öfter in Richtung der fernen Berge. In Richtung Glengownie. In Richtung seines Zuhauses.

»Es ist Zeit, heimzukehren«, teilte er Bridie sanft mit, als es rasch wärmer wurde. »Ich bin schon zu lange fort gewesen.«

KAPITEL 10

Cordelia kehrte in den Anfangsjahren ihrer Ehe
nur ein einziges Mal zurück nach Glengownie. Die
Sehnsucht danach, das Land zu sehen und den Wind auf
dem Gesicht zu spüren, war letztendlich stärker als der
Schwur, niemals zurückzukehren.

Maximilian begleitete sie, obwohl sie ihm schon kurz
nach Reiseantritt ansah, dass ihn das, was sie ihm von
dem Land erzählte, nur langweilte. Sie versuchte, ihn
sich zu Pferde oder beim Pflügen vorzustellen, aber vergeblich. Er war völlig anders als Hedley und Randolph.
Ein Mann, der Anzug und Krawatte trug, stets auf das
Sorgfältigste zurecht gemacht und manikürt. Nicht,
dass ihr das etwas ausgemacht hätte; er verdiente gut
mit seiner Kanzlei in der Creek Street. Sie lebten in
einem imposanten Haus, empfingen regelmäßig Besuch, und erst kürzlich hatte er begonnen, in verschiedene Immobilien in den Darling Downs zu investieren.
Das Leben war sorgenfrei und alles in allem erträglich.
Cordelia war schon vor Jahren zu dem Schluss gekommen, dass, wenn sie schon nicht Glengownie haben
konnte, Maximilian Hoffnann ein annehmbarer Ersatz
war.

Sie hatte das neue Haus auf Glengownie noch nicht
gesehen, obgleich Hedley es ihr in seinen Briefen beschrieben hatte. Endlich bog der Buggy in die Zufahrt
ein, und das Anwesen kam in Sicht. Blühendes Geißblatt und Jasmin umrankten die Verandapfosten bis hinauf zum Dach und entlang der Dachrinnen. Fenster
glänzten in der Sonne. Der Anstrich sah frisch aus. Ein

prickelndes Glücksgefühl durchströmte sie. Zu Hause, dachte sie.

Hedley wartete in der Tür, ein Arm locker um Bridies Schultern gelegt. Der Anblick versetzte Cordelia einen Stich. So viele Jahre, dachte sie, und ich kann immer noch nicht loslassen.

Sie blieben eine Woche. Hedley borgte ihr ein Pferd, und sie verbrachte Stunden damit, das Land zu erkunden und die alten, vertrauten Orte aufzusuchen, die sie an ihre Kindheit erinnerten: die gerodeten Berghänge, die kühlen, unberührten Wälder, in denen der Wind kaum spürbar war, und die Bäche, die plätschernd über moosbewachsene Felsen rannen. Dort draußen, umgeben von Bäumen und feuchter, mit Laub bedeckter Erde, stürzten verschiedenste Eindrücke auf sie ein, und der Wind, der süß nach frischem Gras duftete, fühlte sich glitschig an auf ihrem Gesicht.

Manches Mal, als Cordelia ihr Pferd über die staubigen Weiden lenkte, stellte sie sich ein anderes Leben für sich vor. Was wäre gewesen, wenn sie nicht als Mädchen, sondern als Junge auf die Welt gekommen wäre? Was, wenn sie an Randolphs Stelle der Sohn gewesen wäre? Die Möglichkeit ließ ihr keine Ruhe. Glengownie ihres? Das hätte ihr völlig andere Perspektiven eröffnet.

Es war nicht fair; sie war immer ausgeschlossen worden. Wenn es um Glengownie gegangen war, war immer nur Randolph einbezogen worden. Randolph: Glengownie. Glengownie: Randolph. Diese beiden Namen waren in ihrer Kindheit untrennbar miteinander verbunden gewesen. Als einzige Tochter war sie ausgeschlossen und anders behandelt worden. Von ihr hatte man immer nur erwartet, gut zu heiraten.

Nun, sie hatte die Wünsche ihres Vaters erfüllt. Vielleicht würde sie anders empfinden, wenn aus ihrer Ehe Kinder hervorgegangen wären, Enkelsöhne für Hedley. Aber die Babys, die Maximilian sich erhofft hatte, waren ausgeblieben. Er wollte Kinder, und sie gaben sich weiß Gott alle Mühe, aber ... nichts. Schließlich hatte er sie überredet, einen Arzt aufzusuchen, der sie unter einem sittsam platzierten Laken untersuchte. Cordelia hatte seine harten, unsanften Finger gefühlt, die in ihr herumdrückten und schoben. Sie errötete allein bei der Erinnerung.

Hinterher hatte sie sich wieder angekleidet und hochrot im Gesicht vor dem massiven Eichenschreibtisch Platz genommen, um seine Diagnose zu hören. Er teilte ihr mit, dass er keine medizinische Erklärung für ihre Kinderlosigkeit habe finden können. Er könne sie aber zu einem Gynäkologen in Sydney schicken, einem Arzt, der sich auf Frauenleiden spezialisiert habe?

Nein. Sie hatte vehement den Kopf geschüttelt. Keine Untersuchungen und keine Tests mehr. Insgeheim war sie froh. Sie hatte diese Sehnsucht nach Kindern, die ihre Freundinnen erfüllte, nie verspürt. Sie hatte keine mütterlichen Instinkte, verspürte nicht den Wunsch, ein Neugeborenes im Arm zu halten. Und nun war ihr die Entscheidung abgenommen worden.

Sie wusste, dass Maximilian sie liebte, wenn auch auf eine etwas undurchschaubare, eigentümliche Art. Er überhäufte sie mit Geschenken, ging mit ihr in die Oper. Sie war eine vollendete Gastgeberin bei den zahlreichen Dinnerpartys, die seine Position erforderte. Sie kleidete sich elegant und wusste, dass seine Freunde ihre Kontakte bewunderten. (»Die Tochter von Hedley Tarlington? Du erinnerst dich doch an Hedley? Ja, besitzt Land in Boolai und auch einiges an Immobilien in der Stadt, wie ich gehört habe. Wirklich cleverer Schachzug von Max, sich eine so gute Partie zu angeln«, hatte sie einmal jemanden sagen hören).

Ihr Mann hatte eine Geliebte. Sie war rein zufällig dahintergekommen, als sie sie eines Mittags zusammen im Stadtpark gesehen hatte. Mehr aus Neugier als aus Eifersucht war sie ihnen zu einem kleinen Häuschen einige Blocks entfernt gefolgt, wo sie dann den Rest des Nachmittags verbrachten.

Es gab weder Szenen noch Streit deswegen. Maximilian erfuhr nie, dass sie über seine Liebschaft informiert war. Aber jedes Mal, wenn er von ›ihr‹ kam, roch sie das Parfum der fremden Frau an ihm. Nicht dass es ihr viel ausgemacht hätte; sie liebte ihn nicht. Nicht wirklich. Stattdessen ging sie einkaufen und gab ein kleines Vermögen für Kleider aus, die sie kaum jemals trug. Ein Schrank voller ungetragener Kleider, alles Erinnerungen an die Seitensprünge ihres Gatten.

Die kleine Erbschaft ihrer Mutter war ebenso aufgebraucht wie Randolphs. Sie hatte sie auf Randolphs Bitte hin in Glengownie gesteckt. Er hatte sie mehrfach aufgesucht und um finanzielle Unterstützung gebeten, um schwere Zeiten zu überbrücken. Das Geld für das Getreide war noch nicht eingetroffen, er konnte die Löhne seiner Arbeiter nicht zahlen, und ohne Arbeiter konnte er die Ernte nicht einbringen. Es war ein nicht enden wollender Teufelskreis. Er konnte Hedley nicht um mehr Geld bitten. Hedley hatte gesagt, das Land müsse sich selbst tragen.

Und so legten sie ihr Geld zusammen, und Randolph

frisierte die Bücher, damit es aussah, als handle es sich um Erträge Glengownies. Er hatte Hedley getäuscht und hinters Licht geführt, um ihm weiszumachen, Glengownie würde endlich etwas abwerfen. Ihr war es gleich; das Geld bedeutete ihr nichts. Maximilian war sehr wohlhabend. Sollte Randolph es doch verwenden, um Glengownie zu erhalten. Und überhaupt, hatte Randolph nicht versprochen, ihr alles mit Zinsen zurückzuzahlen, sobald Glengownie schwarze Zahlen schrieb? Und wenn es nie dazu kam? Dann würden die Schuldscheine, die sie ihn hatte unterschreiben lassen, ihr zumindest einen Anteil an dem Land sichern. Dann würde sie ein Stück von Glengownie besitzen, Frau hin oder her, und das würde ihr niemand mehr nehmen können.

Als sie in der Nacht vor ihrer Rückkehr in die Stadt im Bett lag und dem leisen Schnarchen ihres Mannes lauschte, hörte sie den traurigen Ruf eines Brachvogels, der sich mit dem Ächzen der Bäume vermischte. Gras raschelte, es knarrte im Gebälk, eine ganz spezielle Musik. Sie dachte an Maximilian, der sie liebte, aber nicht brauchte, an Hedley, der älter und weniger robust aussah als früher, an Randolph und seine an Besessenheit grenzende Entschlossenheit, das Land um jeden Preis zu behalten. Zuletzt wandten ihre Gedanken sich missmutig Bridie und ihren Söhnen Hugh und Dominic zu, den Kindern ihres Vaters aus zweiter Ehe. Sie versuchte sich vorzustellen, es gäbe sie nicht, vor allem Bridie, malte sich aus, wie es wäre, wenn Hedley, Randolph und sie wieder unter sich wären, so wie in den Jahren nach der Rückkehr ihrer Mutter in die Heimat.

An Bridie zu denken erfüllte sie immer noch mit Bitterkeit. Bridie, die ihr den Vater genommen und zwei weitere Tarlington-Erben in die Welt gesetzt hatte. Bridie, so gepflegt und elegant, so schön, so tüchtig, die sie aus ihrer Rolle verdrängt hatte. Hedley brauchte sie nicht, Maximilian hatte eine Geliebte ... Sie fühlte sich so unzulänglich und überflüssig.

Hass, hatte Randolph gesagt, wäre eine sinnlose Empfindung. Natürlich hatte er Recht. Das wusste sie jetzt. Aber der Hass war so tief in ihr verwurzelt, war so sehr ein Teil von ihr geworden. Unmöglich, ihn nicht mehr zu fühlen. Die Jahre hatten das Ausmaß ihrer Feindseligkeit nicht gemildert, sondern ihre Gefühle eher noch gefestigt. Außerdem war etwas seltsam gewesen an der Art, wie Bridie und Randolph miteinander umgingen. O ja, Bridie liebte Hedley, das war offensichtlich. Aber trotzdem, dieses ... sie wusste nicht, wie sie es nennen sollte ... Band zwischen ihrem Bruder und Bridie ... da war etwas Unterschwelliges, das sie zusammenschweißte, etwas Geheimnisvolles. Feindseligkeit vermischt mit ... womit nur? Trauer, Bedauern, Hoffnungslosigkeit? Sie hatte ihren Bruder mehrmals darauf angesprochen, aber er hatte behauptet, sie würde sich das nur einbilden.

Während die Männer am nächsten Morgen das Gepäck im Buggy verstauten, machte Cordelia sich auf die Suche nach Bridie. Sie fand sie in der Küche, wo sie gerade ein Blech Plätzchen aus dem Ofen holte. Im ganzen Raum duftete es nach köstlichen Gewürzen: Muskatnuss, Zimt und Nelken.

»Mmm. Riecht gut.« Cordelia nahm sich abwesend einen Keks von einem der Bleche, die zum Abkühlen am Fenster standen.

»Das Lieblingsgebäck deines Vaters.« Als ob sie erst daran hätte erinnert werden müssen.

»Und Randolphs«, entgegnete Cordelia. »Er hat diese Plätzchen auch immer schon gerne gegessen.«

Bridie antwortete nichts darauf. Cordelia wandte sich um und sah sie am Fenster stehen und über die Felder blicken. »Scheint so, als wüsste Randolph sehr genau, was er will«, fuhr Cordelia fort und lehnte sich entspannt an die Küchenbank. »Er wollte das Land, und Vater hat es ihm überlassen. Und er wollte dich. Das habe ich deutlich gesehen.«

Bridie wirbelte herum, hochrot im Gesicht. »Mach dich nicht lächerlich, Cordelia! Wie kannst du so etwas sagen!«

»Aha. Wie ich sehe, habe ich einen wunden Punkt getroffen. Ich wollte es nur ganz beiläufig erwähnen, das ist alles. Siehst du, Randolph bekommt nämlich immer, was er will.«

»Immer?« Schwang da nicht so etwas wie Verzweiflung in Bridies Stimme mit?

»Vor allem, was Frauen anbelangt.«

»Ich denke, das geht dich nichts an ...«

»Er schleicht zum Lager der Schwarzen wie ein Dingo, der hinter einer läufigen Hündin her ist. Hast du gewusst, dass er dort hingeht? Nein, wohl nicht. Ich sehe es deinem Gesicht an. Das geht schon seit Jahren so. Zehn, fünfzehn. Wahrscheinlich schon vor deiner Ankunft in Glengownie. Andere gehen auch hin. Er ist nicht der Einzige. Es gibt dort auch Kinder ... als Halbblut bezeichnet man sie ... Ich habe mich oft gefragt, ob Randolph nicht vielleicht Vater des einen oder anderen ist.«

»Cordelia! Was für hässliche Dinge du von dir gibst! Das kann unmöglich wahr sein!«

»O doch, es stimmt. Frag nur Randolph. Er wird vermutlich noch damit prahlen. Ich mache mir nur Sorgen, dass er, du weißt schon, nach all den Jahren und bei all den anderen Männern ... nun ja, dass er sich irgendeine Krankheit holen könnte. Es heißt, es gäbe da einige sehr ansteckende.«

Bridie war ganz blass geworden, eine teigige Farbe, die so gar nicht zu ihren anmutigen Zügen passte, wie Cordelia befriedigt registrierte. Langsam ging sie zur Küchentür. Dort blieb sie stehen und drehte sich noch einmal um. »Weißt du, ich habe mich immer gefragt, ob er dich auch gehabt hat? So wie die Schwarzen. Bist du seine Geliebte, Bridie?«

Cordelia nahm den Duft des frischen Gebäcks nicht mehr wahr; er war überlagert worden vom süßen Duft des Triumphes. Sie zog die Tür hinter sich zu. Sie brauchte gar nicht auf die Antwort zu warten; sie kannte sie bereits.

Cordelia begab sich nach draußen zum Buggy. Maximilian saß bereits auf dem Bock und wartete auf sie. Wütend reckte sie ihr Kinn in die Höhe, als Hedley ihr beim Einsteigen half. Eines Tages würde es ihnen allen noch Leid tun. Hedley, Bridie, Randolph. Sogar Maximilian mit seiner rothaarigen Mätresse. Sie brauchte sie nicht, kein Einziger von ihnen, nicht wirklich. Aber das kümmerte sie nicht. Ihre Liebe galt Glengownie. Trotz Überschwemmungen, unerträglicher Hitze im Sommer und eisigen Winden im Winter ... ihre Achtung vor dem Land war durch die Jahre der Trennung nur gewachsen. Cordelia zog es vor, nicht daran zu denken, dass es ihrem Bruder gehörte. Stattdessen tat sie, als die Kutsche sich mit einem Ruck in Bewegung setzte, so, als gäbe es Randolph gar nicht. In ihren Träumen gehörte Glengownie ihr.

Die Jahre vergingen quälend langsam, nur erträglich dank der gelegentlichen Aufenthalte in Brisbane. Bridie liebte das Stadthaus und hätte gern mehr Zeit dort verbracht, fern von Randolph und Glengownie. Außerdem waren da die Jungen, die inzwischen zu stattlichen Burschen herangewachsen waren. Sie vermisste sie ganz fürchterlich zwischen den Besuchen in der Stadt.

Hedley hatte Wort gehalten und ihr das Haus überschrieben. Seine Anwälte hatten ein neues Testament aufgesetzt, in dem sie als Haupterbin aufgeführt war und ihr auch mehrere der profitablen Geschäfte in Brisbane zugedacht worden waren. Das Finanzielle war also längst geregelt. Das Einzige, was ihr Glück trübte, war Randolph.

Bridie war jetzt 32 Jahre alt, und sie war es langsam leid, jeden Tag von neuem darauf achten zu müssen, ihrem Stiefsohn aus dem Weg zu gehen. Er verfolgte sie, bedrängte sie ganz plötzlich in der Küche oder im Stall, einmal sogar in ihrem und Hedleys Schlafzimmer. Längst wusste sie, dass er sie vor all diesen Jahren hereingelegt hatte, als er vorgab, nur um ihr Wohl besorgt zu sein, und versprach, für sie zu sorgen, für den Fall, dass Hedley etwas zustieße. Seine Versprechungen waren ein einziges Lügengeflecht gewesen. Das Geld hatte Hedley gehört. Vor Jahren wäre sie ob dieser böswilligen Täuschung vielleicht in blinde Wut verfallen, aber jetzt war ihr seine Beharrlichkeit nur noch lästig.

Es war Frühling. Schwalben segelten pfeilschnell um das Haus und bauten unter dem Dachvorsprung Lehmnester. Hedley hatte Dominic und Hugh nach den Ferien im September zurück in die Schule begleitet und war noch nicht wieder zurückgekehrt. Bridie war auf Glengownie geblieben. Sie brauchte Zeit zum Nachdenken, um sich zurechtzulegen, was sie Randolph sagen sollte, entschlossen, sich endgültig von ihm zu befreien.

Nach dem Mittagessen ging sie auf ihr Zimmer. Sie fühlte sich wie erschlagen. Sie hatte sich im Groben einen Plan ausgedacht, und ihr Schädel pochte vom vielen Nachdenken. Langsam entkleidete sie sich, schälte die einzelnen Stofflagen von ihrem Körper, bis sie nackt vor dem großen Spiegel stand. Im Spiegel betrachtete sie das Sonnenlicht, das durch die schweren Spitzenvorhänge fiel, die sich leicht im Wind bauschten und hüpfende Schatten auf ihren Körper warfen.

Sie fuhr mit den Händen über ihren immer noch flachen Bauch und ihre schlanken Schenkel. Schließlich legte sie die Hände unter beide Brüste. Es erregte sie, ihre Finger auf der nackten Haut zu fühlen. Sie hoffte, dass Hedley sich beeilte und bald zurückkehrte. Sie brauchte ihn. Er war schon einige Tage fort, und es war über eine Woche her, seit sie das letzte Mal miteinander geschlafen hatten. Mit einem tiefen Seufzer ließ sie sich auf die Tagesdecke aus edlem Brokat sinken, schloss die Augen und war sofort eingeschlafen.

Als sie aufwachte, dämmerte es bereits. Hastig zog sie sich an und stieg leise die Treppe hinauf zu Randolphs Zimmer. Gewöhnlich kehrte er bei Sonnenuntergang zurück, um vor dem Abendessen baden und sich umziehen zu können. Sie setzte sich in einen Sessel und wartete.

Es wurde immer dunkler im Zimmer. Bridie suchte tastend nach einem Streichholz, riss es an und entzündete die Lampe. Urplötzlich war der Raum von tanzenden Schatten und gelbem Licht erfüllt. Sie zog die Vorhänge zu.

Das langsame Schwingen des Pendels der Uhr auf dem Nachttisch war einschläfernd. Bridie wusste nicht, ob sie kurz eingenickt war. Dann hörte sie ein leises Geräusch, das Einrasten eines Türschnappers. Sie schlug die Augen auf und sah Randolph vor der geschlossenen Tür stehen. Er zog die Stiefel aus und ließ sich neben ihr auf den Teppich sinken.

»Aaaaah«, sagte er, und seine Finger schlossen sich um eine ihrer Brüste. »Nach all den Jahren kommst du endlich einmal zu mir.« Unsanft drückte er durch den dünnen Stoff des Kleides ihre Brustwarze, bis sie seine Hand wegschlug.

»Lass das!«

Er hatte getrunken. Sein Atem roch nach Rum.

»Du hast also gewartet, bis mein Vater fort ist, um zu mir zu kommen. Kann er dich nicht befriedigen, Bridie?« Hastig öffnete er seinen Gürtel und zog das Hemd über den Kopf.

»Du brauchst dich gar nicht auszuziehen. Ich beabsichtige nicht zu bleiben.«

Er ignorierte ihren Einwand und fuhr fort, sich zu entkleiden, wobei er sie eindringlich musterte. »Was willst du hier?«, fragte er schließlich, als er nackt vor ihr stand, »wenn du nicht mit mir schlafen willst? Dein Besuch muss doch einen Grund haben?« Seine Lippen kräuselten sich verächtlich.

»Wir haben etwas zu besprechen, du und ich. Ich dachte, ich könnte mit dir reden, aber jetzt ist mir klar, dass das unmöglich ist. Ich gehe wohl besser.«

Sie stand auf und ging an ihm vorbei in Richtung Tür. Ihr Herz raste. Was hatte sie sich dabei gedacht, in sein Zimmer zu kommen?

»Moment, meine Hübsche. Nicht so schnell.« Er packte von hinten ihr Handgelenk und drehte sie schwungvoll zu sich herum. In seiner Stimme schwang ein Anflug von Sarkasmus mit. »Wir haben etwas zu bereden, sagst du? Ich bin ganz Ohr. Setz dich und sprich.«

Sie beobachtete seine Lippen, während er sprach. Zwei schmale Striche, die was ausdrückten? Verärgerung? Ohne Vorwarnung stieß er sie von sich. Sie taumelte rückwärts, bis sie gegen die Bettkante prallte und auf die Tagesdecke fiel.

Bridie holte tief Luft. »Randolph«, begann sie zögernd; die Worte, die sie sich zurechtgelegt hatte, waren ihr entfallen. »Das muss ein Ende haben. Du verfolgst mich, belästigst mich.« Sie wurde mutiger. »Du hast mich hereingelegt. Hast mir erzählt, die Entscheidungsgewalt über das Geld läge bei dir. Du sagtest, du würdest für mich sorgen. Lügen! Lügen! Nichts als Lügen«

»Damals hast du sie nur zu gerne geglaubt.« Er kniete sich auf das Bett und schob sich auf sie zu. Er legte ihr die Arme um den Hals und drehte ihr Gesicht zu sich herum. »Küss mich«, befahl er, wobei er sie ironisch musterte.

»Dann gibst du es also zu?« Sie wandte den Kopf ab.

»Ich gebe gar nichts zu. Ich bin in dein Bett gekommen, und du hast mich geliebt. Es war Lust, Verlangen, Leidenschaft. Egal, wie du es nennen willst, es war auf jeden Fall Ehebruch. Außerdem brauchst du mich.«

»Siehst du, und genau in dem Punkt irrst du«, konterte sie. »Und diese Gelegenheitsliaison zwischen uns ist ab sofort zu Ende, aus und vorbei.«

»Aber Bridie, meine süße sinnliche Geliebte. Wer soll dann deine unersättlichen Bedürfnisse stillen? Doch sicher nicht dein Ehemann.«

Die Gemeinheit in seinen Augen verriet ihr, dass er zornig war. Randolph liebte es, alles unter Kontrolle zu haben. Sie fuhr langsam mit einem Finger über seine Wange und legte ihn schließlich auf seine Lippen.

»Und wer befriedigt deine? Das ist hier wohl mehr die entscheidende Frage.«

So, es war ihr gelungen, die Unterhaltung in neue Bahnen zu lenken. Er drehte den Kopf ruckartig zur Seite und schüttelte dabei ihren Finger ab. Ein seltsamer Ausdruck lag auf seinem Gesicht; der Ausdruck eines Kindes, das ein Geheimnis hat, das es nicht länger für sich behalten kann.

»Ich habe kein Problem damit, mein Verlangen auszuleben«, sagte er. »Glaubst du, du bist die einzige Frau, mit der ich je geschlafen habe? Was glaubst du, wo ich hingehe? Vielleicht ist es an der Zeit, dass du die Wahrheit erfährst.«

Er wandte ihr wieder das Gesicht zu, einen kalten Ausdruck in den Augen. Sie musterte ihn eindringlich und fragte sich, ob Cordelias Behauptungen nicht doch mehr waren als nur Gerüchte. »Ja. Ich denke, das bist du mir schuldig.«

»Es gibt mehrere Orte, an denen ich stets willkommen bin. Die Witwe Hennessy, die das Hotel in Beenleigh leitet, kann meine Liebhaberqualitäten bestätigen. Und es gibt noch andere, die du nicht kennst. Prostituierte. Huren. Und wenn mir nach einer Veränderung ist, ist da immer noch das Lager der Schwarzen unten am Fluss.«

»Dann stimmt es also.« Cordelia hatte also nicht gelogen. Sie fühlte, wie der bislang freundliche Ausdruck auf ihrem Gesicht ihr entglitt. Ein Schauer lief ihr über den Rücken.

»Habe ich dich schockiert?«, fuhr er eifrig fort, als wäre er froh, sein Geheimnis endlich offenbart zu haben. »Erzähl mir nicht, dass du nichts geahnt hast. Es macht dir doch nichts aus, oder? Ich habe nie versprochen, dir treu zu sein. Im Übrigen verbringst du selbst die Nächte mit deinem Ehemann.«

»Und was ist, wenn man dich bei einer Eingeborenen erwischt?«

»Ich bin nie so indiskret gewesen, dass mich jemand hätte erwischen können. Und ich bin nicht der einzige Mann, der dorthin geht. Die Rinderhirten und die Holzfäller halten es genauso. Manche von den Eingeborenenfrauen haben sogar eine recht gute Erziehung genossen, wusstest du das? Sie haben einige Jahre in den Missionen in der Nähe von Brisbane gelebt. Natürlich wird in Boolai viel geredet. Manche behaupten sogar, es gäbe dort Mischlinge. Wer weiß.« Er legte den Kopf schräg, als wäre er neugierig auf ihre Reaktion. »Glaubst du, es könnte eins von mir dabei sein?«

»Glaubst du es denn?«, konterte sie.

Randolph zuckte die Achseln. »Das interessiert mich

nicht die Bohne. Dominic ist das einzige Kind, das mir etwas bedeutet. Außerdem sind die Aborigines durchaus dankbar für die wöchentliche Mehl- und Tabakration. Sie werden nicht reden.«

»Du bist widerlich!«

Er hatte seinen Griff gelockert. Bridie sprang auf; sie wollte nur noch weg von ihm. An der geschlossenen Tür machte sie Halt und blickte zurück. Er lag mit ausgebreiteten Armen und Beinen auf dem Bett und musterte sie im schwachen Licht der einzigen Lampe.

»Du bist eine schöne Frau, Bridie. Du brauchst einen Mann, der dich befriedigen kann. Es wird nicht lange dauern, und du flehst mich an, es dir zu besorgen. Ich bin ein geduldiger Mann. Ich kann warten.«

»Ich werde nie, niemals wieder zulassen, dass du mich anfasst«, zischte sie. Ihre Hand schloss sich um den Türknauf.

Blitzschnell sprang er aus dem Bett. Völlig verdattert stand Bridie mit offenem Mund da, als seine Hand auf sie zuschoss und gleich darauf mit Wucht auf ihrer Wange landete. Schmerz durchzuckte ihren Kiefer, und einen Moment wurde ihr schwarz vor Augen. Sie taumelte zurück, bis sie mit dem Rücken an der Tür lehnte. Dann sank sie ganz langsam zu Boden.

Er stand über ihr, die Hände in die Seiten gestemmt. Er atmete stoßweise in seiner Wut. Seine Schultern hoben und senkten sich mit jedem Atemzug. Bridie fuhr sich vorsichtig mit einer Hand über den Mund und stellte schockiert fest, dass sie blutete. Sie schlang die Arme um die angezogenen Knie und zog diese fest an die Brust. Sie wiegte sich und zwang sich, zu ihm aufzusehen. Sie konnte kaum fassen, dass es Randolph war, der da vor ihr stand, mit verzerrtem Mund und kalter Wut in den Augen.

»Du bist es, die in mein Zimmer gekommen ist, Bridie. Ich habe dich nicht hergebeten. Bilde dir ja nicht ein, du könntest mich verlassen. Niemand verlässt Randolph Tarlington. Niemand! Hast du mich verstanden?«

Sie nickte heftig. Zu sprechen wagte sie nicht. Er beugte sich soweit herab, dass sein Gesicht auf einer Höhe war mit ihrem. Speichel schäumte in seinen Mundwinkeln. Seine Augen sprühten vor Zorn.

»Ja, Bridie, ich bin hier derjenige, der die Entscheidungen fällt. Ich entscheide, ob und wann ich dich will. Du bist nur ein Flittchen. Nichts als eine Hure, genauso wie alle anderen!«

Er packte sie bei den Armen, zog sie unsanft auf die Füße und schleuderte sie wieder auf das Bett. Dann fiel er über sie her, riss ihr die Kleider vom Leib, dass die Köpfe durch die Luft flogen und wie Perlen über die Holzdielen kullerten, während sie wie erstarrt stocksteif dalag und alles willenlos über sich ergehen ließ.

»Ist das nicht das, wofür du gekommen bist?«, zischte Randolph, als er keuchend in sie eindrang. Bridie schnappte nach Luft und schloss die Augen, um den Ausdruck gehässigen Triumphes auf seinem Gesicht nicht sehen zu müssen. »Sieh mich an, du Schlampe! Du hast bekommen, was du wolltest. Frauen! Ihr seid alle gleich. Und du bist nicht anders als die Eingeborenen am Fluss, das kannst du mir glauben!«

Er biss sie brutal in die Brüste, bis sie schrie vor Schmerzen. Dann drang er ein letztes Mal tief in sie ein, ehe er sich zurückzog. Er rollte sich von ihr. Sie hörte, wie er sich anzog und Wasser aus dem Krug in die

Waschschüssel goss. Bridie lag mit geschlossenen Augen reglos auf der zerwühlten Tagesdecke, während er sich wusch, und sie konnte hören, wie er seinen Gürtel zuschnallte.

Erst als er fort war und sie allein war mit ihrem geschundenen Körper, stellte sie sich der Wahrheit. »Er ist durch und durch schlecht«, flüsterte sie und hielt sich mit einer Hand das schmerzende Kinn. Sie sammelte ihre zerrissenen Kleider ein und stahl sich die Treppe hinunter in die Räume, die sie mit Hedley teilte, hoffend, dass sie Randolph nicht noch einmal über den Weg lief.

Mit zitternden Händen schloss sie die Tür hinter sich und lehnte sich einen Moment gegen die massive Holztür. Was sollte sie tun, wenn Randolph mitten in der Nacht in ihr Zimmer kam? Schwerfällig wegen der unerträglichen Schmerzen am ganzen Körper schob sie ihre schwere Kommode vor die Schlafzimmertür und sicherte die Fenster mit den hierfür vorgesehenen Haken. Es würde in dieser Nacht stickig-heiß werden in ihrem Zimmer ohne einen frischen Luftzug, aber das war ihr egal. Hauptsache, Randolph blieb draußen.

Unter Schmerzen setzte Bridie sich auf einen Stuhl und betrachtete ihr geschwollenes Gesicht und ihre Hautabschürfungen in einem kleinen Handspiegel. Dann, nachdem sie mehrere Krüge kaltes Wasser in den Zuber gegeben hatte, ließ sie sich in die Wanne sinken und schrubbte ihren Körper mit einem Waschlappen, bis ihre Haut am ganzen Körper tiefrot war und brannte. Verzweifelt versuchte sie, die Erinnerung an die Vergewaltigung auszulöschen. Schließlich schlüpfte sie zwischen die kühlen Laken und schlief. Kurze Abschnitte der Bewusstlosigkeit wechselten sich mit Albträumen ab.

Kurz vor Tagesanbruch am nächsten Morgen wachte sie auf. Ihr Bettzeug war feucht von Schweiß. Ihr Hass auf Randolph hatte sich nun endgültig und unauslöschlich in ihre Seele eingebrannt.

»Dafür wirst du bezahlen«, flüsterte sie. »Das schwöre ich. Und wenn es das Letzte ist, was ich tue, das zahle ich dir heim. Für Hedley, für Hugh, für Dominic und für mich selbst. Das ganze Leid, das du über andere gebracht hast, wirst du eines Tages um ein Vielfaches zurückbekommen. Auch ich bin geduldig und kann warten ...«

Als Hedley zurückkehrte, waren die Blutergüsse verblasst, aber die Erinnerung an die Gewalt, die ihr angetan worden war, war noch so lebendig wie in jener Nacht, als es passiert war. Sie ging Randolph aus dem Weg, begleitete Hedley, wann immer es möglich war, und bat darum, dass sie mehr Zeit in dem neuen Haus in Brisbane verbrachten. Die brutale Vergewaltigung war die ultimative Demütigung gewesen, die unwiderrufliche Enthüllung von Lügen, Täuschung und falschen Hoffnungen.

KAPITEL 11

Randolph schuftete zusammen mit seinen Eingeborenen-Arbeitern von früh bis spät, pflügte, pflanzte und plante. Die Pflanzen, vor allem Mais, aber auch ein paar Morgen Kartoffeln, keimten und entwickelten sich unter dem strahlend blauen Himmel prächtig. Wochen verstrichen, ein Tag wie der andere. Arbeiten, schlafen, arbeiten, schlafen, das war der eintönige Rhythmus auf Glengownie.

Bei der Schufterei unter sengender Sonne hatte er reichlich Zeit zum Nachdenken. Absolute Priorität hatte in seinen Gedanken Glengownie. Er würde eine Vorzeigefarm daraus machen. Alle würden davon sprechen, vor allem die Siedler, die sich auf dem Land niedergelassen hatten, das einmal ihnen gehört hatte. »Die Farm der Tarlingtons«, konnte er sie fast sagen hören, »ja, das ist das perfekte Beispiel dafür, wie das Land bewirtschaftet werden muss.« Und dann, wenn er das Land betrachtete, dachte er an Dominic, das Kind, das er darauf vorbereiten würde, eines Tages seine Nachfolge anzutreten.

Im Haus war es ungewöhnlich still, seit Hedley und Bridie vor einigen Wochen nach Brisbane gefahren waren. Sie wollten erst Weihnachten zurückkommen, zusammen mit den Jungs. Randolph vermisste den Klang menschlicher Stimmen. Schließlich schwang er sich auf sein Pferd, ließ Glengownie in den fähigen Händen seines einzigen verbliebenen Landarbeiters zurück und ritt nach Brisbane. Er musste mit jemandem sprechen, sich den Frust von der Seele reden, und Cordelia war die Einzige, die ihn verstand.

Ihm entging nicht, dass Cordelia alles andere als erfreut war, ihn zu sehen. Eigentlich hatte sie an diesem Abend mit Hoffnann zu einem Dinner gehen wollen. Nach dem unerwarteten Auftauchen ihres Bruders hatte sie jedoch der Gastgeberin des Abends eine Nachricht überbringen lassen, in der sie diese bat, sie zu entschuldigen. ›Dringende familiäre Angelegenheiten‹, sah Randolph sie auf die Karte schreiben. Ihre Augen glitzerten vor Verärgerung, als Hoffnann ohne sie aufbrach. Grimmig presste er die Lippen zusammen und beschloss, nichts zu sagen, sich nicht anmerken zu lassen, dass er den kühlen Empfang sehr wohl registriert hatte.

Nach dem Essen – ein fader Eintopf, den Cordelia ungnädig vor ihm auf den Tisch geknallt hatte –, bat Randolph seine Schwester nach oben ins Arbeitszimmer, da ihm der Salon irgendwie zu groß und leer erschien für zwei Personen. Randolph setzte sich in Hoffnanns Sessel am Kamin, was Cordelia noch mehr zu ärgern schien. In der Hand hielt er die aktuellsten Zahlen seines Buchhalters, die er aus Glengownie mitgebracht hatte. Nachdem Hedley immer öfter über längere Zeit fort war, hatte er sich angewöhnt, die Kalkulationen doppelt und dreifach zu überprüfen und Einnahmen und Ausgaben gegeneinander aufzurechnen. Ganz langsam, nach Jahren harter Arbeit, näherten sich die Zahlen in den Spalten Soll und Haben einander an. Er starrte ins Feuer und rieb sich nachdenklich das Kinn. Wenn er nicht so sehr mit sich selbst beschäftigt gewesen wäre, wäre ihm aufgefallen, dass seine Schwester ihn sehr eindringlich musterte.

»Schlechte Nachrichten?«

»Hmmm. Eigentlich nicht.« Er breitete die Unterlagen auf einem Schemel vor sich aus. »So wie ich es erwartet habe. Gut, dass Vater die Warenhäuser hier in der Stadt nicht abgestoßen hat. Wir brauchen die Einkünfte, um Glengownie am Laufen zu halten. Diesen Berechnungen zufolge schreiben wir immer noch rote Zahlen.«

»Ist das der Grund für deinen Besuch? Willst du noch mehr Geld?«

Er stand auf und trat an den Kamin. Er klopfte die Asche aus seiner Pfeife und begann, sie neu zu stopfen. Nachdenklich drückte er den Tabak in den Pfeifenkopf. »Ich habe noch vier Jahre. Ich weiß, das wir in letzter Zeit wahre Wunder bewirkt haben, aber es reicht nicht. Das Problem ist, dass es so viel zu tun gibt und es an Arbeitskräften mangelt. Die Schwarzen sind unzuverlässig und fangen sogar an, richtigen Lohn zu verlangen. Vater ist nicht mehr daran interessiert, die Farm zu halten. Er und Bridie sind kaum noch dort. Sie verbringen fast ihre ganze Zeit in ihrer Stadtresidenz.«

Er bückte sich und hielt ein Zündholz in die Flammen im Kamin. Er steckte das brennende Hölzchen in den Pfeifenkopf und saugte kräftig an dem Mundstück, bis der Tabak glühte.

»Ja, das Problem liegt auf der Hand. Nicht genug Arbeitskräfte. Ich tue mit den mir zur Verfügung stehenden Männern, was ich kann, aber es reicht nicht. Und glaub ja nicht, ich wäre nicht dankbar für dein Geld.«

»Ah, das Geld, von dem du bislang noch keinen Cent zurückgezahlt hast.«

»Du wirst es zurückbekommen«, entgegnete er gepresst. Miststück! Sie versäumte es nie, ihn daran zu erinnern, dass er in ihrer Schuld stand.

»Nun, wenn du das Problem kennst, muss es auch eine Lösung geben«, bemerkte Cordelia süffisant.

»Damit die Farm wirklich floriert, muss ich expandieren. Ich brauche mehr Land, um noch mehr anbauen zu können. Das ist die Lösung. Ich habe an Zucker gedacht.«

»Zucker?«

»Ja. Die Farmer weiter im Norden haben mehrere Morgen Zuckerrohr angebaut. Muss lukrativ sein, sonst würden sie nicht ihre Zeit damit vergeuden.«

»Was weißt du über Zucker? Solltest du dich nicht näher informieren, bevor du dich entscheidest?«

»Ach was, Zucker, Mais, Kartoffeln. Das ist doch alles gleich. Und der Ertrag bringt mir Geld ein, von dem ich weiteres Land aufkaufen kann. Die Erzeugnisse sind nur Mittel zum Zweck. Ich habe mir vor Jahren etwas geschworen. Eines Tages wird alles wieder mir gehören, das gesamte ursprüngliche Glengownie.«

»Und das willst du ganz alleine schaffen?«

»Da liegt das Problem. Arbeiter zieht es nicht auf die Felder. Nimm beispielsweise die Goldminen im Norden. Sicher, die meisten sind ziemlich bald ausgebeutet, aber trotzdem zieht die Hoffnung auf schnelles Geld die Männer hier magisch an. Die meisten Männer im Umkreis sind selbst Landbesitzer, wenn ich mich auch manchmal frage, warum sie überhaupt noch bleiben.«

Randolph versank ins Grübeln. Arbeitskräfte. An weißen Arbeitern herrschte zweifellos großer Mangel. Viele hatte es in die Zinnminen oder auf die neuen Goldfelder gezogen, trotz der Berichte von Überfällen seitens der Eingeborenen. Er hatte von den Asiaten gehört, die den Weißen in Scharen gefolgt waren, kleine, dürre Chinesen mit langen Zöpfen, die unter den Weißen am Fluss arbeiteten. Es war ein bunt zusammengewürfelter Haufen: freie Männer, alternde, bedingt aus der Haft entlassene Sträflinge aus der Siedlung in Moreton Bay und Mörder, von denen erzählt wurde, dass sie ihr Geld ebenso großzügig für Schnaps und Glücksspiel ausgaben wie für Lebensmittel und Ausrüstung. Ganze Dörfer aus windschiefen, schäbigen Hütten entstanden entlang der Flussufer; das Land und seine entlassenen Häftlinge lebten nach ihren eigenen Gesetzen. Ungeduldig lenkte er seine Gedanken wieder auf das Gespräch mit Cordelia. Sicher gab es eine Lösung.

»Dann sind da noch Hugh und Dominic. Das Internat in der Roma Street kostet ein Vermögen. Und das, obwohl es sich nur um eine Grundschule handelt. Und Hedley verschwendet seine kostbare Zeit und Gesundheit mit seinem Sitz im Vorstand. Allerdings habe ich gehört, wie er Bridie gegenüber erwähnt hat, er wolle diese Position zum Jahresende aufgeben.« Er gestikulierte mit der Pfeife herum, wie um seinen Worten Nachdruck zu verleihen. »Weißt du, was man ihnen in der Schule beibringt? Latein und Griechisch ... und Tennis!« Er spie die Worte förmlich aus, sichtlich angewidert. »Feine Pinkel macht man aus ihnen, anstatt Farmer. Dieser ganze Firlefanz wird den Jungs nichts nützen, wenn sie später einen Acker umpflügen oder einem Kalb auf die Welt helfen müssen!« Er lachte verächtlich.

»Randolph, die Lösung liegt direkt vor deiner Nase. Hugh und Dominic. Es ist höchste Zeit, dass sie lernen, wie man eine Farm bewirtschaftet. Praktische Erfahrung, das brauchen sie, und nicht das faule Schülerdasein auf einem feinen Stadt-College. Hugh ist fast fünfzehn, und Dominic ist auch nicht so schrecklich viel jünger. Es ist Zeit, dass sie von der Schule abgehen. In ihrem Alter hast du schon mehrere Jahre auf Glengownie geschuftet wie ein Mann.«

»Das stimmt.« Er zog nachdenklich an seiner Pfeife.

»Warum sprichst du nicht mit Vater und holst die Jungen heim? Er hat doch immer auf dich gehört. Dann können sie aus erster Hand alles lernen, was sie über Landwirtschaft wissen müssen, und du sparst dir die Kosten für zusätzliche Arbeiter, die du, wie du selbst sagtest, gar nicht erst finden würdest.«

Randolph nickte bedächtig. »Weißt du, es ist wirklich machbar zu expandieren und weiteres Land aufzukaufen. Die Parzelle am anderen Flussufer ist frei. Der bisherige Pächter hat die vertraglichen Bedingungen nicht erfüllt und musste abziehen, sodass das Land wieder frei ist, wie ich vor ein paar Wochen im *Witness* gelesen habe. Und was ist mit Heinrichs Parzelle gleich daneben? Das ist ein wirklich gutes Stück Land. Der alte Deutsche macht es nicht mehr lange und hat keinen Erben, der seine Nachfolge antritt. Wenn Dominic und Hugh wieder daheim wären, hätte ich Anspruch auf mehr Land. Sie könnten formell als Verwalter fungieren, um den offiziellen Bedingungen zu genügen.«

»Könnten sie das Land denn nicht in ihrem eigenen Namen pachten? Das wäre doch der ideale Anreiz, eine Motivation, sich richtig ins Zeug zu legen.«

»Nein! Das Land gehört mir, und so soll es auch bleiben.«

Randolph dachte über Cordelias Einfall nach, während er den tanzenden Flammen im Kamin zusah, die gierig an den Holzscheiten leckten. Er griff nach dem Schürhaken und stocherte in der Glut. Funken sprühten auf, angesogen vom Zug des Kamins. Ja, es wäre schön, Dominic um sich zu haben. Inzwischen war der Junge schon seit Jahren in der Stadt. Er hatte so wenig Gelegenheit gehabt, das Kind zu beobachten, zu verfolgen, wie es heranwuchs. Lag seine Geburt wahrhaftig schon 13 Jahre zurück?

Randolph ließ sich wieder in dem Sessel nieder, streckte die langen Beine der Wärme entgegen und starrte ins Feuer. Land. Das Erbe eines Mannes; sein Nachlass für seinen heimlichen Sohn. Randolph konnte sich bereits die emsige Betriebsamkeit auf der Farm vorstellen. Wogende Maisfelder und grüne Kartoffelacker. Ganze Wagenladungen, die nach der Ernte zum Hafen gebracht wurden, riesige Ackergäule, die mühelos den Pflug durch die fruchtbare Erde zogen. Das Land auf der anderen Flussseite, ebener und größer als das jetzige Glengownie, wäre perfekt. Und wenn der alte Heinrich ihm noch sein Land verkaufte ... irgendwie würde er das Geld schon auftreiben.

»Ich schätze, zwei zusätzliche Kräfte wären trotz ihrer Unerfahrenheit eine Hilfe. Ich bin allerdings nicht sicher, ob Vater erlauben wird, dass sie von der Schule abgehen.«

»Unsinn. Ihre Erziehung ist fast abgeschlossen. Wenn du nach seiner Rückkehr mit Vater redest, wird er sich der Stimme der Vernunft ganz sicher nicht verschließen. Erzähl ihm von deinen Expansionsplänen. Heb hervor, dass das Land Hugh und Dominics Lebensunterhalt bestreiten soll. Für die beiden tut er doch alles.« Ihre Stimme klang plötzlich gepresst, und ihr Mund wirkte verkniffen. Ein Gesicht, das die ganze Verachtung für ihre Halbbrüder ausdrückte. »Er überlässt doch sowieso schon alle Entscheidungen, die Glengownie betreffen, dir.«

Randolph nickte. »Vielleicht gelingt es mir ja wirklich, ihn zu überreden, die Jungen für immer heim zu holen.«

»Übrigens, dieses ganze Gerede von Expansion ... wird das nicht viel Geld kosten?«

»Doch.«

»Und wo willst du das hernehmen? Du weißt ja, dass von meiner Erbschaft nichts mehr da ist. Ich habe alles in Glengownie gesteckt. Du wirst Vater um Unterstützung bitten müssen.«

»Nein!«

»Und was hast du sonst vor?«

»Du könntest deinen Mann darauf ansprechen. Mach ihm klar, dass es nur ein Darlehen wäre. Dass ich ihm jeden Cent zurückzahle.« Er sah, wie sie unwillig die Stirn runzelte.

»Maximilian soll Geld in Glengownie investieren?« Sie lachte spöttisch. »Du weißt doch, dass er den Busch hasst.«

»Es würde sich um eine geschäftliche Investition handeln.«

»Ich frage ihn, aber versprechen kann ich nichts.«

»Versuch es nur, bitte. Ich verlasse mich auf deine Unterstützung.«

Hedley hatte keine Einwände erhoben, als Randolph ihm bei seiner Rückkehr seinen Plan unterbreitet hatte. Er hatte seinem Sohn sehr aufmerksam zugehört.

»Das klingt alles ganz vernünftig, Randolph. Vielleicht ist Expansion ja tatsächlich die Lösung. Aber denk an unsere Abmachung. Wenn Glengownie sich nicht bald selbst trägt, wird es verkauft. Du hast noch vier Jahre, wenn ich richtig gezählt habe.«

»Ich habe es nicht vergessen. Das ist Teil meines Plans.«

»In gewisser Weise wird es eine Erleichterung sein, die Jungen daheim zu haben. Der Sitz im Schulvorstand wird mir langsam lästig. Der Manager, der meine geschäftlichen Angelegenheiten in Brisbane verwaltet, ist ein fähiger und zuverlässiger Mann. Auch das Haus ist in guten Händen, und ich glaube sogar, der Haushälterin ist es ganz recht, wenn wir nicht da sind. Ja, ich denke, es würde mir gefallen, meine Familie auf Glengownie wieder ständig um mich zu haben.« Hedley nickte Randolph zu und vertiefte sich dann wieder in seine Zeitung.

Während Randolph insgeheim jubilierte, erfand Bridie Dutzende Vorwände, damit ihre Söhne in Brisbane blieben. »Billige Arbeitskräfte«, zischte sie, als sie eines Tages im Stall auf Randolph traf. »Sie sind noch Kinder, und du willst sie wie Männer behandeln und auf der Farm verheizen. Ich werde das nicht zulassen, Randolph.«

»Die Entscheidung liegt nicht bei dir. Vater hat eingewilligt, und du wirst seine Meinung nicht ändern können. Er hat kein Interesse mehr an dem Land. Du weißt, dass er alle diesbezüglichen Entscheidungen mir überlässt.« Er legte ihr eine Hand unter das Kinn, hob ihren Kopf an und zwang sie, ihn anzusehen. »Es gäbe da natürlich Mittel und Wege, mich eventuell dazu zu überreden, es mir noch einmal zu überlegen.«

Sie wandte sich abrupt ab und zischte hasserfüllt: »Finger weg, Randolph. Du solltest meinen Hass auf dich nicht noch weiter schüren. Die Wahrheit ist doch, dass du jemanden haben willst, den du beherrschen und rumkommandieren kannst, und Dominic und Hugh sind hierfür die geeignetsten Kandidaten.«

»Nein! In diesem Punkt irrst du! Ich möchte Dominic daheim haben, um mehr Zeit mit ihm verbringen zu können. Er ist mein Sohn! Ist das so schwer zu verstehen? Ich möchte zusehen, wie er zum Mann heranwächst, will ihn lehren, wie man Glengownie verwaltet. Eines Tages wird die Farm ihm gehören. Sie ist sein Erbe. Eines Tages werde ich ihm die Wahrheit sagen. Bis es soweit ist, werde ich mich gedulden.«

»Wenn du Dominic jemals etwas sagst, bringe ich dich um!«

Er lachte sie aus, als er sah, wie blass sie bei seinen Worten geworden war. Sie hatte schreckliche Angst davor, dass er dem Jungen die näheren Umstände seiner Zeugung enthüllte. War es wirklich so lange her, dass er an den trägen Sommernachmittagen mit ihr nackt am Flussufer gelegen hatte? Sie hatte sich in den vergangenen turbulenten Jahren so wenig verändert. Sie war vielleicht eine Spur rundlicher geworden, und ihre Naivität war gelassener Selbstsicherheit gewichen, einem inneren Gleichgewicht, das er offensichtlich gerade in Gefahr gebracht hatte. Er blickte ihr nach, als sie wütend zum Haus zurückstürmte.

Cordelia schickte einen Scheck, so wie er es nicht anders erwartet hatte, zusammen mit einem weiteren Schuldschein, den er nur noch zu unterzeichnen brauchte. Später in jener Woche schickte er ihr eine Antwort:

Danke für das Geld. Ich werde bald nach Beenleigh reiten. Die Parzelle auf der anderen Flussseite, die vor einiger Zeit frei geworden ist ... ich habe beschlossen, sie zu-

erst zu pachten. Anschließend werde ich dann Heinrich überreden, die angrenzende Parzelle freizugeben. Nicht mehr lange, und wir besitzen wieder die größte Farm in Boolai. Es ist nur eine Frage der Zeit ...

Beenleigh, Queensland
Freitag, 17. Dezember 1875

»Was soll das heißen, ›die Parzelle ist vergeben‹? Sie stand doch erst letzte Woche wieder im *Witness,* da war sie noch frei.«

»In einer Woche kann sich hier draußen einiges tun, Tarlington. Menschen kommen und gehen. So ist das eben.« Stokes registrierte mit Befriedigung den schockierten Ausdruck auf Randolph Tarlingtons Gesicht.

»Spielen Sie keine Spielchen mit mir, Stokes. Während Sie im Pub waren, während der Dienstzeit, wie ich anmerken darf, habe ich hier auf Sie gewartet.«

»Ach ja?« Alf hatte die Biere mit dem neuen Siedler, Hall, genossen. Sie hatten eine beruhigende Wirkung auf ihn gehabt. Jetzt fühlte er, wie seine Gereiztheit sich von neuem regte, ihn aus seiner wohligen Lethargie riss. »Kommen Sie mir nicht so, Tarlington! Spazieren hier rein und werfen mit Drohungen und Beschuldigungen um sich ...«

Randolph hielt das Gesicht dicht vor das des Beamten. »Um drei Uhr am Nachmittag ist das Büro geschlossen, und Sie sitzen drüben im Hotel«, knurrte er verächtlich. »Was ist das denn hier für ein Laden? Ich bin den ganzen Weg von Boolai hergeritten, um diese Parzelle zu pachten, und ich werde sie bekommen.«

Alf Stokes und Randolph Tarlington funkelten einander über den staubigen Tresen hinweg zornig an. Der Beamte fuhr sich mit der Hand ganz langsam über den Mund und die Wange. Dann ließ er sie abrupt auf den Tresen fallen. Staub wirbelte auf und wirbelte träge im abnehmenden Sonnlicht.

»Wer zuerst kommt, mahlt zuerst, Tarlington. Und Sie sind etwa eine Stunde zu spät gekommen. Was ist denn so Besonderes an dieser Parzelle? Es gibt in Boolai noch genug freies Land zu pachten. Vorausgesetzt, Sie haben genug Geld.«

Alf Stokes konnte sich den Seitenhieb nicht verkneifen. Selbstgefälliges Arschloch, dachte er bei sich. Kommt her, fordert Land und will mir erzählen, wie ich meine Arbeit zu tun habe. Nicht mit mir. Alf blickte wieder mit zornsprühenden Augen zu dem großen, schlanken Mann vor seinem Tresen auf.

»Beantwortet das Ihre Frage?« Randolph schob ein Bündel Geldscheine über den Tresen und lächelte kalt, wobei er abwartend auf den Zehenspitzen wippte. »Das dürfte Ihnen ein kleiner Anreiz sein. Sehen Sie, was Sie tun können. Annullieren Sie den Pachtvertrag. Bis morgen früh. Haben Sie mich verstanden, Stokes?«

Der Beamte starrte auf das Geldbündel. »Ich sagte doch bereits, dass die Parzelle vergeben ist, Tarlington! Eine nette kleine Familie hat sie gepachtet. Hall heißen die Leute.«

»Ich will diese Parzelle haben, und ich werde sie verdammt noch mal auch bekommen. Früher oder später. Alles hat seinen Preis.«

»Mit Bestechung werden Sie nicht weiterkommen.« Alf zog ein paar Scheine aus dem Bündel und steckte sie ein, bevor er den Rest über den Tresen wieder Randolph zuschob. »Aber ich werde nach einer anderen Parzelle Ausschau halten. Das hier ist das Entgelt für meine Bemühungen. Und jetzt verschwinden Sie von hier und lassen mich in Frieden, oder ich rufe den Magistrat!«

Randolph machte auf dem Absatz kehrt und steuerte die Tür an. »Das wird Ihnen noch Leid tun, Stokes. Merken Sie sich das. Das werden Sie noch bereuen.«

Die Tür fiel mit einem lauten Knall hinter ihm ins Schloss. Stokes lachte schadenfroh.

TEIL II

Maddie

KAPITEL 12

Beenleigh, Queensland
Freitag, 17. Dezember 1875

Die beiden Männer traten endlich aus dem Hotel in die grelle Nachmittagssonne. Hinter einem Staubschleier erstreckte sich die sandfarbene Straße mit den Geschäften auf beiden Seiten. Im Hintergrund ragte das Hotel wie ein Wachturm in den tiefblauen Himmel auf. Ted Hall blieb einen Moment stehen, bis seine Augen sich an das blendende Licht gewöhnt hatten. Erst dann blickte er über die Straße hinweg in Richtung des Cafés. Da waren sie, kamen auf ihn zu: Maddie, Kitty, Beth und Emma. Maddie! Sie fiel ihm als Erste ins Auge. Das kastanienbraune Haar. Das schüchterne Lächeln. Ihr anmutiger Gang. Stolz wallte in ihm auf.

Er hatte ihr so viel zu sagen. Aber wo sollte er anfangen? Mit dem Land? Der Hütte? Dem guten Gefühl, das er hatte? Ted schwenkte den Hut. Beth lief voraus und schob eine Hand in die ihres Vaters.

»Papa, Papa. Mama hat uns Limonade gekauft.«

Ted hockte sich in den Staub und schloss seine kleine Tochter in die Arme. Sie duftete süß, wie Honig. Ihre Haut fühlte sich samtweich an durch seine Bartstoppeln. Sie ließ sich einen Augenblick drücken, rückte dann von ihm ab und musterte ihren Vater mit ernstem Blick.

»Mama sagt«, begann sie atemlos. Sie war erst sechs, doch spürte sie deutlich die Aufregung, die in der Luft lag. »Mama sagt, wir bekommen endlich ein eigenes Zuhause.«

»Hat sie das gesagt, ja?«

»Ja.« Sie nickte nachdrücklich. Dann: »Glaubst du, wir könnten ein Haus haben? Ein großes Haus mit einem Kamin?«

»Und einem Waschraum auf der Rückseite«, ergänzte die vier Jahre ältere Kitty, die für gewöhnlich bei der Wäsche half.

»Meine Güte, ihr seid mir vielleicht ein ungeduldiger Haufen«, scherzte er und hob Emma auf seine breiten Schultern. »Ein Haus, ein Kamin, ein Waschraum. Was denn noch? Die Tinte auf dem Pachtvertrag ist noch feucht, und ihr habt das Haus schon halb fertig geplant.« Er bog den Kopf zurück. »Sag, Em, wie ist die Aussicht von da oben?« Anstatt zu antworten, rupfte sie an seinem Haar.

»Autsch!« Ted lachte und tätschelte das pummelige Kinderbein, das von seiner Schulter herabbaumelte. Er fragte sich flüchtig, ob er Maddie später, wenn sie in ihrem Hotelzimmer allein waren, von den Vorbehalten des Beamten erzählen sollte und davon, wie Alf versucht hatte, ihm die Pacht auszureden. Oder sollte er das für sich behalten, um sie nicht zu beunruhigen? Die Frage beschäftigte ihn eine Weile, dann war sie fort, vertrieben von Sonne, Bier und der Realität des Tages.

Alf Stokes prahlte in der öffentlichen Bar des South Coast Hotels gerne damit, dass er aus zwanzig Schritten

Entfernung sagen konnte, ob eine Frau im Busch zurechtkommen würde oder nicht. Und er war bereits zu dem Schluss gekommen, dass diese Frau, Maddie Hall, nicht geschaffen war für die ungezähmte, unberührte Wildnis im südöstlichsten Zipfel des Staates, den die Bürokraten nach ihrer geliebten Victoria ›Queensland‹ getauft hatten.

Nach mehreren Bier in der Hotelbar empfand Alf unerwartet eine Welle des Mitleids für die Frau. Die Haarnadeln hatten sich gelockert, sodass das tizianrote Haar ihr in den schlanken Nacken fiel, was ihre beinahe ätherische Zartheit noch unterstrich. Die Haut war hell, wie Porzellan, und trotz des breitkrempigen Hutes bereits gerötet von der Dezembersonne. Sie erinnerte Alf unerklärlicherweise an die durchscheinenden Flügel der Zikaden, die jeden Abend oben auf den hohen Eukalyptusbäumen ihr Konzert anstimmten.

Er stellte sie sich in einem Cottage auf dem Land vor, irgendwo in England, der Heimat, an die er sich kaum noch erinnerte. Ein Land der grünen Wälder und Moore, wo ihr Haar rot schimmerte wie das Laub in der Herbstsonne. Er stellte sie sich vor, umgeben von Lavendel, Osterglocken und feinem Porzellan, mit dem Vikar, der jeden zweiten Sonntagnachmittag auf einen Tee und ein paar Sandwiches vorbeischaute. Dort gehörte sie hin, in ein beschauliches Dorf, und nicht in dieses gottverlassene, trostlose Land.

Er fragte sich, ob sie überhaupt eine Vorstellung hatte von der Härte des Lebens, das vor ihnen lag. Wahrscheinlich nicht. Du bist ein verdammter Dummkopf, Ted Hall, sagte er sich ärgerlich. Siehst du nicht, dass deine Frau nicht geschaffen ist für den Busch?

»Äh, Missus. Sie sehen etwas mitgenommen aus«, sagte Alf ohne nachzudenken. Das Bier hatte sein Denkvermögen getrübt. Das hatte er nicht sagen wollen. Er hatte überhaupt nichts sagen wollen. Er wollte sie loswerden, damit er in sein Büro zurückkehren und einen halbherzigen Versuch unternehmen konnte, die Karten und Lagepläne aufzuräumen, bevor er den Laden dichtmachte. Er zog die Uhr aus der Tasche. Gleich vier. Unwahrscheinlich, dass heute noch jemand kam. Aber er konnte seine Bemerkung so nicht stehen lassen.

»Schlafen Sie sich heute Nacht gründlich aus, dann fühlen Sie sich morgen wie ein neuer Mensch«, fügte er hinzu, wobei er sich Mühe gab, wohlwollend zu klingen.

Der Beamte kramte in seiner Tasche und zog schließlich eine Karte heraus, die er vor ihnen auf dem Boden ausbreitete. Sie scharten sich um das Papier, und die Kinder hockten sich in den Staub, neugierig auf Einzelheiten.

»Das ist Ihre Parzelle. Hier.« Alf Stokes tippte mit einem knotigen Finger auf die Karte.

»Wo? Wo? Wir wollen auch sehen.« Kitty und Beth drängten näher heran, obwohl Maddie sicher war, dass die Linien und Kringel, die die Grenzmarkierungen ihres Landes darstellten, ihnen nichts sagten. Emma tippte ebenfalls mit einem Finger auf das Papier. »Ich auch«, sagte sie, und ein Grübchen erschien in jeder Wange, als sie Alf Stokes ein strahlendes Lächeln schenkte.

»Wie heißt dieser Ort?«, wollte Maddie wissen.

»Boolai. Das bedeutet in der Sprache der Eingeborenen ›zwei‹.«

»Boolai?« Der Name klang ungewöhnlich, fremd.

»Es gibt zwei Flüsse, sehen Sie. Einen entlang der

Grenze Ihres Landes und einen zweiten etwas weiter mit Namen Boolai Creek.«

Maddie sah, dass Kitty enttäuscht dreinblickte. »Das sind nur Linien auf einem Stück Papier«, schmollte sie. »Das ist gar kein Land.«

Der Beamte fuhr kichernd fort. »Sehen Sie diese große Fläche auf der anderen Seite des Flusses? Das Land gehört den Tarlingtons. Sie waren die ersten Siedler hier, noch bevor das Land in Parzellen aufgeteilt wurde. Die Regierung hat ihnen vor einigen Jahren das Pachtland weggenommen und es an andere Siedler vergeben.« Er zeigte auf die angrenzenden Parzellen und nannte ihnen die Namen der anderen Siedler, wobei er einige humorlose Kommentare von sich gab.

»Das Land liegt direkt am Fluss, das heißt, wir haben reichlich Wasser«, sagte Ted und drehte Maddie langsam zu sich herum. »Und auf dem Land steht bereits eine Hütte. Alf sagt, sie wird etwas verfallen sein, aber wir bringen sie wieder in Ordnung. Wahrscheinlich sind nur ein paar Bretter und etwas Farbe nötig, damit sie aussieht wie neu.«

Sie sah die erwartungsvolle Vorfreude in seinen Augen. Das eigene Land, das endlich Realität geworden war, wartete irgendwo jenseits der stillen Berge auf sie, fast greifbar. Als Maddie zur Seite sah, begegnete sie dem nachdenklichen Blick des Beamten.

»Ich habe Ted gesagt, dass das Leben draußen im Busch kein Zuckerschlecken ist. Aber manche kommen damit klar. Weil sie es wirklich wollen. Oder weil sie keine Wahl haben.«

Waren die Worte für sie bestimmt? Versuchte er, sie zu warnen? Alf Stokes fischte ein verknittertes Taschentuch aus der Tasche und wischte sich den Schweiß von Gesicht und Hals. Kurze Härchen, die aus seinen von roten Äderchen durchzogenen Nasenflügeln wucherten, bewegten sich leicht in der Hitze. Beunruhigt hoffte sie, er würde weiterreden und deutlich machen, was er damit wirklich meinte. Aber er hatte sich bereits abgewandt, hob die Karte auf und drückte sie Ted in die Hand. »Hier, die werden Sie noch brauchen«, sagte er und war fort, ließ sie einfach auf der staubigen Straße stehen.

Maddie blickte über die Dächer in Richtung der lilafarbenen Zacken, die den Horizont einzufassen schienen. Plötzlich hatte sie zum ersten Mal in ihrem Leben wirklich Angst. Um sich, um die Kinder. Und die Angst nistete sich dunkel und bedrohlich in einem Winkel ihres Bewusstseins ein, vage, nicht greifbar. Sie fröstelte trotz der Hitze; ein Schauer jagte ihr den Rücken hinunter, und sie verspürte ein Prickeln im Nacken. Ted legte ihr schützend einen Arm um die Schultern und zog sie an sich. Sie fühlte die Wärme seiner Haut, die Kraft seiner Umarmung, und die Furcht fiel von ihr ab. Nein, dachte sie entschlossen. Eines Tages wird uns das hier vorkommen wie ein großes Abenteuer. Etwas, wovon wir unseren Enkelkindern erzählen. Mit Ted an ihrer Seite konnte sie alles schaffen. Es gab nichts, wovor sie sich zu fürchten brauchte, außer der Furcht selbst.

Als sechs Jahre der Hoffnung an diesem ganz gewöhnlichen, windigen Tag ein Ende fanden, wusste Maddie Hall plötzlich ohne den leisesten Zweifel, dass sie nicht zurückgehen würden.

Langsam schlenderten sie die Straße hinunter, an Schaufenstern vorbei und verwitterten Schildern, die

Waren und Dienstleistungen anpriesen: Drogerie, Schuster, Tabakwaren, Arzt, Bäcker und Auktionator. Kitty und Beth schauten durch schmutzige Fenster, in denen sich die tief stehende Nachmittagssonne spiegelte. Die Sägen des großen Sägewerks standen still, und in der Ortschaft war Ruhe eingekehrt.

»Wo ist Dan?«, fragte Maddie, als sie plötzlich registrierte, dass der Junge nicht mehr da war.

»Ich habe ihn mit den Pferden zum Hotel geschickt. Er kümmert sich um die Zimmer für diese Nacht. Ich dachte, wir könnten schon mal die Vorräte kaufen. Wenn wir es schaffen, heute schon alles zu erledigen, können wir uns gleich morgen früh bei Tagesanbruch auf den Weg machen.«

Der Gemischtwarenladen war in einem heruntergekommenen Holzhaus untergebracht. Auf dem Schild stand: ›M. Traynor – Wir führen alles!‹ Maddie hatte noch nie ein solches Durcheinander von Waren in einem Geschäft gesehen. Tischwäsche lag gleich neben Eisenwaren, Werkzeuge wie Spitzhacken, Äxte und Spaten lehnten an Ballen feinen Wollstoffs, Flanell und Seide. Gummistiefel baumelten über breitkrempigen Hüten, und eingerollte Seile lagen halb verborgen wie schlafende Schlangen hinter einem Sammelsurium von Lampen und Kerzen, Geschirr und Lederwaren.

Im Laden roch es muffig, eine Mischung verschiedenster Gerüche reizte die Nase, von denen der kräftigste von Säcken voller Häcksel herrührte, die in einer Ecke standen. Emma stand vor einem hohen Tisch. An einem pummeligen Daumen lutschend, betrachtete sie die Reihen von Gläsern mit verschiedenen Süßigkeiten und Bonbons. Der Ladeninhaber wartete hinter dem Tresen, die Hände auf den Hüften, ein stämmiger Mann mit gerötetem Gesicht, mehligen Fingern und einer riesigen weißen Schürze. Ted baute sich vor ihm auf und reichte dem Mann die Hand.

»Nennen Sie mich Mick«, grunzte der Mann, als er sich über die Ladentheke beugte und Teds Hand ergriff. »Sie kommen also von Stokes, ja?«

Ted nickte. »Genau. Wir möchten gerne morgen ganz früh aufbrechen, brauchen aber noch einiges an Werkzeug und Vorräten bis zum Eintreffen des Vorratsbootes am Monatsanfang.«

»Verlassen Sie sich lieber nicht auf das, was man Ihnen über das Vorratsschiff sagt. Ob es überhaupt kommt, ist von den Gezeiten und vom Wetter abhängig. Der Fahrplan ist nicht gerade zuverlässig, wenn Sie verstehen, was ich meine. Sie sollten etwas mehr Vorräte mitnehmen, nur für alle Fälle.«

»Wir brauchen Mehl, Zucker und Tee. Maddie! Komm und wähle du die Vorräte aus. Es wird langsam spät.«

Maddie wandte sich seufzend ihrem Mann zu. Sie hatte gerade ganz verträumt vor einem Ballen Georgette gestanden. Der Stoff war sehr fein und weich, makellos. Das kräftige Saphirblau passte wunderbar zu ihrem rötlichen Haar. Sie wusste, dass Ted, wenn sie es sich hätten erlauben können, ihr ein paar Meter des wunderschönen Stoffs gekauft hätte, genug für ein traumhaftes Kleid mit einem weit schwingenden Rock, der beim Gehen ihre grazilen Fesseln umschmeichelte.

Sie hob den Kopf und starrte ihn an, sehnsüchtig einen Zipfel des Stoffs in der Hand haltend. Er schüttelte den Kopf und schenkte ihr ein schiefes Lächeln, das besagte: »Tut mir Leid, Maddie.«

Langsam ging sie durch den Laden und begutachtete die Waren, berührte und betastete sie, wobei ihr Blick immer wieder zu dem Stoffballen glitt. Es war eine Schande. Und die Farbe war so hübsch. Schließlich trat sie an den Tresen und diktierte eine Liste von Vorräten, die sie brauchten. Ted vereinbarte mit Mick, dass er die Waren ganz früh am nächsten Morgen abholen würde.

Als sie schon gehen wollten, kaufte Ted noch eine große Tüte Konfekt. Ein schwacher Ersatz für ein blaues Kleid, dachte Maddie mit einem Gefühl tiefer Trauer.

Ihr Hotelzimmer war mittelgroß, wobei der meiste Platz von dem schweren Doppelbett, zwei bequemen Sesseln, einem kleinen Tisch, einer niedrigen Kommode und Emmas Bettchen eingenommen wurde. Ted und Dan gingen nach unten in die Bar, während Maddie auspackte. Später aßen sie eilig im Speisesaal des Hotels zu Abend, bevor sie sich nacheinander in der schweren emaillierten Wanne im Badezimmer auf dem Flur den Reisestaub vom Körper wuschen.

Maddie brachte Kitty und Beth in dem breiten Doppelbett im angrenzenden Schlafzimmer unter. Die Mädchen tuschelten und kicherten im Halbdunkel, bis Maddie sie ermahnte, zu schlafen, obwohl sie wusste, dass es noch lange dauern würde, bis sie zur Ruhe kamen.

Emma war in Maddies Bett eingeschlafen, das Gesichtchen noch feucht vom Bad. Maddie beobachtete, wie die Brust ihrer kleinen Tochter sich mit jedem Atemzug hob und senkte. Sie nahm das Kind auf den Arm und legte es in das Bettchen, das Mrs. Hennessy, die dralle, rotwangige Inhaberin des Hotels, ihnen besorgt hatte.

Sie badete als Letzte. Als sie sich in das lauwarme Wasser sinken ließ, fiel die Anspannung des Tages langsam von ihr ab. Nach einer Weile wurde das Wasser zu kalt, und sie stieg aus der Wanne und trocknete sich ab. An einem Ende des Badezimmers befand sich ein großer Spiegel mit einem schmucken, reich verzierten Holzrahmen. Sie wickelte das Handtuch locker um ihren nackten Körper und trat vor den Spiegel.

Sie versuchte, sich mit Teds Augen zu betrachten. Was mochte er als Erstes sehen? Sie hob ihr rotgoldenes Haar an und ließ es auf ihre Schultern zurückfallen. Sie wusste, dass er ihr Haar liebte, gern mit den Fingern hindurchfuhr und es auf dem Kopfkissen ausbreitete. Sie hob eine Hand an die Wange. Die Haut war samtweich. Sie stellte sich die Berührung seiner Finger vor.

Schließlich ließ sie das Handtuch fallen und betrachtete sich splitternackt, drehte sich von einer Seite auf die andere, strich mit den Händen über den flachen Bauch, die kleinen, spitzen Brüste und die schmalen Hüften. Unvermittelt stieg Verlangen in ihr auf, und sie sehnte sich danach, Teds Arme um sich zu fühlen und seinen männlichen Geruch einzuatmen.

Sauber und erfrischt schlüpfte sie zwischen die Laken. Ted schlief bereits und schnarchte leise an ihrer Seite. Sie legte ihm eine Hand auf die Schulter, aber er grunzte nur und rollte sich auf die andere Seite. Enttäuscht lehnte sie sich über ihn und löschte das Licht. Die Gaslaterne draußen auf der Straße warf einen tröstlichen warmen Lichtschimmer auf die Wände des Hotelzimmers.

Sie fand keinen Schlaf. Sie zog die Knie an, schlang

die Arme herum und dachte an das Land; ein unbekannter, fremder Ort, zu dem sie am Morgen aufbrechen würden. Ein neues Zuhause, aber diesmal eins, das ihnen gehörte. Ein neues Leben. Sie dachte an die Hütte, die bereits dort stand, und der Gedanke beruhigte sie. Schließlich rollte sie sich zusammen wie eine Katze und schlief, bis die ersten farblosen Sonnenstrahlen ins Zimmer fielen.

KAPITEL 13

Alf Stokes winkte fröhlich, als er an dem hoch beladenen Wagen vorbeikam. »Morgen, Leute«, rief er.

»Morgen, Alf.« Ted grinste den Beamten an. Maddie begnügte sich mit einem Nicken. Ihr Mann schien gut gelaunt zu sein und pfiff gelöst vor sich hin, während er den letzten Rest des Gepäcks auflud, das sie am Vorabend gebraucht hatten. Er war schon bei Tagesanbruch aufgestanden und hatte Dan geholfen, die Pferde anzuspannen und die Vorräte abzuholen.

»Ein schöner Tag für die Weiterfahrt. Wo müssen wir lang?« Ted nickte in Richtung der Kreuzung, an der das Hotel stand. Von hier gingen verschiedene Straßen ab, und es war nirgends ein Wegweiser zu sehen.

»Folgen Sie einfach der Piste«, erwiderte der Beamte und zeigte grob in die Richtung, in der ihr neues Land lag. »Sie führt durch verschiedene kleine Siedlungen immer nach Süden. Am Ende sogar mitten durch die Berge. Bis Murwillumbah.«

»Murwillumbah. Das liegt in Neusüdwales, richtig?«, fragte Kate.

»Ja, genau, junge Dame. Die Verantwortlichen oben in Brisbane nennen die Route Main Southern Road. Ich schätze, irgendein Schreibtischhengst, der noch nie aus der Stadt herausgekommen ist, wird mit dem Ausbau beauftragt. Eine verdammt schwierige Wegstrecke. Aber wenn Sie sich an die Hauptpiste halten, werden Sie sich nicht verirren.«

Der Beamte stand mit verschränkten Armen auf der Straße. Die Pferde stemmten sich ins Geschirr, und der Wagen setzte sich ächzend und schwankend in Bewegung. In gemächlichem Tempo rollte er dann durch die verschlafene Ortschaft. Maddie blickte wiederholt zurück, bis Beenleigh nur noch ein staubiger Fleck in der Ferne war und schließlich vollends mit dem umliegenden Buschland verschmolz.

Die Sonne brannte von einem wolkenlosen Himmel herab. Weit in der Ferne schimmerten die purpurnen Berge, und in der flimmernden Hitze sah es beinahe so aus, als würden sie am Horizont tanzen. Stokes hatte nicht übertrieben; das Vorwärtskommen war tatsächlich mühsam, da die Straße nicht viel mehr war als ein überwucherter Pfad voller Schlaglöcher und tiefen Furchen. An vielen Stellen hatten heftige Regenfälle den Boden völlig aufgeweicht; Schlamm quoll schmatzend unter den Wagenrädern hervor, und ganze Schwärme kleiner Libellen mit irisierenden, türkis glänzenden Flügeln umschwirrten sie.

Es gab keine Brücken. Der Weg wand sich um steile Uferböschungen herum, die zu passierbaren Furten führten. Das Flussbett war steinig, und die Wagenräder knirschten bei jeder Durchfahrt bedrohlich auf den runden Kieseln.

Schließlich gelangten sie an einen breiten Fluss. Ted winkte dem Fährmann zu, dessen Boot am gegenüberliegenden Ufer vertäut war. Mit einiger Mühe gelang es Ted und Dan, Pferde und Wagen den steilen Hang zum Ufer hinunterzumanövrieren.

Die Sonne warf glitzernde Reflexe auf das Wasser. Von der Flussmitte aus konnte Maddie eine Meile weit in beide Richtungen sehen, bis die leichte Biegung des Flusses den Blick flussabwärts versperrte. Gedankenverloren blickte sie auf das Wasser und dachte an die Zukunft, die unerklärliche Anziehung des Landes und den holprigen Weg, der sie immer tiefer in den Busch führte. Sie sah sich allein im Wagen sitzen, der langsam weiterrollte, stellte sich vor, wie der Busch immer dichter und undurchdringlicher wurde, bis sie sich vorkam wie eine Gefangene, die nicht Eisengitter an der Flucht hinderten, sondern die knorrigen Äste der Bäume, die sich ineinander verschlangen, um ihr den Weg zu versperren.

Sie fuhr sich mit den Händen über die Wangen und versuchte, diese sonderbaren Fantasien abzuschütteln. Sie richtete ihre Gedanken auf die Kinder. Wie sollte sie mit Krankheiten und weiteren Geburten klarkommen, mitten in der Wildnis, meilenweit entfernt von der nächsten Ortschaft? Sie und Ted hofften bereits auf weiteren Nachwuchs. Vielleicht war sie ja bereits schwanger?

Lieber Gott, bitte mach, dass ich unser neues Zuhause mag, betete sie.

Ted blickte konzentriert nach vorn, die Augen gegen

das grelle Licht zusammengekniffen, das gebräunte Gesicht von feinen Linien durchzogen. Sechs Jahre in der Kolonie hatten ihn verändert, hatten ihn so hart gemacht, dass es ihr manchmal schwer fiel, sich den jungen Mann in Erinnerung zu rufen, den sie einmal geheiratet hatte.

In der alten Heimat war er Sekretär gewesen, der in einer verstaubten Welt von Akten und Vertragsentwürfen arbeitete. In diesem Umfeld hatte sie ihn kennen gelernt, als sie ihren verwitweten Vater in einer rechtlichen Angelegenheit begleitet hatte. Später, als Teds Braut, als sie frisch verheiratet waren und in einem kleinen Stein-Cottage lebten, das sie ihr Heim nannten, war sie glücklich gewesen und hatte sich kein anderes Dasein vorstellen können, bis Ted ihr eines Tages seinen Traum vom Auswandern gebeichtet hatte.

»Was weißt du über Australien?«, hatte sie gefragt. Australien! Das kam ihr so schrecklich weit weg vor. »Wie sollten wir dort hinkommen? Wie viel würde die Überfahrt kosten?«

»Ich kann dir nur sehr wenig dazu sagen. Ich habe nur ein paar wenige Informationsfetzen vom Kolonialbüro erfahren können. Ich habe ein paar Pfund gespart. Nicht viel. Gerade genug für die Passage und um uns drüben eine Weile über Wasser zu halten. Aber ich sage dir eins: In Australien gibt es Land. Mehr, als du dir vorstellen kannst. Es reicht von Küste zu Küste, über Tausende von Meilen, Land, so weit das Auge reicht.«

Sie konnte es sich nicht vorstellen. Keine kleinen Täler und Felder, die von Wäldchen und Hecken eingefasst waren, so wie sie sie kannte. Stattdessen weites, offenes Land. *So weit das Auge reicht.* Das Land interessierte sie nicht, und sie konnte Teds Faszination nicht ernst nehmen, bis er einige Wochen später mehrere Bücher aus seiner Aktentasche holte und sie beinahe ehrfürchtig vor sie hinlegte. Er schlug sie auf und zeigte ihr stolz verschiedene Skizzen.

»Ich möchte nicht den Rest meines Lebens in einem muffigen Büro arbeiten. Das ist eine Chance auf ein neues Leben, eine bessere Zukunft für uns in der Kolonie. Unsere Zukunft, Maddie. Deine, meine, und eines Tages auch die unserer Kinder.«

Sie lächelte zurückhaltend und versuchte, seine Begeisterung zu verstehen. Wer hätte gedacht, dass Ted, der in einem so kleinbürgerlichen Elternhaus aufgewachsen war, so verrückte Träume hegte?

»Nimm deine Schwester mit«, hatte ihr Vater sie später angefleht. Seine Ehefrau, Maddies Mutter, war bei einer Typhusepidemie ums Leben gekommen, als Kitty noch ein Baby gewesen war.

»Aber Papa ...«

»Nein, Liebes. Ich bin ein alter Mann und werde bald deiner lieben Mutter nachfolgen, das ist eine Tatsache. Geh nur in dieses neue Leben. Schreib und erzähl mir von den vielen wunderbaren Eindrücken dort.« Er klopfte Ted auf die Schulter. »Ich werde derweil beruhigt sein, dich in guten Händen zu wissen.«

Und so waren sie nach Australien gesegelt, ein junges Paar mit einer richtigen kleinen Familie, da sie neben Kitty auch Teds erst elf Jahre alten Bruder Daniel mitnahmen. Als sie zum ersten Mal australischen Boden betraten, war ihre Familie sogar noch größer geworden, da Maddie zwei Wochen, bevor ihr Schiff in Sydney anlegte, Elizabeth zur Welt gebracht hatte. Beth, wie sie

sie liebevoll nannten, war rund und gesund. Maddie wünschte sich weitere Kinder, aber bis zu Emmas Geburt sollten noch vier Jahre vergehen.

Sechs Jahre lag ihre Ankunft in Australien nun schon zurück. Wo war nur die Zeit geblieben? Papa war lange tot; er war ein Jahr nach ihrer Auswanderung gestorben. Und das Land, das Ted ihr versprochen hatte? Diese weiten, offenen Flächen, *so weit das Auge reicht*, hatte sie bislang nicht zu sehen bekommen. Und dieses Land hier hatte nun wirklich nichts ›Weites‹ an sich vor lauter Bäumen und engen Schluchten. Sie erstickten sie, diese Baumgiganten mit ihrem silbriggrünen Laub, schränkten ihr Sichtfeld nach allen Seiten ein, verdeckten gelegentlich sogar die Sonne. Und wenn sie einmal die Kuppe eines Hügels erklommen hatten, breiteten die australischen Eukalyptusbäume sich vor ihnen aus wie ein dichter, graugrüner Laubteppich ...

Langsam zog ihr Geist sich zurück, an den Bäumen vorbei, zu den Federwolken, die tief am Himmel vorbeisegelten. Abrupt kehrte sie in die Gegenwart zurück, an Bord der Fähre, die sie immer weiter von ihrem bisherigen Leben fortbrachte. Der böige Wind schuf kleine, kabbelige Wellen rund um die Fähre, die das Deck überspülten und gegen die Wagenräder und die Hufe der Pferde schlugen. Die Tiere wieherten und stampften ungeduldig auf den feuchten Planken.

Es dämmerte bereits, als Ted den Wagen auf eine kleine Lichtung am Wegrand lenkte. »Das reicht für heute«, verkündete er und brachte die Pferde zum Stehen. Maddie warf ihm einen Blick zu und sah, wie erschöpft er war. Eine Welle der Zärtlichkeit für den Mann mit dem struppigen Bart stieg in ihr auf, und sie musste gegen den Impuls ankämpfen, ihn zu umarmen.

»Kommt, Mädchen«, sagte sie stattdessen.

Ted zündete eine der großen Laternen an, und Kitty und Beth liefen lachend durch den Busch, wobei sie sich geschickt unter tief hängenden Ästen hinwegduckten und dabei Zweige und kleine Äste einsammelten. Sie stapelten ihre Beute auf einem Haufen neben dem Wagen, und kurz darauf hatte Ted ein prasselndes Feuer entzündet.

Als die letzten Strahlen Sonnenlicht vom Himmel verschwanden, breitete Ted als schützendes Dach für die Kinder eine große Segeltuchplane über den Wagen. Maddie verteilte zum Abendessen Fladenbrot und Pökelfleisch, das die Hotelköchin ihr freundlicherweise am Morgen mitgegeben hatte. Über dem Feuer hing ein Kessel mit Wasser, das über die Teeblätter in dem bereitstehenden Topf gegossen werden würde, sobald es kochte. Nach der Mahlzeit kletterten die Kinder müde in den Wagen und machten es sich in kleinen Ecken und Freiräumen so gemütlich wie möglich, mit dem Rücken an Holzstreben, harte Balken und Kommoden gelehnt.

Obgleich Sommer war, war die Nacht recht frisch. Der Wind wehte durch die Bäume und ließ deren Laub leise raschelnd eine unheimliche Melodie erzeugen, die abwechselnd an- und abschwoll. Maddie hockte beim Feuer und wärmte ihre Hände über der rubinroten Glut. Lichtreflexe hielten die umliegende Dunkelheit in Schach und warfen sonderbare Schatten in die umstehenden Bäume. Der Duft von brennendem Eukalyptus hing in der Luft. Dan fischte eine Mundharmonika aus der Tasche und begann zu spielen. Die dünnen, hohen Töne schwebten eine Weile auf der Brise, verhalten, abwartend, um dann wie Nieselregen auf das urwüchsige Land niederzugehen.

Ted kam näher. Maddie fühlte, wie sein Arm sich beruhigend um ihre Schultern legte. Sie lehnte den Kopf an ihn, schirmte ihr Gesicht gegen die Hitze ab und betrachtete schläfrig, wie der Feuerschein durch das dunkle Haar ihres Mannes schimmerte. Ted ließ langsam den Arm sinken, stand auf und zog sie auf die Füße.

»Komm, Liebes. Schlafenszeit. Wir haben einen anstrengenden Tag vor uns.«

Der morgige Tag. Ein weiterer Tag auf dem Kutschbock. Noch tiefer in den Busch, noch weiter in Richtung des unbekannten Landes und der Hütte, die sie dort erwartete.

Er küsste sie zärtlich und schob sie auf den Wagen zu, in dem sie, wie sie wusste, nur wenig Schlaf finden und sich im Einklang mit den Kindern herumwälzen würde.

»So! Das war alles!«

Clarrie Morgan wuchtete das letzte Gepäckstück hinauf zum Dach der Kutsche und lächelte spitzbübisch zu seinem Bruder Jim auf, ehe er hinaufkletterte, um diesem zu helfen, die Truhen und Taschen festzuzurren.

Jim lächelte zurück. »Wurde auch Zeit. Es ist schon fast Mittag. Meinst du, die Zeit reicht noch für einen schnellen Drink, bevor wir losfahren?«

Clarrie zog umständlich die Uhr aus der Hosentasche, hielt sie in der schwieligen Hand und warf mit zusammengekniffenen Augen einen Blick auf das Zifferblatt.

Er ließ sich Zeit und setzte bewusst eine skeptische Miene auf. »Ich weiß nicht. Wir haben einen Zeitplan einzuhalten.«

»Tu doch nicht so, Clarrie.« Jim boxte ihn freundschaftlich in die Seite. »Du denkst doch seit einer halben Stunde an nichts anderes als an ein kühles Bier.«

»Jimbo, du durchschaust mich doch jedes Mal. Aber ich habe überhaupt ein gutes Gefühl heute. Heute hat der kleine Harry Geburtstag. Es gibt kaum Post auszuliefern, und wenn wir uns beeilen, bin ich zum Tee schon wieder zu Hause. Der Junge würde sich ganz sicher über den Besuch seines Lieblingsonkels Jim freuen. Wenn du also mitfeiern möchtest ...«

»Klingt gut.«

»Dann los, ich helfe dir noch schnell, die Ladung festzumachen. Und ich bin so gut gelaunt, dass ich dir vielleicht sogar einen Drink spendiere. Ist das nicht ein Angebot, Brüderchen?«

»Du bist der Größte, Clarrie. Hier, leg mal das Seil da rüber.« Sie neigten die Köpfe und fuhren fort, Taschen und Kisten zu sichern.

»Na, was haben wir denn da?«

Clarrie richtete sich auf, als er Jims Worte hörte, und sah am Ende der Hauptstraße einen Wagen und mehrere Pferde auf sie zukommen. »Wieder Neue, die nichts auf Stokes' Warnungen gegeben haben, wie es aussieht.«

Jim lachte abfällig. »Ich habe von diesem Alf Stokes gehört. Typischer Regierungsbürokrat. Er soll einem sogar für seine Hilfe bei der Auswahl der Parzelle Geld zusätzlich abknöpfen. Soll dem alten Parker fünf Scheine bezahlt haben, damit er sein Land aufgibt.«

»Fünf Scheine!« Clarrie war sichtlich verblüfft.

»Parker wollte sowieso das Handtuch werden«, fuhr Jim fort. »Und normalerweise hätte er gar nichts gekriegt. Stokes hat dem neuen Pächter zehn Scheine extra abgenommen. Hat ihm was von einer speziellen Stempelgebühr erzählt, von der noch nie jemand was gehört hat und für die es auch keine Quittung gibt. Manche sagen, er wäre eigentlich ziemlich fair, aber ich weiß nicht. Wenigstens hat Parker auf die Art etwas Geld bekommen. Hat Glück gehabt, würde ich sagen. Hier draußen muss man eben sehen, wie man sich durchschlägt.«

»Von den Armen nehmen und den noch Ärmeren schenken, ist es das, was du meinst?«, fragte Clarrie, der nichts übrig hatte für Menschen wie Alf Stokes.

»Hmmm, mag sein, dass es nicht ganz okay war.« Beide sahen zu, wie der Wagen am Ende der Straße ächzend zum Stehen kam.

Verschiedene von Pferden gezogene Gefährte standen am Straßenrand und verliehen der Ortschaft den Anschein einer blühenden Stadt. Nerang war in den vergangenen Jahren gewachsen und verfügte inzwischen über eine Schule, eine Bäckerei, eine Sattlerei und zwei Hotels. Es wurde sogar gemunkelt, dass Wal Maidenstone, der Bruder des Bäckers, Anfang des neuen Jahres einen Gemischtwarenladen eröffnen würde.

Clarrie sah, wie ein Mann einer Frau vom Wagen half; drei Kinder folgten. »Wir sind da drüben, falls etwas ist«, rief sie und zeigte vage in Richtung der Läden entlang des Bürgersteigs. Clarrie nickte in sich hinein, wohl wissend, dass sie den Erfrischungsraum neben dem Laden des Schuhmachers ansteuerten. Der Wagen setzte sich wieder in Bewegung und kam auf der staubigen Straße auf ihn zu.

Er warf Jim einen Blick zu. Noch mehr Siedler auf der Liste, sagte er sich. Bald würde er den Tarif für die Postzustellung erhöhen können, so rasch wie die Bevölkerung im Bezirk anstieg. Vielleicht brachte das auch mehr regelmäßige Arbeit für Jim, anstatt der Aushilfsjobs bei gutem Wetter. Er dachte an Laura, Jims Frau, die in Kürze ihr erstes Kind zur Welt bringen würde und bei ihrer Familie in Murwillumbah wohnte, bis Jim genug Geld zusammengekratzt hatte für die Pacht auf eine eigene Parzelle.

»Tag!«

Clarrie beugte sich weit über den Rand der Kutsche, bis er den Besitzer der Stimme sehen konnte: ein Mann mit einem schwarzen Bart und breitkrempigem Filzhut, der sein Schimmelgespann neben ihm angehalten hatte. Clarrie wartete, die sommersprossigen Arme auf das Dach der vierrädrigen Kutsche gestützt.

»Sieht aus, als hätten Sie sich verirrt, Kumpel.«

Ein weiteres Pferd machte neben dem fremden Wagen Halt, und ein junger Bursche von höchstens 17 oder 18 Jahren stieg aus dem Sattel und zeigte auf den Eingang des Hotels. »Jetzt kann es bis Boolai nicht mehr allzu weit sein«, sagte er aufgeregt.

»Sie sind also nach Boolai unterwegs?«, fragte Clarrie und zupfte nachdenklich an seinem ingwerfarbenen Bart. Jim zog mit einem kraftvollen Ruck die letzte Leine fest und sprang vom Kutschendach. Clarrie folgte ihm gemächlicher, indem er seitlich an dem Gefährt und über die staubigen Radspeichen hinunterkletterte, bis er unten vor dem bärtigen Fremden stand.

»Das ist richtig«, bestätigte der Mann und zog ein verknittertes Stück Papier aus der Tasche. »Ich habe eine Karte. Wir wollen zu Parzelle 34.«

Jim fischte einen Pfriem dunklen Tabaks aus der Jackentasche und löste mit gleichmäßigen weißen Zähnen ein paar Fasern heraus, während er aufmerksam die grobe Zeichnung betrachtete. Clarrie sah zu, wie der Tabak langsam irgendwo in Jims rotem Bart verschwand, ehe er antwortete.

»Das ist das Land gleich neben dem von Heinrich.«

»Heinrich?«

»Ja. Heinrich. So ein komischer alter Deutscher. War einer der Ersten in der Gegend, nachdem das Land zur Besiedelung freigegeben wurde. Hat was aus seiner Farm gemacht, wenn ich auch das Gefühl habe, dass das Alter ihm inzwischen zu schaffen macht. Ganz zu schweigen von diesem Nichtsnutz, den er sich da an Land gezogen hat. O'Shea! Der ist kein Typ, der sich anstrengt, wo es nicht unbedingt sein muss, darauf würde ich wetten.«

»Dann wissen Sie, wo die Parzelle liegt?«

»Ja.« Clarrie zeigte auf die Kutsche. »Ich bin der Postbote hier. Clarrie Morgan ist mein Name.« Er reichte dem Neuankömmling die Hand.

»Ted Hall«, entgegnete der Mann und schüttelte ihm mit einem breiten Grinsen die dargebotene Hand. Dann zeigte er auf den jungen Burschen, der mit seinem Pferd neben dem Wagen stand. »Und das ist mein Bruder Dan.«

»Freut mich, Sie kennen zu lernen, Sir.« Dan zeigte auf ein ausgebleichtes Schild mit der Aufschrift Cobb & Co vor dem Hotel. »Dann sind das Sie?«

Clarrie schüttelte den Kopf. »Nein, wir sind eine private Postagentur. Nur ich und mein Bruder Jim hier. Cobb & Co liefern nicht weiter als bis hierher. Kann es ihnen nicht verdenken, dass sie nicht scharf sind auf den nächsten Abschnitt. Ich selbst muss verrückt sein. Die Straße wird noch schlimmer, je weiter man sich in den Busch wagt.« Er schmunzelte und klopfte mit der Hand gegen die Kutsche. »Ich breche in einer halben Stunde nach Boolai auf. Wenn es Ihnen nichts ausmacht, etwas Staub zu schlucken, können Sie sich ranhängen, und ich zeige Ihnen den Weg.«

»Danke, Clarrie, das Angebot nehmen wir gerne an. Oder, Dan?«

Der Junge nickte und folgte ihnen in die Bar.

Clarrie Morgan kannte den Weg. Man hatte ihn in mancher Hotelbar prahlen hören, dass er die Route inzwischen auswendig kenne und die Post auch mit verbundenen Augen ausliefern könne. Er konnte jeden Streckenabschnitt exakt beschreiben, jede Wegbiegung, die steinigen Flussbetten, die steilen Wasserrinnen, in denen Jim den Bremsklotz hinten an der Kutsche bedienen musste. Er kannte jeden Zentimeter im Schlaf. Die sengende Sommersonne, der eisige Wind im Herbst, das ängstliche Wiehern der Pferde, wenn er sie bei Hochwasser durch die schäumenden Bäche peitschte. Er war ein Buschmann und stolz darauf, allen Widrigkeiten zu trotzen. Er trug versteckt einen Revolver bei sich, den er aber nach eigener Aussage bislang noch nie hatte benutzen müssen.

Alle kannten Clarrie. Und Clarrie wusste, dass sie auf ihn warteten, diese Männer mit den struppigen Bärten und ihre einsamen Frauen, dass sie sich über jede Nachricht von Verwandten freuten, die weit fort wohnten. Jeder lud ihn zum Tee ein und erzählte ihm von seinen Schwierigkeiten: dem Tod eines Kindes, der Vernichtung einer Ernte, der Dürre, einer Überschwemmung und gelegentlich auch einem Buschfeuer. Die Liste war endlos.

Und jetzt folgte ihm eine weitere Familie, die Gesichter beinahe völlig verborgen von dem feinen Staub, den seine Kutsche aufwirbelte. Er war besorgt um sie. Immer wieder blickte er zurück auf das nachfolgende Gefährt.

»Die armen Schweine«, brummte er.

»Was sagst du?«, fragte Jim, der an seiner Seite saß und die Leinen locker in den kräftigen Händen hielt.

»Ach nichts. Gar nichts. Habe nur laut gedacht.«

Und dann gelangten sie zu den vertrauten Biegungen der Straße, die ihm verrieten, dass sie gleich in Boolai waren und an der Weggabelung, die zu dem alten Deutschen führte. Mit einem Seufzer brachte er die Pferde zum Stehen, stieg vom Kutschbock und zeigte auf einen überwucherten, kaum noch erkennbaren Pfad. »Da durch. Da ist es. Seien Sie ja vorsichtig.«

Nachdem er sie sicher bis hierher geführt hatte, kletterte Clarrie zurück auf den Bock. Die Apfelschimmel drängten weiter. Clarrie zog die Leinen an und warf noch einen Blick auf die Familie drüben auf dem Wagen. Die Frau hatte die Hände im Schoß gefaltet. Wie von selbst formten seine Lippen stumme Worte.

Macht kehrt! Noch ist es nicht zu spät!, wollte er ihnen zurufen, aber die Warnung blieb unausgesprochen. Stattdessen ließ er die Peitsche knallen, und die Pferde zogen an.

»Wenn Sie Heinrich sehen, sagen Sie ihm, dass diese Woche keine Post für ihn dabei war«, rief er ihnen über die Schulter hinweg zu. »Wir sehen uns am Montag, falls es trocken bleibt, und ... viel Glück.«

Maddie stieg vom Wagen. Das Rattern der Kutsche nahm ab und war bald verklungen. Kitty und Beth sprangen fröhlich in den Staub. »Wir sind da! Wir sind da!«, riefen sie übermütig.

Emma hüfte auf dem Bock auf und ab und warf sich auf Ted. »Da! Da!«, rief sie.

Der Augenblick schien kein Ende nehmen zu wollen; die Kinder, deren Schatten sich in der Sonne scharf von der staubigen Piste abhoben, die Pferde, die schnaubend Gras am Wegrand rupften. Ted, der über das ganze Gesicht strahlte. Maddie fuhr sich erschöpft mit der Hand über das Gesicht.

»Kommt«, befahl Ted, sprang vom Wagen und hob Emma herunter. »Gehen wir und sehen uns unser neues Zuhause an.«

Ted und Dan gingen voran und führten die Pferde über den halb zugewachsenen Weg, während Maddie und die Mädchen hinter ihnen herstolperten. Ihre Röcke blieben immer wieder an spitzen Ästen hängen. Eidechsen huschten über die Straße, und ihr Fortkommen wurde von lautem Rascheln in dem Laubteppich begleitet, der den Boden bedeckte. Ein erschrockenes Wallaby erstarrte bei ihrem Anblick, eine rötlichbraune Silhouette vor dem Grüngrau der Eukalyptusbäume, um gleich darauf die Flucht zu ergreifen und mit großen Sätzen durch das Dickicht zu brechen. Über allem lag das laute

Kreischen der Papageien. Schließlich rollte der Wagen wankend auf eine kleine Lichtung, und Maddie stand unversehens vor der Hütte.

Sie entsprach so gar nicht ihren Erwartungen. Unglauben und Enttäuschung stiegen in ihr auf. Die Behausung war ganz offensichtlich Jahre nicht mehr bewohnt worden und halb verfallen. Die Schalungsbretter waren zu einem hässlichen Silbergrau verwittert und in der Sonne so stark geschrumpft, dass zwischen ihnen breite Ritzen entstanden waren. Berge von Laub bedeckten das Dach und die Veranda. Die Vordertür stand halb offen und hing nur noch an einer Angel.

»Gar nicht so übel«, meinte Ted mit aufgesetzter Fröhlichkeit. »Etwas Farbe und ein paar Zeitungen zum Abdichten der Ritzen, und sie ist so gut wie neu.«

Eine Windböe strich über sie hinweg, und das hohe Gras wogte um Maddies Rocksaum. Zögernd ging sie auf die Hütte zu. An der Tür machte sie kurz Halt, ehe sie tief durchatmete und sie ganz aufstieß. Sie protestierte knarrend, und prompt brach auch die verbliebene Türangel. Ganz langsam kippte sie nach innen, um dann in einer Staubwolke mit lautem Knall auf dem Fußboden aufzuschlagen.

Von der Schwelle aus warf Maddie einen Blick hinein. Es roch muffig. Plötzlich schoss etwas Pelziges an ihr vorbei und tauchte in den umliegenden Büschen unter.

»Was war denn das?«, rief Maddie erschrocken aus und griff haltsuchend nach der Türzarge.

»Alles in Ordnung. Das war nur ein Opossum. Wahrscheinlich haben wir es aus seinem Heim vertrieben.«

Ted und Dan untersuchten die Hütte, öffneten die Holzläden und erklärten schließlich, dass es keine weiteren Untermieter gebe. Als sie sich alle in der kleinen Hütte drängten, blickte Maddie sich naserümpfend um.

»Seht euch nur diesen Dreck an.« Der Fußboden war mit Zeitungsfetzen, verlassenen Mäusenestern, Tierkot und Blättern bedeckt. Der Kadaver einer Ratte in einer Ecke verströmte einen widerlichen Verwesungsgestank. »Heute Nacht können wir hier noch nicht schlafen, so viel steht fest. Erst müssen wir gründlich sauber machen.«

Tränen schossen ihr in die Augen, und blind schob sie sich an ihnen vorbei nach draußen an die frische Luft. Durch den Tränenschleier sah sie, dass es bereits dämmerte. Bald würde es dunkel sein. Sie musste das Abendessen zubereiten, die Kinder waschen und zu Bett bringen. Sie würden weiter im Wagen schlafen müssen, bis die Hütte bewohnbar war. Sie wusste, dass es Tage dauern würde, den Dreck zu beseitigen. Wie konnte Ted ernsthaft von ihr erwarten, hier zu leben? Sie stand da und lauschte den Stimmen aus dem Inneren der Hütte.

Dann plötzlich, schien die Vision eines Gesichts vor ihr zu schweben. Ted! Mit leuchtenden Augen. Lächelnd. Ted, der sie liebte, der nie zulassen würde, dass ihr oder den Kindern etwas Böses widerfuhr. Dies war das Land seiner Träume. Er hatte geduldig so lange darauf gewartet.

Sie wischte sich die Tränen aus den Augen. Dumme Pute, schalt sie sich. Ich habe kein Recht, mich so anzustellen, mich aufzuführen wie ein verwöhntes Gör. Wie kindisch, wegen dem bisschen Dreck gleich in Tränen auszubrechen. Ich bin nur müde. Gleich morgen mache ich mich an die Arbeit. Ich werde diese Hütte auf Vordermann bringen. Kitty wird mir helfen. Und Beth und

Emma ebenfalls. Ein paar Tage harter Arbeit, und sie wird uns vorkommen wie ein Palast.

»Scheint eine wirklich gute Parzelle zu sein«, rief Ted über die Schulter hinweg Dan zu, als er zu ihr nach draußen kam. »Reichlich Bäume, und der Boden ist auch nicht übel. Morgen ist ein neuer Tag, und da werden wir uns das Land einmal genauer ansehen.«

»Komm.« Dan boxte Ted brüderlich auf die Schulter. »Schlagen wir das Lager für die Nacht auf. Ich kann gar nicht glauben, dass es schon fast zwei Tage her ist, dass wir Beenleigh verlassen haben. Das waren die kürzesten und gleichzeitig längsten zwei Tage meines Lebens.«

Ted zog Maddie an sich und beugte das Gesicht über ihres, bis ihre Nasenspitzen sich fast berührten. »Es tut mir Leid, Maddie. Das ist nicht das, was mir für dich vorschwebte. Aber es wird besser werden, das verspreche ich. Wart's nur ab.« Sie blickte in seine klaren blauen Augen und fragte sich, ob er im fahlen Licht des anbrechenden Abends ihre Tränen sehen konnte.

Der Himmel um sie herum war dunkel geworden, und nach und nach senkte sich die Nacht über den Busch herab. Nur noch vereinzelt flogen Vögel vorbei. Rosa Wolken zogen über den Baumwipfeln dahin, die den westlichen Horizont verdeckten. Maddie erschauerte in Teds Armen, nicht von der abkühlenden Nachtluft, sondern von den verwirrenden Gedanken, die wie Adrenalin ihren Körper durchströmten.

Sie hatte erwartet, so etwas wie spontane Verbundenheit mit diesem Ort namens Boolai zu verspüren. Ein Gefühl der Befriedigung, des Heimkehrens. Aber es stellte sich nicht ein. Nichts. Stattdessen hatte ihr Magen sich abwehrend verkrampft. Sie empfand die Bäume um sich herum als feindselig. Diese Bäume, sie waren einfach überall, beengten sie, raubten ihr die Luft zum Atmen.

Das Essen, dachte sie. Ich muss Essen machen. Die Kinder werden müde sein. Vielleicht setzen wir uns später, wenn die Kleinen schlafen, noch ans Feuer. Dan wird seine Mundharmonika herausholen, und es wird alles so sein wie früher.

Sie gähnte und streckte die Arme vor sich aus, als würde sie die Grenzen eines vergangenen Lebens von sich schieben.

KAPITEL 14

Dass er zu spät gekommen war, um sich die Parzelle zu sichern, war eine herbe Enttäuschung gewesen. Zum ersten Mal in seinem Leben zog es Randolph nicht sofort zurück nach Glengownie. Stattdessen verbrachte er mehrere Tage und Nächte in Beenleigh und wärmte das Bett der Witwe Hennessy. Mehrere vergebliche Besuche bei der Queensland National Bank frustrierten ihn; der Bankdirektor verweigerte ihm weitere Kredite. Er suchte noch einmal Alf Stokes vom Grundbuchamt auf, aber ebenfalls vergeblich, was ihn nur noch wütender machte. Schließlich war er so niedergeschlagen, dass er nach Brisbane ritt, um Cordelia sein Herz auszuschütten.

Und hier war er nun, saß in Cordelias Küche und fragte sich, wie er mit den Problemen fertig werden sollte, die ihn zu überwältigen drohten. Cordelia war wie üblich missgelaunt, was nicht zuletzt darauf zurückzuführen war, dass die Haushälterin am Vortag fristlos gekündigt hatte. Für den Abend war eine Dinnerparty geplant für mehrere von Hoffnanns Mandanten, und die Einladung ließ sich so kurzfristig nicht mehr absagen. Er sah zu, wie sie wütend auf Gemüse einhackte, und empfand einen Moment sogar Mitleid mit Maximilian, der tagtäglich die Launen seiner Schwester ertragen musste.

»Das mit der Parzelle ist wirklich schade, Randolph.« Cordelia rührte ungehalten in einem Topf und wischte sich dann mit einem Zipfel ihrer Schürze den Schweiß von der Stirn.

»Eine Stunde zu spät. Ist das zu fassen? Eine Stunde! Ich habe Stokes eine ordentliche Summe geboten, damit er den Pachtvertrag wieder aufhebt. Die Summe entsprach vermutlich dem, was er normalerweise im ganzen Jahr bekommt für die Leitung dieses lächerlichen Büros, das sich Katasteramt schimpft. Er hätte das schon hingekriegt, wenn er nur gewollt hätte.«

Cordelia trat vom Herd zurück und legte den Kochlöffel aus der Hand. Dann wandte sie sich Randolph zu, einen ungeduldigen Ausdruck auf dem Gesicht. »Meine Güte, es gibt noch andere Parzellen! Im vergangenen Sommer konnten wir doch bereits zwei weitere am Fluss ergattern.« Sie verschränkte die Arme vor der Brust und lehnte sich mit dem Rücken an die Arbeitsplatte neben dem Herd. »Ich weiß, wenn wir das Land am anderen Flussufer hätten, hätten wir eine große zusammenhängende Fläche. Die Idee ist ja auch gut.«

»Wir brauchen das Land!« Randolph trommelte wütend mit den Fingern auf den Tisch. »Jetzt, da Hugh und Dominic zu Hause sind, wäre das ein guter Anfang gewesen für eine Expandierung.«

»Trotzdem läuft es doch wie geplant. Vater hat eingesehen, dass du die Farm nicht länger allein betreiben kannst und dass Hugh und Dominic auf Glengownie sind, hat dich doch entlastet.«

Randolph schaute grimmig drein und schnaubte verächtlich. »Das Problem ist, dass die beiden nicht gerne Befehle entgegennehmen. Auf dieser feinen Schule waren sie es gewohnt, ihren Willen durchzusetzen. Meiner Meinung nach hätten sie beide eine ordentliche Tracht Prügel verdient.«

Er wartete geduldig auf ihre Reaktion. Obwohl er sie generell als Verbündete betrachtete, baute er jetzt mehr denn je auf ihre Unterstützung.

»Wenn du das tust, ziehst du dir Vaters Zorn zu. Nein, Randolph. Du bist zu fordernd. Wenn du deinen Plan wirklich umsetzen willst, wirst du lernen müssen, dich in Geduld zu üben. Die Jungen werden schon noch tun, was du von ihnen verlangst. Es kommt nur darauf an, wie du die Sache angehst.«

»Und wie soll ich sie deiner Meinung nach angehen?« Ihr Kommentar war nicht das, was er erwartet hatte.

»Kommandiere sie nicht herum. Leite sie mit Vorschlägen an. Lass sie daran arbeiten, bis sie glauben, ein Einfall wäre von ihnen. Streng genommen sind sie noch Kinder, aber der Trick besteht darin, sie wie Erwachsene zu behandeln. Wenn du das beherzigst, werden sie alles tun, was du von ihnen verlangst.«

»Mmmm.« Randolph rieb sich das stoppelige Kinn und blickte durch das offene Fenster über die Dächer in

Richtung der Berge. »Vielleicht hast du Recht. Mit meiner Methode hatte ich bislang jedenfalls keinen großen Erfolg.«

»Vertrau mir. Es wird funktionieren.«

»Wenn du es sagst. Nun, jedenfalls muss ich auch dringend zurück. Wenn ich nicht da bin und alles im Auge behalte, kommt dort alles zum Erliegen. Ich habe die Jungs beauftragt, unten am Fluss Baumstümpfe zu verbrennen. Weiß Gott, wie weit sie inzwischen gekommen sind.«

Cordelia legte ihre Schürze ab. Sie warf sie auf den Tisch und fuhr sich mit den Händen durch das kraftlos herabhängende Haar. »Warte, ich reite ein Stück mit, bis zum Gemüsehändler. Wenn ich nicht für eine Weile aus dieser Küche herauskomme, werde ich noch wahnsinnig.«

Sie stiegen die Hintertreppe hinunter und gingen zu Randolphs Pferd, das gesattelt bereitstand. Als sie den Paddock erreichten, verlangsamte Randolph den Schritt und wandte sich Cordelia mit gerunzelter Stirn zu.

»Es gibt da noch ein Problem.«

Sie musterte ihn abwartend.

»Ich brauche mehr Geld«, sagte er schlicht. »Ich bin verzweifelt, Cordelia. Die Bank will mir ohne Bürgschaft von Hedley keinen Kredit mehr gewähren. Und Vater kann ich nicht fragen. Er vertritt immer noch den Standpunkt, dass Glengownie sich innerhalb der vereinbarten Frist selbst tragen muss. Es geht also nicht voran.«

»Ich weiß nicht … ob Maximilian dem zustimmen wird.«

»Ich kann es mir nicht leisten, jetzt aufzugeben, und

ich kann es mir nicht leisten, den Betrieb fortzuführen. Ich stecke in der Zwickmühle. Ich weiß, wie viel Glengownie dir bedeutet. Vielleicht könntest du mir ja doch noch ein paar hundert Pfund borgen, nur für ein paar Monate.«

Randolph wartete angespannt auf ihre Erwiderung.

»Es ist dein Land, Randolph, und es wird nie mir gehören. Warum sollte ich dir noch mehr Geld geben? Meine Kommodenschublade ist jetzt schon voll mit Schuldverschreibungen. Mit Versprechungen, mir alles zurückzuzahlen.«

Randolph war bereit, alles zu versprechen, um sie zu überreden. »Nenn mir deine Bedingungen! Wie viel Zinsen bekommt Maximilian? Sag es mir! Ich verdopple! Ich zahle es dir innerhalb eines Jahres zurück, versprochen.«

»Ich werde darüber nachdenken«, entgegnete sie.

Randolph lächelte. Er spürte, dass er gewonnen hatte. Der Kampf um das Land war zum Wettkampf innerhalb der entzweiten Familie geworden. Sie würde ihm das Geld borgen, obwohl Glengownie ihr nie gehören würde. Er legte seiner Schwester die Hände auf die Schultern.

»Ich wusste, du würdest mir helfen. Auf dem Heimweg möchte ich dem alten Deutschen unten am Fluss einen Besuch abstatten und ihm einen guten Preis für seine Parzelle bieten. Von dem Geld kann er sich ein kleines Häuschen in der Nähe von Brisbane kaufen, näher bei seiner Familie.«

Cordelia wechselte abrupt das Thema und erkundigte sich nach der eben erst neu verpachteten Parzelle. »Und wer sind die neuen Nachbarn?«

»Eine Familie. Hall heißen sie, sagte Stokes.«

»Na ja, vielleicht schaffen sie es ja nicht. Es haben schon viele ihre Parzellen wieder aufgegeben. Die Morris-Parzelle haben wir ja auch auf diesem Wege zurückbekommen. Und die der O'Shaunesseys. Das lässt sich arrangieren, Randolph.«

Er blickte forschend in ihre eiskalten Augen. »Arrangieren? Wie meinst du das?«

Cordelia wandte sich ab und steuerte den Stall an, in dem ihr eigenes Pferd angebunden war. Nachdem sie es zügig gesattelt hatte, schwang sie sich geschmeidig hinauf. »Es gibt für die meisten Probleme eine Lösung, lieber Bruder.« Sie beugte sich im Sattel vor und blickte bedeutungsvoll auf ihn hinab.

Das Pferd drängte ungeduldig nach vorn. Cordelia ruckte hart an den Zügeln und warf einen Blick auf ihren Bruder, ein wissendes Lächeln auf den Lippen. »Du hast übrigens mit keinem Wort erwähnt, was dich so lange in Beenleigh aufgehalten hat. Du warst mehrere Tage dort.«

Einzelne blonde Strähnen hatten sich gelöst und hingen ihr in das Gesicht, das, wie Randolph mit einer gewissen Befriedigung registrierte, bereits erste Alterserscheinungen aufwies. Kleine Fältchen zeigten sich an den Augenwinkeln, und ihre einstmals glatte Haut war bereits leicht erschlafft. Unbewusst verglich er sie mit Aldyth Hennessy, der fülligen, aber eleganten Witwe, die einer der Gründe für seinen verlängerten Aufenthalt in Beenleigh gewesen war. Aldyth so sinnlich anspruchslos, so bemüht, zu gefallen. Konnte es sein, dass etwas Liebe eine Frau milder stimmte?

»Manchmal braucht ein Mann eben etwas Privatsphäre«, entgegnete er knapp.

»Behalte ruhig deine kleinen Geheimnisse für dich, wenn du willst«, rief sie ihm über die Schulter hinweg zu und lenkte ihr Pferd in Richtung der Einkaufsstraße.

Sie ist eine hervorragende Reiterin, im Damen- wie im Herrensattel, dachte Randolph bei sich, als er sah, wie sie die Straße hinuntergaloppierte und von den Hufen ihres Pferdes kleine Staubwölkchen aufstiegen. Er hatte es nicht eilig und überließ es seinem Pferd, das Tempo zu bestimmen, als er ihr folgte. In Gedanken war er bereits ganz in seine Pläne vertieft. Pläne für Glengownie. Pläne für das Land, das er bald erwerben würde. Und vor allem Pläne für Dominic, seinen heimlichen Sohn.

Glengownie war wie immer eine Augenweide. Randolph ließ den Blick über die raue Schönheit des Landes schweifen, als er die Anhöhe oberhalb des Hauses erreichte, glücklich, nach längerer Abwesenheit wieder daheim zu sein. Das Gras um ihn herum wogte silbrig schimmernd in der Hitze; Samen schwebten wie winzige Prismen in der Sonne. Vogelgezwitscher erfüllte die warme Luft, die samtweich über sein Gesicht strich. Der Tage versprach heiß zu werden..

Eine Bewegung im Paddock erregte seine Aufmerksamkeit; Bridie, deren Haar in der Sonne glänzte wie das Gefieder einer Krähe, schaute Hedley dabei zu, wie er eins der Pferde sattelte. Der Anblick der beiden verstimmte ihn plötzlich, und missgelaunt lenkte er sein Pferd in Richtung Stall. Bridie kam auf dem Weg zurück zum Haus an ihm vorbei und nickte ihm knapp zu. Hedley war bereits losgeprescht und nur noch als kleiner Punkt auf der unteren Weide zu sehen.

Nachdem er sein Pferd versorgt hatte, trug Randolph sein Gepäck ins Haus, immer noch frustriert vom Scheitern seiner Mission. Bridie: Er wusste, dass sie irgendwo im Haus war. Nach kurzer Suche fand er sie oben im Arbeitszimmer.

Die Beine angezogen und die Füße seitlich angewinkelt, saß sie wie eine Katze eingerollt in einem Schaukelstuhl vor dem Fenster und nähte an einem neuen Hemd für einen der Jungen. Sie war so vertieft in ihre Arbeit, dass sie nicht bemerkte, wie Randolph sich ihr von hinten näherte, um dann abrupt die Rückenlehne zu packen und den Stuhl ganz weit zurückzukippen, sodass er ihr ins Gesicht sehen konnte.

»Ah, Bridie, meine Liebe. Heute sind wir beide also ganz allein im Haus.«

Er fuhr mit den Fingern über ihren Hals. Sie schauderte und versuchte aufzustehen.

»Nicht, Randolph. Lass mich in Frieden!«

»Aber, aber. Ich erkenne die Frau ja nicht wieder, die jahrelang in mein Bett gestiegen ist. Du scheinst dir in letzter Zeit wirklich Mühe zu geben, mir auszuweichen, Liebste.«

Eine leichte Bewegung an der Tür erregte ihre Aufmerksamkeit. Randolph seufzte und ließ den Stuhl wieder in seine aufrechte Position schaukeln.

»Layla?«, rief Bridie.

Die Tür schwang auf, und zum Vorschein kam ein Mischlingsmädchen. Sie hatte einen Stapel ordentlich gefalteter Wäsche auf dem Arm. Das dicke dunkle Haar fiel ihr offen auf die Schultern, und das Kleid, das Bridie vor langer Zeit ausrangiert hatte, betonte ihre schlanke Figur.

»Hier sind die Laken und Handtücher, die Sie haben wollten, Missus Tarlington«, sagte sie.

»Danke, Layla. Leg sie bitte in mein Zimmer. Und anschließend kannst du die Wäsche in den anderen Schlafzimmern wechseln.«

Das Mädchen ging wieder. Randolph starrte auf die Türöffnung, durch die sie verschwunden war. Bridie musterte ihn angewidert.

»Ich habe gehört, dass du einige der eingeborenen Hausmädchen belästigt hast. Es ist schon schlimm genug, dass du die Frauen in den Camps aufsuchst, aber diese Mädchen sind fast noch Kinder. Wenn du nicht damit aufhörst, bin ich gezwungen, Hedley davon zu berichten.«

»Und was willst du ihm sagen? Dass seine Frau seinem Sohn ebenfalls das Bett gewärmt hat? Dass sein Sohn in Wahrheit sein Enkel ist? Du könntest leicht alles ändern, Bridie. Ich bin sehr geduldig gewesen und warte immer noch.«

»Lieber sterbe ich, als mich noch einmal von dir anfassen zu lassen!«

»Was ist los mit dir? Musst du immer so kratzbürstig sein? Und überhaupt, bist du neuerdings der Engel der Schwarzen? Ich habe dich immer als intelligente Frau eingeschätzt. Ich dachte, du wärst zu eigenständigem Denken fähig.«

»Und genau das tue ich. Und meine Entscheidung lautet nein. Aber ich vergaß, Randolph. Du magst es ja nicht, wenn man dich zurückweist, nicht wahr?« Sie hob stolz den Kopf und musterte ihn aus zornsprühenden Augen. »Geh und such dir einen anderen, den du tyrannisieren kannst. Die Jungs vielleicht. Das kannst du doch am besten.«

Randolph ließ sich vor dem Schaukelstuhl auf die Knie fallen und legte den Kopf in ihren Schoß. »Lieber Gott, Bridie! Du scheinst es zu genießen, einen Mann zu quälen. Du spielst mit mir und folterst mich.«

»Das geschieht nur in deiner Einbildung. Ich ermutige dich in keinster Weise.«

Traurig blickte sie auf den Mann vor ihr. Er war nicht mehr jung; graue Fäden durchzogen das Haar an seinen Schläfen und seinen Schnauzer. Randolph, noch so schlank und drahtig wie am Tag ihrer ersten Begegnung vor fast 17 Jahren. Sie schaute in seine Augen, bis sie blinzeln und das Gesicht abwenden musste.

»Warum willst du dich nicht erinnern, Bridie?«, fragte er leise.

»Bist du wirklich so vergesslich?«, zischte sie und hielt eine Hand an seine unrasierte Wange. Die stacheligen Stoppeln kratzten auf der Haut. Sie hätte ihn am liebsten geohrfeigt, so wie er sie vor vielen Jahren geohrfeigt hatte. Sie wollte ihm weh tun, wollte ihn zum Weinen bringen, aber sie wusste, dass es sinnloses Wunschdenken war. Es gab jedoch andere Wege, ihn zu vernichten, wenn die Zeit reif war. Es war alles nur eine Frage der Geduld.

Seine Hand bewegte sich langsam auf ihre Brust zu und berührte die Brosche. Bridie zuckte vor seiner Berührung zurück.

»Nimm die Hände von mir weg.«

»Ich habe nur dieses Schmuckstück bewundert. Ein sehr hübsches Stück, das Hedley eine Stange Geld gekostet haben muss. Wenigstens wird es genutzt; du scheinst es ständig zu tragen.«

Fast zärtlich berührte sie mit den Fingerspitzen die Diamanten, die in der Sonne, die durch das Fenster hereinfiel, blitzten und funkelten. »Diese Brosche hat für mich vor allem einen sentimentalen Wert, aber das würdest du ja doch nicht verstehen.«

Seine Stimme wurde weicher, und ein trauriger Ausdruck trat auf sein Gesicht. »Boshaftigkeit steht dir nicht, Bridie.«

Randolph. In seinem Leben gab es nichts außer Glengownie. Mitleid stieg in ihr auf, bitter wie Galle. Mitleid vermischt mit Bedauern. Er hatte ihr Leben in ein Lügengeflecht verwandelt. Dominic, von dem er glaubte, er wäre von ihm, obwohl er Hedleys Sohn war. Wie eine Spinne hatte er das Netz gesponnen, um dann selbst darin hängen zu bleiben. Und sie selbst hatte seit Dominics Geburt nicht minder gelogen, um sich vor ihm zu schützen.

Hedley hatte sie einmal gefragt, ob sie es je bereut hatte, ihn geheiratet zu haben, einen Mann, der so viel älter war als sie und ihr ein einsames Leben in der Wildnis abverlangt hatte. Damals hatte sie nicht geantwortet. Es stimmte, dass ihr Leben nie glatt gelaufen war, aber irgendwie hatte sie mit Hedleys Liebe alle Widrigkeiten gemeistert. Sie liebte Hedley. Und er liebte sie. Sie hatten einander so viel zu geben. Jetzt, da die Jungen fast Männer waren und nicht mehr wegen jeder Kleinigkeit zu ihr gelaufen kamen, war Hedley immer noch an ihrer Seite.

Randolph hingegen hatte sie benutzt und weigerte sich immer noch stur, sie freizugeben. Seine Beharrlichkeit erzürnte sie. Sie stieß ihn von sich und erhob sich schwer atmend.

»Geh weg! Lass mich in Ruhe! Du wirst nie begreifen, was wirklich wichtig ist. Im Leben geht es um Liebe! Ja, Liebe! Das Wort, das zu hören du nicht ertragen kannst. Das bedeutet Verpflichtung und ein bindendes Versprechen. Liebe und Respekt. Und genau das haben Hedley und ich. Keine unreife erotische Beziehung, die auf Drohungen und Lügen gründet, sondern etwas Tiefgreifendes und Dauerhaftes. Wenn du Hedley je etwas sagst, falls du irgendwann auch nur ein Wort über uns verlierst ... bringe ich dich um!«

Er lachte ihr ins Gesicht. Ein hässlicher, spöttischer Laut, der in ihren Ohren widerhallte und sie mit rasendem Zorn erfüllte. Blind griff sie hinter sich, und ihre Hand schloss sich um einen Briefbeschwerer aus Kristall. Sie schleuderte ihn mit der ganzen aus Hass geborenen Kraft nach Randolph.

Bridie sah die Kugel durch die Luft fliegen, wobei das Licht in allen Regenbogenfarben von den geschliffenen Facetten reflektiert wurde. Sie hörte einen lauten Schrei und realisierte erst später, dass sie selbst ihn ausgestoßen hatte. Der Raum drehte sich um sie. Randolph sprang geduckt zur Seite, und das Kristall prallte gegen den Kamin und zersprang in tausend Scherben. Einen Moment stand er nur da und starrte auf die Scherben, das blasse Gesicht völlig ausdruckslos.

Dann riss er die Tür auf und ging. Die Tür fiel krachend hinter ihm ins Schloss.

KAPITEL 15

Randolph stürmte aus dem Zimmer und trat die Tür hinter sich zu. Auf dem Treppenabsatz blieb er stehen, schwer atmend vor unterdrücktem Zorn. Er blickte durch das offene Fenster hinaus auf die Weiden. Eine warme Brise wehte ihm ins Gesicht und trug ihm den Duft frischer Erde zu. Durch das hohe Gras konnte er den Fluss schimmern sehen. Die Sonne warf glitzernde Reflexe auf die Wasseroberfläche. Weiter entfernt, jenseits der Bäume, floss der träge Strom, der Lebensspender des ganzen Umlandes.

Das leise klagende Tuten eines Signalhornes ertönte in der Ferne. Das Vorratsschiff. Es war ein melancholischer Laut. Er malte sich die Aktivität drüben am Anleger aus: Männer, die ihre Flöße festmachten, Träger, die Säcke Mehl und Zucker auf die ausgebleichten Planken wuchteten und Mais in die Ladeluken ihrer Boote luden. Plötzlich wünschte er, er wäre hingeritten, um dabei zu sein, anstatt Bridie ins Haus zu folgen.

Bei der Erinnerung an ihren Streit schnaubte er erneut vor Zorn, und ein Mundwinkel zuckte nervös. Eines Tages würde sie ihre lächerlichen Spielchen aufgeben, und auf diesen Tag würde er warten. Engel der Eingeborenen hatte er sie genannt, verärgert, dass Layla sie gestört hatte. Himmel! Jetzt hatte man nicht einmal mehr im eigenen Haus seine Ruhe! Die Eingeborenen waren überall, schlichen auf Bridies Anweisungen durch das Haus und bewegten sich so leise, dass man sie nicht kommen hörte.

Hedley und seine verrückte Idee, sie ins Haus zu lassen, ihnen Verantwortung zu übertragen und ihnen mit Vertrauen zu begegnen. Dabei wusste doch jeder, dass sie ein nutzloser Haufen von Faulpelzen waren. Einen Tag hier und am nächsten auf und davon. Zogen ziellos kreuz und quer durch das Land.

Randolph stieg die Treppe hinunter und schlenderte von einem Zimmer zum nächsten. Er ging in den Salon und griff nach der neuesten Ausgabe des *Witness*, die Clarrie Morgan vor ein paar Tagen gebracht hatte. Er warf einen Blick auf das Datum oben auf der ersten Seite und warf dann die Zeitung ärgerlich auf den Boden. Sogar die verdammte Zeitung ist eine Woche alt, ärgerte er sich und verfluchte Alf Stokes, den Bankdirektor und Bridie.

Schließlich kam er in die Küche, um sich eine Tasse Tee zu holen. In der Küche war es warm und duftete nach frischem Brot. Auf dem Herd pfiff ein Wasserkessel, und daneben brodelte Bridies Suppentopf fröhlich vor sich hin. Er kramte in den Schränken, fand eine Teekanne und gab mehrere Löffel Tee hinein.

Er nahm eine Bewegung seitlich hinter sich wahr und wirbelte herum, in der Annahme, Bridie sei ihm gefolgt. Stattdessen starrte er in ein kleines dunkles Gesicht. Layla! Er hatte die kleine Schwarze, oder besser, den Mischling, den Hedley als Haushaltshilfe eingestellt hatte, völlig vergessen. Sie konnte nicht älter sein als 15, höchstens 16.

»Ah, Layla«, sagte er lächelnd und stellte die Teekanne auf den Tisch. Mit ausgestreckten Händen ging er auf sie zu. »Ich möchte dich um etwas bitten.«

»Ja, Mr. Tarlington.« Instinktiv wich sie vor ihm in Richtung der offenen Tür zur Speisekammer zurück, die

Augen vor Furcht geweitet. Er fragte sich flüchtig, warum das Mädchen solche Angst vor ihm hatte. Er hatte nicht die Absicht, ihr wehzutun – nun ja, jedenfalls nicht allzu sehr. Randolph schob sie in die große, dunkle Kammer und stieß mit dem Fuß die Tür hinter sich zu.

»Zum Teufel mit euch«, knurrte er heiser. »Ich werde heute meinen Spaß haben, und wenn es das Letzte ist, was ich tue.«

Bridie blieb in ihrem Schaukelstuhl sitzen, bis sie sich wieder einigermaßen beruhigt hatte. Randolph hatte Recht; sie gab sich wirklich alle Mühe, ihm aus dem Weg zu gehen, und hasste die gelegentlichen Konfrontationen, die sie jedes Mal bis zur Weißglut reizten. Sie stand auf, streckte sich und fühlte, wie die Anspannung von ihr abfiel. Ihre Schuhe lagen neben dem Stuhl auf dem Teppich. Sie bückte sich, um sie aufzuheben, und überlegte es sich dann im letzten Moment anders. Sie beschloss, barfuß zu bleiben, und schob die Schuhe nur unter den Stuhl, damit sie nicht im Weg lagen.

Die Arbeitszimmertür fiel mit einem leisen Klicken hinter ihr zu, als sie den Flur hinunterging. Oben auf dem Treppenabsatz blieb sie stehen und schaute über die Weiden, jedoch nicht in Richtung Fluss, so wie Randolph vor ihr, sondern nach Norden, in Richtung Stadt. Jenseits der Berge wartete ein völlig anderes Leben auf sie. Sehnsüchtig dachte sie an das kühle Sandsteinhaus mit Blick auf den Brisbane River. Impulsiv beschloss sie, Hedley zu fragen, ob sie nicht den Rest des Sommers dort verbringen konnten, fort von der Hitze und den Widrigkeiten Glengownies. Bis Weihnachten waren es nur noch wenige Tage. Vielleicht konnten sie nach dem Fest fahren.

Aufgeheitert von ihrem Entschluss ging sie hinunter in die Küche. Hedley würde bald vom Fluss zurückkommen, und sie wollte ihm einen Tee kochen. Sie hatten sich angewöhnt, jeden Vormittag zusammen auf der Veranda zu sitzen und in aller Ruhe Tee zu trinken.

Bridie lief lautlos über den gefliesten Küchenboden, der sich angenehm kühl anfühlte unter ihren nackten Sohlen. Jemand hatte die Teekanne auf den Tisch gestellt und Wasser aufgesetzt, das sprudelnd kochte. Sie stellte den Wasserkessel beiseite und nahm sich vor, mit Layla zu schimpfen wegen ihrer Nachlässigkeit.

Sie drehte sich um und nahm Tassen und Untertassen aus dem Schrank. Das Geschirr klirrte, und beinahe hätte sie den leisen Schrei nicht gehört. Sie erstarrte, sofort in Alarmbereitschaft, und fragte sich gleich darauf, ob sie sich den Laut vielleicht doch nur eingebildet hatte. Sie ließ den Blick durch den Raum schweifen, konnte aber nichts Ungewöhnliches feststellen. Ihre Schürze lag über dem Tisch, und auf der Fensterbank lagen mehrere Brote zum Abkühlen.

Wieder ein unterdrückter Schrei. Diesmal war sie ganz sicher. Dann ein klatschendes Geräusch, laut und deutlich. Bridies Blick fiel auf die Tür der Vorratskammer, die normalerweise einen Spalt breit offen stand. Sie war geschlossen. Mit wild klopfendem Herzen durchquerte sie den Raum und riss die Tür auf. Randolph fuhr herum, einen verblüfften Ausdruck auf dem Gesicht.

»Was zum ...!«, polterte er los.

Layla hinter ihm sackte in sich zusammen. Ein ersticktes Schluchzen entwich ihren zitternden Lippen. Das luftige Kleid war vorn zerrissen, und Hals und Brüste waren entblößt. Bridie sah sprachlos zu, wie Randolph sich umdrehte und dem Mädchen mit aller Kraft mit dem Handrücken ins Gesicht schlug. Sie verlor das Gleichgewicht und fiel zwischen Körbe mit Zwiebeln und Kartoffeln.

Bridie stürzte sich auf Randolph und schlug mit den Fäusten auf seine Brust ein. »Raus hier! Lass Layla in Frieden! Du hast kein Recht, sie so zu behandeln!«

Randolph packte ihre Handgelenke und schleuderte sie gegen das Regal, wobei ein Dutzend Gläser Eingemachtes herunterfielen und um ihre nackten Füße herum zu Bruch gingen. Schmerz durchzuckte ihre Schulter. Ihr Kopf ruckte von dem Schwung zur Seite. Obst und Saft spritzten auf ihre Füße und liefen über den Boden.

»Du blöde Ziege!«, brüllte er. »Immer musst du dich in alles einmischen, zum Teufel!« Er ließ ihre Hände los, stieß sie noch einmal kraftvoll gegen die Regale und stürmte dann hinaus.

»Jetzt willst du deine Perversionen also schon vor unserer Nase ausleben«, schrie sie ihm nach. »Sie ist doch noch ein Kind.«

Mit einer Hand auf einen Regalboden gestützt, erholte Bridie sich langsam von dem Schock. Sie atmete schwer und zitterte vor Wut am ganzen Leib. Layla hockte leise wimmernd auf dem Boden, die Hände vor das Gesicht geschlagen. Vorsichtig stieg Bridie über Glasscherben hinweg und hockte sich zu ihr. Mitfühlend nahm sie das Mädchen in die Arme.

»Schhhhht. Es ist alles vorbei. Er ist fort. Schhhhht.«

Zusammen knieten sie in der Vorratskammer, das junge Eingeborenenmädchen und die zierliche dunkelhaarige Frau, wiegten sich leicht, vereint in ihrem Leid. Um sie herum trocknete der klebrige Obstsaft auf den Fliesen.

Schließlich ließ Bridie das Mädchen los und strich Layla das zerzauste Haar von den tränennassen Wangen. »Dein Auge ... es ist ganz geschwollen. Komm. Ich mache dir eine kalte Kompresse.«

Layla nickte, zog das zerrissene Kleid über den kindlichen, gerade erst knospenden Brüsten zusammen und verschränkte schamerfüllt die Arme. Bridie füllte eine Schüssel mit Wasser und kühlte vorsichtig die Blutergüsse, die sich bereits auf dem Gesicht des Mädchens abzeichneten.

»Wie alt bist du, Layla?«, fragte sie und wusch den Lappen im lauwarmen Wasser aus.

Layla schluckte hörbar. »V... vierzehn«, stammelte sie.

Vierzehn. Noch ein Kind, oder doch fast. Sie hatte das Mädchen für älter gehalten.

»Hat Mr. Tarlington früher schon einmal versucht, dich anzufassen?«

»N-n-nein.« Layla schüttelte heftig den Kopf. »Meine Mutter hat gesagt, ich soll ihm aus dem Weg gehen. Sie hat gesagt, er wäre ein böser Mann, der nichts Gutes im Schilde führt.«

Sie wird es wohl wissen, sagte sich Bridie und dachte an die Frauen im Eingeborenenlager. Sie ergriff die zitternden Hände des Mädchens. »Bitte erzähl niemandem von dem, was vorhin passiert ist, Layla.«

Layla blickte ängstlich auf die offene Küchentür. »Ich

möchte nicht mehr in diesem Haus arbeiten, Missus. Ich mag diesen Mista Tarlington nicht.«

»Bleib, Layla, und ich werde dafür sorgen, dass er dir nie wieder wehtut. Ich verspreche es.«

Layla schaute sie aus runden, dunklen Augen an und dachte darüber nach. Aber im Grunde hatte das Mädchen keine Wahl; Bridie wusste, dass die Frauen im Lager auf die kleine Menge Mehl angewiesen waren, die Layla als Entgelt für ihre Hausarbeit erhielt.

Widerwillig nickte Layla.

Vor langer Zeit hatten die Aborigines ihr Lager auf einem erhöhten Abschnitt des Flussufers eingerichtet, dort, wo die Parzellen Heinrichs, der Halls und der Tarlingtons aufeinander trafen. Früher waren es etwa einhundert gewesen, aber heute waren nur noch zwei oder drei Dutzend von ihnen übrig, darunter Laylas Mutter, Old Mary, und eine Hand voll Kinder. Jeden Morgen marschierten die Frauen in einer Reihe hintereinander durch den Busch und kehrten später am Vormittag mit Wurzeln, Knollen, Nüssen und Obst wieder, die ihre Nahrungsgrundlage bildeten.

Randolph beobachtete grimmig von der Weide aus, wie Bridie Layla zur Vordertür brachte und das Mädchen sich mit hängenden Schultern zum über eine Meile entfernten Lager aufmachte. Widerstrebend wartete er eine gute Stunde und beobachtete die dunklen Wolken, die sich im Süden zusammenzogen, um Layla Zeit zu lassen, das Camp zu erreichen, bevor er ihr folgte.

Er preschte auf die Lichtung, dass die Lagerhunde kläffend auseinander stoben. Die Stammesmitglieder saßen im Schatten, Big Jack und Johnno abseits der Frauen, damit beschäftigt, zwei Wallabys zu häuten und zu portionieren, die sie an diesem Morgen im Sumpf erlegt hatten.

Johnno war einer der wenigen jungen Männer im Lager. Er kam von einem anderen Stamm von jenseits der Grenze und war vor ein paar Jahren dazugestoßen, als er Old Marys älteste Tochter, Laylas Schwester, zur Frau genommen hatte. Dann waren die Masern ausgebrochen, ein bei den Aborigines völlig unbekanntes Virus, gegen das sie keine Abwehrkräfte hatten, sodass ihm der halbe Stamm zum Opfer gefallen war. Johnnos junge, schwangere Frau war der eingeschleppten Krankheit ebenfalls erlegen. Die beiden waren noch kein Jahr verheiratet gewesen. Nach dem Tod seiner Frau war Johnno geblieben, um Big Jack zu helfen, die Frauen zu versorgen.

In der Mitte des Lagers brannte ein kleines Feuer, über dem große Fleischbrocken brieten, von denen zischend Fett in die Glut tropfte. Es roch nach gebratenem Fleisch und Eukalyptus. Old Mary saß im Schneidersitz auf dem Boden. Die Tagesausbeute an Samen lag vor ihr auf einem großen, flachen Felsbrocken, und sie war gerade damit beschäftigt, sie mit einem kleineren, glatten Stein zu einer Paste zu zermahlen.

»Wo ist Layla?«, fragte Randolph, wohl wissend, dass das Mädchen sich irgendwo im Lager versteckte. Der Rauch reizte seine Augen, die anfingen zu tränen.

Old Mary legte den Kopf schräg. »Ah, Mista Tarlington. Sie haben einer alten Frau Angst gemacht.« Sie legte den Stein beiseite und spritzte ein paar Tropfen Wasser aus einem Lederschlauch auf die zermahlenen

Samen. Randolph blickte vom Pferderücken auf sie hinab. Die Sonne stand so hoch am Himmel, dass er kaum einen Schatten warf. Old Mary schirmte mit einer Hand die Augen gegen das grelle Licht ab und schaute zu ihm auf.

»Ich habe gefragt, wo Layla ist. Sie sollte im Haus sein und in der Küche helfen.« Er sah zu den jungen Mädchen hinüber und hielt Ausschau nach dem vertrauten Gesicht. Wolken schoben sich vor die Sonne und tauchten das Lager ganz plötzlich in Schatten.

Old Mary erhob sich schwerfällig. Sie ging auf die Gruppe zu, zog ihre Tochter heraus und schob sie in Richtung einer der Hütten. Aus der Nähe sah Randolph, dass das Kleid, das er ihr erst vor ein paar Stunden fast vom Leib gerissen hatte, gegen ein anderes abgelegtes Kleid von Bridie getauscht worden war. Das Mädchen blickte ängstlich zu ihm herüber und verschwand dann in der Hütte.

»Sie heute krank, Mista Tarlington. Sie krank nach Hause kommen.«

»Sorg dafür, dass sie morgen zur Arbeit kommt, verstanden«, befahl Randolph. Er stieg vom Pferd und nahm einen Beutel aus der Satteltasche. »Hier. Braucht ihr etwas zu essen?« Er warf den Sack vor der alten Frau auf den Boden. Weißes Mehl quoll aus einem kleinen Loch an der Seite in den grauen Staub.

Old Mary zeigte auf das Fleisch über dem Feuer und schnupperte anerkennend. »Heute haben wir reichlich. Wallaby. Heute mal anderes als Fisch.«

Donner grollte, und die ersten dicken Tropfen klatschten auf die ausgedorrte Erde. Das Tageslicht, das jetzt noch durch das Laub der Bäume fiel, schimmerte grünlich. Randolph blickte gen Himmel und zog sich den Hut tiefer in die Stirn.

»Wenn Layla morgen ins Haus kommt, gibt es nächste Woche Tabak. Wenn nicht ...« Er fuhr sich in einer viel sagenden Geste mit einem Finger quer über den Hals.

Auf seinem Heimritt wurde er vom Regen durchweicht, woraufhin seine Laune endgültig auf den Tiefpunkt sank. Das Haus wirkte verlassen. Er setzte sich auf die Veranda, auf Hedleys Stuhl, und zog sich die Stiefel aus.

Die Haustür ging auf, und Bridie erschien auf der Schwelle.

»Warst du wieder im Camp?«, fragte sie sichtlich angewidert.

»Es geht dich nichts an, wo ich gewesen bin!«

»Wenn es Layla betrifft, geht es mich sehr wohl etwas an. Ich habe das Mädchen nämlich überredet, seine Arbeit nicht hinzuschmeißen. Sie ist erst vierzehn Jahre alt und hat ganz offensichtlich Angst vor dir. Wenn ich dich jemals dabei erwische, dass du ihr noch einmal zu nahe kommst, kann ich für nichts garantieren.«

Randolph ruckte ein letztes Mal an seinem zweiten Stiefel, der polternd auf die Verandadielen fiel. Langsam hievte er sich aus dem Stuhl und baute sich vor ihr auf. Er überragte ihre zierliche Gestalt um einen ganzen Kopf. Blanker Hass blitzte in ihren Augen.

»Hast dich zum Schutzpatron der Schwarzen erhoben, ja? Nutzloses Pack. Findest du nichts Besseres, worauf du deine Zeit verschwenden kannst?«

Er schob sich an ihr vorbei ins dunkle Hausinnere.

In den stickigen, schwülen Nächten suchten die Albträume sie mit erschreckender Regelmäßigkeit heim; furchtbare Bilder der Gewalt, die sie zutiefst verstört und schweißnass hochschrecken ließen, ihre eigenen Schreie dumpf in ihrem Unterbewusstsein nachhallend. Mit wild klopfendem Herzen und keuchend lag sie anschließend da, die wachen Stunden fürchtend, die auf diese Träume folgten.

Hedley versuchte, sie zu trösten, und drängte sie, ihm zu erzählen, was sie bedrückte. Aber natürlich konnte sie ihm das nicht sagen, konnte ihm nicht erklären, dass der Grund für ihre nächtlichen Qualen und ihren Widerwillen gegen das Schlafen sein eigener Sohn war. Die Wahrheit würde ihn vernichten. Und so kehrte der Traum immer wieder, fast unverändert, bis sie die Nacht und ihre Dämonen regelrecht fürchtete.

Sie träumte, sie wäre eine Motte, eine winzige, verwundbare Kreatur, die von einer unbekannten Kraft immer näher an eine flackernde Kerze gezogen wurde. Und wenn sie der Kerze nahe genug war, verwandelte diese sich in ein loderndes Feuer, dessen Flammen gierig nach ihr griffen. Plötzlich tauchte ein Faden auf, eine Rettungsleine, die sie vor dem Feuertod retten würde. Mit versengten, kaum noch flugtauglichen Flügeln kämpfte sie sich bis zu dem Faden vor, dankbar für diese letzte Chance, dem Inferno zu entkommen. Aber die Fäden wickelten sich um sie, Dutzende von hauchdünnen, klebrigen Spinnenfäden, die sie einschnürten, bis sie sich kaum noch rühren konnte.

Vergeblich versuchte sie, sich aus dieser neuen Gefahr zu befreien, und verhedderte sich bei ihrem Überlebenskampf nur noch mehr. Dann tauchte eine Spinne auf, ein riesiges, haariges Ungeheuer. Sie umkreiste ihr wehrloses Opfer und quälte es mit grausamen Worten, die sich in weitere Seidenfäden verwandelten und sich so fest um ihren Leib zogen, dass sie kaum noch atmen konnte. Nach Luft ringend, fühlte sie, wie sie in Bewusstlosigkeit versank.

Die Bedeutung des Albtraumes war klar. Randolph war die Spinne, und die klebrigen Fäden standen für das Lügengeflecht, das er und sie gewoben hatten. Randolph wollte sie besitzen, wollte, dass sie ihm jederzeit zur freien Verfügung stand, wollte sie sich einverleiben, ihre Seele aufsaugen. Aber das, was er für sie empfand, war keine Liebe, sondern nur bittere, kranke Gier, angesichts deren sie sich vorkam wie eine leere Hülle.

Sie fragte sich, ob sie je echten Hass empfunden hatte, aber wenn ja, dann entsprach er ihren Gefühlen für Randolph. Eine tiefe Verachtung, vermischt mit dem schier übermächtigen Verlangen, ihm die Augen auszukratzen und ihn zu entstellen. Sie stellte sich Randolph tot vor, sein lebloser Körper aufgebahrt, und empfand nicht den leisesten Hauch von Trauer. Nur ein Gefühl der Befreiung, als würde ihr eine schwere Last vom Herzen genommen.

KAPITEL 16

Das erste Geräusch, das Maddie im Halbschlaf erreichte, war das heisere Gackern der Kookaburras, wie die Einheimischen den Rieseneisvogel nannten. Sie blieb reglos liegen und lauschte den Vögeln. Im ersten Moment wusste sie nicht, wo sie war. Langsam schlug sie die Augen auf, und ihr Blick fiel auf das weiße Segeltuch über ihr. Natürlich! Sie war im Wagen.

Die Ereignisse des vergangenen Tages stürzten auf sie ein; die Begegnung mit Clarrie Morgan, ihre Ankunft in Boolai, die verfallene Hütte, die Mäusenester, der Tierkot. Sie rümpfte angewidert die Nase bei dem Gedanken an die Arbeit, die vor ihr lag. Es würde wahrscheinlich Tage und Dutzende Zuber heißes Seifenwasser erfordern, die Hütte wieder bewohnbar zu machen.

Sie zog das Segeltuch beiseite und blinzelte, vorübergehend geblendet von der Morgensonne. Leuchtend bunte, lärmende Papageien krächzten in den Bäumen über ihr und kletterten und flatterten durch das dichte Geäst.

Ted hatte am Feuer geschlafen. Sie hatte ihn vermisst. Sie fühlte sich beschützt, wenn sie beim Einschlafen seinen Körper an sie geschmiegt spürte, wenn sein Arm über ihrer Hüfte lag und er sie manchmal im Schlaf streichelte. Und so hatte sie am Vorabend entsprechend lange gebraucht, um einzuschlafen, und bis tief in die Nacht dem Knistern des Feuers gelauscht. Sie stellte sich vor, wie Funken sich in die Dunkelheit erhoben, und hörte das Stimmengemurmel der Männer, bis sie schließlich doch ein tiefer, traumloser Schlaf übermannte.

Dan und Ted saßen bereits am Feuer, von dem eine dünne Rauchsäule in die kühle Morgenluft aufstieg.

»Alles in Ordnung, Liebes?« Ted blickte über den Rand seiner dampfenden Teetasse zu ihr auf, als sie sich ihnen näherte. »Du siehst blass aus. Wir haben dich schlafen lassen. Es besteht kein Grund zu übermäßiger Eile.«

Maddie fuhr sich mit einer Hand durch das zerzauste Haar und strich sich eine störende Strähne aus dem Gesicht. Keine Eile! Was dachte Ted sich nur? Die Hütte musste geschrubbt und der Wagen entladen werden. Sie verspürte eine plötzliche Dringlichkeit, das übermächtige Bedürfnis, sofort damit anzufangen, ihr zukünftiges Heim zu säubern. Aber sie schüttelte nur halbherzig den Kopf und zwang sich zu einem Lächeln.

»Lass, ich mache das.« Dan griff nach dem Kessel und schenkte ihr einen Tee ein.

Nein, dachte sie, wenn ich nichts sage, wird dieser Augenblick vorübergehen. Sie hatte kein Recht, sich zu beklagen. Die Bedingungen waren für sie alle dieselben. Ted hatte sie gewarnt, dass es nicht leicht werden würde, auch wenn sie rückblickend erkannte, dass sie nicht vorbereitet war auf das, was ihnen hier noch bevorstand. Diesmal gelang ihr das Lächeln schon überzeugender, und ihre Züge erhellten sich beim Gedanken an die Aufgaben, die vor ihnen lagen.

Im Morgenlicht sah die Hütte noch schlimmer aus als am vergangenen Abend. Ted schien jedoch guter Dinge, als er sich daranmachte, den Dreck aus der Hütte zu schaufeln und auf einen rasch anwachsenden Haufen vor der Tür zu kippen. Maddie schleppte zusammen mit Kitty und Beth zahllose Eimer Wasser vom Fluss herauf und schrubbte und putzte, bis ihre Arme sich anfühlten, als würden sie gleich abfallen.

Als es Abend wurde, schien es, als hätten sie kaum etwas bewirkt. Es gab immer noch so viel zu tun: Das

Haus musste weiß getüncht und die Ritzen zwischen den Wandbrettern mussten gestopft werden, bevor sie ihre Habe ausladen und verstauen konnten. Schweigend saßen sie um das Feuer herum, nachdem sie die Kinder schlafen gelegt hatte. Maddie rieb sich die schmerzenden Arme. Ihre Augen brannten, teils vor Müdigkeit, teils wegen des beißenden Rauchs, der vom Lagerfeuer aufstieg.

»Wenn das so weitergeht, brauchen wir Tage, ehe wir fertig sind«, sagte sie und warf einen grimmigen Blick auf die dunkle Silhouette der Hütte. Von ihrer Vision von einer blitzblanken Behausung, deren Fenster hübsche Gardinen schmückten, war sie jedenfalls noch meilenweit entfernt.

»Ich weiß, dass alles hier sehr primitiv ist, und die Hütte ist auch nicht gerade ein Palast«, gab Ted zu. »Wir müssen die Dinge nehmen, wie sie kommen. Wir müssen noch ein paar Pfund sparen. Wir haben jetzt unser eigenes Land, das ist das Einzige, was zählt.«

Land! Land! Land! Ted sprach von nichts anderem mehr. Sein heißgeliebtes Land, die Farm, die er eines Tages besitzen und seinen zukünftigen Söhnen hinterlassen würde. Maddie schüttelte seufzend den Kopf; sie teilte Teds Stolz auf dieses Land nicht. Sie war auch in dem kleinen Cottage auf der Farm in Kiama glücklich und zufrieden gewesen, ein hübsches kleines Häuschen mit richtigen Fensterscheiben, Geranien und Rosen vor dem Haus und einem Weg aus Steinplatten vom Haus bis zur Straße. Geschäfte, Kühle und friedliche Stille, dazu ein kleiner Park mit Holzbänken, in dem sich an faulen Nachmittagen Mütter mit kleinen Kindern trafen. Ganz zu schweigen von Nachbarn, mit denen man über den Gartenzaun hinweg einen Plausch halten konnte.

Es stimmte; sie vermisste jetzt schon die Annehmlichkeiten des Stadtlebens. Der einzige Hoffnungsschimmer war, dass es eigentlich nur besser werden konnte. Sie stellte eine Reihe von Vergleichen an. Die Hütte war eine Verbesserung verglichen mit dem Wagen; eines Tages würden sie ein hübsches Häuschen haben mit einem polierten Holzboden und einer richtigen Küche anstelle des zugigen Anbaus auf der Rückseite dieser Baracke.

Ja, dachte sie und seufzte innerlich. Die Mühen dieses Tages waren zweifellos nur der Anfang, der erste Schritt zu einem glücklicheren Dasein.

Am darauf folgenden Nachmittag sprach Ted sich für eine Arbeitspause aus und schlug vor, sie sollten ihren neuen Nachbarn, den Deutschen Heinrich, besuchen. »Wir könnten alle eine Pause brauchen«, fügte er mit einem Blick auf seine mit Blasen übersäten Hände hinzu. Er ging voraus und schlug dabei mit einer Sichel einen Weg durch den dichten Busch.

Nach einiger Zeit kam ein kleines Steinhäuschen in Sicht und schließlich standen sie auf einer Lichtung, keine fünfzig Meter von dem Cottage entfernt. Ein Hund, der an einer langen Leine unter einem ausladenden Eukalyptusbaum lag, knurrte drohend, bellte und schnappte, als sie an ihm vorbeigingen.

»Platz!«

Ein hagerer Mann mit einem Gewehr trat von der Veranda ins Sonnenlicht. Er kam auf sie zu und hob den Gewehrkolben, als wolle er dem Hund einen Schlag auf den Kopf versetzen. Der Hund duckte sich, knurrte ein letztes Mal in Richtung der Fremden und zog sich dann mit eingezogenem Schwanz in den Schatten zurück, von wo aus er sie misstrauisch aus gelben Augen beobachtete. Der Mann kam noch einen Schritt näher.

»Was wollen Sie?«

Maddie stand mit großen Augen an Teds Seite und starrte erst auf das Gewehr und dann auf das feindselige Gesicht ihres Gegenübers. Schulterlanges, strähniges graues Haar fiel ihm in das bleiche Gesicht, und in den unangenehmen Geruch seines ungewaschenen Körpers mischte sich eine Schnapsfahne.

»Sind Sie Heinrich, Sir?«, fragte Ted.

Der Mann schüttelte den Kopf, und Maddie atmete erleichtert auf.

»Nein.« Er zeigte nach hinten auf das Haus. »Er ist drinnen. Bleiben Sie, wo Sie sind; ich hole ihn.«

»Reizender Mensch«, bemerkte Dan mit einem spöttischen Lächeln, als der Mann in den Schatten der Veranda eintauchte. »Ich hoffe, das ist hier nicht die traditionelle Art, neue Nachbarn willkommen zu heißen.«

Ein paar magere Hühner scharrten und pickten in der trockenen Erde um die Hütte herum und glucksten und gackerten freudig, wenn sie ein Körnchen fanden. Mehrere Ziegen musterten die Halls neugierig, trotteten auf sie zu und blökten verhalten.

Um sich auf dem anstrengenden Marsch durch den Busch abzulenken, hatte Maddie versucht, sich ihren Nachbarn vorzustellen. Heinrich! Der Name klang fremdartig, aber auch irgendwie kraftvoll. Sie wusste, dass er Deutscher war, mehr nicht.

Der dürre, gebückte alte Mann, der kurz darauf aus

dem Haus trat, entsprach ganz sicher nicht ihren Erwartungen. Dieser Heinrich stützte sich schwer auf einen Stock, schlurfte langsam auf sie zu und reichte dann Ted spindeldürre, zittrige Finger.

Die Männer schüttelten einander die Hand, und Heinrich verbeugte sich steif vor Maddie.

»Bitte, ich möchte mich für Cedric entschuldigen. Er ist kein sehr freundlicher Geselle.«

Der dünne braune Hund von vorhin beobachtete sie immer noch aus zu schmalen Schlitzen verengten gelben Augen. Heinrich zeigte auf das Tier. »Die Schwarzen nennen ihn Noggum, was bedeutet ›Hund des weißen Mannes‹. Darum nenne ich ihn ebenfalls so.« Der Hund grollte leise, als hätte er seinen Namen wiedererkannt.

Der Reihe nach stellte Ted seine Familie dem alten Mann vor. Plötzlich lockerte ein Lächeln die strenge Linie seines weißen Schnauzers auf, und um seine Augen erschien ein Netz tiefer Falten. »So nette Nachbarn, und so hübsche Mädchen noch dazu.«

»Ein schönes Häuschen haben Sie da. Sehr solide gebaut. Das muss einige Arbeit gekostet haben.«

»Das Haus steht schon seit über zwanzig Jahren hier. Das war ursprünglich eine Unterkunft für Rinderhirten, noch von den Tarlingtons errichtet. Früher einmal gehörte ihnen das ganze Land im Umkreis. Jetzt besitzen sie nur noch das Land auf der anderen Flussseite sowie ein paar Parzellen ein Stück weiter entfernt, die sie kürzlich dazugekauft haben.«

Heinrich führte sie zum Haus. An der geschlossenen Tür blieben sie stehen. Maddies Blick fiel auf ein ungepflegtes Blumenbeet vor der Veranda. Sie erkannte verschiedene zurückgeschnittene Rosen, die im Unkraut ums Überleben kämpften. Sie bückte sich und strich vorsichtig mit einem Finger über eine zarte Knospe.

»Sieh nur, Ted. Rosen. Mitten im Busch!«

Es klang, als hätte sie sich niemals vorstellen können, das an einem so ungastlichen Ort etwas so Zartes wachsen könnte. Es wirkte so deplatziert. So absurd. Und doch so wunderschön.

Heinrichs zerfurchtes Gesicht wurde ganz traurig, und seine Stimme war kaum mehr als ein Flüstern: »Dieser Garten ... er hat meiner Frau gehört. Sie ist seit drei Jahren tot, und es kümmert sich niemand mehr um die Blumen. Die O'Sheas, Cedric und seine Frau Martha, wohnen bei mir und helfen mir beim Bewirtschaften der Farm, aber sie interessieren sich nicht für Rosen. Ich bin inzwischen ein alter Mann, und meine Knochen wollen nicht mehr so recht. An manchen Tagen bin ich so steif, dass ich mich kaum rühren kann.« Er zeigte ihnen seine geschwollenen, verkrüppelten Hände.

»Aber warum ausgerechnet Rosen?«, wollte Maddie wissen.

»Die Familie meiner Frau hat daheim in Deutschland Rosen gezüchtet. Ein Familienbetrieb. Sie hat die Blumen geliebt, vor allem die Damaskus-Rosen mit ihrem wundervollen Duft.«

»Ist das hier eine Damaskus-Rose?«

»Die Celsiana«, entgegnete Heinrich nickend. »Ein wunderschöner Name, nicht wahr?«

Er bückte sich und pflückte eine Blume, die als erste von mehreren Knospen erblüht war. Er reichte sie Maddie.

»Für Sie. Eine Dame, die Rosen liebt.«

Die Rose ruhte in ihrer warmen Hand, die schön geschwungenen, durchscheinenden Blütenblätter leicht nach außen gerollt. Gelbe Staubfäden, bestäubt mit goldenem Puder, zitterten leicht in der lauen Brise.

Der alte Mann fuhr fort. »Minna liebte diese Rosen. Aus dem Osten die China- und Teerosen. Und die alten europäischen Schönheiten, die französische und die Moschusrose, um nur zwei zu nennen. Die Damaskus-Rosen waren ihr aber die allerliebsten.«

Der alte Heinrich schlurfte an dem Blumenbeet entlang und betrachtete die vernachlässigten Büsche mit den kleinen, bunten Blüten, als hätte er seine Gäste völlig vergessen. Maddie hätte ihn am liebsten in den Arm genommen und getröstet. Sie konnte seinen Schmerz nachempfinden.

Der alte Mann runzelte konzentriert die Stirn. »Ich erinnere mich noch an einige Namen«, fuhr er stockend fort. »Fellenberg, Bullata, Königin von Dänemark, Marie Louise ...« Einen Moment wirkte er ganz in Gedanken versunken, ein leises Lächeln auf den Lippen, als hinge er alten, aber schönen Erinnerungen nach. »Minna wäre sehr betrübt, wenn sie sehen könnte, wie ihre geliebten Rosen vernachlässigt werden. Sehen Sie selbst. Niemand kümmert sich um sie.«

Die Rose lag noch in Maddies Hand; die Blütenblätter fingen bereits an zu welken. Sie fühlte die Zartheit der sterbenden Blume und versuchte, sich eine andere Zeit vorzustellen, in der eine andere Frau diesen Garten gepflegt hatte. Dachte auch der alte Mann an sie? Vielleicht war sie für ihn hier, zwischen den Rosen, einen kurzen Moment lang wieder lebendig.

Ted trat vor und riss sie aus ihren Gedanken. Die Sonne stand schon tief am Himmel und warf lange Schatten. Heinrich presste die Lippen zusammen und starrte immer noch geistesabwesend vor sich hin. Dann schien er sich an seine Gäste zu erinnern und winkte sie hinein. »Genug davon. Sie müssen durstig sein. Kommen Sie nur herein. Martha kocht uns einen Tee. Und die Mädchen bekommen ein Glas Milch. Kommen Sie. Ich zeige Ihnen mein bescheidenes Heim.«

Heinrich zeigte ihnen jeden Raum des Steinhäuschens. Es gab zwei Schlafzimmer und eine große angebaute Küche auf der Rückseite, die durch einen schmalen Flur vom Rest des Hauses getrennt war. Cedrics Frau Martha stand an einem roh gezimmerten Tisch, empfing die Eindringlinge mit grimmigem Blick und tat ihren Unwillen kund, indem sie laut mit Kesseln herumhantierte. Ihr Gruß beschränkte sich auf ein knappes Nicken.

Maddie hatte mittlerweile den Eindruck bekommen, dass es in diesem Staat namens Queensland nur zwei Arten von Menschen gab: solche, die sie herzlich in die wachsende Familie der Siedler aufnahmen, wie Clarrie Morgan und sein Bruder Jim, und die anderen, vom unzufriedenen, abweisenden Typ wie Mr. Stokes, Cedric und diese Frau, die ihnen ganz offensichtlich das Betreten ihrer Küche verübelte. Die beiden Frauen musterten einander abschätzend. Maddie beschloss schließlich großzügig, über Marthas Unhöflichkeit hinwegzusehen.

Nach der Hausbesichtigung saßen sie am Tisch und tranken heißen Tee. Martha knallte eine Platte mit köstlich gewürzten Keksen vor sie hin. Heinrich drängte die Kinder, so viel Milch zu trinken wie sie wollten.

»Trinkt nur, ich habe reichlich. Ich habe eine Milchkuh, die viel zu viel Milch gibt für uns drei. Kitty ... sie ist doch die Älteste, nicht wahr? Sie müssen sie jeden Morgen rüberschicken, dann gebe ich ihr Milch für die ganze Familie mit. Ja?«

»Das ist sehr freundlich.«

»Unsinn. Sie müssen nur fragen, wenn ich Ihnen irgendwie helfen kann. Das Leben hier draußen im Busch ist hart, und wir Nachbarn müssen füreinander da sein. In schweren Zeiten sind es gute Freunde, die einem helfen, durchzuhalten.«

»Wie lange leben Sie schon hier?«, fragte Dan und stellte seine leere Tasse zurück auf den Tisch.

»Vier Jahre sind es jetzt. Ich war einer der Ersten Siedler, die sich hier niederließen, nachdem das Land freigegeben wurde. Anfangs lief alles bestens ... bis dann Minna starb. Anschließend gab es eine schlimme Dürre, und die ganze Maisernte ist verdorrt. Außerdem hat jemand versucht, das Haus abzubrennen. Eingeborene vielleicht. Ich weiß es nicht. Und jetzt will der Tarlington-Sohn mir das Land abkaufen. Aber wo soll ich hin? Mein Zuhause ist hier.«

»Glauben Sie wirklich, dass die Schwarzen das Feuer gelegt haben?« Maddie war ganz blass geworden und sah schon ihre kostbare Habe aus dem Wagen als verkohlten Haufen vor sich.

»Machen Sie sich wegen der Schwarzen keine Sorgen, gute Frau«, beruhigte Heinrich sie. »Es musste so kommen. Wir sind hergekommen, haben ihnen ihr Land weggenommen und sie aus ihren Jagdgründen vertrieben. Manche Siedler haben sogar auf den heiligen Stätten der Eingeborenen Bäume gefällt. Aber diese Zwischenfälle liegen weit zurück. Inzwischen haben wir gelernt, weitestgehend friedlich miteinander auszukommen. Ein paar von den Männern arbeiten sogar als Erntehelfer für mich. Es besteht kein Grund mehr, sich noch vor den Schwarzen zu fürchten.«

Sie tranken ihren Tee aus, verabschiedeten sich von Heinrich, und Kitty versprach, am nächsten Morgen wiederzukommen, um einen Eimer frischer Milch zu holen.

Im Licht des späten Nachmittags sah die Hütte irgendwie verändert aus. Nackt und ungeschützt trotz des wogenden Grases und der kleinen Bäume dicht neben dem Gebäude. Maddie betrachtete einen Moment die Umrisse des Daches, die sich in der Dämmerung dunkel vom Abendhimmel abhoben. Heinrich hat dieses Leid nicht verdient, dachte sie bitter. Dann wurde ihr ganz warm ums Herz beim Gedanken an ihre eigene kleine Familie, die gesund und munter war und erst am Anfang stand. Wenigstens haben wir einander, dachte sie. Ganz egal, was die Zukunft bringen mag.

In dieser Nacht träumte sie von dem alten Mann, seiner gesichtslosen verstorbenen Frau und einem Garten voller blühender, heller Rosen.

KAPITEL 17

Heiligabend. Die letzten Tage waren alle irgendwie gleich gewesen und vergangen wie im Flug. Maddie kam es vor, als würde sie von den lärmenden

Vögeln wieder geweckt, kaum dass sie den Kopf auf das Kissen gebettet hatte. Arbeiten, schlafen, arbeiten, schlafen. Der endlose Kreislauf dieses Landes.

Die Fertigstellung der Hütte hatte für sie alle absolute Priorität. Ted und Dan tauschten verfaulte Bretter in den Wänden durch frisch entrindete kleine Stämme aus, und Kitty stopfte die Ritzen zwischen den geschrumpften Brettern mit Zeitungspapier aus. Nach mehreren Schichten weißer Tünche sah das Innere freundlich und sauber aus. Der nackte Lehmboden war steinhart und trocken und brauchte nur einige Male gefegt zu werden.

Sie waren so beschäftigt gewesen mit der Instandsetzung der Hütte, dass sie gar keine Zeit gehabt hatten, an die Weihnachtsfeierlichkeiten zu denken. Außerdem war in diesem Jahr kein Geld übrig für die kleinen Geschenke, die sie und Ted in den vergangenen Jahren für die Kinder besorgt hatten. Maddie dachte flüchtig an vergangene Weihnachtsfeste: eisige Tage in England, an denen die Sonne schwach von einem blassen Himmel herabgeschienen hatte, lodernde Kaminfeuer, Schneewehen an nackten Bäumen. Auch nach sechs Jahren hatte sie um diese Jahreszeit immer noch Heimweh.

Sie wusste selbst nicht, was sie bewog, ausgerechnet jetzt daran zu denken, wo sie eigentlich damit hätte anfangen müssen, die Hütte einzurichten. Ted hatte die Truhen vor die Tür gestellt, wo sie darauf warteten, dass sie sich ihrer annahm. Sie starrte blicklos auf sie hinab. Das Auspacken der Kisten und Truhen hatte etwas so Endgültiges an sich. Als würde sie diesen Ort endgültig als ihr neues Zuhause akzeptieren, wenn sie

die Hütte erst mit ihren geliebten Besitztümern eingerichtet hatte. Boolai. Gehörte sie wirklich hierher?

Die Frage blieb unbeantwortet, und schließlich schüttelte sie die deprimierenden Gedanken ab. Sie konnte
das Auspacken nicht länger hinausschieben und dachte
plötzlich voller Vorfreude an das feine Porzellan, das
schon fast fadenscheinige weiße Leinen, an dem sie so
sehr hing, und die kleinen Dekorationsgegenstände und
Vasen, die sie sorgfältig in Zeitungspapier gewickelt
hatte.

Die Hütte war zwar klein, aber gemütlich mit ihren
drei Schlafzimmern und einem großen Wohnraum. Endlich hingen glänzende Töpfe und Pfannen im Anbau auf
der Rückseite der Hütte, der als Küche, Bad und Waschküche diente. Die Betten waren frisch bezogen. Auf dem
Esstisch stand ein Krug mit Feldblumen, und nun breitete Maddie zum Abschluss die Matten auf dem Boden
aus. Alles wirkte frisch und neu. Sie wanderte durch die
Zimmer, zupfte hier eine Tagesdecke zurecht und dort
einen Teppich und nahm dabei alle Einzelheiten ihres
neuen Heims in sich auf.

Am Nachmittag verschwand Dan für mehrere Stunden und tauchte dann mit einer kleinen Kiefer wieder
auf. »Ohne Christbaum ist es kein richtiges Weihnachten«, sagte er ein wenig wehmütig, als er das Bäumchen
in einen Eimer voll Erde stellte.

»Aber wir haben gar keinen Baumschmuck«, jammerte Beth mit Blick auf den nackten Baum, der in seinem
Eimer etwas verloren wirkte.

Maddie lachte. Nichts würde ihnen ihr erstes Weihnachtsfest im neuen Zuhause verderben, schon gar
nicht dieses kümmerliche Etwas von einem Christ-

baum, das Dan irgendwo draußen im Busch aufgetan hatte.

»Aber Beth«, schalt sie. »Dan hat dir einen hübschen Baum zu Weihnachten besorgt, und zum Dank jammerst du. Wir können doch improvisieren. Das ist doch die leichteste Übung. Kommt, Kitty, Emma! Wir brauchen Haarbänder. Alle Farben, je bunter, desto besser. Und wo sind die Tannenzapfen, die wir gestern gesammelt haben? Wir hängen sie mit den Bändern an den Baum. Das wird der schönste Weihnachtsbaum, den wir je hatten. Wartet's nur ab.«

Die Mädchen machten sich vergnügt an die Arbeit und behängten das Bäumchen mit so vielen Zapfen, dass die dürren Äste sich unter der Last bogen. Dan schaufelte derweil bis zum Einbruch der Dunkelheit rund um das Haus herum Erde. Er häufte entlang der Außenwände kleine Erdwälle an und hob dazu einen tiefen Graben aus, der Wasser von der Hütte fortleiten sollte. Seit ihrer Ankunft hatte es noch nicht geregnet, wofür sie in den Tagen bis zum Einzug auch dankbar gewesen waren. Aber jetzt, da sie im Trockenen saßen, wäre etwas Regen eine willkommene Abwechslung gewesen.

An diesem Abend schlemmten sie wie die Könige. Maddie bereitete aus ihrem Monatsvorrat Hammelfleisch einen Eintopf zu, und zum Nachtisch gab es eine große Schüssel Flammeri. Ted steuerte eine Flasche Rum bei sowie einen süßen Likör für die Kinder. Er murmelte etwas davon, dass es sich um ein Geschenk von Clarrie Morgan handle, der am Vortag da gewesen war.

Wunderbarer, aufmerksamer Clarrie, dachte Maddie. Im Stillen dankte sie dem rothaarigen, bärtigen Postboten, der Zeitungen und Briefe von daheim brachte. Er hatte also an sie gedacht. Irgendwie seltsam, dass das Willkommensgeschenk von einem Mann kam, der bis vor wenigen Tagen noch ein Fremder gewesen war.

Nach dem Essen zauberte Ted mehrere kleine Päckchen hervor. Die Mädchen betasteten sie aufgeregt und versuchten, den Inhalt zu erraten, bevor sie sie feierlich unter den Christbaum legten.

»Für morgen. Es gibt für jeden eine kleine Überraschung«, sagte er grinsend.

»Aber wie ...?«

»Aus dem Laden in Beenleigh. Als du nicht hingeschaut hast.«

Er hatte es also nicht vergessen. Maddie fühlte unerwartet eine Welle der Zufriedenheit in sich aufsteigen. Unser Zuhause, dachte sie. Unser eigenes kleines Häuschen. Wir sind alle zusammen. Das ist alles, was zählt.

Später am Abend schliefen Dan und die Kinder tief und fest in ihren neuen Zimmern. Um sie herum wurde es still, die nächtliche Ruhe nur vom Knarren des Holzes gestört. Maddie ging durch das Zimmer, schlug die Tagesdecke zurück und schüttelte die Kissen auf. Die Lampe auf der Kommode tauchte den Raum in bernsteinfarbenes Licht, das von den frisch geweißten, rauen Bretterwänden rundum zurückgeworfen wurde.

Es war sehr beengt, da das Bett mit dem schweren Kopfteil und den schimmernden Messingkugeln oben auf den vier Pfosten den meisten Platz einnahm. Ted saß am Fußende des Bettes und sah zu, wie Maddie die Nadeln aus ihrem Haar zog. Sie bemerkte seinen Blick im Spiegel. Sie schüttelte den Kopf, und das glänzende rote Haar fiel ihr weich über die Schultern.

Er stand auf, trat hinter sie und griff mit der schwieligen Hand nach der Bürste auf der Kommode. Langsam führte er die Borsten durch ihr hüftlanges Haar. Nach einer Weile legte er die Bürste zurück und legte ihr die Hand an die Wange.

»Glücklich?«

Sie wandte sich ihm lächelnd zu, sicher, dass er die Zufriedenheit fühlen konnte, die sie inzwischen erfüllte. »Natürlich. Und du?«

»Du weißt, dass ich glücklich bin, wenn du glücklich bist. Das ist alles, was ich mir wünsche, Maddie. Alles, was ich tue, tue ich für dich und die Kinder.«

»Ich weiß.«

Die Nachtluft umwehte sie warm und schwül. Die Flamme der Lampe flackerte, als ein Luftzug die Vorhänge bauschte, und warf tanzende Schatten an die Wände. Maddie beugte sich zum Nachttisch hinüber und griff nach einem schweren, in Leder gebundenen Buch.

»Ich habe sie endlich gefunden, in einer der Kisten, die ich heute ausgepackt habe.«

Die aufwändige Bibel war ein Geschenk ihres Vaters gewesen, das er ihr auf dem Pier überreicht hatte, kurz bevor sie sich nach Australien eingeschifft hatten. Ted hatte Beths und Emmas Namen vorn eingetragen und auf Maddies Wunsch auch die Namen und Geburtsdaten von Dan und Kitty hinzugefügt, die für sie ebenso zur Familie gehörten.

Maddie drückte das Buch kurz an die Wange und atmete tief den Lederduft ein. Dann legte sie das Buch zurück an seinen Platz. Einen Sohn für Ted, darum würde sie heute Abend beten. Ja, ein weiteres Baby würde ihrem Alltag neuen Sinn verleihen.

Sie wandte sich ihrem Ehemann zu. Er hatte ein Paket aus dem Schrank genommen, das er ihr nun lächelnd reichte. Es war ziemlich groß, in braunes Papier eingeschlagen und ungeschickt verschnürt.

»Ein verfrühtes Weihnachtsgeschenk für dich, mein Schatz«, sagte er. Seine Augen blitzten vergnügt.

Maddie starrte verdattert auf das Geschenk.

»Los, mach es auf.«

Sie nahm das Päckchen entgegen. Es war groß und schwer. Langsam löste sie die Schnur, wobei sie mehrmals kurz zu ihm aufblickte. Er wirkte belustigt, als amüsiere er sich über sie. Sie schlug das braune Papier zurück, und vor ihr lag der saphirblaue Stoff, den sie in dem Laden in Beenleigh so sehr bewundert hatte.

»O Ted. Danke! Danke!«, rief sie überwältigt aus. Es waren viele, viele Meter. »Er ist wunderschön. Das wird ein Traum von einem Kleid. Du wirst stolz auf mich sein.«

»Ich bin jetzt schon der stolzeste Ehemann auf der Welt. Und du brauchst mir auch nicht zu danken. Das Lächeln auf deinem Gesicht ist der schönste Dank. Ich liebe dich, Maddie.«

Sie drehte den Docht der Lampe herunter, und im Zimmer wurde es dunkel. Sie schlüpfte zwischen die Laken, die sich angenehm kühl anfühlten auf der Haut, und tastete nach Ted. Er schlang die Arme um sie, zog sie an seine breite Brust und streichelte sie mit einer Zärtlichkeit, die, wie sie wusste, wahrer Liebe entsprang.

»Regen«, sagte sie, als sie sich später aus seiner Umarmung löste und die ersten schweren Tropfen mit einem seltsam hohlen Geräusch auf das Dach aus Baumrinde klatschten. Sie stieg aus dem Bett, trat an das offene Fenster und genoss den kühlen Luftzug auf der Haut. Fahles Mondlicht, das durch einen Riss in der Wolkendecke fiel, schimmerte auf nassem Laub.

»Gerade rechtzeitig«, bemerkte Ted. »Jetzt werden wir bald wissen, wie wasserdicht die Hütte tatsächlich ist.«

Der stets praktische Ted. Ted, der einem furchtbar unvernünftigen Impuls nachgegeben und ihr den teuren blauen Stoff gekauft hatte. Eine im Grunde überflüssige, unnötige Ausgabe. Maddie stellte ihn sich vor, wie er, die Hände unter dem Kopf verschränkt, dalag und vor sich hin lächelte.

KAPITEL 18

Das ist mir egal! Randolph führt sich auf, als wäre er Gott oder so was!«

»Dominic!«, schalt Bridie ihren Jüngsten mit blitzenden grünen Augen.

Dominic atmete schwer vor Empörung. Mit 14 überragte er sie bereits, ein hoch aufgeschossener, gut aussehender Bursche mit ausgebleichtem Haarschopf von den vielen Stunden, die er draußen auf den Weiden verbrachte.

»Still«, sagte sie und legte einen Finger auf die Lippen. »Wenn er dich hört, gibt es nur noch mehr Ärger.«

»Na und? Ich wäre sowieso lieber wieder in der Schule. Wir sind ja noch schlimmer dran als die Schwarzen. Wir schuften von früh bis spät, während er umherspaziert, uns herumkommandiert und den Eingeborenenmädchen nachstellt.«

»Dominic!«, rief sie erneut aus, diesmal verblüfft.

»Schockiert es dich, dass ich davon weiß? Jeder weiß Bescheid, Mutter. Hugh sagt, ich soll mich nicht darum kümmern, ich wäre zu jung, um das zu verstehen. Trotzdem wünschte ich, du würdest Vater bitten, mich noch für mindestens ein Jahr auf die Schule zurückzuschicken.«

Sie hatte schon in der ersten Woche nach der Heimkehr der Jungen gewusst, dass es so kommen würde. Schon als Kind war Dominic der dominantere ihrer beiden Söhne gewesen, hatte sich, obwohl er der Jüngere war, Hugh gegenüber durchgesetzt und ganz allgemein gerne herumkommandiert. Damals hatte sie es noch witzig gefunden, dass zwei Brüder in Temperament und Aussehen so verschieden sein konnten: Hugh dunkelhaarig, ruhig, unerschütterlich, und Dominic blond, aufbrausend und schier berstend vor Energie.

Während Hugh Randolphs Anweisungen still befolgte, verübelte Dominic seinem Onkel dessen schroffe Art und spitze Zunge und beklagte sich dann auch bald bei ihr. Dominic wusste eine bessere Methode, Dominic empfand diese oder jene Idee als reine Zeitverschwendung, Dominic hatte von einer neuen Methode gehört, die den Erfolg garantierte.

Die Feindseligkeit wuchs. Bridie verfolgte die Entwicklung sorgenvoll. Sie war zum unfreiwilligen Friedensstifter der Familie geworden und bemühte sich – in der Regel vergeblich –, zwischen den beiden Hitzköpfen der Familie, Dominic und Randolph, zu vermitteln. Es kam gelegentlich zu Ausbrüchen und heftigen Auseinandersetzungen. Randolph hielt Bridie ihre Einmischung vor und dass sie sich immer auf die Seite ihrer Söhne stellte.

»Sie brauchen eine feste Hand«, sagte er. »Du verwöhnst sie. Willst du denn nicht, dass echte Männer aus ihnen werden?« Und abschließend: »Er ist mein Sohn. Ich entscheide, wie ich mit ihm umgehe.«

Diese letzten Worte hatten am meisten geschmerzt, und sie hätte ihm am liebsten das grinsende Gesicht zerkratzt. Aber sie hatte sich beherrscht und sich nicht provozieren lassen, zumal sie wusste, dass ihn das am meisten ärgerte.

Jetzt zog Bridie Dominic zu sich auf das Sofa und legte dem Jungen einen Arm um die Schultern. »Beruhige dich und erzähl mir, was passiert ist. Vielleicht ist es ja gar nicht so schlimm, wie es dir jetzt gerade vorkommt.«

»Lächerliche zwei Pfund. Das ist alles, worum ich ihn gebeten habe. Und ein paar Tage frei, um nach Beenleigh zu reiten. Er hat uns, seit wir heimgekommen sind, noch keinen Penny Lohn gezahlt. Nur weil ich noch nicht erwachsen bin, glaubt er, er käme damit durch.«

»Wozu brauchst du das Geld, Dom? Hast du etwas Bestimmtes damit vor?«, fragte sie, in der Hoffnung, den Familienfrieden wiederherstellen zu können.

»Du hast bald Geburtstag, und ich wollte dir ein Geschenk kaufen. Ich wollte dich überraschen, und jetzt ist alles verdorben.« Er kämpfte vergeblich gegen die Trä-

nen an, und sie fühlte eine Welle der Zärtlichkeit in sich
aufsteigen für den Jungen, der sich solche Mühe gab,
ein Mann zu sein, und doch körperlich und emotional
noch ein Kind war. Die Ironie war, dass Dominic selten
über derlei nachdachte. Gewöhnlich war Hugh der über-
legtere ihrer Söhne.

»Was hat Randolph denn gesagt? Hast du ihm erzählt,
wofür du das Geld und den Urlaub brauchst?«

»Ja. Das ist es ja, was mich erst richtig wütend gemacht hat. Er hat gelacht und gesagt, du hättest schon
alles, was du verdienst. Wie hat er das gemeint?«

Bei dieser in aller Unschuld gestellten Frage schlug
ihr das Herz bis zum Hals. Hastig überlegte sie sich eine
plausible Antwort. »Ach, du kennst doch Randolph. Er
ist erst glücklich, wenn er jemand anders wehtun kann.
Du solltest dem, was er sagt, gar keine Beachtung
schenken.« Sie ging zu ihrem Sekretär, zog eine Schublade auf und gab ihm zwei Fünfpfundnoten. »Hier.
Nimm das. Die Hälfte ist für deinen Bruder. Das ist nur
ein geringer Lohn für sechs Monate harter Arbeit, aber
ich werde mit Randolph sprechen. Reite Samstag ganz
früh los, noch vor Tagesanbruch, und nimm Hugh mit.
Ich regle das mit Randolph, wenn ihr weg seid. Seid
aber bis Montagmorgen zurück.«

»Danke, Mutter.« Er drückte sie, und sie fühlte, wie
seine kräftigen Arme sich um sie schlangen.

Bis zum Samstag wuchs ihre innere Anspannung bis
ins Unerträgliche.

»Wo sind die Jungen?«, fragte Randolph, als sie beim
Frühstück allein waren.

»Sie sind über das Wochenende nach Beenleigh geritten.«

»Das hatte ich Dominic verboten. Versuchst du, meinen Einfluss zu untergraben?«

»Ich weiß gar nicht, was du mit ›Einfluss‹ meinst, Randolph. Hugh und Dominic sind meine Kinder. Sie arbeiten seit einem halben Jahr auf der Farm. Sie verrichten Männerarbeit, aber du verweigerst ihnen einen Lohn. Dominic hat bereits davon gesprochen, zur Schule zurückzuwollen.«

»Ich habe ihnen gesagt, dass sie später bezahlt werden«, brummte Randolph unwillig.

»Das reicht nicht! Wenn sie nicht zur Familie gehören würden, müsstest du das Geld auch rausrücken. Du nutzt sie aus, weil sie Kinder sind. Ich nehme an, Hedley weiß nichts davon?«

Randolph verzog ärgerlich das Gesicht. »Es ist kein Geld da, um sie zu bezahlen. Ich kann sie einfach nicht bezahlen. Sie sind alt genug, um das zu verstehen, denke ich. Sie werden sich eben etwas gedulden müssen, bis die Ernte eingebracht ist. Und was Hedley betrifft, geht ihn das nichts an.«

»Wenn Hedley wüsste, dass du Geld brauchst ... du brauchst ihn doch nur zu fragen«, beendete sie den Satz lahm.

»Das ist meine Farm, und ich führe sie, wie es mir verdammt noch mal gefällt. Im Übrigen gibt es für fast jedes Problem eine Lösung. Das müsstest du doch am besten wissen. Also halte dich aus meinen Angelegenheiten raus und misch dich nicht ständig ein!« Er wandte sich Layla zu, die am Herd stand. »Das gilt auch für dich«, brüllte er, als er seinen Hut von dem Haken an der Tür nahm. »Und die Jungs knöpfe ich mir vor, wenn sie zurück sind!«

Seltsam, dachte Bridie. Er ist also in finanziellen Schwierigkeiten, aber Hedley soll nichts davon erfahren. Warum nur?

Sie wandte sich Layla zu. »Was wird er tun?«, fragte sie. Es war eine rhetorische Frage; das Mädchen hatte ja keine Ahnung von der Situation.

Layla schien überrascht von ihrer Frage und dachte darüber nach. »Mr. Tarlington«, entgegnete sie schließlich, wobei sie Bridie fest in die Augen sah, »ist ein Mann, der gewöhnlich bekommt, was er will.«

Bridie jagte ein kalter Schauer den Rücken hinunter.

KAPITEL 19

Da die erste Maisernte noch bescheiden ausgefallen war, wollte Ted die Haushaltskasse durch das Fällen und den Verkauf einiger Bäume auf seinem Land aufbessern und hatte auf Clarries Rat hin eine Holzlizenz beantragt und erhalten. Die Dokumente waren in der vergangenen Woche mit der Post gekommen. Für Maddie bedeutete das, dass sie zwei Monate ganz allein mit den Kindern würde zurechtkommen müssen.

»Wir tun uns mit Harry Petersons Trupp zusammen«, erzählte er ihr am Abend. »Wir werden etwa zwei Monate weg sein, bevor wir zurückkommen, um neue Vorräte zu holen.«

Sie lagen im Bett, der Raum vom Feuer im Esszimmer nebenan gewärmt. Ted drehte sich auf die Seite und streckte die Hand nach ihr aus, aber sie war in ihrem

Zorn weit von ihm abgerückt. Wie konnte er sie sich selbst überlassen mit der Verantwortung für drei kleine Mädchen? Was war, wenn irgendwelche Probleme auftraten, die nur ein Mann regeln konnte? Er hatte keinen Gedanken daran verschwendet, wie sie zurechtkommen sollte. Hatte nur an sich und sein kostbares Holz gedacht.

»In der kalten Jahreszeit willst du rauf in die Berge?«, brummte sie schließlich. Sie dachte daran, wie kalt und leer das Bett ohne Ted sein würde. Sie wusste, dass sie ihn schmerzlich vermissen würde.

»Man findet die Zedern am leichtesten, wenn man bis zum Herbst wartet und sich dann von einem erhöhten Ausguck in den Bergen aus umsieht. Zedern werfen im Herbst ihr Laub ab, und wenn man über einen Wald hinwegsieht, kann man ihr verfärbtes Laub erkennen. Da die meisten einheimischen Bäume immergrün sind, lassen sich die Zedern auf diese Weise am leichtesten ausmachen. Das habe ich zumindest gehört. Klingt doch einleuchtend, oder?«

Maddie musste zugeben, dass es vernünftig klang. Sie hatte schon lange gewusst, dass er sich einem Holzfällertrupp anschließen wollte, aber bis zuletzt gedacht, dass sich irgendetwas ergeben würde, das ihn bewog, zu bleiben. Wenn sie schwanger wäre, würde Ted sie vermutlich nicht allein lassen. Aber bisher war ihr das Baby, das sie sich so sehr wünschte, verwehrt geblieben.

Und so kam es, dass Ted und Dan an einem kalten, windigen Herbsttag zu den Holzfällern oben in den Ausläufern der McPherson Berge aufbrachen. Sie machten sich frühmorgens auf den Weg, als die ersten Sonnenstrahlen den Horizont rötlich färbten, und das Haus kam ihr plötzlich leer vor, trotz des Lachens der Kinder und Johnnos lächelndem Gesicht.

Johnno war eines Tages auf Heinrichs Betreiben hin bei ihnen aufgetaucht und hatte Ted und Dan beim Bau eines Schuppen und eines Stalls geholfen. Ted, der den Eingeborenen mit Mehl, ein paar Schillingen, Tabak oder Milch bezahlte, wusste dessen Kenntnisse der Wildnis zu schätzen und vertrat den Standpunkt, dass sie sich mit den Eingeborenen gut stellen sollten, für den Fall, dass sie eines Tages auf sie angewiesen wären.

Maddie hatte sich anfangs schwer getan, sich an den freundlichen Schwarzen zu gewöhnen, der sich so lautlos bewegte, dass er sie immer wieder fast zu Tode erschreckte, wenn er urplötzlich hinter ihr auftauchte. Aber inzwischen hatte sie sich an Johnno gewöhnt und war sogar froh, dass er in der Nähe war.

»Ehe wir uns versehen, sind sie wieder da«, sagte sie mit gezwungener Fröhlichkeit zu Kitty und drückte deren Arm. »Arbeiten wir, solange sie weg sind, im Garten, um sie zu überraschen, wenn sie zurückkehren. Viel harte Arbeit ist die beste Medizin, dann kommen wir gar nicht dazu, uns einsam zu fühlen.«

»Wenn wir hart arbeiten, können wir in zwei Monaten eine ganze Menge schaffen«, stimmte Kitty zu.

Maddie und sie verwandten viele Stunden darauf, den kleinen Gemüsegarten auszuweiten, hackten und gruben die feuchte Erde um und pflanzten die Samen, die sie bei ihrem letzten Aufenthalt in Beenleigh besorgt hatten. Anschließend warteten sie dann ungeduldig darauf, dass sich erste zarte Pflänzchen blicken ließen. Jeden Tag schleppten sie eimerweise Wasser vom Fluss heran, um das Gemüse zu wässern. Emma lief ihnen nach, mit einem kleinen Eimer, den Dan für sie gebaut hatte. Sogar das Unkrautjäten machte Spaß, als die ersten grünen Triebe in den Beeten sprossen.

»Da wird Papa aber staunen«, sagte Beth stolz. »Und das haben wir ganz alleine geschafft.« Sie schufteten mal wieder im Garten, lockerten die feuchte Erde auf, schwarze Ränder unter den Fingernägeln.

Maddie drückte ihre kleine Tochter ganz fest. Beth vermisste Ted schrecklich und zählte die Tage bis zu seiner Rückkehr. Er hatte immer Zeit für die Kinder, auch wenn er noch so müde war, zauste ihnen jeden Abend das Haar, wenn er zum Essen heimkam, und nahm sie nacheinander auf die Knie, um ihnen einen Gutenachtkuss zu geben. Sogar Kitty kam in den Genuss dieser väterlichen Routine. Maddie wusste, dass ihre jüngere Schwester ihn beinahe als Vaterfigur betrachtete, da sie sich kaum noch an ihren eigenen Vater erinnern konnte.

»Sie müssen Mrs. Hall sein?«

Maddie erhob sich steif und wischte sich mit dem Handrücken eine Haarsträhne aus dem Gesicht. »Ja«, antwortete sie dem Mann auf dem Rappen zurückhaltend. Er tippte sich grüßend an den Hut.

»Ich wollte mit Ihrem Mann sprechen.«

Maddie warf einen Blick auf die Kinder, die unbekümmert ganz in der Nähe spielten. Es kam so selten vor, dass sich ein Fremder blicken ließ.

»Keine Angst, Mrs. Hall. Ihr Mann und ich sind uns schon begegnet. Ich bin ihr Nachbar von der Farm auf der anderen Seite des Flusses.«

»Ted hat Sie nie erwähnt, Mr. ...«

»Tarlington. Randolph Tarlington.«

»Oh!«

Der Name war ihr nicht unbekannt; er war schon mehrmals in Unterhaltungen der Männer gefallen. Das war also der allseits unbeliebte Mr. Tarlington. Sie war überrascht. Sie hatte gedacht, er wäre viel älter. Der Mann vor ihr war höchstens Mitte dreißig, groß, schlank und glatt rasiert, abgesehen von einem dunklen Schnauzer. Er trug einen Filzhut, der beinahe keck schräg auf seinem Kopf saß, und lächelte entwaffnend auf sie herab. Er strich mit den Fingern über seinen gewachsten Schnauzer und rieb sich dann das Kinn.

»Dann hat er mein Angebot nicht erwähnt?«

»Angebot? Was für ein Angebot?«

Seine Stimme klang jetzt eindeutig verärgert. »Ich habe ihm eine faire Summe dafür versprochen, dass er mir die Parzelle überlässt. Ich bin gekommen, um zu hören, ob er es sich überlegt hat. Ich habe ihm reichlich Bedenkzeit gegeben.«

Emma kam auf Maddie zugerannt und krallte sich an ihren Rock. »Ich will meinen Papa!«, jammerte sie unter Tränen. »Ich will meinen Papa!« Maddie beugte sich hinab, um sie zu trösten. Ihre Wangen brannten vor Zorn.

»Hören Sie, Ted und Dan sind mit den Holzfällern in den Bergen, und ich erwarte sie erst in ein paar Wochen zurück. Wenn er zurück ist, werde ich ihm sagen, dass Sie hier waren.«

»Aber was ist mit meinem Angebot? Hat er es nun erwähnt?«

»Nein! Er hat kein Wort von einem solchen Angebot erwähnt, und ich bin auch sicher, dass er daran nicht interessiert ist. Guten Tag, Mr. Tarlington.«

Maddie fragte sich, ob er das Zittern in ihrer Stimme

bemerkt hatte. Wie konnte dieser Kerl hier aufkreuzen und verlangen, dass sie ihm ihre Parzelle überließen? Und warum wollte er überhaupt ausgerechnet ihr Land haben? Und warum hatte Ted ihr nichts von seiner Begegnung mit ihrem Nachbarn erzählt? Mit verschränkten Armen stand sie vor ihm. Die Verärgerung stand ihm ins Gesicht geschrieben, und er machte auch keinen Hehl aus seinem Zorn. Ohne ein Wort des Abschieds grub er seinem Pferd die Sporen in die Seiten und preschte davon.

Emmas Tränen waren bald versiegt, aber Maddies Hände zitterten noch, als Tarlington schon lange fort war.

Maddie fühlte sich inzwischen sehr wohl in der kompakten, aber soliden Hütte. Die weiß getünchten Wandbretter sorgten für eine frische, gemütliche Atmosphäre, und abends beim Licht der Kerosinlampen wirkten die Zimmer richtig anheimelnd.

Aus der angebauten Küche wehten verschiedene Gerüche herüber; der Duft von frischem Brot, Stew oder süßen Pasteten. Maddie hielt den Raum blitzsauber, und auch die Feuerstelle wurde täglich gesäubert. Über dem Feuer hingen Ketten und Haken zum Aufhängen von Kesseln, Töpfen und einem kleinen Kocher. Jeder Besucher wäre beeindruckt gewesen davon, wie sauber und ordentlich alles war.

Seit die Männer fort waren, fühlte Maddie sich in den langen Nächten furchtbar einsam. Sie ging erst spät schlafen, weil sie die Wärme des Feuers den kalten Laken vorzog. Nachdem die Kinder zu Bett gegangen waren, machte sie es sich im Esszimmer am Feuer gemütlich und holte ihr Nähzeug hervor. Es gab immer etwas zu stopfen oder zu flicken. Die Beschäftigung lenkte sie von der Dunkelheit draußen ab. Sie nähte, bis ihre Augen streikten, legte dann widerstrebend das Nähzeug weg und legte sich in ihr leeres Bett.

Das Boot kam immer am Monatsanfang, auch wenn es keinen festen Fahrplan gab, da dieser sich nach dem Wetter und den Gezeiten richtete. An einem kalten Morgen ertönte aus Richtung des Flusses ein Hornsignal, das die Ankunft des Schiffes ankündigte. Der tiefe, melancholische Ton war meilenweit zu hören, wurde durch die Täler und bis hinauf in die Berge getragen.

Mit Johnnos Hilfe spannte Kitty die Pferde an. Die Tiere waren unruhig und schwer zu bändigen, nachdem sie mehrere Wochen nicht bewegt worden waren. Sie stampften beim Anschirren mit den Hufen und warfen ungeduldig die Köpfe hoch.

Johnno bestand darauf, sie zu begleiten. »Johnno mitkommen, Miss Maddie«, beharrte er. »Helfen Säcke tragen.«

»Das ist gut, Johnno. Ja, du kannst gerne mitkommen.« Seit Ted fort war, war sie dankbar für Johnnos Anwesenheit auf der Farm. Und jetzt war sie froh, nicht allein mit den Pferden klarkommen zu müssen. Gern überließ sie die Zügel seinen fähigen Händen.

Schließlich brachen sie auf. Die drei Mädchen, deren Atem in der kalten Luft dampfte, saßen hinten, während Johnno sichtlich stolz neben Maddie auf dem Bock thronte und die Pferde in einen zügigen Trab fallen ließ.

Am Anleger herrschte rege Betriebsamkeit. Breitschultrige Männer hievten Lebensmittelsäcke vom Deck auf die ausgebleichten Planken der Anlegestelle, und es wurde laut gerufen und geflucht. Es roch durchdringend nach Jute und Schweiß. Maddie hielt Ausschau nach dem Kapitän. Die rundliche Gestalt, die vom Kai aus Befehle erteilte, schien ihr die richtige zu sein.

»Die Vorräte für Hall?«, fragte sie scheu; sie fühlte sich unwohl inmitten der Männer mit ihrem lauten, rauen Gelächter. Sie bereute bereits, dass sie gekommen war, und wünschte sich zurück zur Hütte, auf vertrautes Terrain.

»Hier drüben, Schätzchen«, entgegnete der Mann und deutete auf mehrere Säcke und Holzkisten auf einer Seite. Sie waren mit dem Namen ›Hall‹ beschriftet. Johnno lud die Güter auf den Wagen, während Maddie die abgegriffenen Geldscheine in die nikotinfleckige Hand des Skippers zählte.

»Danke, Missus«, sagte er und tippte sich an die Mütze.

Maddie war erleichtert, als sie Lärm und Gedränge den Rücken kehren konnten. Die Jutesäcke lagen hinten im Wagen, und sie freute sich auf den Inhalt: Johannisbeeren, Rosinen, Zucker, Reis, Salz, Essig und Tee. Dazu Zwirn, Haferflocken, Mehl und Teds Tabak. Der Mehlsack war aus feinem Baumwollstoff, den man anschließend zu Kleidungsstücken oder Gardinen umarbeiten konnte. Aus dem Sack dieses Monats wollte sie Emma einen neuen Unterrock nähen.

Die Holzkisten enthielten je zwei Büchsen Kerosin. Die leeren Behälter waren sehr nützlich. Nachdem Kitty sie sorgfältig mehrmals mit heißer Seifenlauge ausgewaschen hatte, gaben sie praktische Eimer für die Gartenarbeit ab, zusätzliche Küchenbehälter oder sogar kleine Waschzuber.

Außerdem gab es Säcke mit gepökeltem Rindfleisch, das in der Gegend ›gesalzenes Pferd‹ genannt wurde und Hauptbestandteil ihrer Mahlzeiten war. Beth hatte sich einmal eine Woche lang geweigert, das Fleisch anzurühren, nachdem sie die umgangssprachliche Bezeichnung gehört hatte, weil sie glaubte, es handle sich tatsächlich um Pferdefleisch. Der Zwischenfall war zum Familienwitz geworden, und inzwischen ärgerte Beth sich schon längst nicht mehr, wenn die anderen sie damit aufzogen.

»Jetzt sind wir bald da, Missus Maddie«, sagte Johnno und ließ die Peitsche knallen, so wie er es Ted hatte tun sehen. Maddie war in Gedanken bereits beim Auspacken und Verstauen der Vorräte. Sie schloss die Augen und genoss die Wintersonne auf ihrem Gesicht. Plötzlich fühlte sie einen leichten Druck auf dem Arm.

»Sieh doch!«, rief Kitty. »Da drüben, zwischen den Bäumen. Ein Mann auf einem Pferd. Glaubst du, das ist der Mann von letzter Woche, der Emma zum Weinen gebracht hat?«

Maddie spähte in den Busch. Es war schwer, etwas zu erkennen; das Dickicht war voller beweglicher Schatten. Trotzdem nahm sie vage eine Gestalt wahr, die sich zügig an ihnen vorbeibewegte, als hätte sie es eilig. Trockenes Laub wurde aufgewirbelt, und Äste knackten laut. War es ein flüchtendes Wildtier oder Randolph Tarlington, wie Kitty glaubte? Sie konnte es nicht sicher sagen. Johnno blickte flüchtig hinüber.

Als spürte es, dass etwas nicht stimmte, stieg eins der

Gespannpferde, und einen Moment schwankte der Wagen bedrohlich. Die Mädchen auf der Ladefläche schrien, als die Lebensmittelsäcke verrutschten. Kitty schnappte sich Emma, die an ihr vorbeischlitterte.

Johnno gelang es, die Pferde zu beruhigen. »Alles in Ordnung, Miss Maddie?«, fragte er besorgt.

»Ja, uns ist nichts passiert.« Sie strich ihren Rock glatt und rückte den Hut zurecht.

»Seht!«, rief Kitty erneut und zeigte über Maddies Schulter nach vorn.

In Richtung ihrer Hütte stieg dunkler Rauch über den Bäumen auf.

»Johnno, da vorne brennt es. Wir müssen nach Hause. Schnell!«, kreischte Kitty aufgeregt.

»Festhalten, Miss Maddie«, befahl Johnno und ließ die Peitsche auf die Pferderücken niedersausen. »Wir müssen uns beeilen. Das Feuer löschen.«

Die Pferde fielen in Galopp, und der Wagen jagte rumpelnd über die unebene Piste. Alle starrten wie gebannt auf die Rauchsäule, die abwechselnd zwischen den Bäumen auftauchte und wieder verschwand. Maddie legte sich eine Hand auf die Stelle, an der sie ihr Herz vermutete, und betete stumm. Der Rauch ... ob die Hütte brannte? Sie malte sich aus, wie von ihrem ganzen Hab und Gut nur noch ein Haufen Asche übrig war.

»Bitte beeil dich, Johnno. Bitte mach schnell.«

Endlich kam der Wagen in einer großen Staubwolke vor der Hütte zum Stehen. Die Kinder kletterten über die hölzernen Seitenwände und sprangen zu Boden. Maddie erkannte auf den ersten Blick, was los war. Ein großer Stapel Äste und Zweige war an der Küchenwand aufgeschichtet und angezündet worden. Laub und Holz waren knochentrocken und brannten lichterloh, und die Flammen leckten gierig an den Außenwänden.

»Schnell, Miss Maddie«, rief Johnno, lief zu einem nahegelegenen Baum und brach einen großen Ast ab. Anschließend jagte er zur Hütte und schlug auf die Flammen ein. Maddie stand da wie gelähmt und sah zu, wie Johnno das Feuer bekämpfte. Kitty und Beth schöpften Wasser aus den Eichenfässern, die Ted und Dan selbst angefertigt hatten. Das Wasser verdampfte zischend im Feuer. Die Flammen krochen höher. Emma klammerte sich laut schreiend an Maddies Rock.

Maddie sah sich hektisch nach etwas um, womit sie die Flammen ersticken konnte. Ihr Blick fiel auf den Mehlsack, aus dem sie Emma einen neuen Unterrock hatte nähen wollen. Nun, das konnte noch einen Monat warten. Sie kletterte zurück auf den Wagen und packte den Sack.

Hektisch riss sie die Naht auf und staunte flüchtig über ihre eigene Kraft. Sie kippte den Inhalt auf den Wagenboden, lief dann zum Wasserfass und tauchte den Sack in das kühle Nass. Dann war sie an Johnnos Seite und schlug mit ihm gemeinsam auf die Flammen ein.

Der Rauch brannte in ihren Augen, und die Hitze des Feuers schien gierig an ihrem Gesicht zu saugen. Ihre Arme schmerzten von der Anstrengung. Sie atmete den beißenden Rauch ein, hustete und würgte. Sie hielt die Luft an, bis es ihr vorkam, als müssten ihre Lungen platzen, während sie weiter immer wieder den nassen Sack auf das Feuer niedersausen ließ.

Sie hörte Emma schreien, hörte ihren eigenen pfeifenden Atem, nahm den Gestank versengender Haare wahr. Wieder und wieder schlug sie auf die Flammen ein, zwang sie nieder. Dann spürte sie eine Hand auf der Schulter und beruhigte sich langsam, bis sie völlig erschöpft den versengten Sack fallen ließ.

»Feuer aus, Miss Maddie.«

Sie riss die Augen auf und starrte blind auf die verkohlten Überreste vor sich. Geschwärzte, verrußte Bretter. Sie holte tief Luft. Die Luft kratzte im Hals, und ihr Atem ging pfeifend. Plötzlich schien es, als würde die Sonne auf sie herabstürzen, es wurde schwarz um sie herum, und das Letzte, das sie wahrnahm, waren Johnnos starke Arme, die sie auffingen, als sie kraftlos in sich zusammensackte und in Bewusstlosigkeit versank.

»Der Schaden hält sich in Grenzen, Maddie«, tröstete Kitty sie später, als sie die Hauswand in Augenschein nahmen. »Die untersten Bretter werden ausgewechselt werden müssen, aber das kann Johnno morgen früh erledigen.«

Maddie streckte die mit Blasen übersäten Hände aus. »Sieht aus, als hätte ich einen Feldzug hinter mir.« Sie lachte schwach. Sie sahen sich die Küche von innen an. Der Rauch hatte die Wände geschwärzt, und ein beißender Geruch lag in der Luft.

»Hier brauchen wir nur gründlich sauber zu machen. Ein paar Eimer Seifenlauge, etwas Tünche, und die Küche ist wieder wie neu.«

Maddie sah die Verwüstung um sich herum durch einen Tränenschleier. Sie fühlte, wie sie ihr unaufhaltsam über das Gesicht liefen. Hastig wischte sie sich mit dem Ärmel über die rußverschmierten Wangen, verwirrt von ihren Gedanken. Weinte sie wegen der verrußten Küche oder wegen ihrer schmerzenden Hände? Oder vielleicht um das Mehl, um den Baumwollstoff, der ein Unterrock für Emma hatte werden sollen? Sie ließ die Schultern hängen. Sie wusste gar nichts mehr.

Glücklicherweise war der Schaden minimal. Ein paar neue Bretter, und alles wäre wieder wie neu. Trotzdem sah sie das Feuer noch vor sich. Und auch das Entsetzen, die Panik, war noch sehr präsent. Die Flammen, die nach ihr griffen.

In den folgenden Tagen ging ihr vieles durch den Kopf. Wer war der Reiter gewesen, der aus Richtung ihrer Hütte gekommen war? War es Randolph Tarlington gewesen, wie Kitty meinte? Hatte Heinrich ihnen nicht bei ihrem ersten Besuch erzählt, jemand hätte versucht, die Küche seines Hauses niederzubrennen? Möglicherweise war das alles nur ein seltsamer Zufall, aber was, wenn es sich in beiden Fällen um Brandstiftung durch ein und denselben Mann handelte?

Was wäre gewesen, wenn sie nicht so zeitig vom Anleger zurückgekommen wären? Was wäre von der Hütte noch übrig gewesen, wenn sie nur eine halbe Stunde später eingetroffen wären? Maddie schauderte bei dem Gedanken: Ihre kostbaren Teller und die ledergebundene Bibel wären nicht mehr zu retten gewesen.

KAPITEL 20

Bridie bat Layla eindringlich, sie in die Stadt zu begleiten. »Bei mir bist du sicher«, sagte sie. »Und Brisbane wird dir gefallen. Es ist völlig anders als Boolai.« Aber Layla weigerte sich, denn sie fürchtete sich vor den unruhigen Pferden und dem vollbeladenen Buggy. Außerdem wollte sie Old Mary, ihre Mutter, nicht verlassen.

Ihre Arbeitgeberin legte die Stirn in Falten, versuchte aber nicht weiter, sie zu überreden. »Also gut«, sagte sie stattdessen. »Es ist deine Entscheidung. Aber ich möchte nicht, dass du in meiner Abwesenheit im Haus bleibst. Ich will nicht, dass du mit Mr. Tarlington allein im Haus bist, hast du mich verstanden?«

Layla nickte; sie brauchte nicht erst an Randolphs Übergriffe vor ein paar Monaten erinnert zu werden und daran, wie Bridie sie gerettet hatte. Das zerrissene Kleid, die zerbrochenen Einmachgläser, die Blutergüsse, die Demütigung. Nein, sie verspürte nicht die geringste Lust, mit dem Stiefsohn der Hausherrin allein zu sein.

»Bleib im Camp. Geh nicht nach Glengownie, unter keinen Umständen. Ich schicke nach dir, sobald ich zurück bin.«

Layla nickte wieder und schluckte hart, als ihr aufging, was das bedeutete. Wenn sie nicht arbeitete, würde sie auch keinen Lohn bekommen. Der wöchentliche Schilling, das Mehl und der Tabak waren Old Mary immer sehr willkommen gewesen.

Als könnte sie ihre Gedanken lesen, drückte Bridie

ihr etwas Hartes, Glänzendes in die Hand und legte Laylas dunkle Finger darüber, sodass der Gegenstand nicht mehr zu sehen war. »Nur eine Kleinigkeit«, sagte sie lächelnd. »Bis ich zurückkomme. Und jetzt versprich mir, dass du dich vom Haus fernhältst.«

»I... ich verspreche es«, stammelte Layla, hin- und hergerissen zwischen Überraschung wegen des unerwarteten Geschenks und unbändiger Neugier, nachzusehen, worum es sich handelte.

»Du gehst nicht nach Glengownie, bis ich dich rufen lasse?«

»Nein. Layla hält sich fern von Mista Tarlington.«

Als sie über die Weiden zum Camp zurückkehrte, verspürte sie eine unerklärliche Trauer. Tränen brannten in ihren Augen. Als sie im Busch für sich allein war, öffnete sie die Hand, und dort auf ihrer schwitzigen, schmutzigen Handfläche lag ein glänzender Sovereign.

Die Zeit im Camp ohne die Routine und die Anforderungen Glengownies war erholsam. Früh am Morgen wanderte sie zusammen mit den anderen Frauen durch das hohe, taunasse Gras, um Wurzeln zu sammeln und im Fluss zu fischen. Nach langer Zeit gehörte sie wieder richtig dazu und führte ein freies Leben, das nicht nach der Uhr ablief, sondern von der Sonne und ihren Bedürfnissen bestimmt wurde. Sie aß, wenn sie hungrig war, und schlief, wenn die Müdigkeit sie überkam. Wenn sie an Bridie dachte, was sehr häufig der Fall war in diesen Monaten, dachte sie auch an das völlig andere Leben auf Glengownie, ein Leben, das vorhersehbar war und sich an ganz präzise zeitliche Abläufe hielt. Dort waren die Tage manchmal schon Monate im Voraus verplant.

Old Mary teilte ihr Randolphs Nachricht mit, als sie

eines Nachmittags mit einem Korb voller Yamswurzeln ins Lager zurückkehrte. Bridie und Hedley wurden zurückerwartet, und das Haus müsse gründlich geputzt werden. Layla wurde aufgefordert, zur Farm zu kommen, um zu helfen. Das Mädchen hatte ein ungutes Gefühl und war hin- und hergerissen zwischen der Freude, Bridie wiederzusehen, und der Furcht davor, mit Randolph allein im Haus zu sein. Was hatte Bridie noch gesagt, bevor sie in die Stadt gefahren war? Halt dich von Glengownie fern! Betritt das Haus unter gar keinen Umständen! Und daran hatte sie sich auch gehalten. Nicht ein einziges Mal hatte sie in den vergangenen Monaten auch nur den Dachgiebel des Farmhauses gesehen.

Dann dachte sie wieder an ihre Arbeitgeberin. Nein, ganz sicher würde alles gut gehen. Bridie würde heute heimkommen, und Layla wollte dafür sorgen, dass das Haus bei ihrer Rückkehr blitzblank war. Und wenn erst die Kisten ausgepackt waren und Bridie ihr von Brisbane berichtet hatte, würde wieder Normalität einkehren, und es würde so sein, als wäre Bridie nie weg gewesen.

Sie verbrachte den Tag damit, die Kamine zu säubern und in allen Zimmern Feuer zu machen, um die Kälte zu vertreiben. Randolph hatte ihr das befohlen, obwohl sie selbst es ziemlich extravagant fand, so früh am Tag zu heizen. Bald brannte in jedem Zimmer des Hauses ein Feuer, und im Haus herrschte trotz der Abwesenheit Bridies eine heimelige Atmosphäre.

Layla summte leise vor sich hin, während sie die Messingeinfassung des letzten Kamins polierte, bis das Metall stumpf schimmerte. Jetzt, ganz allein im Haus mit

Randolph Tarlington, bedauerte sie beinahe, dass sie Bridie nicht in die Stadt begleitet hatte. Mit einer weiteren Absage rechnend, würde diese sie bestimmt nicht noch einmal dazu auffordern.

Im Laufe des Tages drehte sie sich mehrmals abrupt um; sie spürte instinktiv, dass jemand sie bei ihrer Arbeit beobachtete. Und er war da, lehnte nonchalant in der Tür, als sie die Asche aus dem Kamin entfernte. Bei seinem Anblick war ihr, als würden ihre Eingeweide sich zusammenziehen. Sie fühlte sich gefangen, wie ein Wallaby in einem tiefen Graben, und zum zweiten Mal in ihrem Leben schmeckte sie Angst. Sie hätte nicht kommen sollen. Sie hätte auf ihren Instinkt hören sollen, der sie gewarnt hatte, Randolphs Ruf zu folgen.

Als Mitte des Nachmittags die Arbeit getan war, suchte sie Randolph, um ihm zu sagen, dass sie jetzt zum Lager zurückkehren würde. Zu ihrer Überraschung konnte sie ihn nicht finden. Hastig zog sie die Schürze aus und hängte sie an den Haken hinter der Küchentür, so wie Bridie es ihr gezeigt hatte.

Erleichtert verließ sie das Haus und machte sich auf den Heimweg. In den Bäumen turnten bunte Vögel und unterhielten sich lautstark trällernd und krächzend. Sie freute sich auf zu Hause, den Duft von Fleisch, das über offenem Feuer briet.

Sie hatte ihn nicht im Gebüsch stehen sehen. Dass er überhaupt dort war, war schon ungewöhnlich, da ihr normalerweise keine Bewegung im Busch entging. Aber sie war in Gedanken gewesen, hatte die Todsünde begangen, nicht auf ihre Umgebung zu achten. Eine plötzliche Bewegung, und er war bei ihr und legte ihr eine

Hand auf den Mund, damit sie nicht schreien konnte. Seine kraftvollen harten Finger drückten ihr schmerzhaft die Lippen gegen ihre weißen Zähne, so fest, dass sie bald Blut schmeckte. Sie zappelte und wand sich, versuchte, sich aus seinem Griff zu befreien, aber vergeblich.

»Es ist sinnlos, dich zu wehren«, sagte er. »Außerdem könnten wir Freunde sein, wenn du mich gewähren ließest.«

Sie schüttelte wild den Kopf. Er konnte doch sicher die Angst in ihren Augen sehen, oder?

»Du möchtest, dass ich die Hand wegnehme? Was für eine Schande. Das geht nicht, weißt du. Du würdest nur schreien, und dann würden sie sich auf mich stürzen, diese schwarzen Mistkerle aus deinem Camp. Dabei möchte ich doch nur ein wenig Spaß haben.«

Er schob sie vor sich her, bis sie mit dem Rücken gegen einen Baumstamm stieß und durch den Stoff ihres Kleides hindurch die raue Rinde fühlte. Einen Sekundenbruchteil lockerte er seinen Griff, und das war genau der Moment, auf den sie gewartet hatte. Sie riss den Kopf zur Seite, bekam das weiche Fleisch zwischen Daumen und Zeigefinger zu fassen und biss mit aller Kraft zu.

»Auuuuu! Du verdammte nutzlose schwarze Schlampe!«

Er riss sich los und schlug sie mit dem Handrücken brutal ins Gesicht. Ihr wurde schwindlig und ganz schummrig. Dann lag sie auf dem Boden, fühlte sein Gewicht auf sich und hörte ihr eigenes Schluchzen. Ihr Kleid zerriss, und die kalte Luft drang an ihre nackte Haut. Dann packten Hände zu, kneteten ihre Brüste, glitten über ihren Bauch. Sein Knie zwang rücksichtslos ihre Schenkel auseinander. Seine Finger fuhren schmerzhaft an ihren Beinen entlang, dann ein stechender Schmerz, als er in sie eindrang.

Blankes Entsetzen packte sie. Sie schrie und hörte, wie ihre Stimme laut durch den Wald hallte.

»Aufhören. Bitte aufhören. Sie tun mir weh. Bitte nicht.«

»Heh, was ...«

Ein unterdrückter Fluch. Das Krachen von Knochen, der auf Knochen traf. Sie wartete auf den Schmerz, aber er blieb aus. Ein Grunzen, und Randolph Tarlington sackte mit hängendem Kopf über ihr zusammen. Das Gewicht war unerträglich. Ihr war, als wäre die Luft gewaltsam aus ihren Lungen gepresst worden, und sie rang nach Atem.

Plötzlich wurde die Last von ihr gerollt, und starke Hände zogen sie auf die Füße. Schwankend stand sie da und hielt ängstlich die Fetzen ihres Kleides über der Brust zusammen. Sie hob den Kopf und schaute verständnislos in braune Augen. Johnno, der Mann ihrer verstorbenen Schwester. Rechts von ihr lag Randolph Tarlington zusammengesunken mit dem Gesicht nach unten im Dreck.

»Was hast du getan?«, schluchzte sie. »Du hast ihn getötet!«

Johnno grinste breit und schüttelte den Kopf. »Nein, nicht tot. Der schläft nur.«

»Aber wenn er wieder zu sich kommt, wird er dich umbringen.«

»Schhh. Wenn er aufwacht, sind wir längst weit weg.«

»Woher wusstest du ...?«

»Old Mary hat gesagt, ich soll dich im Auge behalten. Ich bin dir zum Haus gefolgt. Ich hatte Tarlington kurz vorher in diese Richtung gehen sehen. Ich wusste, dass er irgendwo hier im Busch war.«

Johnno zog den alten Mantel aus, den Hedley ihm überlassen hatte, und legte ihn ihr um die Schultern. Anschließend hob er sie auf die Arme und trug das immer noch leise schluchzende Mädchen durch das Dickicht.

Layla schloss die Augen. Das Herz schlug ihr immer noch bis zum Hals. Durch den Mantel fühlte sie, wie Äste sie streiften, hörte das Rascheln des Laubs. Johnnos starke Arme trösteten sie.

Schließlich, als Johnnos wiegender Gang sie vollends beruhigt hatte, schlug sie die Augen auf und blickte sich erstaunt um. Sie hatte erwartet, dass er sie zum Camp bringen würde, aber die Bäume um sie herum waren andere als jene unten am Fluss.

»Wohin gehen wir?«, fragte sie leise.

»Schhh. Keine Angst.«

»Ich will zu meiner Mutter.« Ihre Augen füllten sich wieder mit Tränen.

»Damit er kommen und dich holen kann? Dich wieder misshandeln kann?«

Daran hatte sie nicht gedacht. Das Lager am Fluss. Ihr Zuhause. Der Ort, an dem sie sich immer sicher gefühlt hatte. Sie hob die Hand und wischte die Tränen fort. Johnno hatte Recht. Im Lager war sie nicht mehr sicher. Dort würde Tarlington sie als Erstes suchen.

Furcht stieg in ihr auf. Sie würde fortgehen müssen. Sie würde Old Mary und die anderen nie wiedersehen. »Wo kann ich denn hin?«

»Keine Angst, Kleines. Ich kenne eine gute Frau. Sie wird sich um dich kümmern.«

An den Rest des Weges konnte sie sich später nicht mehr erinnern. Vielleicht schlief sie oder verlor das Bewusstsein, sie wusste es nicht. Sie erwachte davon, dass das Schaukeln aufhörte und Johnno sie auf weiche Kissen bettete. Sie schlug die Augen auf und blickte in mitfühlende graue Augen unter einer besorgt gerunzelten Stirn. Warme Hände rieben ihre kalten Finger. Sie wollte sich aufrichten, aber sofort durchzuckte sie ein stechender Schmerz, und sie kniff die Augen zu.

»Das ist Layla, Schwester von toter Frau. Können Sie kümmern?«, hörte sie Johnnos Stimme in gebrochenem Englisch.

»Was ist passiert? Woher hat sie die Prellungen und Schürfwunden?«

»Dieser Mann, Tarlington.«

»Er hat ihr das angetan? Randolph Tarlington?«

Layla öffnete die Augen und sah Johnno nachdrücklich nicken. »Layla arbeiten für Tarlingtons. Er sie auf Heimweg überfallen. Ihre Mutter, Old Mary, sagt, Mr. Tarlington nichts taugt.«

»Wie alt ist sie?«

Johnno zählte kurz an den Fingern ab. »Ich glaube ... vierzehn.«

»Und hat er ...?«

Johnno schüttelte den Kopf und lächelte. Seine ebenmäßigen, kräftigen Zähne hoben sich strahlend weiß von seiner dunklen Haut ab. »Nein, Miss Maddie. Ich ihn geschlagen. Auf Kopf. Er schlafen wie ein Baby.«

»Du gehst besser zurück ins Lager, Johnno«, sagte die Lady mit den grauen Augen. »Sag Laylas Mutter, dass sie hier bleiben kann. Ich werde mich um sie kümmern. Randolph Tarlington wird sie nicht wieder anrühren.«

Layla hörte, wie Johnno den Raum verließ. Sie blickte wieder in das freundliche Gesicht der fremden Frau, die sich tiefer über sie beugte. In ihren grauen Augen standen Tränen. »Mein Name ist Madeleine Hall. Alle nennen mich Maddie.«

Layla nickte. Was für ein hübscher Name. Maddie. Das passte irgendwie zu ihr.

Zwei kleine Mädchen kamen hinzu und musterten sie mit staunenden großen Augen. Ein etwas älteres und größeres Mädchen mit rotem Haar wie Maddies brachte eine Schüssel mit warmem, duftendem Wasser. Der Duft erinnerte Layla an Bridie und die kleinen Fläschchen auf ihrer Frisierkommode.

Maddie scheuchte die Kinder hinaus. »Weg mit euch. Ihr habt später noch genug Zeit, euch mit Layla anzufreunden.«

Layla fühlte, wie ihr die zerrissenen Kleider ausgezogen wurden. Die Nacktheit machte ihr nichts aus; sie fühlte sich sicher und geborgen im Beisein dieser Frau.

»Dass jemand einem jungen Mädchen etwas so Widerwärtiges antun kann«, schimpfte Maddie. »Du wirst hier bei mir bleiben. Ich werde nicht zulassen, dass dieser schreckliche Mann dir noch einmal wehtut.« Sie lachte. »Ted wird vielleicht Augen machen.«

Sanfte Hände strichen über Laylas Gesicht und wuschen vorsichtig mit einem weichen, nassen Tuch das Blut fort. Seufzend entspannte Layla sich.

Maddie wusste selbst nicht genau, was sie geweckt hatte; ein Geräusch, ein seltsames Scharren, das bis in ihr Bewusstsein gedrungen war. Furcht stieg in ihr auf, und sie lauschte angespannt. Mit wild klopfendem Herzen starrte sie ins Dunkel.

Stille. Nichts außer der undurchdringlichen Nacht um sie herum. Sie tastete mit einer Hand nach der anderen Betthälfte. Teds Platz war immer noch leer. Inzwischen war es sechs Wochen her, dass er und Dan in die Berge aufgebrochen waren. Sie rechnete täglich mit ihrer Rückkehr.

Da war es wieder. Ein ganz leises Geräusch. Sie versteifte sich und wartete. Ja, eindeutig. Ein metallisches Schaben? Schritte auf Kies? Sie zog Teds Gewehr unter dem Bett hervor und stand leise auf.

Ohne sich damit aufzuhalten, den Morgenmantel überzuziehen, schlich sie barfuß durch die dunkle Hütte. Im Kinderzimmer schliefen die Mädchen friedlich unter ihren Decken zusammengerollt. In Dans Zimmer fiel Mondlicht schräg durch einen leicht offen stehenden Fensterladen; das fahle Licht wurde von dem Spiegel über der Kommode reflektiert. Layla schlief auf der improvisierten Pritsche in einer Ecke. Sie hatte die Decke im Schlaf weggestrampelt, und ihre Haut hob sich dunkel von den weißen Laken ab.

Im Esszimmer tickte die Wanduhr in der Stille vor sich hin. Langsam öffnete Maddie die Haustür. Die Scharniere quietschten. Dann Stille. Tau glitzerte im Mondlicht.

Von jenseits der Lichtung ertönte wieder ein leises Geräusch. Sie starrte angestrengt in die Dunkelheit. Bleiches Licht fiel auf das Schuppendach, das die Männer mit Baumrinde eingedeckt hatten. Das Gewehr in den Händen zu halten beruhigte sie, auch wenn sie keinen Schimmer hatte, wie man es benutzte.

Etwas bewegte sich. Schatten. Ein Aufflackern von Licht. Von einer abgeschirmten Lampe? Einer Zigarette? Maddies Herz raste. »Wer ist da?«, rief sie. Ihre Stimme kam ihr unnatürlich laut vor in der nächtlichen Stille. Keine Antwort.

»Ich habe gefragt, wer ist da?«

Der Schatten erstarrte. Maddie hob die Waffe und richtete den Lauf auf den Schuppen.

»Ich weiß, dass jemand da ist.«

Sie spannte den Hahn, so wie sie es Ted beim Reinigen der Waffe hatte tun sehen. Das metallische Klicken hallte durch die Nacht. KLICK. Es war nur ein Bluff. Aber wer immer dort draußen war, konnte ja nicht wissen, dass das Gewehr nicht geladen war. Sie wartete. Der Gewehrlauf schimmerte kalt in der Dunkelheit.

»Wer immer Sie sind, wenn Sie nicht sofort verschwinden, schieße ich!«

Hastige Bewegung. Eine Gestalt jagte über den offenen Hof und hob sich einen Moment vom Geflecht der Bäume im Hintergrund ab. Schritte hallten dumpf durch die Nacht, gefolgt von Rascheln und dem Knacken von Ästen im Busch. Die Geräusche entfernten sich, wurden immer leiser, bis schließlich das Einzige, das sie noch hörte, das Hämmern ihres eigenen Herzens war. Irgendwo in der Ferne heulte ein Dingo. Langsam, mit zitternden Händen, ging sie zurück ins Haus und verriegelte die Tür hinter sich.

Es kam ihr vor, als würde sie nie mehr einschlafen können. Immer wieder spielte sich dieselbe Szene vor ihren Augen ab, sah sie den Schatten über den Hof jagen und ins undurchdringliche Unterholz eintauchen. Schließlich nickte sie doch ein, und als sie am nächsten Morgen erwachte, fiel ihr Blick als Erstes auf das Gewehr, das am Nachttisch lehnte.

Im Licht des neuen Tages ging sie über den Hof zum Schuppen. Die Tür war nur angelehnt, und im Staub waren Stiefelabdrücke zu erkennen. Auf Teds Werkbank lag ein zusammengefaltetes Stück Papier. Langsam faltete sie den Zettel auseinander. Das Papier war dick und sah teuer aus. Auf dem edlen, blütenweißen Untergrund war in hässlicher, krakeliger Schrift eine Nachricht gekritzelt:

Lassen Sie das Mädchen gehen. Sie gehören nicht hierher. Verschwinden Sie, bevor jemand zu Schaden kommt.

Randolph Tarlington? Hatte sie ihn am vergangenen Abend davonlaufen sehen? Wer sonst wusste, dass sie Layla bei sich aufgenommen hatte?

Später zeigte sie den Zettel Johnno. »Glaubst du, er würde so etwas schreiben?«, fragte sie. Ihre Stimme klang gereizt von Schlafmangel und nicht zuletzt auch von der ausgestandenen Angst.

Johnno nickte. »Aber das egal, Miss Maddie«, meinte er und tat ihre Furcht mit einem Kopfschütteln ab. »Keine Sorge. Johnno jetzt nachts hier bleiben, in Schuppen. Bis Boss zurück. Niemand wird hier herumschleichen, solange Johnno hier ist.«

KAPITEL 21

Wie versprochen richtete Johnno sich im Schuppen ein. Es war beruhigend, ihn da zu haben, und Maddie wusste, dass sie sich jetzt nicht mehr vor der Dunkelheit oder unheimlichen Geräuschen zu fürchten brauchte. Sie wartete auf Ted und blickte mehrmals täglich aus dem Fenster, weil sie glaubte, Hufgetrappel gehört zu haben. Aber der Weg lag jedes Mal verlassen da. Keine Spur von ihm.

Layla war nun schon einige Tage bei ihnen. Die Blutergüsse begannen zu verblassen, und die Furcht war aus ihren Augen gewichen. Sie hatte sogar einige Male über Beths und Kittys Faxen gelacht. Maddie beobachtete befriedigt, wie das Mädchen sich in seine neue Umgebung einfügte.

Sie stand in der Küche, knetete den Brotteig und war so vertieft in ihre Gedanken an Layla, die Brandstiftung und die schriftliche Drohung, dass sie beinahe nicht gehört hätte, wie ein Pferd vorn vor der Hütte hielt.

Ihr Herz schlug höher. Ted! Endlich war er wieder zu Hause! Sie wischte sich hastig das Mehl von den Händen, legte sich eine Stola über und eilte zur Vordertür.

Erwartungsvoll schaute sie sich um und lauschte auf Teds Rufen. Nichts. Stattdessen stand sie einen Moment da wie angewurzelt. Bei dem Reiter handelte es sich nicht um Ted oder Dan, sondern um eine zierliche Frau, die das lange dunkle Haar offen trug wie eine Zigeunerin. Mit geschickten Fingern band sie ihren Grauschimmel vor dem Haus an.

Sie trug ein hellgraues Kleid, dessen Farbe sich mit

der ihres Pferdes deckte, und als sie auf sie zukam, fiel Maddie auf, dass das Kleid nicht nur aufwendig geschneidert war, sondern dazu aus einem teuren Stoff. Es saß wie eine zweite Haut und betonte die schlanke Taille der Fremden. Der Saum fiel locker schwingend über auf Hochglanz polierte Reitstiefel. Maddie wehte dezenter Parfumduft in die Nase.

»Sie müssen Mrs. Hall sein?«, sagte die Frau, als sie Maddie die Hand drückte. Ihr Händedruck war fest und gleichzeitig sanft. Maddie blickte verwirrt in ihre grünen Augen.

»Ja, ich bin Maddie ... Maddie Hall«, stammelte sie, ganz durcheinander von dem offenen Blick der Fremden.

»Ich bin Bridie Tarlington. Ihre Nachbarin vom anderen Flussufer.«

»Freut mich, Sie kennen zu lernen«, entgegnete Maddie etwas steif bei der Erwähnung des Namens Tarlington. Das war also die zweite Mrs. Tarlington, von der Clarrie ihnen erzählt hatte. Maddie war einen Moment sprachlos. Sie hatte sie sich viel älter vorgestellt.

»Ich bin gekommen, um Ihnen zu danken, dass Sie Layla bei sich aufgenommen haben.«

»Sie wissen, dass sie hier ist?«

»Ich war im Lager, um sie zu holen. Old Mary hat mir alles erzählt. Ich bin ja so froh, dass sie alles heil überstanden hat.«

Maddie sah wieder das verängstigte geschundene Mädchen in dem zerrissenen Kleid vor sich. »Sie wird nicht zurückkommen!«, sagte sie ohne nachzudenken. »Ich will sie nicht in der Nähe dieses Unmenschen wissen.«

»Genau deshalb bin ich hier. Ich hatte gehofft, Sie

würden Sie hier behalten wollen. Ich erwarte nicht von Ihnen, dass Sie ihr Lohn zahlen. Darum werde ich mich kümmern.«

»Das wird nicht nötig sein.« Maddie schob stolz das Kinn vor.

»Nein, wirklich, ich fühle mich für Layla verantwortlich. Sie ist fast noch ein Kind, so naiv und vertrauensselig. Sie hat mir versprochen, während meiner Abwesenheit nicht nach Glengownie zu gehen. Sie wusste, wie er ist.«

»Dann hat es früher schon Probleme dieser Art gegeben?«

Bridie nickte und schluckte die Tränen hinunter. »Ein Mal. Sie müssen mich für sehr nachlässig halten. Aber ich habe wirklich versucht, vorzubeugen, und sie nicht mit ihm allein gelassen.« Sie schwieg einen Moment und tupfte sich mit einem Spitzentaschentuch die Tränen aus den Augenwinkeln. »Ich hätte sie gern in die Stadt mitgenommen, aber sie wollte nicht.«

Maddie wurde die zierliche, dunkelhaarige Frau immer sympathischer. Offenbar hatte sie ein freundliches Wesen. Außerdem strahlte sie solche Natürlichkeit aus, dass es schwer gewesen wäre, sich in ihrer Gegenwart nicht wohl zu fühlen.

»Möchten Sie sie sehen?«, fragte Maddie.

»Darf ich?«

Maddie nickte lächelnd. »Sie ist in der Küche. Kommen Sie. Sie wird sich über Ihren Besuch freuen. Sie redet ständig von Ihnen; Missus Tarlington dies, Missus Tarlington jenes.«

Ihr altes Zuhause, das alte Glengownie. Sie hätte sich auch mit verbundenen Augen zurechtgefunden. Die vertrauten Stufen zum Anbau, die Wärme des Feuers, die einem schon auf dem Flur entgegenschlug. Der Duft frischen Gebäcks. Sie blieb auf der Schwelle stehen und ließ den Anblick auf sich wirken. Beim Klang ihrer Schritte drehte Layla, die am Tisch stand, sich zu ihr um. Das Mädchen stieß einen spitzen Schrei aus und flog ihr förmlich entgegen. Ihre Arme schlangen sich um Bridies Hals.

»Layla!«

»O Missus Tarlington«, schluchzte das Mädchen.

Bridie löste Laylas Arme von ihrem Hals und hielt das Mädchen auf Armeslänge von sich. »Layla. Geht es dir gut?«

Layla nickte. »Ich habe einen Fehler gemacht, Missus Tarlington. Ich bin zum Haus gegangen. Und hinterher hat er mich gepackt und zu Boden geworfen und ... und ...« Tränen liefen ihr über das Gesicht.

»Ich weiß, Layla. Du hast dich nicht an meine Weisungen gehalten. Das war falsch. Aber das ist keine Entschuldigung für Randolphs Verhalten. Er hatte nicht das Recht, dich anzurühren.«

»Ich wollte weglaufen, aber er hat mich zu fest gehalten. Ich habe ihn in die Hand gebissen, und da hat er mich geschlagen. Dann ist Johnno gekommen.«

Bridie drückte Laylas Hand. »Es tut mir so Leid, Layla. Ich habe dir versprochen, dass er dich nie wieder anrühren würde, und ich habe mein Versprechen nicht gehalten. Du wirst hier bleiben. Ich weiß, dass du hier bestens aufgehoben bist.«

»Sie kann bleiben, so lange sie möchte«, versicherte ihr Maddie.

»Meine Güte«, seufzte Bridie, ließ Laylas Hand los und wischte sich eine Träne aus dem Gesicht. »Was für ein Tag.« Sie trat auf Maddie zu und umarmte sie spontan. »Danke«, sagte sie leise. »Dass Sie da waren, als Sie am dringendsten gebraucht wurden.«

Layla servierte ihnen Tee und frisch gebackene Plätzchen. Bridie schaute sich in dem kleinen Esszimmer um, nahm die bunten Vorhänge und die frisch getünchten Wände in sich auf. Sie war seit dem Umzug in das große Haus nicht mehr in der Hütte gewesen. Clarrie Morgan hatte ihr irgendwann erzählt, dass Vagabunden sich hier niedergelassen hätten und die Hütte völlig heruntergekommen wäre. Sie hatte es vorgezogen, ihr altes Zuhause so in Erinnerung zu behalten, wie es gewesen war, als sie noch dort wohnte. Aber jetzt waren die Räume wieder sauber und ordentlich, so wie früher. Natürlich waren sie anders eingerichtet, aber sie kamen ihr doch vertraut vor.

Lebhafte Erinnerungen stürmten auf sie ein: sie selbst als frisch gebackene Ehefrau; Cordelia und ihre Feindseligkeit; die Jahre, in denen Dom und Hugh noch klein gewesen waren; Randolphs hinterhältige Lügen. Entschlossen verdrängte sie die Gedanken an ihren ›Stiefsohn‹. Warum sich diesen Tag verderben?

»Sie haben das Haus wunderschön hergerichtet«, rief sie aus. Maddie strahlte voll Stolz. »Und die Küche. Sie war immer mein Lieblingsraum. Vor allem im Winter, wenn ein großes Feuer im Kamin brannte.«

»Im Sommer ist es allerdings furchtbar heiß«, entgegnete Maddie.

Sie lachten, als wollten sie endgültig die Gedanken an Randolph und Layla verdrängen. Als könnte Gelächter die Dämonen fortscheuchen. Außerdem nagten noch andere Fragen an Bridie. Was wäre geschehen, wenn Johnno nicht zur Stelle gewesen wäre? Was, wenn niemand Layla zu Hilfe gekommen wäre? Wenn er sie getötet hätte? Nein, dachte sie zornig. Drohungen und Einschüchterung, dazu war Randolph zweifellos fähig, aber Mord? Sie wollte nicht glauben, dass er zu einer solchen Tat imstande wäre.

Erst viel später, als die Bäume schon lange Schatten warfen, verabschiedete Bridie sich wieder. Sie schwang sich in den Sattel und blickte noch mal zurück auf die Hütte mit den fröhlichen bunten Vorhängen. Sie betrachtete Maddie und sah eine hübsche, sanfte, furchtbar einsame Frau. Ich werde diesen Tag nie vergessen, dachte sie, voller Zuneigung für die Frau, die ihr altes Zuhause bezogen hatte. Ich werde das Cottage so in Erinnerung behalten, wie es war und wie es heute ist, und ich werde immer an die Liebe denken, die durch es hindurch strömt wie ein großer breiter Fluss.

Sie nahm die Zügel auf. Es war an der Zeit, nach Glengownie zurückzukehren, wo ihr eine Auseinandersetzung mit Randolph bevorstand. Eine Auseinandersetzung, die sie nicht gewinnen konnte.

Sie wandte sich noch ein letztes Mal Maddie zu. »Achten Sie gut auf Layla. Sie ist ein liebes Kind und wird Ihnen eine große Hilfe sein. Manch einer wird Ihnen erzählen, man könne Schwarzen nicht trauen, sie würden einen bestehlen oder im Schlaf umbringen, aber das ist Unsinn. Ich würde Layla mein Leben anvertrauen.«

Einige Tage später kam Beth aufgeregt zu ihr gelaufen. Durch die Bäume war das Bimmeln vieler Glöckchen zu hören. »Schnell, Mama, komm und sieh dir das an.«

Maddie wischte sich die mehligen Hände an der Schürze ab und ging zur Tür. Am Rand der Lichtung hüpften die drei Mädchen ganz aufgeregt auf und ab, während sich auf dem Weg eine seltsame Prozession näherte.

Vorne weg ritt Bridie Tarlington auf ihrem Grauschimmel. Ihr folgte ein kunterbunter Wagen, gezogen von zwei schweren Kaltblutpferden, deren Leinen mit winzigen Glöckchen besetzt waren, die bei jedem Schritt der gewaltigen Tiere fröhlich bimmelten. Die Karawane kam vor der Hütte zum Stehen, und das Bimmeln verstummte.

»Maddie, kommen Sie, schnell«, rief Bridie und ließ sich von ihrem Pferd gleiten.

Maddie wischte unnötigerweise noch einmal die Hände an der Schürze ab, bevor sie sie abnahm, faltete und ordentlich auf die Veranda legte.

»Was ist denn das?«, fragte Maddie lachend, als die beiden Frauen sich freundschaftlich umarmten.

Bridie zog Maddie hinter sich her zu dem sonderbaren Gefährt. »Das ist Mr. Singh«, stellte sie den dunkelhäutigen Mann auf dem Kutschbock vor. Mr. Singh lächelte und verneigte sich knapp. Er war dürr und drahtig mit gelben, fleckigen Zähnen. Auf dem Kopf trug er einen Turban.

»Er ist Inder und spricht nicht viel Englisch«, erklärte Bridie. »Und seine Preise sind natürlich viel zu hoch, aber er genießt es, zu feilschen. Im Übrigen hat Boolai derzeit nichts Besseres zu bieten.«

Mr. Singh sprang vom Kutschbock und ging um den Wagen herum. Grinsend öffnete er die Holzläden. Mit großen Augen bestaunten die Mädchen das Sammelsurium von Waren im Inneren: glänzende Töpfe und Pfannen baumelten vom Dach, und gleich daneben wehten Seidenschals in allen Regenbogenfarben im Wind.

Der Inder zog versteckte Schubfächer auf, tiefe, reich verzierte geheime Fächer, die von einer schier unerschöpflichen Fülle von Waren überquollen: Nähnadeln, Stecknadeln, Garn, Scheren, Bleistifte, Parfums und Talkum, Schokolade, Lutscher, Tabak, Perlen und anderer Schmuck. Socken und Strümpfe kullerten über Stoffballen. Gegenstände aller Formen und Farben vermischten sich klirrend und scheppernd, begleitet vom würzigen Duft diverser Tinkturen und Salben.

Kleine Phiolen Duftwässerchen, Krüge mit Pomade, Säckchen voller duftender Kräuter, Badesalze, Öle, Eau de Toilette, Säckchen gefüllt mit Lavendel und Kampfer; die Gerüche vermischten sich zu einem exotischen Ganzen. Mr. Singh entkorkte kleine Fläschchen Parfum: Veilchen, Jasmin, Reseda, Flieder, Magnolie, Moschus und Patschuli.

Bridie sah belustigt zu, wie die Mädchen aufgeregt umherhüpften. »Was meint ihr?«, fragte sie und hielt eine Hand voll Ketten hoch. Die Mädchen nickten eifrig, und sie reichte jeder eine bunte Perlenkette. »Und jetzt etwas für eure Mama!«, rief sie fröhlich. »Was glaubt ihr, würde ihr Freude machen?«

»Nein, bitte nicht«, rief Maddie. Sie errötete vor Scham bei dem Gedanken an ihre fast leere Börse. Sie konnte sich keine Extras leisten.

»Unsinn«, wies Bridie ihren Einwand zurück. »Es gibt in dieser von Gott verlassenen Gegend sonst nichts, wofür ich mein Geld ausgeben könnte. Und wenn es mir Freude macht, meinen neuen Nachbarn eine Kleinigkeit zu schenken, werde ich das auch tun.«

»Hier«, sagte Beth schüchtern und hielt ihr ein kleines Fläschchen hin. Auf dem Etikett war eine rosa Blume abgebildet. »Mama liebt Rosen.«

»Das ist Rosenparfum. Und wenn eure Mama Rosen liebt, dann muss sie es haben.« Bridie griff in eine verborgene Tasche ihres Rocks und reichte dem Inder ein paar Münzen. Dann entkorkte sie das Fläschchen und gab ein paar Tropfen der Flüssigkeit auf Maddies Handgelenk.

Maddie war überwältigt von der Großzügigkeit und Lebhaftigkeit ihrer Nachbarin. Schwungvoll stöpselte Bridie das Fläschchen wieder zu und drückte es Maddie in die Hand.

»So, das hätten wir. Wie wäre es mit einem Tee? Ich fürchte, Mr. Singh hat einen schrecklichen Durst.«

Und so fanden Ted und Dan sie alle einträchtig beieinander sitzend vor, als sie an jenem Winternachmittag heimkehrten. Auf der Lichtung vor dem Haus standen ein Reitpferd und ein schweres Gespann mit dem bunt verzierten Wagen eines fahrenden Händlers. Im Esszimmer saß eine fröhliche Runde am Tisch, bei Tee und einer süßen Pastete: seine Frau und seine beiden kleinen Töchter, Kitty, eine zierliche dunkelhaarige Frau, eine junge Eingeborene und ein in leuchtende Farben gekleideter Inder. Maddies Wangen waren gerötet, und ihre Augen blitzten wie schon lange nicht mehr. Die Mädchen ihrerseits kicherten übermütig.

»Papa! Papa!«, krähte Emma, und sie und die beiden anderen Mädchen stürzten auf ihn zu, um ihm zu zeigen, was Bridie ihnen geschenkt hatte. Ted umarmte Maddie; sie duftete nach Rosen.

»Das ist Bridie Tarlington«, stellte Maddie die Frau vor, die ganz entspannt am Tisch saß. Dann zog sie das Eingeborenenmädchen an der Hand zu ihm hin. »Das ist Layla. Ach ja, und das ist Mr. Singh. Ihm gehört die fahrende Schatzkammer draußen vor der Tür.«

Ted blickte sprachlos um sich. Der Raum wirkte gemütlich und heimelig. Maddie schien so ausgelassen wie schon eine Ewigkeit nicht mehr. Ihr Gang war beschwingter. Ein Tag, an dem Besuch kam, war ein besonderer Tag, auch wenn einer der Besucher mit Randolph Tarlington verwandt war und es sich bei dem zweiten um einen schmutzigen, aber strahlenden fahrenden Händler indischer Herkunft handelte.

Mr. Singh verabschiedete sich bald wieder. Eilig schloss er die Läden seines fahrenden Ladens. Dann setzte sich das Gefährt ächzend in Bewegung, und das Bimmeln der Glöckchen wurde immer leiser, bis es schließlich ganz verklungen war.

Bridie brach ebenfalls auf, und Ted war endlich mit seiner Familie allein. Dan, der in der Zwischenzeit die Pferde versorgt hatte, kam ins Haus, und nach einem Bad setzten sie sich alle zusammen an den Tisch. Bei einer kräftigen Mahlzeit erzählten sie sich gegenseitig, was sie in den vergangenen Monaten alles erlebt hatten.

TEIL III

Kitty / Ted

KAPITEL 22

Von dort, wo er am Ufer stand, hatte Dan einen guten Blick auf das Versorgungsschiff, das gerade um die Flussbiegung kam. Er stellte sich vor, wie der Bug des Schiffes das Wasser durchpflügte und die Besatzung sich auf das Anlegemanöver vorbereitete.

Zu seinen Füßen schlug das Wasser, das von tausend Lichtreflexen glitzerte und funkelte, plätschernd an das grasbewachsene Ufer. Hinter ihm stand das Haus des neuen Schmieds zwischen den Bäumen. Es war ein hübscher, kompakter Bau, der erst kürzlich frisch getüncht worden war, mit bunten Fensterläden und Vorhängen an den Fenstern. Er hörte Mayse O'Reilly, die Frau des Schmieds, laut und schrill schreien, dann flog die Tür auf und knallte krachend gegen die Hauswand. Mayse stürzte mit einem Besen bewaffnet heraus und ging auf ein paar Hühner los, die sich in ihren großen Gemüsegarten gleich neben dem Haus verirrt hatten. Die Halls und die erst vor einigen Monaten zugezogenen O'Reillys mit ihren neun Kindern hatten sich angefreundet. Dan lächelte in sich hinein; bei den O'Reillys war immer etwas los. Kinder, Hühner und Hunde sorgten für ständiges Chaos.

Dan genoss das allmonatliche Ritual der Ankunft des

Versorgungsschiffes, während Ted sich bitterlich beklagte wegen der Zeit, die er aufwenden musste, um die Vorräte abzuholen. Er verfluchte den unzuverlässigen Zeitplan des Dampfers, die Gezeiten und das schlechte Wetter, die immer wieder für Verspätungen sorgten, und überließ es gerne Dan, ihre Bestellungen abzuholen. Und der beklagte sich nicht, begrüßte er doch die willkommene Abwechslung.

Die anderen Männer hatten Dan im Laufe der Jahre kennen gelernt und wieder anderen Bekannten vorgestellt. »Das ist Dan. Ted Halls jüngerer Bruder. Du weißt schon, Ted Hall, von der Farm ein Stück weiter flussaufwärts«, sagte beispielsweise jemand, woraufhin die Männer zustimmend nickten und ihn in ihrer kleinen Bruderschaft willkommen hießen. Sie vermittelten ihm das Gefühl, ein Mann zu sein, einer von ihnen, sodass er sich nicht mehr vorkam wie Teds Schatten.

Dan war Boolai inzwischen ziemlich leid. Anfangs war ihm das Ganze wie ein großes Abenteuer vorgekommen, aber nach und nach war seine Begeisterung weniger geworden. Hier passierte einfach nichts, ein Tag war wie der andere. Nicht, dass harte Arbeit ihm etwas ausgemacht hätte. Im Gegenteil. Sie machte ihn vergessen, dass es noch andere Orte gab, andere Städte und andere Möglichkeiten für ihn selbst. Er war alt genug, sich ein eigenes Leben unabhängig von Ted aufzubauen. Das hier war Teds Traum, Teds Land.

Der Sommer war bald vorbei, und im Herbst würden sie sich wieder den Holzfällern anschließen und Maddie und die Mädchen allein in der Hütte zurücklassen. Er dachte nicht gerne daran; es machte ihn wütend. Ihm war nicht entgangen, dass Maddie nur noch selten lächelte. Sie hatte nur wenige Freundinnen, nur Bridie und Mayse. Und es gab so viel zu tun im Garten und im Haus. Ihr Gesicht war jeden Abend aschfahl von der Anstrengung, aber Ted schien das gar nicht zu registrieren. Das war das Problem bei Ted. Er lud sich selbst so viel auf, war so sehr mit seiner eigenen Arbeit beschäftigt, dass er nichts mehr um sich herum wahrnahm, weder Maddies Bedürfnisse noch die Notwendigkeit, die Mädchen auf die Schule zu schicken.

Aber auch Dan war von morgens bis abends beschäftigt und merkte kaum, wie aus Tagen Wochen wurden und aus Wochen Monate. Heute, da er auf den funkelnden Fluss blickte und auf das Schiff wartete, hatte er endlich einmal Zeit zum Nachdenken. Er konnte fast die Strömung des Wassers fühlen, das sprudelnd und glucksend in Richtung Meer floss. Er stellte sich die Kieselsteine auf dem Grund vor, die Fische und anderen Wasserbewohner, die gegen ihren Willen zum Ozean getragen wurden.

Ich bin wie einer dieser Kieselsteine, dachte er bei sich, lasse mich forttragen, ohne richtiges Mitspracherecht. Aber er war gar nicht wirklich unglücklich, nur rastlos. Er wartete auf eine Veränderung, darauf, dass sein Leben eine neue Wende nahm.

»Hallo.« Ein Schatten fiel auf das Gras an seiner Seite.

Dan wirbelte erschrocken herum. Zwei lächelnde junge Burschen standen hinter ihm. Der Ältere der beiden war untersetzt und stämmig, mit sehr hellem Teint, der durch sein rabenschwarzes Haar noch hervorgehoben wurde. Er musste in etwa so alt sein wie er selbst, schätzte Dan. Der Jüngere der beiden stand etwas abseits, die Hände auf den Hüften, ein breites Grinsen auf dem sonnengebräunten Gesicht. Ein blonder Schopf fiel ihm in die Stirn, und er schob sich die Strähnen mit einer ungeduldigen Handbewegung aus dem Gesicht.

»Hallo«, antwortete Dan und kam sich gleich darauf dumm vor, weil ihm keine geistreichere Erwiderung einfiel. Dan blickte wieder auf den Jüngeren der beiden Burschen; er war sicher, dass ihm immer etwas Schlaues einfiel. Er sah clever aus, mit einem schalkhaften Lächeln und einem wissenden Zug um den Mund.

»Du musst Dan Hall sein«, sagte der Ältere der beiden. »Ich glaube, du kennst meine Mutter. Bridie Tarlington. Ich bin Hugh, und das ist mein Bruder Dominic.«

Dan nickte. Die Ähnlichkeit war unverkennbar, zumindest beim Älteren der beiden. Sein Bruder war das genaue Gegenteil; vielleicht war er mehr dem Vater nachgeschlagen. Bridies Mann hatten sie noch nicht kennen gelernt, nur ihren Stiefsohn, diesen Randolph, und auf diese Bekanntschaft hätten sie alle gern verzichtet. Ted und Maddie hatten ihn mittlerweile nicht nur wegen des Feuers und des geheimnisvollen Drohbriefes in Verdacht. Auch verschiedene wie vom Erdboden verschwundene Werkzeuge und ein mutwillig zertrümmertes Wagenrad schien ihnen auf Randolphs Konto zu gehen.

Die drei Jungen schauten auf das Wasser. Der Dampfer gab ein letztes schrilles Pfeifsignal und legte dann unter einigem Ächzen und Stöhnen des hölzernen Landesteges an. Dan nahm die ganze Szene gierig in sich auf. Er war sich der Gegenwart der beiden Jungen zwar bewusst, hatte aber keine Ahnung, was er sagen sollte.

Hugh war es, der schließlich das Schweigen brach.

»Komm, Dom. Gehen wir und holen die Vorräte. Randolph wartet auf Glengownie auf uns.«

Dominic schüttelte den Kopf. »Geh schon mal rüber und sieh nach, ob alles bereit ist. Ich möchte mich mit Dan unterhalten.« Hugh zuckte die Achseln und trottete durch das Gras davon.

Der Lärm am Anleger wurde teilweise vom Plätschern des Wassers überdeckt. Dominic warf einen Blick auf seinen Bruder und grinste. »Typisch Hugh; immer nur darum besorgt, was Randolph sagen wird. Er sollte langsam anfangen, mehr an sich zu denken.«

»Ich habe deinen Bruder Randolph kennen gelernt. Scheint mir kein sehr angenehmer Mensch zu sein.«

»Könnte man so sagen. Erst heute Morgen hat meine Mutter noch zu Dad gesagt, Randolph wäre ein richtiges Ekelpaket.«

Dan stellte sich vor, wie Bridie das sagte, und lachte.

»Deine Mutter ist wirklich nett. Und Maddie freut sich immer riesig über ihre Besuche. Wie kommt es eigentlich, dass wir uns noch nie begegnet sind?«

Dominic schnitt eine Grimasse. »Randolph lässt uns nur selten von der Leine. Wir haben keine Zeit für nachbarschaftliches Getue, wie er sich ausdrückt, bevorzugt dann, wenn meine Mutter gerade bei euch war. Ich nehme an, er versucht, ihr ein schlechtes Gewissen einzureden.«

»Ist er denn ständig so? Und was sagt dein Vater dazu?«

»Mein Vater hält sich aus allem raus. Randolph leitet Glengownie. Und weil wir seine Brüder sind, glaubt er, er könnte uns behandeln, wie es ihm gefällt – also wie Leibeigene, wenn du mich fragst.« Er musterte Dan forschend, als warte er auf eine Reaktion auf seine Worte. Dan heftete den Blick auf einen Punkt auf der gegenüberliegenden Flussseite und schwieg.

»Das Problem ist, dass Hugh einfach nicht der Typ ist, der für sich selbst eintritt«, fuhr Dominic fort. »Mutter sagt, er wäre einfach zu sanftmütig, so wie unser Vater Hedley. Hugh hasst es, einen Streit vom Zaun zu brechen. Meine Mutter meint, verglichen mit ihm wäre ich geradezu streitsüchtig.« Dan glaubte einen triumphierenden Unterton aus Dominics Stimme herauszuhören.

»Wie alt bist du, Dominic?«

»Sechzehn. Und Hugh ist achtzehn.«

»Ich helfe meinem Bruder auf seiner Farm, seit ich vierzehn bin. So schlecht finde ich das gar nicht.«

Dominic lachte bitter. »Du hast doch selbst gesagt, du wärst Randolph schon begegnet. Dann konntest du dir ja ein Bild davon machen, wie er ist. Er lässt uns schuften wie Sklaven und behandelt uns dabei wie Kinder. Wir arbeiten jetzt schon über drei Jahre auf Glengownie und haben kaum mal einen Schilling Lohn bekommen.«

»Er bezahlt euch nicht?«, fragte Dan verblüfft und dachte an den Lederbeutel mit dem kleinen Bündel Geldscheine, die er gespart hatte. Sein Startkapital in ein anderes Leben. Irgendwann.

»Nein«, entgegnete Dominic grimmig. »Wenigstens steckt meine Mutter mir hier und da ein paar Pfund zu. Sie hat es auch nicht leicht. Ich glaube, sie würde gern weggehen von hier. Wir haben ein großes Haus in Brisbane, am Fluss. Dort gefällt es ihr viel besser.«

Dan nickte. Maddie hatte ihm von Bridies Stadthaus erzählt und es ihm in allen Einzelheiten beschrieben. Er hatte versucht, den sehnsüchtigen Unterton in ihrer

Stimme zu überhören. Offensichtlich war die Familie Tarlington wohlhabend. Ein großes Haus in Brisbane, dazu Glengownie. Beides musste eine Stange Geld an Unterhalt kosten. Warum bezahlte Randolph seine Brüder dann nicht? Das machte doch keinen Sinn. Aber eins hatten er und der blonde Junge gemeinsam: ihre Abneigung gegenüber Randolph Tarlington.

»Hast du irgendwelche Zukunftspläne, Dan? Willst du in Boolai bleiben, oder zieht es dich woanders hin?«

»Ich weiß noch nicht genau«, erwiderte er vorsichtig. »Ich denke, ich werde hart arbeiten und sparen wie verrückt. Vielleicht heirate ich eines Tages. Ich habe es nicht eilig.«

Ihm wurde bewusst, dass die Frage ihm Unbehagen bereitete. Seine Loyalität Ted gegenüber lag im Widerstreit zu seinen eigenen ersten emotionalen Regungen. Ein Teil von ihm wusste, dass er nicht hierher gehörte. Er wollte die Hand nach etwas anderem ausstrecken, aber seine Gefühle waren noch nicht klar umrissen. Er vermochte nicht zu sagen, was genau ihn bewegte, was diese formlose Größe war, die ihm ein Gefühl von Unzufriedenheit und Leere vermittelte.

»Und was ist mit dir? Was hast du für Pläne?« Dan lenkte das Gespräch auf Dominic.

»Ich hasse alles hier. Ich haue ab!« Die Antwort verblüffte Dan, und er war außerdem überrascht von Dominics vehementem Tonfall.

»Abzuhauen wird nicht unbedingt alle deine Probleme lösen. Und überhaupt, wo willst du hin? Was willst du tun?«

»Ach, ich weiß nicht. Ich werde nicht so bald verschwinden, erst in ein paar Jahren. Ich muss erst Pläne machen und irgendwie etwas Geld auftreiben. Aber eines Tages bin ich weg. Ich will kein Farmer werden, und ich hasse dieses Land. Randolph kann sein blödes Glengownie ruhig für sich behalten!«

»Ist das dein Ernst?«

Dominic überlegte eine Weile, beugte sich dann vor und schaute Dan offen ins Gesicht. »Ja. Aber du erzählst niemandem etwas davon, okay? Dass ich abhauen will, meine ich. Ich möchte nicht, dass meine Mutter davon erfährt. Es ist ein Geheimnis.« Er sprach so leise, dass er kaum zu verstehen war über den Wind, das Plätschern des Wassers und den Lärm vom Anleger.

Nach einiger Zeit kam Hugh auf sie zu und winkte mit beiden Armen. »Komm schon, Dom«, rief er, als er in Hörweite war. »Die Vorräte sind aufgeladen, und Randolph erwartet uns bis Mittag zurück.«

Dominics Züge verdüsterten sich. »Zum Teufel mit Randolph. Soll er doch warten, bis er schwarz wird. Ich komme, wenn ich soweit bin«, rief er und kehrte seinem Bruder demonstrativ den Rücken zu.

Sie beobachteten aus der Ferne, wie Hugh die Pferde losband und den Wagen auf die Straße lenkte. »Jetzt ist Hugh beleidigt«, bemerkte Dominic resigniert. »Egal. Es macht mir nichts aus, nach Hause zu laufen. Es ist ja nicht weit.«

Das Gespräch kam Dan irgendwie seltsam vor, jetzt da es vorbei war. Als er später daran zurückdachte, war ihm vor allem die Ruhelosigkeit des Jungen gegenwärtig, die ihm seine eigene Unzufriedenheit noch bewusster gemacht hatte. Er wollte fort, er wollte bleiben, und die ganze Zeit nagte dieses Gefühl an ihm, das er nicht näher beschreiben konnte. Er wünschte, er besäße Dominics Entschlossenheit. Dominic war eine Kämpfernatur, jemand, der für seine Rechte einstand. Das hatte ihn an dem jungen Burschen am meisten beeindruckt.

Als er vom Anleger heimkam, wartete Randolph bereits auf ihn, ganz so, wie Dominic es erwartet hatte. An der düsteren Gestalt im Schatten des Stalls führte kein Weg vorbei. Dominic straffte die Schultern und wappnete sich für den bevorstehenden Unmut seines Bruders. Das Ende der Peitschenschnur grub sich in seine Waden, und er machte vor Schmerz unwillkürlich einen Satz. Aber er biss die Zähne zusammen. Er würde nicht schreien, ganz gleich, wie die Bestrafung ausfiel.

Aus den Augenwinkeln sah er, wie seine Mutter um die Scheunenecke bog, offenbar auf der Suche nach ihm. Randolph, der mit dem Rücken zum Haus stand, bemerkte sie nicht. Dominic stand ganz still und wartete ab, was als Nächstes passieren würde.

Bridie näherte sich und stand schließlich in der offenen Tür. Sie blieb abrupt stehen, als wäre ihr nicht klar, was sie aus der Situation machen sollte. Dominic wusste, dass ihre Augen sich nach der grellen Sonne erst an die Dunkelheit im Stall gewöhnen mussten. Vielleicht hatte sie ihn noch gar nicht bemerkt. Wieder zischte die Peitschenschnur durch die Luft und hinterließ einen blutenden Striemen. Obwohl er sich vorgenommen hatte, keinen Mucks von sich zu geben, entfuhr ihm ein unterdrückter Aufschrei.

»Das reicht!« Sie stürzte auf das geflochtene Leder zu. »Lass ihn in Ruhe! Du hast nicht das Recht, ihn zu züchtigen.«

Randolph wandte sich ihr zu, die Peitsche erhoben, als wollte er auch sie schlagen. »Halt dich da raus, Bridie. Es geht dich nichts an, wie ich den Jungen strafe.« Er drehte sich wieder Dominic zu, einen triumphierenden Ausdruck auf dem Gesicht. »Fauler kleiner Bastard. Treibt sich unten am Anleger herum, obwohl es auf der Farm reichlich zu tun gibt.«

»Er ist noch ein Kind, Randolph. Und du erwartest von ihm die Arbeit eines Mannes. Er hat etwas mehr Freizeit verdient. Er hat noch sein ganzes Leben vor sich.«

Dominic konnte die Schweißperlen auf der Oberlippe seiner Mutter sehen. Sie war kreidebleich und ihr Gesicht wutverzerrt. Er hasste es, wenn sie Randolph um seinetwillen anflehte.

Randolph schnaubte verächtlich. »Es ist höchste Zeit, dass Dominic sich bewusst macht, dass Glengownie seine Zukunft ist. Harte Arbeit und Aufopferung sind angesagt. Er kann es sich nicht leisten, sich mit dem Siedlerpack unten am Anleger herumzutreiben.«

»Das ist kein ›Pack‹. Das sind meine Freunde.«

»Freunde! Freunde! In deinem Leben ist kein Platz für geselliges Beisammensein. Glengownie ist das Einzige, was zählt. Von nichts kommt nichts. Es ist höchste Zeit, dass du endlich lernst, Verantwortung zu übernehmen, Sohn!«

»Ich bin nicht dein Sohn! Nenn mich nicht so! Ich hasse dich! Du findest immer einen Weg, andere niederzumachen. Und ich hasse Glengownie. Die Farm ist alles, was dich interessiert. Glengownie! Glengownie! Glengownie! Du kannst dein geliebtes Land behalten!«

Randolphs Züge verhärteten sich. »Siehst du, der Bengel hat keinen Respekt, weder für mich noch für das Land. Vielleicht ist es an der Zeit, dass er erfährt, wer ...«

»NEIN!«, schrie Bridie und stürzte sich auf ihn. Sie schlug mit den Fäusten gegen seine Brust. Randolph legte ihr einen Arm um die Taille und schleuderte sie zur Seite.

Dominic konnte es nicht länger ertragen, die ständigen Streitigkeiten, die Auseinandersetzungen. Es war falsch, dieser Hass und diese Bitterkeit. Er konnte sich nicht vorstellen, dass Dan von seinem Bruder so behandelt wurde.

»Hör auf! Hör endlich auf! Lass sie in Ruhe!«, schrie er und fühlte, wie alle Luft aus seinen Lungen wich.

»Ach ja, und wer will mich dazu zwingen? Etwa du, du fauler Tagedieb?«

Dominic holte tief Luft, schluckte hart und trat einen Schritt auf Randolph zu, erfüllt von blinder Wut. Es war, als würden tausend Glocken in seinem Kopf läuten. Worte sprudelten aus ihm hervor, Gedanken, die er bislang nicht auszusprechen gewagt hatte.

»Wenn du meine Mutter noch einmal anrührst, bringe ich dich um! Hast du verstanden? Ich bringe dich um! Ich kann eure Streitereien nicht mehr ertragen. Hört euch doch nur an, keift wie Kettenhunde zur Fütterungszeit. Du machst mich krank! Sobald ich alt genug bin, haue ich ab. Und nichts wird mich davon abhalten, gar nichts!«

Ihm wurde erst bewusst, dass er gebrüllt hatte, als er verstummte und die hallende Stille um sich herum wahrnahm. Randolph und seine Mutter standen schwer atmend und blass da; Randolph vor Wut und seine Mutter vor Furcht.

Es war eine leere Drohung, aber das wusste nur er allein. Er könnte sie nie verlassen. Randolph warf ihm einen letzten zornigen Blick zu, machte kehrt und stapfte über den Hof davon in Richtung Haus.

»O Dominic«, sagte Bridie traurig. Er warf sich in ihre Arme und klammerte sich an sie. Die Tränen, die er unbedingt hatte zurückhalten wollen, strömten über sein Gesicht.

Der Busch mit seiner großen Vielfalt an Pflanzen und Tieren faszinierte Kitty. Wenn sie ganz still stand und tief Luft holte, war da immer irgendein Geruch, der Duft der Eukalyptusbäume oder irgendwelcher Feldblumen, die am Straßenrand blühten. Und wenn man genau hinhörte, wurde einem bewusst, wie lebendig der Busch war. Kleine Eidechsen huschten raschelnd durch das trockene Laub, graue Wallabys hüpften durch das Unterholz. Vögel waren allgegenwärtig und zankten sich hoch oben in den Bäumen. Hinzu kamen die winzigen Käfer, bunten Schmetterlinge, gelb-grünen Schlangen, die lautlos durch das Gras glitten. Das alles nahm sie bei ihren Entdeckungstouren durch den Busch gierig in sich auf.

Heute waren sie und Beth in einer ganz speziellen Mission unterwegs. Zusammen trugen sie den Picknickkorb.

»Geht die Billygoat Lane hinunter und biegt in den Weg gegenüber von Heinrichs Zufahrt ein«, hatte Ted sie angewiesen. »Ihr findet uns etwa eine halbe Meile weiter. Ihr werdet schon das Geräusch der Äxte hören.

Ihr könnt es gar nicht verfehlen«, hatte er wohl mehr um Maddies willen hinzugefügt. »Es ist völlig ungefährlich.«

Ted bezeichnete die Straße, die bei Heinrich vorbeiführte, als Billygoat Lane, weil immer wieder Ziegen durch Cedrics Zäune entkamen und in aller Seelenruhe auf der Straße herumliefen. Die zutraulichen Tiere entfernten sich nie weit von der kleinen Farm und antworteten blökend, wenn Heinrich nach ihnen rief.

Ted und Dan waren seit Monaten immer wieder auf einer nahe gelegenen Parzelle mit Baumfällarbeiten beschäftigt. Kitty wusste, dass Ted das Geld, das nach Abzug der Steuern übrig geblieben war, beiseite gelegt hatte für die Pacht des kommenden Jahres. Maddie hatte gehofft, es würde auch für sie etwas übrig bleiben. Sie hatte Kitty anvertraut, wie gern sie etwas aus den Katalogen bestellen würde, über denen sie und Bridie am Küchentisch hockten. Aber das Geld hatte nicht gereicht, und Maddie war tief enttäuscht gewesen.

Die Aprilluft war frisch; der Winter kündigte sich an. Über ihnen kreischten unzählige Vögel in den Bäumen. Kitty summte leise vor sich hin, und Beth hüpfte fröhlich neben ihr her.

»Oh! Sieh dir diesen Vogel an! Er sieht ganz zahm aus.«

Kitty blieb stehen und schaute in die Richtung, in die Beth zeigte. Ein schwarz-weißer Vogel hüpfte pickend auf sie zu. Kitty bedeutete Beth, den Picknickkorb abzustellen, und ging dann ganz langsam auf das Tier zu.

»Das ist eine Buschelster«, rief sie über die Schulter

hinweg ihrer Schwester zu. »Sieh nur, sie hat gar keine Angst.« Der Vogel hielt inne und blickte aus glänzenden Knopfaugen zu ihr auf. Blitzschnell machte er einen Satz auf Kitty zu und pickte einen fetten Grashüpfer aus dem Staub zu ihren Füßen.

Beth stürzte jauchzend vor. Der Vogel hüpfte zur Seite und schien einen Moment zu zögern, ehe er sich mit lautem Krächzen und Flügelschlagen in die Luft erhob.

»Jetzt hast du ihn verscheucht«, schimpfte Kitty verärgert. Sie wünschte, Beth wäre daheim geblieben. Es war viel spannender im Busch, wenn sie allein war.

Keuchend vom Gewicht des Picknickkorbs bogen sie in den angegebenen Weg ab und folgten den dumpfen Axtschlägen, die schon von weitem zu hören waren. Kitty registrierte befriedigt, dass Beth nach Luft rang und hochrot im Gesicht war vor Anstrengung. Vielleicht fängt sie ja sogar noch an zu weinen, dachte Kitty boshaft.

Schließlich erreichten sie das Ende des Weges, der die letzten Meter durch dichtes Unterholz geführt hatte. Vor ihnen lag eine Lichtung, und durch das Loch im Laubdach über ihren Köpfen war ein Stück blauer Himmel zu sehen. Das Klopfen der Äxte war jetzt lauter, eindringlicher. Kitty hob den Blick und sah Ted und Dan die Äxte schwingen. Die Klingen gruben sich tief in das Holz, und bei jedem Schlag lösten sich große, helle Stücke aus dem Stamm. Lichtstrahlen fielen durch das Laub der Bäume, und Staub tanzte von einer leichten Brise getragen durch die Sonne.

Impulsiv riss Kitty Beth den Korb aus der Hand und rannte über die Lichtung. Sie wollte den Männern das

Essen allein bringen, ohne Beth, diese blöde Heulsuse. Sie war schneller als Beth, und kräftiger war sie auch. Sie wollte Ted zeigen, dass sie ihm den Korb auch ganz allein hätte bringen können.

Sie rief nach Ted, und ihre Stimme erhob sich über die dumpfen Axtschläge. Die Männer wandten sich ihr zu. Sie ließen die Äxte fallen. Sie sah ihre entsetzten Mienen, sah, wie sie den Mund aufrissen.

»Kitty!«

Das war Beth! Sie hörte den Schrei und blieb mitten auf der Lichtung stehen. Sie blickte zu ihrer Schwester hinüber. Beth war so bleich, als wäre ihr alles Blut aus dem Gesicht gewichen.

»Kitty! Lauf!«

Und da hörte sie auch schon ein lautes Knacken, als würden einzelne Erdschichten aneinander reiben, um sich jeden Moment aufzutun und sie zu verschlingen. Das Geräusch kam von über ihr, von unter ihr, von überall. Ein ohrenbetäubendes Ächzen, das gar kein Ende mehr nahm. Sie hob den Kopf und erfasste sofort, in welcher Gefahr sie schwebte. Hatte Ted sie nicht eindringlich gewarnt, niemals unangekündigt näher zu kommen, wenn sie beim Bäumefällen waren? Seine Worte hallten in ihren Ohren wieder, aber es war zu spät. Sie war zu impulsiv gewesen, hatte sich in den Vordergrund spielen wollen.

Der Baumriese wankte, noch einen Moment vom Wind in aufrechter Position gehalten. Dann neigte er sich ihr zu, anfangs noch ganz langsam, aber unaufhaltsam. Sie ließ den Korb fallen. Irgendwie gelang es ihr, die Starre zu überwinden, die sie lähmte, und sie rannte los. Aber sie glitt aus, stolperte, kam kaum von der Stelle. Schnell! Schnell! Sie fühlte den Luftzug, als der Baum mit lautem Blätterrascheln auf sie zuraste. In Panik rannte sie gebückt, seitwärts wie ein Krebs auf Beth zu.

Ihre Kehle schmerzte von atemlosen Schluchzern. Das Krachen wurde lauter, schien überall zu sein. Dann spürte sie harte Schläge auf Rücken, Schultern und Kopf. Der Boden schoss auf sie zu. Die Luft wich aus ihren Lungen. Sie konnte nicht mehr atmen.

Es kam ihr vor, als läge sie eine Ewigkeit da, unfähig, sich zu rühren, ein Gewicht auf Kopf und Schultern, das sie in die Erde drückte. Sie schmeckte Lehm und Blut. Dann waren die Männer bei ihr, stemmten das Gewicht von ihrem Körper und rollten sie vorsichtig in die Sonne. Sie hörte Beth weinen.

»Gott sei Dank hat sie nur die Baumkrone erwischt«, keuchte Dan, als er die letzten Äste beiseite schob.

Kitty bewegte sich zögernd und streckte nacheinander ihre Gliedmaßen. Dan half ihr, sich aufzusetzen.

»Ich bin in Ordnung«, sagte sie mit zitternder Stimme und beugte die Arme. Ihre Stimme klang merkwürdig. Sie fuhr mit der Hand über ihren Arm und fühlte Blut an den Fingern. »Nur ein paar Kratzer. Es tut mir Leid . Ich habe nicht daran gedacht, dass es gefährlich ist. Das war dumm von mir.«

Ted stand über ihr, die Lippen zu einem schmalen Strich zusammengepresst. An seiner Schläfe pochte deutlich sichtbar eine Ader. »Gott Allmächtiger, Kitty! Das war mehr als nur dumm. Du könntest tot sein!«

Er sank neben ihr auf die Knie und zog ihren schmerzenden Körper an sich. Sie spürte seine Wärme, und der Geruch seines verschwitzten Hemdes stieg ihr in die

Nase, vermischt mit dem kräftigen Duft des Baumharzes. Noch nie hatte sich etwas so wunderbar angefühlt wie Teds Umarmung. Tränen brannten in ihren Augen. Sie lachte, weinte und zitterte am ganzen Leib.

KAPITEL 23

Die Eingeborenen-Frauen kamen jeden Morgen auf ihrem Weg in die Sümpfe an der Hütte vorbei. In der Hand hielten sie einen langen, speerartigen Stock, mit dem sie, wie Layla ihnen erklärt hatte, Yamswurzeln aus der weichen Erde gruben. Und jeden Nachmittag kehrten sie dann mit vollen Beuteln zurück.

Johnno arbeitete immer noch auf dem Hof, hackte Holz und holte Wasser vom Fluss, wofür er mit einer wöchentlichen Ration Tabak und Mehl entlohnt wurde. Manchmal kam auch Big Jack, der alte Mann aus dem Eingeborenenlager, zur Hütte und wartete darauf, dass Ted von den Feldern heimkehrte.

»Was willst du?«, fragte Maddie, als sie den dunkelhäutigen alten Mann das erste Mal still in der Sonne auf der Vordertreppe antraf. Die Kinder drängten sich neugierig auf der Schwelle, um einen Blick auf den Besucher zu werfen.

Er musterte sie einen Moment nachdenklich. »Ich warten auf Boss, Missus«, sagte er schließlich, in einem Tonfall, der deutlich machte, das ihm niemand anders als Ted helfen konnte.

»Mein Mann ist nicht hier«, entgegnete sie. »Er wird

bis zum Abend fort sein. Komm später wieder, wenn du den Boss sprechen willst.«

»Big Jack kommen wegen Tabak«, beharrte er.

Maddie registrierte eine Bewegung hinter sich und drehte sich um. Layla. »Gibt es ein Problem, Miss Maddie?«, fragte das Mädchen.

»O Layla, könntest du ihm bitte erklären, dass Ted bis heute Abend fort ist. Sag dem Mann, er soll später wiederkommen. Er kann doch nicht den ganzen Tag auf der Treppe sitzen.«

Layla trat nach draußen. »*Yangahlar n'gaio*. Komm am Abend wieder. *N'gundaree.*« Sie legte dem Mann eine Hand auf den nackten Arm.

»Komme wieder *n'gundaree. By'm'by.*« Schwerfällig erhob er sich und ging.

»Das war nur Old Jack«, sagte Layla später zu Maddie. »Er ist harmlos. Könnte keiner Fliege etwas zuleide tun.«

Der Schulunterricht wurde jetzt, am Jahresende, laxer gehandhabt; in der Nachmittagshitze brachte niemand die Geduld auf, längere Zeit still zu sitzen. Die Luft war stickig und erfüllt mit dem schrillen Zirpen der Zikaden. Grassamen wehte vom heißen Wind getragen vorbei. Der Wind peitschte um die Hausecken und wirbelte Staub auf. Der Wasserpegel des Flusses begann zu sinken. Layla und Kitty hievten die frisch gewaschenen nassen Laken aus dem Waschzuber und kicherten vergnügt, als das kühle Wasser ihre Kleider durchweichte. Jeden Tag brauten sich am Horizont Gewitterwolken zusammen, bis sie die Sonne völlig verdeckten. Es folgte drohendes Donnergrollen, begleitet von einigen wenigen Regentropfen.

Bis Sonnenuntergang war der Sturm für gewöhnlich

vorbeigezogen, die Wolkendecke noch intakt, die Luft schwül und erfüllt von einer Spannung, die alle nervös und gereizt machte. Es war eine schwierige, sonderbare Zeit, irgendwie unwirklich. Die Stunden gingen nahtlos ineinander über und wurden zu einer monotonen Folge von Tagen und Nächten.

Kitty fühlte sich wie die Sturmwolken, voller angestauter Energie, die sich nicht entladen konnte. Nur noch ein knapper Monat bis Weihnachten, und es gab noch so viel zu tun: Die Pfeilwurzernte musste eingebracht und der Gemüsegarten vergrößert werden, natürlich zusätzlich zu den anderen alltäglichen Arbeiten rund um die Farm. Zweimal täglich ging Kitty zu Heinrich, um die Kuh zu melken, und am späten Nachmittag, wenn die Schatten länger wurden, schwammen sie und Layla im Fluss. Der Sommer nahte mit Riesenschritten. Die Schwüle blieb, und die gereizte Stimmung ebenso.

An heißen Nachmittagen liefen Layla und Kitty durch den Busch und sammelten Körbe voller Himbeeren, Kap-Stachelbeeren und kleinen wilden Tomaten. Wie alle aus ihrem Volk war Layla eine Expertin darin, Essbares im Busch aufzutun. In der Hitze gedieh das Gemüse in ihrem Garten prächtig, und es sah ganz so aus, als würden sie die nächste Zeit im Überfluss leben. Maddie war von morgens bis abends so beschäftigt mit Einmachen, dass sie gar nicht dazu kam, sich Sorgen zu machen wegen Kittys langer Abwesenheiten.

Kitty hatte einmal abends ein Gespräch von Maddie und Ted belauscht. Sie hatte nicht lauschen wollen, hatte aber unwillkürlich aufgehorcht, als Laylas Name gefallen war.

»Sie sind nicht völlig ungebildet, Maddie«, sagte Ted.

»Einige der Eingeborenen haben mehrere Jahre in den lutherischen Missionen in der Nähe von Beenleigh verbracht. Die meisten von ihnen sprechen ein sehr annehmbares Englisch, und sie geben ihre Kenntnisse an ihre Kinder weiter. Johnno kann vermutlich ebenso gut schreiben wie Beth.«

Hierauf folgte eine kurze Pause. »Ich bin in letzter Zeit sehr nachlässig gewesen mit dem Unterricht. Dabei hat alles so gut angefangen.«

»Maddie, ich möchte dich um eins bitten. Wenn du den Unterricht wieder aufnimmst, möchte ich, dass du Layla mit einschließt.«

»Layla?« In Maddies Stimme schwang ein ungläubiger Unterton mit. »Aber wozu denn? Ihr Englisch ist doch völlig ausreichend.«

»Weil wir für sie verantwortlich sind, solange sie für uns arbeitet, darum. Es wird sie nicht davon abhalten, ihre Aufgaben im Haushalt zu verrichten. In der Regel ist sie schon am Nachmittag fertig. Und das wäre eine Art, uns erkenntlich zu zeigen.«

»Wenn du meinst.« Maddie klang immer noch skeptisch. Das Gespräch schien beendet zu sein.

Und so wurde der Unterricht, der zu Kittys und Beths Freude in den vergangenen Monaten vernachlässigt worden war, ernsthaft wieder aufgenommen. Layla, Kitty und Beth saßen jeden Nachmittag am Esstisch über ihre Schiefertafeln gebeugt. Die einzigen Geräusche, abgesehen vom Konzert der Zikaden, waren das leise Rascheln beim Umblättern und das Kratzen der Stifte auf dem Schiefer. Hinterher lief Kitty dann über die Felder zu Heinrich, um die Kuh zu melken.

»Pssssst!«

In der Nähe des Gartens, der Heinrichs Häuschen umgab, machten die Mädchen abrupt Halt. Layla, die den ihrem Volk eigenen Instinkt besaß, legte einen dunklen Finger auf die Lippen, um Kitty zu bedeuten, still zu sein, und zog ihre Freundin dann in den Schatten einiger Bäume.

»Was ist denn?«, fragte Kitty leise und ein wenig ärgerlich. Sie strich sich eine rotbraune Strähne aus dem Gesicht und wechselte den leeren Milcheimer von einer in die andere Hand.

»Sieh doch.«

In einiger Entfernung standen zwei Männer in der Sonne. Sie hatten die Köpfe so weit zusammengesteckt, dass sie sich fast berührten, und waren offenbar ganz in ein Gespräch vertieft.

»Das ist doch nur Cedric O'Shea. Er ist ein gemeiner alter Mann. Ich weiß gar nicht, warum Heinrich ihn überhaupt noch bei sich behält. Besonders fleißig ist er jedenfalls nicht.« Kitty warf den beiden Männern einen verächtlichen Blick zu. »Ted sagt ...«

»Nein«, fiel Layla ihr ungeduldig ins Wort. »Ich meine nicht O'Shea. Sieh nur, mit wem er spricht. Der andere weiße Mann.«

Kitty kniff die Augen zusammen gegen die grelle Sonne. »Randolph Tarlington!«

»Ich kann ihn nicht leiden. Lass uns gehen.«

»Ich frage mich, was er hier will. Komm, Layla. Wenn wir vorsichtig sind, können wir noch etwas näher ran.«

Vorsichtig schlich Kitty hinter ein dichtes Gebüsch auf der Westseite des Steinhäuschens und zog die widerwillige Layla hinter sich her. Sie hoffte, dass der Hofhund Noggum sie nicht bemerkte und anschlug. Doch der döste faul in der Sonne.

Die beiden Männer steuerten ein paar Bäume in ihrer Nähe an, in einiger Entfernung der Hütte. Dicht daneben graste ein gesatteltes Pferd. Randolph Tarlington band es los und hielt die Zügel lose in einer Hand. Die Männer gingen auseinander, und der Größere der beiden fuchtelte arrogant mit dem Gewehr herum und gestikulierte wild mit dem freien Arm.

»So lautet mein Angebot, O'Shea.«

»Aber was ist mit Arbeit? Ich würde einen guten Posten aufgeben.«

Randolph Tarlington schwenkte ungeduldig das Gewehr. »Vertrauen Sie mir. Ich habe da was für Sie im Norden im Auge. Ein netter Posten, auf dem Sie sich sicher nicht überarbeiten. Und Martha wird nie wieder arbeiten müssen. Es ist alles arrangiert.«

»Erklären Sie mir alles noch ein letztes Mal.«

»Also gut. Der alte Mann gibt Ihnen das Geld, von dem Sie die Pacht auf das Land bezahlen sollen. Er wird niemals argwöhnen, dass Sie ihn hintergehen könnten. Aber Sie gehen nicht nach Beenleigh, sondern gleich nach Brisbane. Dann haben Sie nicht nur das Geld des alten Krauts, und das ist schon ein ordentliches Sümmchen, sondern bekommen von mir noch was oben drauf. Es ist das perfekte Verbrechen. Niemand wird mich verdächtigen, und Sie werden für Ihre Mühe fürstlich entlohnt. Sie brauchen nur Ihren Teil der Abmachung einzuhalten. Und zu schweigen wie ein Grab.«

»Und wenn der alte Mann das Land trotzdem nicht

verlassen will? Wenn er sich nicht vertreiben lässt?«, jammerte Cedric.

»Das ist mein Problem, nicht Ihres. Ein Wort an richtiger Stelle, mehr braucht es nicht. Ein alter Mann ohne Geld und Hilfe bei der Bewirtschaftung seiner Farm. Das verstößt gegen die Pachtbedingungen. Sie werden ihn rauswerfen, und wenn sie ihn gewaltsam wegschleifen müssen. Es ist alles arrangiert.«

»Sie haben also alles bis ins Detail geplant, ja?« Cedric zog die buschigen Brauen zusammen. »Klingt zu einfach«, meinte er dann misstrauisch.

»Einfach!«, rief Randolph aus, woraufhin Cedric nervös in Richtung Haus sah. Randolph senkte die Stimme, und die Worte schossen wie Gewehrkugeln von seinen Lippen.

»Ich habe den Coup Monate vorbereitet, mich um alle Details gekümmert. Ich habe auf diese Gelegenheit gewartet. Das Ganze war alles andere als leicht, das kann ich Ihnen versichern.«

»Und wenn man mich sucht? Wenn man mich schnappt, komme ich in den Bau, und Sie sind fein raus.«

»Ihnen passiert nichts. Im Norden wird Sie niemand finden. Es ist ganz leicht, auf diesem Kontinent unterzutauchen.«

»Das stimmt allerdings«, gab O'Shea widerstrebend zu.

Randolph wandte sich dem Pferd zu und kramte in der Satteltasche.

»Hier. Betrachten Sie das als Anzahlung. Zehn Prozent jetzt und den Rest, wenn Sie Ihren Job erledigt haben.«

Er hielt Cedric ein Bündel Geldscheine hin, und der

Hilfsarbeiter griff gierig danach. Verächtlich sah Randolph zu, wie er die nikotinfleckigen Finger mit der Zunge befeuchtete und anschließend mit zitternden Händen das Geld zählte. Nur ein paar Jahre älter als ich, dachte Randolph, aber der Schnaps hat ihn fertig gemacht. Wahrscheinlich hätte er gar nicht so viel hinblättern müssen; ein paar Flaschen Rum hätten es auch getan.

Layla zupfte an Kittys Kleid. »Komm«, flüsterte sie. »Gehen wir. Wen interessiert schon, was sie zu bereden haben?«

»Pssssst«, zischte Kitty. »Du weckst noch den Hund auf.«

»Aber was, wenn Mista Tarlington uns entdeckt?«

»Wenn du ruhig bist, wird uns schon niemand entdecken.«

»Er könnte wütend werden«, beharrte Layla. »Und uns verprügeln.«

»Das würde er nicht wagen.« Kitty beugte sich noch weiter vor, um besser verstehen zu können, was gesagt wurde, aber vergeblich.

Schließlich war das Geld gezählt und eingesteckt.

»Also gut. Ich nehme Ihr Angebot an. Es ist wirklich ordentlich.«

»Freut mich, dass Sie das erkannt haben«, entgegnete Randolph säuerlich. »Und wann steigt die Sache?«

»Freitag.«

»Freitag, ja?« Randolph strich sich nachdenklich mit einer Hand über das Kinn. »Dann hätte ich bis kommenden Montag Zeit. Bis dahin wird ihm klar geworden sein, dass Sie nicht zurückkommen. Wenn Heinrich vor

Jahren auf mein Angebot eingegangen wäre, hätte er einen guten Preis für sein Land bekommen. Ich war bereit, ihn großzügig zu entschädigen. Dieser verdammte sture Deutsche. Er hatte seine Chance und hat sie vertan. Jetzt wird er gar nichts bekommen. Keinen Cent.«

Randolph verschränkte die Arme und musterte Cedric O'Shea. Er registrierte die dürren Arme und das hagere Gesicht, das eingerahmt war von strähnigem, vorzeitig ergrautem Haar, das bis zum Hemdkragen reichte. Einen Moment fragte er sich, wie es wäre, gar nichts zu besitzen, kein Land, kein Zuhause. Von jemand anders abhängig zu sein, was die grundlegendsten Bedürfnisse anbelangte wie Nahrung und ein Dach über dem Kopf. Er hätte Cedric fragen können, was das für ein Gefühl war, wusste aber, dass er im Grunde gar nicht an der Antwort des Mannes interessiert war.

Er holte tief Luft. »Also abgemacht. Dann sind wir uns einig. Wir treffen uns nächsten Freitag in Brisbane, um den Deal abzuschließen. Exchange Hotel, Ecke Edward und Charlotte Street. Vier Uhr. Versuchen Sie, pünktlich zu sein. Ich werde vorher nach Beenleigh reiten, um mich für die Parzelle vormerken zu lassen.«

Ein knapper Gruß, und Tarlington tauchte in den Busch ein. Er kam so dicht an den Mädchen vorbei, dass Kitty sicher war, dass er sie sehen würde. Schweigend blickten sie ihm nach, bis er nicht mehr zu sehen war. Erst dann atmeten sie auf und wagten, sich anzusehen. Die Vögel lärmten immer noch in den Bäumen über ihnen, und das Zirpen der Zikaden hallte schrill durch die heiße Luft. Wäre nicht das verklingende Hufgetrappel gewesen, hätte Kitty geglaubt, sie hätte das alles nur geträumt.

Heinrich schlurfte aus der Hütte und blieb draußen auf der Veranda stehen. »Wer war das, Cedric?«, rief er.

»Randolph Tarlington.«

»Was will er denn jetzt schon wieder?«

»Zerbrechen Sie sich seinetwegen nicht den Kopf. Er wird nicht wiederkommen. Jedenfalls nicht, solange ich hier bin.«

Die beiden Männer gingen ins Haus, und die Tür fiel mit einem dumpfen Knall hinter ihnen zu. Kitty wandte sich an Layla, die neben ihr im Gras hockte. »Was meinst du, was das alles zu bedeuten hatte?«

Layla fuhr mit einem Stock durch das Gras und spießte Ameisen auf. Der Saum ihres blauen Kleides ruhte im Staub.

»Ach, ich weiß nicht.« Sie seufzte ungeduldig, als wäre sie das ganze Theater leid. Dann erhellten sich ihre Züge. »Komm. Ich verstehe sowieso nicht, warum du Randolph Tarlington belauschen willst. Du hast versprochen, dass wir vor dem Melken schwimmen gehen. Sollen wir? Bitte, Kitty, bitte.«

Kitty stand einen Moment nachdenklich da und spielte in Gedanken noch einmal die Szene durch, die sie beobachtet hatte. Irgendetwas stimmte da nicht, auch wenn sie nicht sagen konnte, was sie so misstrauisch machte. Etwas störte sie. Vielleicht lag es ja nur am unnatürlichen Blau des Himmels oder an den Vögeln, die noch mehr Lärm als sonst zu veranstalten schienen. Was hatte Randolph Tarlington von Cedric gewollt? Und war das etwa Geld gewesen, das da den Besitzer gewechselt hatte? Die beiden Männer waren doch sicher keine Geschäftspartner.

Langsam ergriff sie Laylas Hand und verdrängte das ungute Gefühl. Das Melken hatte Zeit, bis es etwas kühler geworden war.

»Komm. Wer zuerst am Fluss ist. Der Verlierer ist ein Esel.« Sie versetzte Layla einen spielerischen Stoß und dachte an das kühle Nass und daran, sich für eine Weile des engen, unbequemen Kleides zu entledigen. »Wir gehen hinter dem Kuhstall her, dann sieht uns niemand.«

Gemeinsam rannten sie in einem Bogen um das Haus herum.

Cedric wartete an der Bar, ein Glas Rum vor sich auf dem Tresen. Freitag, hatte Randolph gesagt. Vier Uhr. Vor ihm standen mehrere leere Gläser. Er zog seine neue Uhr aus der Tasche, klappte den Deckel auf und betrachtete das feine Zifferblatt mit den filigranen Zeigern.

»Mmmmm. Tarlington ist spät dran. Das ist seltsam. Ich hätte gedacht, er wäre ein pünktlicher Mensch. Ein Mann, der selbst nicht gerne wartet. Egal. Vielleicht ist er in Beenleigh aufgehalten worden.«

Er schob die leeren Gläser auf den Barmann zu, der in eine hitzige Debatte mit einem anderen Gast vertieft war. Es ging um ein bevorstehendes Pferderennen. Er bedeutete dem Mann, dass er noch einen Drink wollte. Er würde noch eine Weile warten. War ja auch ganz gemütlich hier an der Bar. Weit weg von Marthas spitzer Zunge.

Sie hatte wissen wollen, was los war. Warum sie das Haus verließen, nur mit einem kleinen Koffer und ein paar hastig zusammengesuchten Kleidern. Aber er hatte ihr nichts sagen dürfen. Und er hatte sie auch gar nicht einweihen wollen. Je weniger sie wusste, desto besser. Die Frau konnte ihren Mund nicht halten.

»Ich hätte das alte Mädchen bei Heinrich lassen sollen, jetzt, wo ich drüber nachdenke«, murmelte er in sich hinein. »Dann wäre ich sie los gewesen. Dann hätte sie ihre schlechte Laune an ihm auslassen können.« Er schüttelte den Kopf über seine eigene Dummheit. Aber jetzt war es zu spät. Er hatte sie mitgenommen, hatte nicht nachgedacht, nicht richtig geplant.

Cedric fuhr mit der Hand über den imposanten Mahagonitresen und zeichnete die Maserung im Holz nach.

»Heh! Noch einen Rum«, rief er dem Barmann zu.

»Ich denke, Sie hatten schon genug, Sir. Außerdem schließen wir gleich.«

»Kann nicht sein«, brummte er. »War um vier hier verabredet.« Er legte nachdenklich den Kopf schräg und betrachtete das Hotelschild, das er vom Rum benebelt nur noch verschwommen sah. »Das ist doch das Exchange Hotel, oder? Vielleicht bin ich ja am falschen Treffpunkt.«

»Natürlich ist das hier das Exchange, Kumpel. Aber vier Uhr ist lange vorbei, und ich will bald Feierabend machen.« Der Barmann sah ihm in die blutunterlaufenen Augen. »Ich glaube nicht, dass Ihr Freund sich noch blicken lässt.«

»Er ist kein Freund von mir«, lallte Cedric, bezahlte und wankte zur Tür. »Ich komme morgen wieder. Vielleicht habe ich mich im Tag geirrt.« Er stolperte heimwärts zu Martha, die keinen Hehl daraus machen würde, was sie davon hielt, in der Pension herumzusitzen, während er sich voll laufen ließ.

Cedric kam eine Woche lang jeden Tag ins Hotel, aber am darauf folgenden Freitag konnte er nicht umhin, sich der Tatsache zu stellen, dass Randolph Tarlington nicht die Absicht hatte, nach Brisbane zu kommen. Er verfluchte sich für seine Dummheit, geglaubt zu haben, dass Tarlington seinen Teil der Abmachung einhalten würde.

Nein, Randolph Tarlington konnte sich ganz entspannt zurücklehnen. Vor dem Gesetz sah es so aus, dass Cedric mit dem Geld des alten Deutschen abgehauen war. Es gab keinen Beweis dafür, dass Randolph etwas damit zu tun hatte, da sie nur mündlich verhandelt hatten. Es gab nichts Schriftliches. Er konnte nicht zurückgehen und das vereinbarte Geld verlangen. Vermutlich wurde er in Beenleigh bereits gesucht.

Cedric kratzte sich das stoppelige Kinn und überlegte, was er als Nächstes tun sollte. Lange würde er Marthas Gejammer nicht mehr aushalten. Vielleicht sollten sie am nächsten Morgen aufbrechen. Nach Norden, Ja, in den Norden. Vielleicht zu den Goldfeldern, soweit nach Norden, wie es eben ging. Wenn Martha nicht zu vehement protestierte. Manche sagten, dort könnte man mit etwas Glück reich werden. Er hatte noch das Geld des alten Mannes, und wenn er sparsam war, würden sie eine ganze Weile damit auskommen. Vielleicht gelang es ihm ja, die Summe zu verdoppeln, wenn ihm zur Abwechslung einmal das Glück lachte.

Als er zurück zu der schäbigen Pension und zu seiner keifenden Frau torkelte, kehrten seine Gedanken zurück zu dem Mann, der ihn hereingelegt hatte. Randolph Tarlington! Tarlington war schuld, dass er keine Arbeit und kein Zuhause mehr hatte, Tarlington würde für seine Lügen und seinen Wortbruch bezahlen. Das war das letzte Mal, dass er sich derart hatte übers Ohr hauen lassen. Irgendwie, irgendwann, würde Randolph Tarlington es noch Leid tun, dass er nicht zum vereinbarten Treffen mit Cedric O'Shea gekommen war. Und was Cedric betraf, konnte der Tag gar nicht bald genug kommen.

KAPITEL 24

Vielleicht ist er in Beenleigh aufgehalten worden?«, meinte Maddie, als sie das Tablett mit dem Essen zum Tisch brachte. Es war ihr drittes Weihnachtsfest in der Hütte. Sie saßen alle am Tisch, schockiert von dem, was der alte Mann ihnen berichtet hatte. Cedric und Martha waren verschwunden, zusammen mit dem Geld, das Heinrich gespart hatte, um die letzte Rate auf das Land zu bezahlen.

Heinrich schüttelte den Kopf und rieb sich das Knie. »Ich bin ein vertrauensseliger alter Dummkopf. Wenn meine alten Beine mich nur nicht im Stich gelassen hätten. Die Arthritis hat mich davon abgehalten, selbst in die Stadt zu fahren.«

»Aber da muss man doch etwas tun können. Die Behörden informieren, die Polizei in Beenleigh. Sie können die beiden doch nicht einfach so davonkommen lassen.«

Maddies Züge waren angespannt, als sie sich zu den anderen an den Tisch setzte.

»Nein, es ist zu spät. Queensland ist groß. Jemand, der nicht gefunden werden will, wird auch nicht gefunden.«

»Was werden Sie jetzt tun?«, fragte Ted und tranchierte dabei das Huhn. Heinrich hatte Maddie eins seiner fetten Hühner geschenkt, das jetzt duftend und mit verlockend knuspriger Haut vor ihnen stand.

Kitty hatte plötzlich einen Kloß im Hals. Das Gespräch hinterließ ein seltsames Kitzeln in ihrem Bauch, und sie hatte die böse Vorahnung, dass schlechte Neuigkeiten auf sie warteten.

»Eins ist allerdings merkwürdig. Niemand außer mir und Cedric wusste, dass Cedric nach Beenleigh reiten würde. Und doch hat schon jemand die Behörden informiert. Sie waren gestern da und haben mich aufgefordert, das Land zu verlassen. Sie sagen, ich hätte jetzt keine Möglichkeit mehr, die ausstehende Rate zu zahlen. Ich werde fortgehen müssen, daran führt kein Weg vorbei.«

»Nein!«, rief Kitty aus, sprang auf und begann, aufgebracht auf und ab zu gehen. Das war also die schlechte Nachricht, die sie hatte kommen sehen. Sie hatte es gleich gespürt, als Heinrich ohne das gewohnte Lächeln an die Tür geklopft hatte. Zornestränen brannten in ihren Augen. »Es muss eine Möglichkeit geben, wie Sie trotzdem bleiben können.«

»Tut mir Leid, Liebchen. Ich habe mir bereits den Kopf zerbrochen, aber ich bin ein alter Mann, und vielleicht bin ich ja bei meinen Verwandten in der Stadt tatsächlich besser dran. Ich habe dort ein paar entfernte

Vettern. Im Übrigen wäre niemand mehr da, der die Farm bewirtschaftet.«

War das seine einzige Sorge? Das ließ sich leicht regeln.»Ich helfe«, erbot sie sich eifrig. »Die Kuh melke ich ja schon, und ich kann Ihnen mit dem Garten helfen, und Ted und Dan ...«

Heinrich faltete die zitternden Hände vor sich auf dem Tisch. »Das ist lieb von dir, Kitty, aber es geht nicht. Versteh das bitte.«

»Aber Sie dürfen nicht weggehen!«, protestierte sie. »Sonst kann ich Sie doch nicht mehr jeden Tag besuchen. Und was ist mit den Rosen? Sie können doch nicht Minnas Rosen zurücklassen!« Sie und Heinrich hatten die Rosenbeete liebevoll hergerichtet und ihnen zu neuem Glanz verholfen. Heinrich hatte sogar neue hinzugepflanzt. Der alte Mann hatte in ihrem Herzen längst den Platz eines Großvaters eingenommen. Für sie war er Teil der Familie.

Sie weinte jetzt, und die Tränen liefen ihr in Strömen über das Gesicht. Wütend wischte sie sie mit dem Handrücken fort. »Niemand außer mir will helfen. Aber Sie können sich auf mich verlassen, wenn Sie nur bleiben.«

Als sie an Ted vorbeikam, packte er ihr Handgelenk und zwang sie, stehen zu bleiben. »Hör auf damit, Kitty. Wir würden alle gerne helfen, aber Heinrich hat sich entschieden, und das müssen wir respektieren.«

Sie aßen schweigend und warfen Heinrich hin und wieder ein aufmunterndes Lächeln zu. Der Weihnachtsbaum ließ in der Hitze alle Zweige hängen, und die gute Laune, die am Morgen noch alle erfüllt hatte, war verflogen. Kitty hielt den Blick auf ihren Teller gerichtet;

sie wagte es nicht, anderswo hinzusehen. Innerlich schäumte sie ob der Ungerechtigkeit, die Heinrich widerfahren war. Wer waren diese gesichtslosen Männer, die einen alten Mann von seinem Land vertrieben? Sie aß ganz automatisch, ohne etwas von den Köstlichkeiten zu schmecken, die Maddie mit viel Liebe zubereitet hatte.

Nach dem Essen wandte Heinrich sich an Kitty. »Draußen steht ein kleines Weihnachtsgeschenk für dich. Vielleicht möchtest du es ja gern hereinholen.«

Kitty lief hinaus und kehrte bald darauf mit zwei Blumentöpfen zurück. »Rosen!«, rief sie lächelnd aus. »Sieh nur, Maddie! Rosen.«

»Du musst mir versprechen, sie gut zu pflegen, Kitty.«

»Das werde ich«, gelobte sie, die Wangen gerötet vor Freude. Sie blickte auf die winzigen, grau-grünen Blätter entlang des noch zarten Stamms, auf die noch weichen, grünen Dornen. Als sie den Kopf hob, begegnete sie Heinrichs Blick. Minnas Rosen – für sie.

»Sieh doch, da ist ein Brief an einem der Töpfe befestigt«, rief Beth. Kitty löste die Schnur und faltete das Papier auseinander.

»Für die Familie Hall«, las sie. »Mögen es die ersten von vielen Rosen in Ihrem Garten sein. Sie heißen Dupontii und haben einen ganz exquisiten Duft. Sorgen Sie gut für sie, dann werden sie Ihren Garten viele Jahre verschönern.«

»Danke, Heinrich«, sagte Maddie ehrlich gerührt.

Später begleitete Kitty Heinrich zurück zu seinem Cottage. Der Tag neigte sich dem Ende zu, und sogar die Vögel begaben sich nach und nach zur Ruhe. Heinrich setzte sich müde auf die Veranda und klopfte neben sich auf den Boden. »Komm und setz dich ein paar Minuten zu mir.«

Kitty trat vor ihn. »Hier«, sagte sie leise und reichte ihm ein kleines Päckchen. »Frohe Weihnachten.«

Er öffnete das Päckchen; es enthielt ein handgenähtes, besticktes Taschentuch.

»Ich hoffe, es gefällt Ihnen«, sagte Kitty. »Ich habe es extra für Sie genäht.«

»Danke, Liebes, ich werde es in Ehren halten. Es wird mich immer an das hübscheste Mädchen erinnern, das ich kenne.«

Kitty schlang ihm die Arme um den Hals und vergrub das Gesicht an der ledrigen Haut. Sie hatte sich schon lange gewünscht, ihren selbst erwählten Großvater zu umarmen, aber erst jetzt, da Heinrichs Weggang drohte, brachte sie den Mut dazu auf.

»Ich werde Sie so sehr vermissen«, schluchzte sie. »Ich wünschte so, Sie müssten nicht weggehen. Ich wünschte, Sie wären mein Großvater und könnten bei uns wohnen. Dann könnte ich Ihnen jeden Tag vorlesen, und wir könnten uns gemeinsam um die Rosen kümmern.«

Langsam löste er ihre Arme von seinem Hals und schob sie auf Armeslänge von sich. Er wischte ihr mit dem Daumen die Tränen von den Augen.

»Das Leben schenkt uns nicht immer das, was wir uns wünschen, Liebchen. Versprich mir etwas. Ich möchte, dass du dir Minnas Rosen holst, wenn ich fort bin. Du musst sie sehr vorsichtig ausgraben und versuchen, die Wurzeln möglichst wenig zu beschädigen. Ted wird dir helfen. Der Abschied wird mir leichter fallen, wenn ich weiß, dass die Rosen in guten Händen sind.«

Kittys Kehle war wie zugeschnürt, und so nickte sie nur stumm.

Heinrich erhob sich schwerfällig. »Ich muss jetzt rein. Ich habe noch einiges zu packen. Meine Verwandten werden mich bald abholen.«

Plötzlich konnte sie es nicht mehr ertragen, dort zu sein, und wollte nur noch weg. Der Ort kam ihr bereits vereinsamt vor, als wäre Heinrich schon fort. Ohne einen Blick zurück lief sie den Weg hinunter. Die einzigen Geräusche, die sie hörte, waren ihre Schritte auf der trockenen Erde und ihr ersticktes Schluchzen.

Sie träumte von Heinrich. Sie sah sein liebes, lächelndes Gesicht, das immer mehr verblasste. »Auf Wiedersehen, Kitty«, rief er. Die Vision ließ sie nicht mehr los, und schließlich wurde sie wach. Mit klopfendem Herzen lag sie in der Dunkelheit, bis sie wieder einnickte.

Es war schon spät, als Kitty schließlich aufwachte. Sonnenlicht wurde von den weiß getünchten Wänden reflektiert, so grell, dass es sie blendete. Sie blinzelte und schloss die Augen wieder. Sie fühlte sich zerschlagen und gereizt bei der Erinnerung an die Ereignisse des vergangenen Tages, und im ersten Moment fragte sie sich, ob das alles nicht nur ein schrecklicher Albtraum gewesen war. Es fiel ihr schwer zu glauben, dass Heinrich Boolai in wenigen Tagen für immer verlassen würde. Sie und der Mann, den sie sich zum Großvater gewünscht hätte, hatten nur noch eine Woche Zeit füreinander. Langsam schwang sie die Beine aus dem Bett und ging in die Küche.

Maddie stand am Feuer und rührte in einem großen

Kessel. »Ted hat gesagt, du sollst dir heute Morgen keine Gedanken machen wegen des Melkens. Er hat das übernommen.«

Kitty schenkte sich eine Tasse heißen Tee ein und setzte sich an den Tisch.

»Es ist nicht fair, Maddie. Einen alten Mann aus seinem Heim zu verjagen.« Der Gedanke ließ sie einfach nicht mehr los; er war allgegenwärtig und verdrängte alles andere.

Maddie setzte sich zu ihr und legte ihr tröstend einen Arm um die Schultern. »Natürlich ist es das nicht, Liebes. Das Leben ist nie fair. Aber vielleicht ist es ja ganz gut so. Heinrich wird bald wieder bei seiner Familie sein. Das ist doch schön für ihn.«

Beth und Emma stolperten schlaftrunken in die Küche. »Papa kommt«, sagte Beth. »Ich kann viel Lärm hören. Was er wohl macht?« Sie liefen zur Tür und sahen Ted mit einer mageren, karamellfarbenen Kuh den Weg hinunterkommen.

»Wo hast du die her?«, fragte Beth.

»Sie gehört Heinrich«, sagte Kitty düster.

»Ich habe sie gekauft«, bestätigte Ted. »Heinrich hat keine Verwendung mehr für sie. Ist sie nicht hübsch? Jetzt haben wir immer unsere eigene Milch. Vielleicht kann Mama ja lernen, wie man sie melkt.«

Maddie verdrehte die Augen. »Natürlich«, sagte sie sarkastisch. »Das erledige ich doch mit links, zwischen dem Backen und der Wäsche.«

Ted lachte, und Maddie musste sich ein Lächeln verkneifen.

Ted wandte sich lächelnd Kitty zu. »Sieht aus, als würdest du das Milchmädchen bleiben.«

Später an diesem Tag erzählte Kitty Ted, dass sie und Layla beobachtet hatten, wie Cedric von Randolph Tarlington Geld entgegengenommen hatte.

»Hast du hören können, was die beiden geredet haben?«

Kitty schüttelte bedauernd den Kopf. »Nein, sie waren zu weit weg.«

»Dann haben wir keine Beweise.« Ted murmelte etwas Unverständliches.

Jetzt da die Kuh im eigenen Stall stand, gab es keine Veranlassung mehr, dass Kitty zweimal täglich zu Heinrich rüberging. Ted hatte sie gebeten, dem alten Mann etwas Privatsphäre zu lassen, damit er in Ruhe seine Angelegenheiten in Ordnung bringen konnte, bevor er ging. »Du kannst in ein, zwei Tagen wieder hingehen«, sagte er. »Vielleicht kannst du ihm ja beim Packen helfen.« Und so blieb sie übellaunig und unglücklich daheim.

Sie wartete drei Tage, drei Tage, in denen sie darüber nachdachte, was Heinrichs Weggang ihr bedeutete. Drei Tage – so lange war sie noch nie von dem alten Mann getrennt gewesen, seit sie nach Boolai gekommen waren.

Am Donnerstagabend, einen Tag, bevor sie Heinrich besuchen wollte, lag sie lange wach und wälzte sich rastlos von einer Seite auf die andere. Sie lauschte nicht bewusst, als Ted und Maddie sich nebenan leise unterhielten, aber die Erwähnung des vertrauten Namens ließ sie aufhorchen.

»Ich habe Heinrich ein paar Tage nicht gesehen. Du glaubst doch nicht, dass er schon weg ist, oder?«, brummte Ted.

»Natürlich nicht«, entgegnete Maddie. »Er wäre sicher nicht gegangen, ohne sich zu verabschieden.«

»Sollte man meinen. Vielleicht wollte er Kitty nicht aufregen?«

»Nein. Ich nehme an, er ist vollauf mit Packen beschäftigt.«

»Wahrscheinlich hast du Recht. Trotzdem schaue ich morgen früh bei ihm vorbei, um zu sehen, ob mit ihm alles in Ordnung ist.«

Bei Teds Worten jagte ihr ein Schauer über den Rücken. Heinrich fort, ohne sich zu verabschieden? Nein! Zwischen ihnen bestand eine ganz besondere Freundschaft; so leicht konnte Heinrich sie nicht vergessen haben.

Sie warf einen Blick auf Beth, die friedlich in ihrem Bett lag und tief und fest schlief. Morgen würde sie zu Heinrich rübergehen. Morgen, ganz früh. Sie rollte sich zusammen, und das Wort kreiste unablässig in ihren Gedanken. Morgen. Morgen. Morgen ...

»Los, Beth, aufwachen.«

Kitty schüttelte das schlafende Mädchen sanft. Draußen graute der neue Tag. Sie hatte schlecht geschlafen und war beim ersten zaghaften Krähen der hauseigenen Gockel aufgewacht. Ungeduldig hatte sie dagelegen, bis sie es schließlich nicht länger ausgehalten hatte.

Beth rollte sich auf die andere Seite und blinzelte verschlafen. »Was ist denn? Lass mich in Ruhe.«

»Psssst«, flüsterte Kitty. »Weck die anderen nicht auf. Ich mache mir Sorgen um Heinrich. Wir haben ihn seit

Tagen nicht gesehen, und ich habe Ted zu Maddie sagen hören, dass Heinrich vielleicht schon weg ist, ohne sich zu verabschieden. Komm mit mir rüber, damit ich nachsehen kann.«

Auch wenn Beth daran gedacht hätte zu fragen, hätte Kitty nicht erklären können, weshalb sie sich plötzlich davor fürchtete, allein rüber zu gehen.

Die Hütte wirkte verlassen; die Fensterläden waren geschlossen – abgesehen von dem einen, dessen Haken kaputt war und der im Wind laut gegen die Hauswand schlug.

Beth blickte stirnrunzelnd zu Kitty auf. »Papa könnte Recht haben. Heinrich würde mitten im Sommer nicht bei geschlossenen Fensterläden schlafen.«

Noggum, der Hund, zog winselnd an seiner Kette. Sein Wassernapf war umgekippt, und er hatte sichtlich Durst. Kitty machte den Hund los, der freudig bellend um sie herumsprang.

»Er würde den Hund nicht angekettet zurücklassen, und er würde auch nicht fortgehen, ohne sich zu verabschieden. Ich weiß es einfach«, zischte Kitty. »Komm, sehen wir nach.«

Beth zögerte. »Geh du allein. Ich warte hier.«

Kitty ging zur geschlossenen Haustür und klopfte an. »Heinrich«, rief sie. »Sind Sie da? Ich bin's nur, Kitty.«

Keine Antwort. Langsam öffnete sie die Tür.

Ein widerlicher Gestank schlug ihr entgegen. Beinahe drehte sich ihr der Magen um. Sie hielt sich die Nase zu und ging hinein. Im Inneren der Hütte war es dunkel nach dem hellen Tageslicht draußen. Kitty wartete einen Moment, bis ihre Augen sich an das schwache Licht gewöhnt hatten. Dann tastete sie sich vorsichtig durch das Zimmer, wobei sie versuchte, sich zu erinnern, wo die einzelnen Möbel standen. Der Geruch wurde stärker. Sie hob den Saum ihres Rockes an und hielt sich den Stoff vor die Nase.

»Heinrich?«, rief sie noch einmal. Ihre Stimme klang seltsam hohl. Dann nahm sie ein Geräusch war, ein lautes Summen wie von einem Bienenschwarm. Das Geräusch kam von überallher. Und immer noch dieser grässliche Gestank, von dem ihr ganz übel wurde. Vielleicht hatte Heinrich ja Lebensmittel stehen lassen, die in der Hitze verdorben waren. Genau, das war es. Es roch nach verdorbenen Nahrungsmitteln.

Ihre Augen gewöhnten sich langsam an die Dunkelheit. Sie erkannte dunkle Umrisse, erhellt von einzelnen Lichtstrahlen, die durch die Ritzen um die geschlossenen Fensterläden hereinfielen. Der Esstisch und die Stühle, die Kommode, auf der Minnas Foto gestanden hatte, der Kamin.

Plötzlich stieß sie sich das Schienbein an einem harten Gegenstand. »Autsch!«, rief sie aus und bückte sich. Seltsam, ein umgestürzter Stuhl lag auf dem Fußboden mitten im Raum. Das Summen wurde lauter, bedrohlich. Sie ging vorsichtig weiter, immer noch gebückt, und stieß sich den Kopf.

Sie blickte auf, und da sah sie ihn. Heinrichs Leichnam baumelte an einem Seil von einem der Deckenbalken. Sein Körper war grotesk aufgebläht und schwang leicht hin und her von dem Stoß, den Kitty seinem Stiefel versetzt hatte. Ganz leise stieß der Stiefel immer wieder sacht seitlich gegen den Holzstuhl.

Jetzt ging ihr auch auf, woher das Summen rührte. Fliegen! Der ganze Raum war voller Fliegen, die sich an

Heinrichs verwesender Leiche gütlich taten und ihre Eier in ihr ablegten.

»Beth!«, schrie sie hysterisch. Sie würgte, und ihr Mund füllte sich mit einer ätzenden Flüssigkeit. Ihr Magen rebellierte. Sie rannte zur Tür und erbrach sich über das Verandageländer. »Hol Ted!«, keuchte sie, als der Würgereiz nachließ. »Schnell! Hol Ted!«

Beths große, runde Augen schauten aus einigen Metern Entfernung erschrocken zu ihr auf. »Was ist denn, Kitty? Was soll ich Papa denn sagen?«

Kitty musste erneut brechen. Ihr Körper zitterte unkontrolliert. »Hol ihn einfach her!«, schrie sie.

Und Beth rannte wie ein aufgeschrecktes Kaninchen los.

Kitty ließ sich auf die Treppe sinken und schlang die Arme um den Oberkörper. Sie wiegte sich, um zu versuchen, sich zu beruhigen. Es kam ihr vor, als würde sie Stunden dasitzen und versuchen, die grauenhaften Bilder auszublenden. Warum hatte Heinrich das nur getan? Trauer überwältigte sie, quälte sie, zerriss sie förmlich. Wo blieb Ted nur? Warum kam er nicht? War es denn allen egal, was hier geschehen war?

Sie fühlte, wie ihre Kehle sich lockerte, ihr Mund sich öffnete und ein durchdringender, schriller Laut in ihr aufstieg. Es war ein schauderhafter, fast animalischer Laut, der aus ihrem tiefsten Inneren hervorbrach.

Ted und Dan holten Heinrich herunter und legten ihn auf das Bett. Kitty war noch da; sie hatte jeden Befehl, nach Hause zu gehen, missachtet.

»Blöder Hund, du blöder, blöder Hund«, murmelte Ted

vor sich hin, als hätte er ihre Anwesenheit völlig vergessen. »Er hätte doch nur ein Wort zu sagen brauchen. Er wusste, dass wir ihm geholfen hätten. Ich dachte, es wäre in Ordnung, für ihn gewesen, das Land zu verlassen und so weiter. Ich habe mich in meinem ganzen Leben noch nie so geirrt.«

Kitty wollte gerade den umgestürzten Stuhl aufstellen, als ihr inmitten der Glasscherben ein Stück Papier auffiel. Vorsichtig, um sich nicht zu schneiden, hob sie es auf und drehte es um. Minnas Foto. Heinrich musste es in der Hand gehalten haben, als er ... Die Erinnerung an den Anblick des Erhängten stieg wieder vor ihr auf. Impulsiv schob sie das Bild vorn in den Ausschnitt ihres Kleides und folgte den Männern nach draußen.

Die Nachricht machte im Tal schnell die Runde. Im Laufe des Nachmittags traf eine Gruppe deutscher Farmer ein, um Heinrichs Leichnam zu holen. Kitty sah mit versteinertem Gesicht zu. Bilder tanzten vor ihren Augen: eine elegante Kutsche mit zwei tänzelnden Pferden davor, ein Kutscher oben auf dem Bock und eine Gruppe von Deutschen, die mit feierlicher Miene neben dem Gefährt herschritten. Ihnen folgten die aneinander gebundenen Ziegen in einer Reihe hintereinander, das fröhliche Bimmeln der Glöckchen, die sie um den Hals trugen, so gar nicht zum Ernst der Situation passend. Langsam entfernte sich der Leichenwagen mit der in schwarzes Tuch gehüllten Leiche in einer großen Staubwolke.

Ted, Maddie, Dan, Kitty, Beth und Emma standen am Tor und blickten der Prozession hinterher, die sich langsam die Straße hinunterbewegte, bis sie schließlich um eine Ecke bog und außer Sichtweite verschwand.

»Das war's dann also«, sagte Ted und setzte seinen

Hut wieder auf. »Ich werde den alten Kauz vermissen. Trotzdem komisch – nach all den Jahren wusste ich nicht mal seinen Nachnamen. Wie ist so etwas möglich?« Er schien eine Weile darüber nachzudenken. »Hätte ihn wahrscheinlich doch nicht aussprechen können«, brummte er schließlich.

Er nickte in die Richtung, in die der Trauerzug gezogen war, und zog sich den Hut tiefer ins Gesicht. Später nahm Kitty das Gewehr und ging hinunter zum Fluss, in der Hoffnung, ein paar Papageien oder Kakadus zu entdecken, aber vergeblich. Ted hatte ihr, als die Zwischenfälle und mutwilligen Zerstörungen auf der Farm sich häuften, das Schießen beigebracht. Nun warf sie die Waffe ärgerlich ins Gras, setzte sich und stützte das Kinn auf die angezogenen Knie. Sie fühlte erneut das Prickeln von Tränen in den Augen. Würde sie jemals wieder an Heinrich denken können, ohne zu weinen?

Plötzlich fiel ihr das Foto wieder ein, und sie zog es unter ihrem Kleid hervor. Obwohl es von den Glassplittern zerkratzt und von Stiefelabdrücken beschmutzt war, blickte dasselbe vertraute, lächelnde Gesicht zu ihr auf: Minna. Graue Locken und lachende Augen. Und plötzlich dämmerte Kitty, was geschehen war.

»Das war also der Grund, warum Sie es getan haben«, flüsterte sie. »Es war gar nicht das Land. Nicht wirklich. Sie konnten es nicht erwarten, wieder mit Minna vereint zu sein.«

Kitty drückte das Foto einen Moment an die Brust und legte es dann neben sich ins Gras. Dann sammelte sie zügig einen kleinen Stapel Feuerholz. Geschickt rieb sie zwei Stöcke aneinander, so wie Layla es ihr gezeigt hatte, bis ein Funke das trockene Laub entzündete. Erst rauchte es nur, dann tauchte eine winzige Flamme auf, die rasch größer wurde. Der Geruch von verbrennendem Eukalyptus stieg ihr in die Nase.

Sie nahm das Foto und hielt es ins Feuer. Die Ränder wurden schwarz und rollten sich ein, dann fing das Papier Feuer und brannte gleich darauf lichterloh. Sie ließ die brennende Fotografie ins Gras fallen und sah zu, wie der letzte Rest sich in ein Häufchen schwarzer Asche verwandelte.

»So, Heinrich«, sagte sie. »Ich weiß, dass Sie es so gewollt hätten.«

Kitty lag auf dem Rücken im Gras und blickte in den Himmel. Er war klar und tiefblau, über ihr von der Farbe Lapislazulis und weiter im Osten dunkel wie Indigo, eine endlos weite Fläche ohne einen Hauch von Wolken. Die Sonne schien ihr warm ins Gesicht, und schwarze Punkte tanzten vor ihren Augen, sodass sie blinzeln musste. Und plötzlich glaubte sie, Heinrichs Seele in der unendlichen Bläue zu sehen. Wie ein Dämon wirbelte sie durch die Luft, unterwegs zu ihrem Rendezvous mit einem unsichtbaren Mond – und Minna.

KAPITEL 25

Kitty saß vor der Hütte und blickte wehmütig in Richtung von Heinrichs Cottage. Maddie versuchte, sie zu trösten, lockte sie mit ihren Lieblingsspeisen, aber Kitty zeigte kein Interesse. Zwar griff sie zur Gabel, aber Ted registrierte, dass sie mehr oder weniger nur in ihrem Essen herumstocherte, ehe sie den Teller schließlich beiseite schob.

Nach jenem ersten Tag schienen ihre Züge zu versteinern. Die Lippen wurden zu einem schmalen Strich, und ihre Augen glitzerten, nicht von Tränen, sondern von etwas Härterem, Unbestimmtem. Ted versuchte ebenfalls, ihr Trost zu spenden, und legte ihr einen Arm um die schmalen Schultern, aber sie reagierte nicht, sondern stand nur steif da.

»Du musst es vergessen, Kitty«, flehte Ted.

»Ich weiß«, erwiderte sie, ihr Gesicht starr wie eine Maske.

Manchmal führte sie leise, unverständliche Selbstgespräche. Sie redete sinnloses Zeug von einem Mond und vom Tanzen. Er hielt sie für leicht gestört, weil sie zu wenig aß und schlief. Eine vorübergehende Geistesgestörtheit. Auf diese Phase folgten wieder Tränen, ganze Sturzbäche, die sie jedoch mit einer zornigen Geste fortwischte.

Argwohn nagte in jenen ersten Tagen an Ted. Hatte Randolph Tarlington die Ereignisse herbeigeführt, die letztlich zum Tod des alten Mannes geführt hatten? Er sah immer wieder Tarlingtons überheblich grinsende Visage vor sich. Was würde werden, wenn Tarlington die Nachbarparzelle übernahm? Dann wäre er, Ted, beinahe eingeschlossen von Tarlingtons Land.

Es war ein Sonntagnachmittag, der vorletzte Tag des Jahres und zwei Tage, nachdem sie Heinrichs Leichnam vom Dachsparren der Steinhütte geschnitten hatten, als Ted schließlich einen Entschluss fasste. Er machte sich auf die Suche nach seiner Frau. Er fand sie im Garten, wo sie, das Gesicht hochrot von der Hitze, Unkraut jätete. Ted nahm sie beiseite und zog sie in den Schatten eines Baumes.

»Ich habe eine Idee.«

»Ja?«

»Ich möchte, dass du ein paar Sachen für dich und Kitty packst. Für etwa drei Tage. Ich reite rüber und frage Mayse O'Reilly, ob sie sich in der Zwischenzeit um Beth und Emma kümmert. Ich glaube nicht, dass ihr zwei Gesichter mehr viel ausmachen in Anbetracht ihrer zahlreichen Rasselbande. Wir könnten alle eine kleine Abwechslung brauchen, vor allem Kitty.«

»Und wohin fahren wir?«

»Nach Beenleigh.«

»Beenleigh?« Er hörte die Vorfreude in ihrer Stimme. Es war drei Jahre her, dass sie nach Boolai gekommen waren, lange und harte Jahre, seit Maddie zuletzt einen Laden betreten hatte.

»Zum Grundbuchamt. Es ist nur so eine Ahnung, aber ich habe das Gefühl, dass es jemand auf Heinrichs Parzelle abgesehen hat. Ich will ihm zuvorkommen.«

»Du willst noch eine zweite Parzelle pachten? Das können wir uns doch gar nicht leisten, oder?«

»Keine Sorge. Ich mache das schon. Kümmere du dich ums Packen, und ich reite zu den O'Reillys.«

Ted blieb noch eine Weile unter dem Baum stehen, nachdem Maddie ins Haus gegangen war. Sein Herz raste, jetzt da er den ersten Schritt unternommen hatte, um seinen Plan in die Tat umzusetzen. Nun, da er Maddie eingeweiht hatte, gab es kein Zurück mehr. Der Ausgang des Vorhabens lag nun in den Händen einer höheren Macht. Wenn es ihm bestimmt war, das Land zu bekommen, dann würde es seins werden. Dessen war er sich ganz sicher. Außerdem hatte er gar keine andere Wahl; die Ereignisse hatten ihn zum Handeln gezwungen. Und es würde Maddie und Kitty gut tun, ein paar Tage von Boolai wegzukommen. Vielleicht würde der Ausflug ja den gequälten Ausdruck aus Kittys Augen vertreiben.

»Hallo, hallo. Wenn das nicht Ted Hall ist. Was kann ich denn diesmal für Sie tun? Sind Sie gekommen, um Ihre Pacht wieder abzugeben?«

»Im Gegenteil, Mr. Stokes, ich bin gekommen, um eine zweite Parzelle dazuzupachten.«

Der Beamte kratzte sich nachdenklich am Kinn. »Eine zweite Parzelle, ja? Und welche haben Sie da im Auge?«

»Die vom alten Heinrich. Sie grenzt an unsere.«

»Ah ja. Heinrich Buhse. Die Regierung hat die Parzelle wieder freigegeben, nachdem die Pacht nicht entrichtet wurde. Und Sie interessieren sich für das Land?«

»Ja.«

»Der Pächter muss natürlich erst entfernt werden. Die Sache läuft aber bereits. Sollte nicht mehr als ein paar Tage oder höchstens Wochen dauern, falls er einer von der sturen Sorte ist. Manche wollen nicht aufgeben.«

»Heinrich ist tot.« Die Worte klangen fremd, und er konnte es immer noch nicht recht glauben.

»Ich habe Gerüchte gehört ... dann stimmt es also? Wenn das stimmt, dann gehört die Parzelle dem, der als Erster den Pachtvertrag unterzeichnet.«

»Und der wäre ich gerne, Mr. Stokes.«

»Was ist mit den Pachtbedingungen? Keine unbewohnten Parzellen, Ted. Das Land ist Farmern vorbehalten und nichts für Spekulanten.«

»Auch darüber habe ich bereits nachgedacht. Dan wird in Heinrichs Haus auf der Parzelle wohnen, als Verwalter. Ist den Bestimmungen damit Genüge getan, Mr. Stokes?«

»Und was ist mit der Pacht?«

»Wie hoch sind Pacht und Gebühren?«

»Die gleichen wie bei Ihnen. Sie sind seit Jahren nicht erhöht worden. Sie haben Glück, dass Sie so früh kommen. Ich habe das Gefühl, dass sich noch andere für das Land interessieren könnten.« Er schaute Ted einen Moment unverwandt in die Augen, ehe er den Blick auf den Tresen senkte.

»Tatsächlich?«

Ted hoffte, dass er ganz beiläufig klang. Der Beamte stellte bereits den Pachtvertrag aus.

Ted ging zur Tür und betrachtete das rege Treiben draußen, während Stokes in einem Stapel Unterlagen wühlte. Scham stieg in ihm auf. Er hatte Alf Stokes den Eindruck vermittelt, er hätte Geld. Er konnte den Beamten jetzt nicht enttäuschen; es ging um das Land.

Auch Maddie hatte er belogen. Nun ja, nicht direkt belogen, aber er hatte die Wahrheit ein klein wenig gebeugt, indem er sie glauben gemacht hatte, es wäre Geld für die Pacht der zusätzlichen Parzelle übrig. Er konnte ihr nicht die Wahrheit sagen. Sie würde sich nur Sorgen machen. Wenn er die Pacht entrichtet und im Laden die dringend benötigten Vorräte bezahlt hatte, hatten sie nur noch ein paar Pfund übrig, nicht einmal genug für die Vorräte des kommenden Monats.

War es nur ein verrückter Traum? Sollte er jetzt gehen, bevor er unterschrieben hatte? Bevor es zu spät war? Wieder sah er Tarlingtons Gesicht vor sich. Nein, er durfte nicht zulassen, dass Tarlington das Land bekam, sonst wäre Heinrichs Tod sinnlos gewesen. Wenn es hart auf hart kam, würde ihm schon jemand etwas borgen. Irgendwie würden sie schon über die Runden kommen.

Ted kehrte zurück an den Tresen und legte die Hände auf das staubige Holz. Plötzlich wollte er nur noch raus aus dem schäbigen Büro mit den von Fliegenkot beschmutzten Fenstern und abgewetzten Bodendielen, zurück zu Maddie und Kitty in das saubere Hotel. Aber der Beamte schien in Plauderlaune zu sein.

»Ich schätze, jetzt kann Sie nichts mehr aufhalten, Ted Hall. Wir werden Sie im Auge behalten müssen, sonst besitzen Sie bald mehr Land als die Tarlingtons. Wissen Sie, als ich Sie das erste Mal hier gesehen habe, dachte ich nicht, dass Sie es schaffen würden. Ich dachte, Sie wären nicht der richtige Mann für den Busch. Vielleicht habe ich mich geirrt.«

Ted kratzte sich die Stirn; er wusste nicht, was er auf die offenen Worte des Beamten erwidern sollte. »Nun, Mr. Stokes. Beim letzten Mal haben Sie auch Ihr Bestes gegeben, mir mein Vorhaben auszureden. Weiß Gott, warum, immerhin war ich fest entschlossen. Vielleicht ist es ja die Entschlossenheit, die letztlich ausschlaggebend ist. Die letzte Pfeilwurzernte war sehr gut, und die Sägemühle hat einen ordentlichen Preis für die Zedern aus dem letzten Jahr gezahlt. Irgendwie werden wir es schon schaffen.«

Er war jetzt ungeduldig, hatte es eilig, den Pachtvertrag abzuschließen, bevor noch etwas dazwischenkam. »Kommen Sie, Mr. Stokes. Geben Sie mir die Papiere rüber. Vielleicht lade dann heute ich Sie auf ein Bier ein.«

Alf Stokes schob den ausgefüllten Pachtvertrag vor Ted hin und zwang sich zu einem Lächeln. Ted tauchte die Feder in das Tintenfässchen, und der Beamte sah zu, wie er schwungvoll seinen Namen unter das Papier setzte.

Ted hätte sich eigentlich freuen müssen, aber stattdessen empfand er nur tiefe Trauer. Heinrichs Verlust, sein Gewinn. Tod auf der einen Seite, ein Geschäft auf der anderen. Er fühlte sich leer, niedergeschlagen.

Der Vertrag war perfekt. Das Dokument lag auf dem Tresen, die Tinte noch nicht ganz trocken. Langsam stellte sich doch eine Spur von Befriedigung ein. »Das war's dann also«, sagte er und nahm seinen Mantel. »Ich gehe dann jetzt.«

Ein Schatten fiel in den Raum, als jemand in die Tür trat. Der Beamte wandte den Kopf, um zu sehen, wer der Neuankömmling war.

»Schau an! Wenn das nicht Randolph Tarlington persönlich ist. Muss ein Jahr her sein, seit ich das Vergnügen hatte. Nehmen Sie Platz, Sir. Ich bin gleich fertig, dann stehe ich ganz zu Ihrer Verfügung.«

»Sparen Sie sich die Förmlichkeiten, Stokes. Ich bin gekommen, um die Buhse-Parzelle zu pachten.«

»Die Buhse-Parzelle? Dann müssen Sie sich mit Mr. Hall hier unterhalten. Er ist der neue Pächter.« Mit wissendem Blick reichte Alf Ted den Vertrag, der ihn zusammenfaltete und einsteckte.

»Was?«

Ted musste an sich halten, um nicht laut zu lachen. Randolphs Gesichtsausdruck war unbeschreiblich, eine Mischung aus Fassungslosigkeit und grenzenloser Wut.

»Das ist richtig«, bestätigte Ted.

Randolph Tarlington schnaubte wie ein gereizter Bulle. »Na wunderbar, der Deutsche ist noch nicht ganz kalt, und Sie eignen sich ohne jedes Schamgefühl sein Land an.«

Ted fühlte Zorn in sich aufsteigen. Er trat dicht vor seinen Nachbarn und sah Randolphs Mundwinkel unkontrolliert zucken.

»Na Sie sind mir der Richtige, solche Reden zu schwingen. Ausgerechnet Sie wollen mir eine Moralpredigt halten, nachdem Sie nur wenige Minuten nach mir das Land pachten wollten! Na, was sagen Sie jetzt, Tarlington? Habe ich Ihnen einen Strich durch die Rechnung gemacht? Ihre Intrigen und miesen Spielchen zunichte gemacht? Sie kommen zu spät. Ich habe den Pachtvertrag unterschrieben, und das Land gehört mir.«

»Stimmt das, Stokes? Sie wussten doch, dass ich die Parzelle haben wollte. Ich habe Sie gebeten, mir eine Option einzuräumen, falls die Parzelle irgendwann frei würde.« Randolph schlug mit der Faust auf den Tresen, dass die Fensterscheiben klirrten.

»Ein Wutanfall wird an den Tatsachen nichts ändern«, bemerkte Stokes warnend.

Ted war entschlossen, das letzte Wort zu haben. Er stemmte die Hände in die Seiten und holte tief Luft. »Halten Sie sich fern von meinem Land, Tarlington. Wenn Sie auch nur einen Ihrer polierten Stiefel auf meinen Grund und Boden setzen, könnte ich mich vergessen. Die Pacht ist rechtmäßig und endgültig, und Sie können nicht das Geringste dagegen tun.«

Randolph blickte den Beamten an, der feierlich den Kopf schüttelte und das Gesagte bestätigte. »Nicht das Geringste, Mr. Tarlington.«

Es war der letzte Tag im Dezember, und in wenigen Stunden würde das neue Jahr beginnen. 1878. Während Maddie im Hotel badete und auf Teds Rückkehr wartete, dachte sie darüber nach, was das neue Jahr bringen mochte. Mit der zusätzlichen Parzelle würde Ted noch mehr arbeiten müssen als bisher. Auf der holprigen Fahrt nach Beenleigh hatte er sie endlich in seine Pläne eingeweiht. Dan würde in Heinrichs Cottage wohnen, wodurch in ihrer Hütte ein Zimmer frei wurde und sie auch eine Person weniger zu versorgen hatte.

»Er ist jetzt alt genug«, hatte Ted gemeint. »Höchste Zeit, dass er auf eigenen Beinen steht.«

Es würde komisch sein ohne Dan, aber Ted hatte Recht. Außerdem würde Dan irgendwann heiraten und eine eigene Familie haben. Sie seufzte angesichts der vielen unerwarteten Änderungen, die sich in den vergangenen Tagen ergeben hatten.

Als der Tag zur Neige ging, machte sich eine erwartungsvolle Atmosphäre im Ort breit. Maddie und Kitty waren es leid geworden, auf Ted zu warten, und hatten unten im Speisesaal des Hotels zu Abend gegessen. Satt und müde kehrten sie zurück auf ihr Zimmer, lehnten am Sims des offenen Fensters und schauten träge hinaus.

Kitty streckte sich und gähnte; sie waren seit Tagesanbruch auf den Beinen. Maddie strich ihrer jüngeren Schwester eine Haarsträhne aus dem Gesicht. »Warum legst du dich nicht schlafen, Liebes? Du siehst müde aus. Es war ein langer Tag.«

Kitty schüttelte den Kopf. »Es macht mir nichts aus, mit dir auf Ted zu warten.«

»Sei nicht albern. Es kann noch ewig dauern. Weiß Gott, wo er sich herumtreibt. Ich komme schon zurecht. Los, geh und versuch, etwas zu schlafen.«

Es war noch früh, und doch war die Dämmerung bereits hereingebrochen. In unregelmäßigen Abständen flammten unten entlang der Straße Laternen auf und sorgten für ein völlig neues Bild aus Licht und Schatten. Einige träge Motten flatterten um die Lichtquellen herum und warfen riesige, zuckende Schatten auf die Gehwege. Die Geschäftszeile gegenüber des Hotels lag dunkel und verlassen da. Am Ende der Straße warf eine einsame Laterne ihr Licht in den Gemischtwarenladen. Maddie konnte gerade noch die Umrisse von Sätteln und Stoffballen im Schaufenster erkennen.

Mit der Dunkelheit kamen die ersten leisen Musikklänge, die der Wind bis zu ihr trug. Menschen hasteten ihnen entgegen, vage Formen, die in der Dunkelheit an ihrem Fenster vorbeihuschten. Wahrscheinlich eine Silvesterfeier, dachte sie und wünschte einen Moment, sie könnte sich ihnen anschließen.

Sie ging ins Bad und stieg erneut in die Wanne. Während sie sich verträumt die Brüste einseifte, wanderten ihre Gedanken zu Ted. Sie wünschte, er würde sich beeilen. Sie wölbte den Rücken. Wie sehr sie sich danach sehnte, seine Hände auf der Haut zu spüren.

Draußen war es endgültig Nacht geworden, als Ted

zurückkehrte. Sie wandte sich zur Tür um, als sie hörte, wie die Klinke heruntergedrückt wurde. Ted lehnte mit glasigem Blick am Türrahmen.

»Sollen wir tanzen gehen, Maddie?«, fragte er nuschelnd und atemlos.

Sie ging zu ihm und legte die Arme um ihn. »O Ted, du hast ja getrunken.« Sie sprach so leise, dass sie selbst nicht wusste, ob sie die Worte nicht vielleicht nur gedacht hatte. Er musterte sie mit sonderbarem Blick, ein schiefes Lächeln auf den Lippen.

»Nur ein, zwei Drinks. Zur Feier des Tages.«

Ted rückte von ihr ab und fummelte ein zusammengefaltetes Dokument aus der Jackentasche. Er legte es auf ihre Hand und schloss ihre Finger darum.

»Da«, verkündete er stolz und wippte dabei leicht auf den Fußballen. »Unsere neue Parzelle. Ich habe sie Tarlington vor der Nase weggeschnappt.«

Maddie nickte. Sie hätte Teds Begeisterung gern geteilt. Aber als sie das Papier in der Hand hielt, fühlte sie nichts als ein Gefühl drohenden Unheils. Ein Schauer jagte ihr über den Rücken.

»Was ist denn, Liebes?« Er musterte sie forschend. Sie konnte die Fältchen um seine Augen und seinen Mund sehen, sah, wie seine Lippen versuchten, Worte zu formen.

Maddies Unterlippe zitterte, und ihre Augen brannten plötzlich. Sie hätte das Dokument am liebsten zerrissen und die Fetzen aus dem Fenster geworfen. Es war Teds Traum, sein Land. Nicht ihres. Die Aussicht auf ihre baldige Rückkehr nach Boolai bedrückte sie.

»Nichts«, entgegnete sie und zwang sich zu einem Lächeln. Sie hörte Musik unten von der Straße. Hatte Ted nicht gesagt, sie sollten tanzen gehen? Der Gedanke beruhigte sie. Es war Jahre her, dass sie das letzte Mal zusammen getanzt hatten. Sie wandte sich ab und wühlte in den paar Kleidern, die sie mitgebracht hatte.

»Was ist hiermit? Ist das gut genug?« Es war das Kleid, das sie aus dem saphirblauen Stoff genäht hatte, den Ted ihr an ihrem ersten Weihnachtsfest in Boolai geschenkt hatte.

Sie hielt sich das Kleid vor und wandte sich ihrem Mann zu, aber Ted hörte sie nicht. Er lag angezogen auf dem Bett und schnarchte leise.

»O Ted«, seufzte sie und legte das Gesicht an seins. Sie hatte sich so darauf gefreut, tanzen zu gehen.

»Mmmmmm«, murmelte er und legte die Arme um sie. Er roch nach Bier, Schweiß und Triumph.

Die Sehnsucht, von ihm berührt zu werden, war längst vergangen.

Kitty hatte noch Monate Albträume. Es war das blanke Entsetzen in ihren schrillen Schreien, das die ganze Familie weckte, die sie dann aufrecht im Bett sitzend vorfand, die schweißnassen Laken an die Brust gedrückt.

Die Bilder, die sie unter Aufbietung ihrer ganzen Willenskraft tagsüber verdrängen konnte, kehrten in der Nacht zurück, um sie zu quälen. Die leisen, trippelnden Schritte eines Opossums oben auf dem Dach, das Knarren der Dielen, der Schrei einer Eule, das alles waren Geräusche, die die Träume auslösten. Sie fing an, sich vor der Nacht zu fürchten. Die Dunkelheit wurde zum Dämon, der sie übermannte, sie mit seiner bedrohlichen Schwärze lähmte. Die Erinnerungen waren allgegenwärtig, lauerten dicht unter der Oberfläche wie eine angriffslustige, zusammengerollte Schlange. Schließlich erlaubte Ted, dass sie die ganze Nacht hindurch eine Lampe brennen ließ. Es war ein Luxus, den sie sich kaum leisten konnten, der Kitty aber zu helfen schien.

Letztlich war es der monotone Alltag, der Kitty half, das Trauma zu bewältigen, die endlose, langweilige Routine, die doch ständig ihre Aufmerksamkeit forderte. Das Leben ging weiter: zweimal täglich melken, waschen, kochen, es nahm einfach kein Ende.

Das Melken erinnerte sie an Heinrich. In den frühen Morgenstunden saß sie im Stall und dachte an ihn, so in Gedanken vertieft, dass sie das Zischen der Milch, die in den Eimer spritzte, ebenso wenig hörte wie das zufriedene Kauen der Kuh. Die Kuh, die Kitty Flora getauft hatte, wandte des Öfteren den Kopf und blickte Kitty aus traurigen Augen an. Es kam ihr vor, als wäre Heinrich in diesen frühen Stunden bei ihr, als würde er ihr helfen zu begreifen. Sie konnte beinahe seine Gegenwart spüren.

Zweimal täglich brachte sie den Eimer voll cremiger Milch in die Küche und schüttete sie in eine emaillierte Schüssel. Nach dem Abendessen wurde die Milch abgekocht und mit einem feuchten Musselintuch abgedeckt. Am nächsten Morgen konnten sie dann die Sahne abschöpfen. Sie verbrachte Stunden in der Sonne mit Harken, Wässern und Unkrautjäten. Der Wäscheberg wurde nie kleiner, und auch in der Küche gab es andauernd etwas zu tun. Abgesehen von der Zeit, die sie täglich mit Melken verbrachte, kam sie gar nicht dazu, sich Gedanken zu machen.

Während Ted und Maddie bei jeder sich bietenden

Gelegenheit von Heinrich sprachen, weigerte Kitty sich, von ihm zu reden, sogar mit dem Polizisten aus Beenleigh, der kam, um die näheren Umstände seines Todes zu untersuchen. Er war ein massiger Klotz von einem Mann, gefühllos und kalt. In der Hand hielt er ein Stück Papier, das er ihr zeigte, eine Art Urkunde, auf der in großen Buchstaben stand: SELBSTMORD.

KAPITEL 26

Ganz vorsichtig, um die Wurzeln nicht zu beschädigen, grub Ted eine nach der anderen die Rosen aus Heinrichs Garten aus. Kitty blieb dabei und gab ihm Anweisungen, ließ ihre kostbaren Blumen nicht aus den Augen, bis sie vor der Hütte der Halls wieder eingepflanzt waren. Sie wurden in der sengenden Hitze ganz welk und ließen die Blätter hängen, aber sie beschnitt und wässerte sie geduldig, und ihre Mühe wurde mit neuen, kräftigen Trieben belohnt.

Mit dem frühen Herbst kam der Regen. Tag für Tag fiel er herab und legte einen weißen Schleier über das Land. Die Ernte verfaulte auf den Feldern. Zwar war in der letzten Woche das Geld für die letzte Ernte gekommen, aber das war in dringend benötigte Vorräte investiert worden. Außerdem hatten sie zwei Kreditraten davon zurückzahlen müssen. Ted biss die Zähne zusammen, schränkte die Ausgaben noch weiter ein und schuftete mit grimmiger Entschlossenheit weiter.

Das abfließende Wasser aus den Bergen bildete neue

Bäche, fast schon Flüsse, die durch jeden Graben und jede tiefere Bodenrinne strömten, um sich schließlich in den Fluss zu ergießen, der stark anschwoll und drohte, das Umland zu überschwemmen. Eines Tages, in einer Regenpause, ging Ted mit den Mädchen zum Fluss hinunter. Der Wasserlauf war nicht wiederzuerkennen, wie er schäumend und gurgelnd über die Felsen rauschte, zwischen denen sie im Sommer noch gespielt hatten. Ganze Bäume mitsamt der Wurzeln trieben vorbei. Die Rosen vor der Hütte sahen ebenfalls ziemlich traurig aus, aber sie lebten.

Dann riss die Wolkendecke endlich wieder auf, und die Sonne schien von einem blassen Himmel. Ted setzte den Hut auf, watete durch den Schlamm und inspizierte seine Äcker. Abgesehen von der ruinierten Ernte waren keine größeren Schäden zu verzeichnen, und auch der Fluss nahm wieder gewohnte Ausmaße an. Es wurde unerträglich schwül, als die viele Feuchtigkeit verdampfte. Und mit der Sonne kamen die Fliegen, Tausende winziger schwarzer Insekten, die einen umschwärmten, sich in die Augenwinkel setzten und einem in Nase und Ohren krochen. Nahrungsmittelreste, die nicht sofort weggestellt wurden, waren innerhalb kürzester Zeit mit einer schwarzen Wolke bedeckt.

Die zwei Rosenbüsche, die Heinrich ihnen zu Weihnachten geschenkt hatte, entwickelten sich prächtig. Als er der Ansicht war, die Erde sei trocken genug, nahm Ted sie aus ihren Töpfen und setzte sie in von Kitty frisch ausgehobene Löcher. Er war überrascht, als er unten in einem der Töpfe ein wasserdichtes Säckchen fand. Abwesend steckte er es ein.

Nachdem die anderen sich schlafen gelegt hatten,

setzte Ted sich mit den Büchern an den Tisch. Es war fast Mitternacht, und im Haus war es totenstill. Das einzige Geräusch, das die Stille störte, war das leise Ticken von Maddies Uhr.

Maddie. Er blickte durch die offene Schlafzimmertür auf ihre schlafende Gestalt. In ein paar Wochen würden er und Dan wieder mit den Holzfällern losziehen und auf gute Erträge hoffen. Hatte er ihr nicht etwas Geld für sie und die Kinder versprochen, wenn der Scheck kam? Er seufzte und kehrte zurück zu den Zahlenreihen, in der Hoffnung, auf einen Fehler zu seinen Gunsten zu stoßen. Aber die Endsumme blieb immer die gleiche. Da stand sie in ordentlichen schwarzen Zahlen ganz unten im Buch. Es würde nicht einmal reichen, damit Maddie in seiner Abwesenheit Vorräte kaufen konnte.

Er hob den Kopf und starrte blind an die Wand. Was sollte er tun? Er konnte sie ja nicht mittellos zurücklassen. Vielleicht konnte O'Reilly ihm aushelfen. Nur bis der Scheck für das Holz kam. Es widerstrebte ihm, den Ladenbesitzer erneut darum zu bitten, anzuschreiben. Er wollte nicht, dass seine prekäre finanzielle Lage sich in Boolai herumsprach. Es hätte ihm gerade noch gefehlt, dass dieser Aasgeier Tarlington ihn verhöhnte, dass er sich mit der neuen Parzelle wohl übernommen habe.

Seine Augen brannten, und sein Rücken schmerzte vom langen Sitzen in gebeugter Haltung. Er drehte sich zur Seite und streckte die Beine. Als er mit einem Arm die Jacke streifte, die er über die Rückenlehne des Stuhls gehängt hatte, fühlte er in der Tasche das Päckchen, das er in dem Rosentopf gefunden hatte.

Neugierig holte er das Säckchen heraus. Es war nass und schmutzig und roch nach Moos und feuchter Erde. Ungeduldig zerrte er mit ungeschickten Fingern an den Schnüren. Als diese gelöst waren, öffnete er den Beutel und kippte den Inhalt auf den Tisch.

Ungläubig starrte er auf das, was da zum Vorschein kam: ein mehrere Zentimeter dickes Bündel Geldscheine.

»O mein Gott«, flüsterte er überwältigt. »Das müssen mindestens eintausend Pfund sein.«

Sorgfältig machte er sich ans Zählen und stapelte die Zehn-Pfund-Noten auf dem Tisch. Einige waren leicht angeschimmelt, aber nicht wirklich beschädigt. Vor ihm lag mehr Geld, als er je auf einem Haufen gesehen hatte. 2600 Pfund, um genau zu sein. Ein kleines Vermögen.

Ted dachte an Heinrich, der das Geld in dem Topf versteckt hatte. Warum? Er schlug sich zornig mit einer Hand auf den Schenkel. Warum hat er sich umgebracht? Er hätte sich das Land leicht kaufen können; das Geld hätte hundertmal gereicht. Er hätte sich die harte Arbeit, die Entbehrungen und das alles nie antun müssen. Heinrich hätte bis zu seinem Lebensende ein beschauliches, sorgenfreies Dasein führen können. Warum also hatte er seinem Leben vorzeitig ein Ende gesetzt?

Da erst fiel sein Blick auf ein Stück Papier, von dem er geglaubt hatte, es gehöre zur Verpackung. Es war unbemerkt zu Boden gefallen. Er hob es auf und strich es auf der Tischplatte glatt. Die Tinte auf dem feuchten Papier war verschmiert, aber mit etwas Mühe konnte er die Worte entziffern.

Zu alt, um noch einmal neu anzufangen, aber zu jung zum Sterben. Also werde ich dem Tod etwas auf die Sprünge helfen. Es kommt eine Zeit, da wird es zur Last, jeden neuen Morgen zu begrüßen. Der Verlust der Liebe und der Trennungsschmerz sind für manche Menschen eben unerträglich. Für mich sind alle Tage gleich, nur noch ein endloses Warten auf das Ende. Verwendet das Geld mit Bedacht, vielleicht verhilft es euch ja zu dem Glück, das mir nicht mehr beschieden ist.

Heinrich

Ted legte einige Zehn-Pfund-Noten beiseite und bündelte anschließend den Rest wieder. Ein Teil von ihm hätte laut jubeln mögen vor Freude angesichts dieses unverhofften Geldsegens, wollte einen Freudentanz aufführen und triumphierend mit den Scheinen wedeln, aber ein anderer Teil war erfüllt von Trauer um den Mann, dessen Tod ihm so nahe gegangen war. Er stopfte das Bündel wieder in die Jackentasche. Morgen würde er ein sicheres Versteck suchen; vielleicht vergrub er den Schatz im Lehmboden der Scheune. Dort würde niemand das Geld finden. Die losen Zehn-Pfund-Scheine steckte er ein; er wollte sie am Morgen Maddie geben.

Erst als alles Geld weggesteckt war, ließ Ted seinen Gefühlen freien Lauf. Er ließ den Kopf hängen, zog die Schultern hoch und weinte lautlose Tränen.

Auf Kitty übte der Busch eine grenzenlose Faszination aus. Sie liebte es, inmitten der Bäume zu stehen und dem leisen Rascheln der Tiere um sie herum zu lauschen. Vögel zankten sich oben im Geäst, und kleine

Tiere huschten durch das lange Gras. Die Luft war erfüllt von Lärm und Farbe.

Sie ging oft zu der Wiese, auf der sie, Beth und Ted im Sommer inmitten der Blumen gelegen hatten. Die Blumen waren verwelkt, und das trockene Herbstgras wogte steif und stachelig im Wind. Der Ort erinnerte sie an andere Jahreszeiten, andere Abenteuer, an die Zeit vor Heinrichs Tod.

Der Schmerz war noch da, aber inzwischen erträglicher, abgemildert von den Monaten, die seither verstrichen waren. Bilder, die am Rand ihres Bewusstseins lauerten, drängten in den stillen Augenblicken vor dem Einschlafen in den Vordergrund. Inzwischen gab es sogar Momente, in denen sie sich nicht einmal mehr deutlich an Heinrichs Gesicht erinnern konnte und panisch ihr Gedächtnis nach den vertrauten Zügen durchwühlte. Seltsamerweise hatte sich Minnas Gesicht, das sie doch nur von dem Foto kannte, unauslöschlich in ihr Gedächtnis eingebrannt.

Am späten Nachmittag gingen Kitty und Layla nach dem Melken oft runter zum Fluss. Beth begleitete sie nicht mehr; sie hatte erklärt, dass es ihr keinen Spaß mehr mache, durch den Busch zu wandern. Allerdings schloss sich ihnen stattdessen des Öfteren Emma an, die dann an irgendwelchen Dornenbüschen hängen blieb oder über hervorstehende Wurzeln stolperte. Die älteren Mädchen hoben sie auf, klopften ihr den Staub aus den Kleidern und säuberten ihre zerschrammten Knie. Kitty fand Emma sehr hübsch mit ihren blonden Locken und dem Grübchen im Kinn. Sie lächelte ständig, plapperte wie ein Wasserfall und war überaus neugierig.

Zu Kittys Lieblingsplätzen gehörte ein von der Natur

geschaffenes, felsiges Becken unmittelbar am Fluss. Hier rann das Wasser über große, glatte und moosbewachsene Felsbrocken in ein tiefes, natürliches Bassin. Auf der dem Fluss abgewandten Seite bildeten die Felsen eine schmale Schlucht, die gerade breit genug war für einen Reiter. Die Tarlingtons benutzten diesen Durchgang seit jeher als Abkürzung, die ihnen mehrere Meilen ersparte.

»Ich frage mich, wo die Felsbrocken herkommen«, sinnierte Kitty und schaute forschend an den Steinen entlang gen Himmel.

Die drei Mädchen lagen auf einem großen Felsen in der Sonne. Emma setzte sich auf und schlang die Arme um die angezogenen Knie. Kitty blickte blinzelnd in die Sonne. Wenn sie ganz still lag und die Augen schloss, konnte sie das leise Zischen im Laub der Weide hören, durch das der Wind hindurchfuhr.

»Die Aborigines wissen, woher sie kommen«, entgegnete Layla. »Eine gemeine alte Frau meines Volkes, Mirrung nannte man sie, war unten am Fluss. Die Kinder des Stammes ärgerten und neckten sie, bis sie schließlich oben auf die Klippen stieg und die Felsbrocken auf sie hinabstürzen ließ.«

Emma legte sich auf den Bauch und stützte das Kinn auf die Hände. Aus großen Augen blickte sie ernst zu Layla auf. »Glaubst du, die Geschichte ist wahr? Dass unter den Felsen erschlagene Kinder liegen?«

Kitty setzte sich lachend auf. »Nein, Dummchen, das ist doch nur eine Geschichte. So wie die Legende vom Regenbogen.«

Layla kannte eine Fülle überlieferter Legenden ihres Volkes. In der Regel handelte es sich um metaphorische

Erzählungen für die natürlichen Phänomene, die sie umgaben, verwoben mit den unerklärbaren Gegebenheiten des Alltagslebens.

Dieser Tag war Laylas letzter Tag als ledige Frau, und sie waren mit einem Picknickkorb hergekommen, um diesen Anlass zu feiern. Layla war mit 17 Jahren recht groß und strahlte dabei Stolz und eine gewisse Würde aus. Die Zeit der mädchenhaften, kichernden Unsicherheit lag hinter ihr. Johnno, früher Ehemann ihrer älteren Schwester, die vor Jahren verstorben war, sollte nun ihr Mann werden.

»Erzähl mir von der Hochzeit«, bat Kitty und setzte sich auf. Sie musterte Layla erwartungsvoll, schrecklich neugierig, was die Geheimnisse der Ehe anging. Morgen würde ein geheimes Ritual ihre Jugendfreundin in eine verheiratete Frau mit Verantwortung und Pflichten verwandeln. Es würde keine Picknicks am Fluss mehr geben. Stattdessen würde Layla abends nach der Arbeit ins Lager zurückkehren, zu Johnno. Vielleicht würde es auch irgendwann Babys geben, kleine quengelige Würmchen, die Layla völlig beanspruchten. Kitty seufzte. Schon jetzt kam es ihr vor, als stünde eine neue Kraft zwischen ihnen.

Layla schüttelte lachend den Kopf. »Es ist keine richtige Hochzeit, Kitty. Es gibt keine Zeremonie. Wir erbitten nur den Segen des Stammesältesten, Old Jack. Und wenn der zustimmt, ist Johnno mein *nubung*, mein Ehemann.«

»Oh.« Kitty hörte die Enttäuschung in ihrer eigenen Stimme. Sie hatte sich das Ganze völlig anders vorgestellt, mit Tänzen und dem eigentümlichen Gesang, der manchmal vom Lager bis zu ihrer Hütte zu hören war.

Und jetzt schien es, als würde die Trauung ganz nüchtern und formlos vollzogen, ganz ohne Zeremoniell und Feierlichkeiten.

»Sei nicht traurig, Kitty. Ich bleibe deine Freundin, und ich werde auch weiterhin jeden Tag da sein, ganz so wie jetzt.«

»Gut«, sagte Emma. »Dann brauche ich nicht beim Waschen zu helfen. Ich hasse Waschen!«

Kitty machte ein grimmiges Gesicht und blickte nach oben in das Blau des Himmels. Verzweiflung regte sich in ihr. Sie alle wurden erwachsen. Die Kindheit neigte sich dem Ende zu. Trotz Laylas Versprechen wusste sie, dass nichts so bleiben würde, wie es war, ihre unbeschwerte Freundschaft und die sorglosen Sommertage waren vorbei. Alles würde sich ändern, und sie konnte nichts tun, um den Lauf der Zeit aufzuhalten.

Dan hielt inne und betrachtete das Bild, das sich ihm bot. Durch die Weiden hindurch sah er die drei Mädchen auf dem Felsen liegen. Laylas dunkle Haut stand in krassem Kontrast zu der der anderen beiden. Kittys rotgoldenes, offenes Haar leuchtete in der Sonne, und Emmas schimmerte gelb wie reifer Mais. Emma liebte es, auf seinem Schoß zu sitzen und sich an seine Brust zu schmiegen wie ein kleines Kätzchen. Er fühlte eine Woge der Zärtlichkeit zu dem Mädchen in sich aufsteigen.

»Heh!«, rief er und zog das Pferd am Zügel vorwärts. »Seht mal, was ich hier habe.« Er hielt die zusammengebundenen Tauben hoch, die er an diesem Nachmittag erlegt hatte. Dan band sein Pferd an einem tief hängenden Ast fest und ging auf die Mädchen zu, das Gewehr locker unter einen Arm geklemmt. Sonnenlicht spiegelte sich auf dem Wasser und warf blitzende Reflexe durch die Bäume. Er kniff die Augen vor dem blendenden Licht fast vollständig zusammen.

»Hallo alle miteinander«, sagte Dan und setzte sich auf einen Felsbrocken dicht bei den Mädchen. Kitty setzte sich auf, rollte ihr Haar zusammen und steckte es im Nacken mit einer Spange fest. Einige Strähnen entkamen, und er fragte sich flüchtig, wie sie es schaffte, ihre wallende Mähne überhaupt einigermaßen zu bändigen. Kittys Haar hatte einen Rotschimmer wie Maddies, während Beth und Emmas Haar ganz hell war, fast weiß. Und schließlich Ted mit seinen dunklen Haaren. Er zuckte leicht die Achseln. Für ihn war das alles ein Buch mit sieben Siegeln.

Randolph Tarlington hörte aus der Richtung des Flusses Gelächter und runzelte die Stirn.

»Verdammt!«, fluchte er und verlagerte das Gewicht im Sattel. Er hatte, um Zeit zu sparen, die Abkürzung über das Land der Halls genommen. Und hatte Hall ihm nicht an jenem Tag im Grundbuchamt untersagt, sein Land zu betreten? Natürlich hatte er sich nie um die Warnung geschert und war seither schon unzählige Male hier langgeritten, ohne zu fürchten, entdeckt zu werden. Und jetzt saßen seine Nachbarn keine hundert Meter von der Felsschlucht, die er durchqueren musste, in der Sonne.

Randolph versuchte zu erkennen, um wen es sich bei den Personen handelte, die er durch die Bäume ausmachen konnte. Layla erkannte er gleich. Dann waren da noch Halls jüngerer Bruder und zwei junge Mädchen. Gut! Von Hall selbst war weit und breit nichts zu sehen. Er drehte sich zu Hugh und Dominic um, die hinter ihm ritten, und legte einen Finger auf die Lippen, um ihnen zu bedeuten, leise zu sein. Die Entfernung müsste ausreichen. Wenn sie vorsichtig waren und die Pferde nicht wieherten, konnten sie sich vielleicht unbemerkt vorbeischleichen. Er hob die Zügelhand und trieb sein Pferd an.

Dan holte unaufgefordert seine Mundharmonika hervor. Kitty sah zu, wie seine Lippen an dem Instrument entlangglitten und diesem eine traurige, wehmütige Melodie entlockten. Sie schloss die Augen und verlor sich ganz in der Musik. Ein Schwarm wilder Tauben ließ sich gurrend über ihnen im Geäst nieder. Papageien krächzten heiser. Kitty dachte an Layla, halb Frau, halb Mädchen, die sie nicht mehr brauchte, und an Johnno, der sie zur Frau nehmen würde. Dann wandten sich ihre Gedanken Maddie zu, die den Busch hasste, und anschließend Heinrich, Minna und Ted. Bridie und Mayse, zwei so gegensätzliche Frauen, die sich doch vom Naturell her so ähnlich waren. Dan, der jetzt in Heinrichs Haus lebte. Alles um sie herum veränderte sich, schritt fort und ließ sie zurück.

Zornig blickte sie hinauf zu den lärmenden Vögeln. Warum waren sie so unbeschwert und glücklich und machten einen solchen Radau? Sie dachte an die Tauben, die Dan ihnen vorhin gezeigt hatte; gut genährte Jagdbeute für Maddies Kochtopf. Sie konnte ebenso viele Vögel erlegen wie Dan. Sie wusste, dass sie es konnte.

Hatte Ted nicht selbst gesagt, dass sie sich zu einem hervorragenden Schützen entwickelt hatte?

Sie blickte zu Dan hinüber. Er hatte die Augen beim Spielen geschlossen. Neben ihm auf dem Boden lag sein Gewehr. Sie wusste, dass es immer schussbereit war, wenn auch nicht geladen. Neben der Waffe lag der Beutel mit den Patronen. Ganz langsam tastete sie sich näher heran. Layla lag still da und betrachtete Dan, und Emma war damit beschäftigt, Grimassen zu schneiden. Kittys Hand schloss sich um den Gewehrkolben; das Holz fühlte sich kühl und glatt an. Dan würde wütend werden; er hasste es, wenn jemand sein Gewehr anfasste.

Randolph Tarlington seufzte erleichtert, als er und die Jungen sich der Felsschlucht näherten. Bald hatten sie es geschafft, und niemand hatte etwas gemerkt. Vorsichtig lenkte er sein Pferd in den Durchgang, der so eng war, das seine Stiefel rechts und links die Felswand streiften.

Der Knall kam völlig unerwartet, und einen Moment hörte er nichts mehr außer dem Dröhnen in seinen Ohren. Das Pferd wieherte ängstlich, warf sich erst zur Seite und stieg dann in Panik. Randolph konnte sich nicht halten und stürzte schwer zwischen die gezackten Felsen. Nach Luft ringend saß er da, nicht in der Lage auszuweichen, als sein Pferd noch einmal ausschlug, bevor es davonpreschte. Ein dumpfer Schmerz durchzuckte ihn, als der Huf gegen sein Bein krachte. Er hob den Blick. Hugh und Dominic hockten kreidebleich und mit offenem Mund auf ihren tänzelnden Pferden.

Randolph erhob sich mühsam. Er sah Blut an seiner Reithose. Welcher Idiot hatte da geschossen? Bestimmt der junge Hall, der vor den Mädchen angeben wollte. Wüst fluchend humpelte er hinter seinem Pferd her.

Dan fuhr erschrocken zusammen, als der ohrenbetäubende Knall ertönte. Er ließ die Mundharmonika fallen und sprang auf, als auch schon ein Pferd durch das Gebüsch auf ihn zupreschte. Sein eigenes Pferd wieherte, als die Rappstute mit weit aufgerissenen Augen und Schaum vor dem Maul auf die Lichtung jagte. Dan sah eine blutende Wunde an ihrer Flanke. Er stellte sich dem Pferd mit ausgebreiteten Armen in den Weg, um es aufzuhalten.

»Hola, ruhig«, sagte er besänftigend, als er die Zügel zu fassen bekam, und schaute dann genauer hin. Er hatte das Pferd schon einmal gesehen, aber wo? Er versuchte, sich das Tier in einer vertrauteren Umgebung vorzustellen. Natürlich. Die Stute gehörte Randolph Tarlington.

»Nimm die Pfoten von dem Pferd, du verfluchter Idiot! Herumballern und anderer Leute Pferde erschrecken. Man sollte meinen, Sie hätten etwas mehr Verstand, Hall.« Keuchend stolperte Randolph auf die Lichtung.

»Passen Sie auf, was Sie sagen, Tarlington. Es sind Damen anwesend.«

»Wo ist das Gewehr?«, wollte Randolph wissen, ohne Dans Einwand zu beachten. Er blickte sich suchend um. »Los, geben Sie es mir.«

Kitty stand etwas abseits, das Gewehr noch in der Hand. Mit wenigen Schritten war Randolph bei ihr und riss ihr die Waffe aus der Hand. Kitty strauchelte, knickte um und landete unsanft auf dem Allerwertesten.

Dan wusste selbst nicht, wie es kam, dass er Randolph Tarlington plötzlich beim Kragen gepackt hielt. Eben hatte er noch völlig verdattert dagestanden, und im nächsten Moment blickte er Tarlington in die braunfleckigen Augen. Grob zog er den älteren Mann zu sich heran. Er konnte Tarlingtons angestrengten Atem hören und seine Schnapsfahne riechen. Er sah, wie die Haut an Tarlingtons Hals blass wurde, als er den Stoff enger zusammenzog. Tief aus seinem Inneren wallte rasender Zorn auf.

Randolphs Augen blitzten zornig. »Lass mich los, Junge!«

Die Anrede reizte Dan nur noch mehr. Junge! Er betrachtete sich schon seit Jahren nicht mehr als Kind. Er war ein Mann und kein kleiner Junge, den man herumkommandieren konnte. Anstatt loszulassen, packte er noch fester zu.

»Das hier ist unser Land, Tarlington, nicht Ihres. Sie halten sich widerrechtlich hier auf. Und was das Gewehr betrifft, schießen wir, worauf wir Lust haben.«

»Was Sie nicht sagen?« Tarlington wandte den Kopf steif Hugh und Dominic zu, die zwischenzeitlich hinzugekommen waren. »Ihr nutzlosen Idioten«, herrschte Randolph sie an. »Wenn ihr mir schon nicht helfen wollt, könnt ihr ebenso gut nach Hause reiten. Es gibt viel zu tun. Los, verschwindet.«

Hugh war unnatürlich blass, als er zu seinem Pferd zurückging und sich in den Sattel schwang. Dominic allerdings blieb, wo er war, ein schadenfrohes Lächeln auf den Lippen. *Los, Dan,* ermutigten seine blitzenden Augen seinen Nachbarn. *Schlag zu! Mach ihn fertig!*

Dans Blick glitt zwischen den Brüdern hin und her. Seine Hand war zur Faust geballt. Nur ein Schlag, und es würde Blut spritzen. Die Muskeln an seinem Arm spannten sich, bereit vorzuschnellen.

Dan zögerte. Nach und nach gewann die Vernunft die Oberhand, er öffnete die Hand und riss dem Mann das Gewehr aus der Hand. Dann ließ er auch den Hemdkragen seines Gegenübers los und stieß Tarlington von sich. Er blickte wieder auf Dominic und sah die Enttäuschung in dem gesenkten Blick des jungen Burschen.

»Machen Sie, dass Sie wegkommen, Tarlington«, zischte Dan. »Sie haben hier nichts zu suchen. Wenn ich Sie jemals wieder auf meinem Land erwische, werde ich keine nachbarschaftliche Milde mehr walten lassen.«

TEIL IV

Maddie

KAPITEL 27

Einige Tage nach der Heirat von Layla und Johnno meldete die junge Aborigine sich bei den Halls zurück.

»O Layla!«, rief Kitty entzückt aus und umarmte ihre Freundin spontan. »Ich dachte schon, du würdest gar nicht mehr zurückkommen.«

Maddie und die Mädchen umringten sie. Layla strahlte sie an. »Ich bin zurück, Miss Maddie. Die Heirat ist besiegelt.«

Der Schulunterricht wurde ohne Layla fortgeführt, die es jetzt eilig hatte, nach der Arbeit zu ihrem Mann zurückzukehren. Johnno verwandte derweil seine Freizeit darauf, unten am Fluss eine Lehmhütte zu errichten. Sie stand dicht beim Eingeborenenlager, ein nettes, kompaktes Häuschen, aus dem noch weit nach Einbruch der Dunkelheit Hämmern zu hören war.

Als die Hütte nach Weihnachten schließlich fertig war, wurde deutlich, dass Layla schwanger war. Kitty beobachtete über die Monate fasziniert, wie Laylas Bauch sich gegen den dünnen Stoff ihres Kleides drückte, und sie lachten, wenn die Bewegungen des Kindes durch die Bauchdecke hindurch zu sehen waren.

»Das Baby tritt mich«, erklärte Layla. Als sie Kittys

Unsicherheit spürte, sagte sie: »Leg die Hand auf meinen Bauch, dann kannst du es fühlen.«

Zögernd bewegte Kitty die Hand auf Laylas Bauch zu. Die Haut fühlte sich fest und gespannt an. Dann bewegte sich das Baby wieder und jagte ein Zittern durch den Körper seiner Mutter.

Layla kicherte. »Johnno sagt, ich wäre *goompee*.«

»Was heißt das?«

»Kugelrund.«

Kitty besuchte Layla oft an den Wochenenden und nutzte gern einen Überschuss an Gemüse aus dem eigenen Garten, um auch zwischendurch rüberzugehen. Die Hütte wirkte spartanisch, war aber von solcher menschlichen Wärme und Liebe erfüllt, dass man sich dort einfach wohlfühlen musste. Das junge Paar besaß nur wenig. Maddie hatte Layla einige Haushaltsutensilien überlassen wie eine Pfanne, ein paar alte Teller und ein halbes Dutzend abgenutzter Laken.

Kitty und ihre Freundin hatten viel Spaß in der Hütte. Johnno wusste immer alte Geschichten oder halb vergessene Lieder, die seit Jahrzehnten von Generation zu Generation weitergegeben wurden. Kitty beobachtete die beiden, wenn sie gemeinsam am Lagerfeuer saßen. Johnno, der sich zurückgelehnt auf die Ellbogen stützte, und Layla, die im Schneidersitz dasaß, die Arme schützend um den dicken Bauch gelegt. Zwei Menschen, die sich nicht berührten und doch verbunden waren durch einen heiligen Eid und das neue Leben, das sie geschaffen hatten.

Kitty genoss den Frieden, der in der kleinen, einfachen Hütte herrschte, fühlte, wie sie so weit entspannte, dass sie zu lethargisch wurde, zum sich zu rühren. Es war, als würden allein dadurch, dass sie auf der nackten Erde saß, ihre Ängste besiegt, sodass sie die Vergangenheit hinter sich lassen konnte. Nach einiger Zeit konnte sie endlich ohne das Gefühl quälenden Verlustes an Heinrich denken.

Ted versteifte sich im Sattel, als er auf den Paddock vor dem Haus ritt. Im Schatten eines Baumes graste Reverend Careys Pferd, ein magerer, gedrungener und struppiger Apfelschimmel.

Manch respektlose, ungläubige Seele mochte sich ein Lachen nicht verkneifen können, wenn sie den Reverend vorbeireiten sah. Ted hatte sich jedenfalls manches Mal eines Lächelns nicht erwehren können. Der Priester war ein groß gewachsener, schlaksiger Mann, gerade mal zwanzig, mit sehr hellen Augen und einem ständig salbungsvollen Ausdruck auf dem jungen Gesicht. Er und sein treues Pferd passten auf eigentümliche Art zusammen, ein sonderbares, klapperdürres Paar, das unerschütterlich im Schneckentempo den staubigen Straßen von Queensland folgte.

Gewöhnlich wurde ihnen die Ankunft des Priesters angekündigt: Clarrie Morgan warnte sie vor, und Ted sorgte immer dafür, dass er an diesem Tag etwas Wichtiges außer Hause zu erledigen hatte. Für den heutigen Besuch war die Vorwarnung jedoch ausgeblieben.

Und jetzt stand das Pferd vor seinem Haus, und es deutete alles darauf hin, dass er drinnen Reverend Carey am Esstisch antreffen würde, bei Tee und hausgebackenen Plätzchen. Nicht, dass er sich an Maddies Wunsch nach spiritueller Führung gestört hätte, auch

wenn er manchmal den Verdacht hatte, dass dieses Bedürfnis mehr aus Einsamkeit resultierte als aus Notwendigkeit. Er persönlich zog es jedoch vor, den Priester mit den ausdruckslosen Augen und eintönigen
Predigten zu meiden. Ted fluchte. Er war seit Tagesanbruch draußen gewesen und hatte Zäune auf der neuen
Parzelle repariert; er sehnte sich nach einem heißen
Tee.

Leise brachte er sein Pferd in den Stall. Wenn er ganz
vorsichtig war, konnte er vielleicht unbemerkt in die
Küche schleichen und sich einen Tee und ein paar Kekse
holen.

Aus dem Esszimmer hörte er Tassenklirren und Stim-
mengemurmel. Ted machte es sich auf einem Stuhl am
Feuer gemütlich, lehnte sich zurück und streckte die
Füße aus. Der Duft backenden Brotes hing in der Luft.
Der Tee wärmte ihn und brachte seinen knurrenden
Magen vorübergehend zum Schweigen. Die Wärme des
Feuers machte ihn schläfrig. Er schloss die Augen und
entspannte sich. Langsam wich die Kälte aus seinen
Gliedern.

»Nur fünf Minuten«, murmelte er leise, als die Katze
auf seinen Schoß sprang und dort nach Plätzchenkrü-
meln suchte.

»Dann gehe ich wieder an die Arbeit.«

Er nickte ein, von der Wärme und den leisen Geräuschen aus dem Esszimmer eingelullt. Ein gedämpftes
Kichern weckte ihn, und als er die Augen aufschlug, sah
er, dass er von einem Kreis von Gesichtern umgeben
war. Schläfrig blickte er sich um – Maddie, die peinlich
berührt wirkte, Kitty, Beth, Emma, die schwangere
Layla und Reverend Carey.

»Bist du krank, Papa?«, fragte Emma, schob die Katze beiseite und kletterte auf seinen Schoß.

»Ted, du bist herzlich willkommen, dich zu uns ins Esszimmer zu gesellen. Reverend Carey erzählte gerade ...«

Ted winkte ab. Wenn er schnell reagierte, konnte er sich unter irgendeinem Vorwand noch aus dem Staub machen. Aber da reichte Reverend Carey ihm die Hand, um ihm aus dem Stuhl zu helfen. Zu spät; er saß in der Falle.

»Kein Problem, Ted. Wir haben alle unseren Tee getrunken; Sie kommen gerade noch rechtzeitig, um sich uns im Gebet anzuschließen.«

Der Anflug unerklärlicher Trauer, die er verspürte, als er die Straße zur Hütte der Halls hinunterfuhr, kam ganz plötzlich und unerwartet für Clarrie Morgan. Die kleine Hütte sah irgendwie heimelig aus mit der gerodeten Lichtung davor, den kleinen, eingezäunten Weiden und dem großen, gepflegten Gemüsegarten.

Als er seine Gefühle genauer betrachtete, kam er zu dem Schluss, dass es weniger um Haus und Land ging als um die Frau, die dort lebte, Maddie. Sie besaß eine fast ätherische Schönheit mit blasser, durchscheinender Haut und großen grauen Augen, denen nichts zu entgehen schien. Wie die Lady auf diesem italienischen Gemälde, von dem er erst letzte Woche in der Zeitung gelesen hatte. Mona soundso. Er kratzte sich am Kopf. Verdammt, er konnte sich einfach keine Namen merken.

Ihren Namen hatte er allerdings nie vergessen. Maddie. Er klang irgendwie wie aus einem Buch. Sie hatte ihm einmal erzählt, dass es die Abkürzung für Madeleine sei. Er hatte den Namen später für sich allein laut ausgesprochen und versucht, ihn mit ihrem Gesicht in Verbindung zu bringen, aber das war misslungen. Madeleine. Das klang so streng. Maddie war freundlicher, ein angenehm weich klingender, runder Name.

Außerdem war Maddie ruhig und still, ganz anders als ihre Quasselstrippe von einer Schwester. Die kleine Kitty war ein völlig anderer Typ, das heißt, so klein war sie gar nicht mehr. Aus der Ferne sahen sich die Schwestern mit ihrem rotgoldenen Haar und dem blassen Teint zum Verwechseln ähnlich, aber aus der Nähe betrachtet hätten sie gegensätzlicher nicht sein können.

Clarrie bog um die letzte Wegbiegung, und da lag sie vor ihm, die kleine Hütte mit den liebevoll gepflegten Rosenbüschen. Er hatte seinerzeit gerüchteweise von Heinrichs Tod gehört und davon, wie Ted Tarlington beim Grundbuchamt um Minuten zuvorgekommen war.

»Gut gemacht«, hatte Clarrie Ted gratuliert und ihm anerkennend auf die Schulter geklopft. »Randolph Tarlington hatte einen Dämpfer nötig. Freut mich, dass Sie derjenige waren, der ihm eine Lektion erteilt hat.«

»Ja, Schnee von gestern.« Ted hatte irgendwie den Eindruck erweckt, als fühle er sich nicht ganz wohl bei der Sache.

»Ich wünschte, ich hätte im Grundbuchamt dabei sein und Tarlingtons Gesicht sehen können.«

Darauf hatten die beiden Männer herzlich gelacht, der eine bei der Erinnerung, der andere bei der Vorstellung der Szene.

Clarrie kümmerte sich inzwischen ganz allein um die Post, nachdem Jim im vergangenen Jahr eine andere Route übernommen hatte. Fast war es Zeit, fand Clarrie, sich eine weniger beschwerliche Art, seinen Lebensunterhalt zu verdienen auszudenken. Er war fast vierzig und wollte nicht ewig nur unterwegs sein.

»Jetzt wo sie die Straße in Ordnung gebracht haben, überlege ich mir, den Job dranzugeben. Heute kann man locker in zwei Tagen von Beenleigh bis über die Grenze. Die ganzen Schlag- und Schlammlöcher sind aufgefüllt oder trockengelegt worden. Es ist nicht mehr so wie früher«, sagte er zu Ted.

Clarrie galt in der Gegend als wandelnde Informationsbörse. Er hatte immer irgendeine Geschichte auf Lager. Er hielt sie auf dem Laufenden, was die Ereignisse in den umliegenden Ortschaften anbelangte, berichtete von der Leiche, die man weiter westlich am Skinner's Creek gefunden hatte, von dem Buschfeuer am Pine Tree Gap oben in den Bergen. Maddie verwöhnte ihn, schwatzte ihm noch eine Tasse Tee und noch ein Stück Kuchen auf. Als wolle sie seine Weiterfahrt hinauszögern.

»Wie weit kommen Sie noch bis heute Abend?«, fragte sie und musterte ihn aus ihren unvergleichlichen grauen Augen, als er sich anschickte aufzubrechen.

»Ach, bis irgendwo in den Bergen. Ich suche mir ein Holzfällerlager, in dem ich für die Nacht unterkommen kann. Wir teilen dann ihr Lagerfeuer und meine Fressalien. Ist ein einsames Leben oben in den Bergen, allein unter Bäumen, Abos und Dingos. Und natürlich den *Kookaburras,* die einen jeden Morgen mit ihrem Geschrei wecken.«

Er wusste, dass Maddie sehr gut verstand, was er meinte.

Auch ohne zurückzublicken wusste er, dass sie auf der Veranda stand und seinem Wagen nachschaute, an dem das Ersatzpferd mit den fast leeren Packtaschen festgebunden war. Dann würde sie seufzen und in die Küche zurückgehen, um sich fast gierig über die Briefe und Zeitungen herzumachen, bis die Buchstaben durch die unausweichlichen Tränen vor ihren Augen verschwammen.

Clarrie hatte viele Spitznamen und kam mit jedem gut aus. Er war ›herumgekommen‹, wie man sagte, und es gab nicht mehr viel im Leben, das ihn überraschen oder sein Mitleid erregen konnte. Aber Frauen wie Maddie flog sein großes, weiches Herz zu. Den einsamen Frauen im Buschland.

Nach Clarries Versicherung, die Straße nach Norden sei inzwischen sehr gut befahrbar, schlug Ted einen Ausflug nach Beenleigh vor.

»Johnno kann dich begleiten und den Wagen lenken. Nimm die Mädchen mit. Das wird eine nette Abwechslung, vor allem für Beth und Emma.«

Einige Tage später brachen sie frühmorgens auf. Es war so kalt, dass ihr Atem weiße Dampfwolken bildete. Ted stand am Tor und winkte ihnen zum Abschied. »Mach dir wegen Layla keine Sorgen, ich werde auf sie aufpassen«, versicherte er Johnno.

»In Ordnung, Boss«, entgegnete Johnno mit einem Grinsen und warf einen zärtlichen Blick auf seine Frau.

Clarrie hatte nicht übertrieben. Die Straße war breiter und in viel besserem Zustand als bei ihrem letzten Besuch in der Stadt, damals, als Ted Heinrichs Parzelle gepachtet hatte. Die tiefen Furchen, die damals das Vorwärtskommen noch so erschwert hatten, waren irgendwie eingeebnet worden, und eine Brücke hatte eine der Fähren abgelöst. Am Nachmittag trafen sie in Beenleigh ein. Vom Fluss her wehte ein kalter Wind, der das hohe Gras am Straßenrand wellte. Maddie eilte mit den Mädchen ins Hotel, und sie gönnten sich alle den Luxus eines heißen Bades.

Später, als die Kinder schliefen, nahm Maddie das Geld aus ihrer Börse und zählte es noch einmal. Zwanzig Pfund! Ihr eigenes Geld, über das sie völlig frei verfügen durfte. Ted hatte es ihr am Vorabend in die Hand gedrückt.

»Kauf dir etwas Schönes«, hatte er gesagt und sie auf die Wange geküsst. »Du hast es weiß Gott verdient.«

Da hätte sie es ihm beinahe gesagt, hatte sich aber dann im letzten Moment doch zurückgehalten, weil sie erst ganz sicher sein wollte. Am Morgen war ihr wieder übel gewesen. Sie war sicher, schwanger zu sein. Ein kurzer Besuch beim Doktor am nächsten Tag würde ihr Gewissheit verschaffen. Glücklich betrachtete sie das Geld, ehe sie es wieder sorgfältig wegsteckte.

Der Doktor – auf dem Praxisschild stand er als Dr. Theodore Grace – untersuchte sie unter dem über ihren Unterleib gebreiteten Laken und bestätigte, was sie bereits geahnt hatte.

»Ich würde sagen, wir können um Weihnachten herum mit dem Familienzuwachs rechnen, Mrs. Hall«, sagte er und bedeutete ihr, sich hinter der spanischen Wand wieder anzukleiden.

Hinterher traf Maddie sich wie vereinbart mit den Mädchen im Gemischtwarenladen. Sie musste die üblichen Vorräte einkaufen – säckeweise Mehl und Zucker, Tee, Johannisbeeren, Rosinen, Reis, Senf, Currypulver, Marmelade, Pökelfleisch, Seife, Pfeffer, Streichhölzer und Saatgut für den Gemüsegarten. Als dieser Teil der Einkäufe erledigt war, schaute sie sich in aller Ruhe um, in dem Bewusstsein, sich ein paar Extravaganzen leisten zu können.

Sie schaute sich die Stoffe an und wählte einige besonders weiche für das neue Baby aus. Teds Sohn. Das Kind, das sie sich so lange gewünscht hatten. Wie glücklich er sein würde, wenn sie ihm die Neuigkeit mitteilte. Als sie ihre Wahl getroffen hatte, verließ sie den Laden. Johnno ächzte unter der Last – ein ganzer Ballen Kaliko, Nähnadeln und Faden, Meterweise Linon und Batist sowie Süßigkeiten für die Kinder und einen Beutel Tabak für Ted. Das letzte Mitbringsel wollte sie im Hotel besorgen: ein Fässchen Rum.

Anfang Juli brachte Layla einen kleinen Jungen zur Welt. Schon am folgenden Tag kam sie zurück, um ihren gewohnten Arbeiten im Haushalt nachzugehen, wobei sie das Baby mitbrachte, das friedlich in einer gepolsterten Kiste am warmen Feuer schlief. Dieses Arrangement kam allen entgegen. Layla verbrachte die Vormittage mit Waschen und Putzen. In regelmäßigen Abständen wachte der Säugling auf und verlangte ihre Aufmerksamkeit.

»Darf ich gehen und mein Baby füttern, Missus?«, fragte sie stets.

Maddie nickte, und Layla setzte sich in die Küche, um ihren Sohn zu stillen. Man traf sie häufig mit offener Bluse vor dem Feuer an, wie sie dem Kleinen die Brust gab. Kitty leistete ihr oft Gesellschaft, strich dem Säugling über den seidigen Haarflaum und sah zu, wie seine winzigen Lippen an Laylas brauner Brust saugten.

»Ich möchte später einmal viele Kinder haben.«

»Bis dahin ist noch viel Zeit, Kitty.«

»Ich bin vierzehn«, protestierte sie. »Nur vier Jahre jünger als du.«

Layla antwortete nicht darauf, sondern drückte stattdessen ihrem Kind einen Kuss auf das Köpfchen.

»Ist es schön, einen Mann und ein Baby zu haben? Und ein eigenes Haus?«

»Nicht Dinge zu besitzen macht einen glücklich, Kitty. Sondern die Zufriedenheit mit dem, was man hat. Glück spielt sich hier drin ab.« Layla tippte sich auf die Brust. »Das musst du lernen.«

Kitty schüttelte den Kopf. »Ich verstehe das nicht. Ted sagt immer, dass es wichtig ist, im Leben etwas erreichen zu wollen. Gib dich nie mit etwas zufrieden, habe ich ihn zu Dan sagen hören. Man solle immer ein Ziel vor Augen haben, etwas, worauf man hinarbeitet. Und jetzt sagst du, ich solle mit dem zufrieden sein, was ich habe. Was ist denn jetzt richtig?«

»Ah, das ist etwas anderes. Ted ist ein Mann. Für Männer gelten völlig andere Regeln. Außerdem ist in Teds Augen nichts unmöglich. Er kennt die Bedeutung dieses Wortes gar nicht.«

»Das ist nicht fair!«

»Vielleicht nicht. Aber so ist das Leben nun einmal.«

Kitty wusste nicht, was sie erwidern sollte. Sie wusste, dass es stimmte. Aber es ärgerte sie maßlos. Warum sollten nur Männer sich Ziele setzen und Pläne schmieden dürfen? Warum trafen sie alle Entscheidungen? Je mehr sie darüber nachdachte, desto verwirrter wurde sie.

Layla nannte ihren Sohn Billinooba, was in ihrer Sprache ›Ort der Papageien‹ bedeutete. Alle nannten ihn nur Little Bill. Im Laufe der nächsten Monate entwickelte er sich zu einem wahren Wonneproppen, der jeden anlachte, der in seine Nähe kam. Es ist schön, wieder ein Baby im Haus zu haben, dachte Kitty, die es liebte, sich mit dem Kleinen zu beschäftigen.

Um die Mittagszeit war Layla in der Regel mit ihrer Arbeit fertig. Kitty blickte ihr nach, als sie mit ihrem Baby auf dem Arm davonging, zu ihrer eigenen kleinen Hütte und ihrem zweiten Dasein als Ehefrau und Mutter.

KAPITEL 28

Im September belohnten die Rosen Kitty für die aufopferungsvolle Pflege mit einer unglaublichen Fülle an Knospen. Mit der Zeit öffneten sich die ersten grünen Hüllen, und zum Vorschein kamen zartrosa Blütenblätter, die in der Sonne schimmerten wie Perlmutt.

Wäsche und Gartenarbeit gehörten zu den Pflichten der Mädchen. Maddie werkelte derweil in der Küche herum, kochte und putzte. Fast schien es, als würde sie diesen Raum gar nicht mehr verlassen. Gemüse musste eingelegt, Obst eingekocht und Mahlzeiten zubereitet werden, Arbeit am Fließband, sodass sie abends todmüde ins Bett fiel. Die Freude über die Schwangerschaft wurde bald getrübt. Das Kind war so schwer, und bis zur Geburt waren es noch Monate. Ihr Bauch hatte schon beträchtliche Ausmaße angenommen, und von der Hitze schwollen ihre Beine und Fußknöchel an. Sie mochte gar nicht an den bevorstehenden Sommer denken.

Bald würde sie es den Mädchen sagen müssen. Die weiten Kleider verbargen weiß Gott nicht mehr viel. Emma würde begeistert sein, auch wenn das Baby für sie alle Mehrarbeit bedeutete. Maddie ließ sich seufzend auf den nächstbesten Küchenstuhl sinken. Bedächtig legte sie die Arme um den Bauch und fühlte ihr Kind strampeln.

Das Baby sollte Ende Dezember kommen. Weihnachten und Neujahr gingen vorbei, aber immer noch deutete nichts auf eine bevorstehende Niederkunft hin. Sie hielt sich nur noch im Haus auf, aufgeschwemmt und unter der Hitze leidend. Ted ließ sie nicht aus den Augen, verhätschelte sie, wo er konnte, und machte sie damit ganz nervös. Sie konnte es nicht ertragen, angefasst zu werden, egal, von wem. Das Baby trat und strampelte und wuchs, bis sie glaubte, ihr Bauch würde platzen. Jeden Abend, wenn sie sich auf das Bett sinken ließ, betete sie, dass der nächste Tag sie von der Last erlöste.

Mitten in der Nacht wachte sie auf und stellte fest, dass ihr Nachthemd völlig durchnässt war. Zuerst glaubte sie noch, es wäre nur Schweiß, setzte sich mühsam auf und wollte die Laken zurückschlagen, merkte aber dann, dass sie diese bereits ans Fußende des Bettes gestrampelt hatte. Dann fühlte sie, wie ihr warme Flüssigkeit die Beine hinablief. Hastig schüttelte sie Ted wach. Er stöhnte und rollte sich ihm Schlaf zu ihr herum.

»Das Baby, Ted«, flüsterte sie, um die Mädchen nicht zu wecken.

»Ist es soweit?« Er war sofort hellwach und tastete in der Dunkelheit nach ihr. »Ist mit dir alles in Ordnung?«

»Ja, ja.«

Er sprang aus dem Bett und lief aus dem Zimmer. Eine halbe Stunde später kehrte er mit einer ganz verschlafenen Mayse zurück, die wie vereinbart als Hebamme agieren sollte. Aber es dauerte noch fast anderthalb Tage, bis das Baby endlich geboren wurde, drei Wochen vor Kittys 15. Geburtstag, im selben Bett, in dem es gezeugt worden war.

Kittys Augen brannten von zu wenig Schlaf. Sie alle hatten in den vergangenen zwei Nächten kaum ein Auge zugetan, wach gehalten von Maddies Stöhnen und Schreien jenseits des Vorhangs, der das Schlafzimmer vom Esszimmer trennte. Sie hatte versucht, nicht hinzuhören. Die Geräusche machten ihr Angst. Schmerzen?, dachte sie verwirrt. War es immer so schlimm, ein Baby zu bekommen? Sie versuchte, die Laute aus dem Nebenraum auszublenden, und half Mayse so gut es ging, indem sie das Feuer in Gang hielt und reichlich heißes Wasser und saubere Handtücher bereitstellte.

Kitty legte den Kopf schräg und lauschte, als die ersten schwachen Schreie des Babys ertönten. Nach einigen Minuten rief Mayse Ted herein. Kitty war froh, als er endlich ging. Er hatte sie ganz verrückt gemacht mit seinem rastlosen Aufundabgehen.

Etwas später kam Mayse schnaubend in die Küche.

»Ein Mädchen«, verkündete sie. »Ted ist enttäuscht, dabei sollte er froh sein, dass beide noch leben. Armes kleines Würmchen. Hat schwere Stunden hinter sich, und Maddie ist ebenfalls völlig am Ende. Lasst ihnen noch ein paar Minuten, dann könnt ihr auch reingehen. Aber nur kurz.«

Kitty stand in der Tür zu Maddies Zimmer, hielt den Vorhang zur Seite und spähte hinein. Es sah alles aus wie immer, abgesehen von der Korbwiege neben dem Waschtisch. Sie ging auf die Wiege zu. Das Baby hatte die Augen weit offen und starrte an die Zimmerdecke. Es war ein sehr großes, schmales Baby, wunderhübsch gebaut und mit makelloser Haut.

Maddie lag mit geschlossenen Augen im Bett, ihre Haut beinahe durchsichtig nach den Anstrengungen der letzten Stunden. Ted saß bei ihr, hielt ihre Hand und fühlte sich sichtlich unwohl und fehl am Platze.

»Sie ist wunderschön, Maddie«, sagte Kitty, bemüht, den enttäuschten Ausdruck in Teds Augen zu übersehen.

»Sei nicht traurig, Liebes«, sagte Ted leise und drückte Maddies Hand. »Es wird noch mehr Babys geben, du wirst sehen. Das nächste wird ein Sohn.«

Maddie lächelte schwach. »Möchtest du sie mal halten, Kitty?«

Vorsichtig nahm Kitty das Kind auf den Arm und setzte sich auf einen Stuhl. Die Haut ihrer kleinen Nichte erinnerte sie an die blühenden Dupontii-Rosen, weich und samtig, cremefarben mit einem Hauch von Rosa.

»Können wir sie Rose nennen?«, fragte sie.

Maddie zuckte die Achseln. »Nenn sie, wie du magst«, sagte sie.

Ted hatte Maddies Bibel vom Tisch genommen und schlug sie jetzt beinahe ehrfürchtig an der Stelle auf, an der die Namen aller Familienmitglieder eingetragen waren. Er beugte sich über die Seite, und die Feder kratzte über das Papier. Als er fertig war, lehnte er sich zurück und zeigte allen, was er geschrieben hatte. In Schönschrift prangten unter dem letzten Eintrag die Worte:

ROSE ANN HALL
Geboren am Donnerstag, den 29. Januar
Anno 1880

Kitty blickte liebevoll auf das Baby in ihren Armen. »Rose Ann«, sagte sie leise und streichelte das winzige Händchen des Babys. »Das ist perfekt. Ein so hübscher Name. Nach der schönsten aller Blumen.«

Es war ein Augenblick solcher Zärtlichkeit, dass ihr Herz vor Liebe zu diesem Kind beinahe einen Schlag aussetzte, und am liebsten hätte sie die kleine Rose besitzergreifend an sich gedrückt und mit niemandem geteilt. Sie war so winzig, so neu in ihrer Welt. Sie hatte noch so vieles zu lernen. Und sie, Kitty, konnte es ihr beibringen.

In ihrer Aufregung bemerkte sie nicht, dass Roses Finger unter ihren seltsam steif waren und die Augen immer noch leer an die Decke starrten.

Dan lebte sich rasch in dem Häuschen ein, das alle aus reiner Gewohnheit auch nach Monaten und Jahren noch Heinrichs Cottage nannten.

Das Leben dort war, verglichen mit jenem bei Maddie und Ted, ruhig und beschaulich. Es gab keine Kinder, die seine Gedanken störten, niemanden, dem er Rechenschaft schuldig gewesen wäre. Er bekam nur selten Besuch. Anfangs war Maddie öfter vorbeigekommen, hatte ihm etwas zu essen gebracht und über seine Ernährungsgewohnheiten geschimpft. Nach einiger Zeit war der Weg jedoch aufgrund ihrer Schwangerschaft für sie zu beschwerlich geworden. Kitty ihrerseits weigerte sich strikt, auch nur in die Nähe des Cottages zu kommen. Und wenn Ted mit Dans Nichten Beth und Emma vorbeischaute, hielt er sich nicht mit den Weidetoren auf, sondern stieg einfach über die Zäune.

»Ich habe die Kleinen mitgebracht, um Maddie zu entlasten«, erklärte er dann. Dan wusste, dass das nur eine Ausrede war. Ted liebte es, mit den Kindern durch den Busch zu laufen und ihnen alles zu zeigen, einen bestimmten Vogel, eine seltene Blume, die Wasserströmung des Flusses.

Als es wieder kühler wurde, brachte Maddie gelegentlich einen Topf Stew, frisch gebackenes Brot oder einen Kuchen. Sie hatte das Baby bei sich. Rose hatten sie die Kleine genannt, ein winziges Ding mit großen, dunklen Augen. Er war dankbar für diese Mahlzeiten, da er selbst kein besonders guter Koch war.

Das Alleinsein machte ihm nichts aus, im Gegenteil, die Einsamkeit verschaffte ihm endlich die Ruhe, nachzudenken. Er saß gerne auf der Vordertreppe und ließ sich die Sonne ins Gesicht scheinen, hörte dabei dem

Vogelgezwitscher in den Baumwipfeln über ihm zu und blickte auf die beweglichen Schatten, die die Sonne durch das Geäst auf den staubigen Boden warf. Dass Heinrich sich in der Hütte das Leben genommen hatte, machte ihm nichts aus. Er glaubte nicht an Geister.

Dans häufigster Besucher in dem Cottage war Dominic Tarlington. Manchmal brachte er auch Hugh mit, aber meist kam er allein, für gewöhnlich spätabends, wenn Randolph ihn für den Tag aus seinem strengen Regiment entlassen hatte. Nach einiger Zeit wurde es zu einer Routine. Sie spielten Karten und tranken dazu Rum, besprachen Angelegenheiten aus der näheren Umgebung.

Anfangs schien Dominic sich in dem Häuschen unwohl zu fühlen. »Ich verstehe nicht, wie du hier wohnen kannst, nachdem der Deutsche sich in eben diesem Zimmer umgebracht hat.« Dominic schaute sich unbehaglich um, als erwarte er fast, etwas zu entdecken, das an Heinrichs Tod erinnerte. »Ich bekomme hier eine Gänsehaut.«

»Warum sollte es mir etwas ausmachen? Es ist doch nur ein Haus.«

»Also, ich bin jedenfalls froh, dass ich nicht hier leben muss«, entgegnete Dominic schaudernd. »Ich würde kein Auge zutun.«

Ihre Freundschaft entwickelte sich ganz langsam. Der junge Tarlington war eine seltsame Mischung aus Naivität und Draufgängertum. Innerlich kochte er vor unterdrückter Wut auf seinen Halbbruder, sodass er in ihre Gespräche immer wieder hasserfüllte Bemerkungen einfließen ließ, auf die Dan gern verzichtet hätte.

»Ein paar Typen aus der Umgebung versuchen, ein

Kricketteam zusammenzustellen«, erzählte er Dominic eines Abends. »Ich dachte, ich versuche es mal. Was ist mit dir?«

»Ich glaube nicht, dass Randolph mir frei gibt«, entgegnete Dominic bedauernd. »Für ihn ist Sport reine Zeitverschwendung.«

Wieder dieser Name. Es war, als wäre eine Unterhaltung ohne ihn unvollständig. »Wie alt bist du, Dominic?«

»Achtzehn«, entgegnete Dominic abwehrend.

»Meinst du nicht, es wäre langsam an der Zeit, dass du aus dem Schatten deines Bruders trittst? Du bist jetzt ein Mann. Du bist clever, intelligent. Höchste Zeit, dich auf die eigenen Füße zu stellen. Du hast ein Recht auf Freizeit.«

»Du hast gut reden. Du musst ja nicht mit ihm unter einem Dach leben. Er macht mir mit seinem Jähzorn das Leben zur Hölle. Der einzige Weg, Randolph zu entkommen, bestünde darin, wegzugehen, und ich fürchte, das würde meine Mutter nicht verkraften.«

Da war er wieder, Dominics Widerwillen, sich ernsthaft mit dem Problem auseinander zu setzen.

»Die Teamauswahl findet am Sonntagnachmittag unten an der Anlegestelle statt«, wechselte Dan das Thema. »Vielleicht kannst du es ja doch einrichten.«

»Kommt Kitty auch?«

»Kitty?«

»Ja. Ich finde sie nett, du nicht?«

»Kitty? Sie ist noch ein Kind.«

»Nein, das ist sie nicht. Ich finde sie ausgesprochen hübsch mit ihrem schönen roten Haar.«

Später musste Dan wieder an Dominics Worte denken. Kitty? Sie war fast sechzehn. Wo waren die Jahre geblieben? Er hatte in ihr immer nur den Wildfang mit der roten Wallemähne gesehen, mit dem sie vor all den Jahren nach Australien gekommen waren. Nur ein dürres Kind.

Bei der nächsten sich bietenden Gelegenheit betrachtete er sie genauer. Überrascht stellte er fest, dass sie richtig erwachsen geworden war. Ihr Körper war schlank und geschmeidig von der Arbeit in Haus und Garten. Sie trug immer einen Hut, um sich gegen die Sonne zu schützen, und ihre Haut war blass wie Maddies. Er sah die weiche Rundung ihrer Brust, das rotgoldene Haar, beobachtete, wie sie mit der kleinen Rose umging. Sie zeigte der Kleinen gegenüber mehr Muttergefühle als Maddie. Er dachte an Dominic, der sie aus der Ferne verehrte, und es war, als sähe er sie zum ersten Mal.

Gefühle wuchsen auf einmal in ihm, Gefühle, von denen er gar nicht gewusst hatte, dass er sie überhaupt empfinden konnte. Zärtliche Gedanken beherrschten seine Tage, alltägliche Ereignisse sah er nun mit anderen Augen. Es gab so vieles, das ihn an sie erinnerte, auch wenn er nicht erklären konnte, warum: der Morgentau auf dem Gras, das Schnabeltier, das sich ins Wasser gleiten ließ, als er sich dem Fluss näherte, der schwarze Nachthimmel mit den unzähligen Sternen, das Universum, das sich bis ins Unendliche erstreckte.

Etwas wallte in ihm auf, wenn er an sie dachte, eine tiefe, unerfüllte Sehnsucht. Er wollte sich ihr nähern, wagte es aber nicht. Also unternahm er lange Wanderungen, erklomm steile Hänge und Felswände, um dann abends so erschöpft ins Bett zu fallen, dass er kaum noch die Kraft aufbrachte, sich zu entkleiden. Und dabei waren seine Gedanken ständig bei ihr.

Doktor Theodore Grace traf an einem schwülen Spätnachmittag im Oktober auf einem Schecken in Boolai ein. Sein Besuch war von Überschwemmungen, einer Typhusepidemie westlich von Beenleigh und noch zahllosen anderen medizinischen Angelegenheiten, die immer wieder dazwischengekommen waren, hinausgezögert worden. Der Doktor war 30 Jahre, auch wenn er sich an manchen Tagen fühlte wie 100. Und tief im Innersten wusste er, dass er, wenn er sich die Zeit genommen hätte, darüber nachzudenken, was das Leben ihm in dieser gottverlassenen Gegend zu bieten hatte, in den Downs geblieben wäre, wo das mildere Klima seinen Lungen weit besser bekam.

Als er nun unangemeldet schwer atmend die Vordertreppe hinaufstieg, warf er noch einmal einen Blick auf den Brief in seiner Hand.

Bitte sehen Sie nach meiner Freundin, Mrs. Maddie Hall, begann er. *Ich mache mir Sorgen um ihre Tochter Rose, die vor einigen Monaten zur Welt gekommen ist. Ich fürchte, mit dem Kind stimmt etwas nicht ...*

Unterzeichnet war das Schreiben von Mrs. H. Tarlington, Glengownie.

Er erkannte Maddie Hall gleich wieder; sie war im vergangenen Jahr in seiner Praxis in Beenleigh gewesen. Sie schien nicht überrascht zu sein, ihn zu sehen. Stattdessen saß sie gelassen da und musterte ihn aus grauen Augen.

Theodore zog das Kind aus. Das Mädchen war extrem klein, kaum größer als ein Neugeborenes. Er drückte mit dem Finger auf Roses Handfläche, aber die Finger blieben steif. Dann fuhr er mit einem Bleistift an ihrer Fußsohle entlang. Keine Reaktion. Er kniff sie sacht in den Arm, kitzelte sie am Bauch. Schließlich trat er hinter sie und klatschte rechts und links von ihr laut in die Hände. Rose lag weiter still da und starrte blind an die Zimmerdecke.

»Was ist mit ihr?«

Theodore zuckte die Achseln. »Sie ist taub. Und sie reagiert nicht auf äußere Stimulierungen. Mehr kann ich auch nicht dazu sagen.«

»Und was heißt das?«

Theodore seufzte innerlich. Die medizinische Hochschule hatte ihn nicht darauf vorbereitet, der Überbringer schlechter Nachrichten zu sein. »Ihr Baby ist nicht normal, Mrs. Hall.« Er versuchte, die Worte so sanft wie möglich auszusprechen, aber sie klangen dennoch auch in seinen Ohren grausam.

»Sie ist nicht normal? Aber warum denn? Wie konnte das passieren?«

»Es ist etwas schief gelaufen, möglicherweise bei der Geburt. Vielleicht Sauerstoffmangel.«

Die Frau sah ihn trockenen Auges an. Natürlich hatte sie es gewusst. Er spürte es. Mütter wussten immer Bescheid, auch wenn sie die Wahrheit manchmal verdrängten. Und was sollte er ihr zu diesem winzigen Baby sagen, das sie auf die Welt gebracht hatte? Wie sollte er ihr Hoffnung machen? Nein, es war besser, ehrlich zu sein, damit es sie nicht ganz so hart traf, wenn es soweit war.

»Und was soll ich tun?«

»Es gibt nicht viel, was Sie tun können«, entgegnete er mitfühlend. »Halten Sie sie im Haus, vor allem an windigen Tagen. Gut eingepackt und zugfrei. Wir sind hier in der Wildnis. Hier überleben nur die Stärksten. Machen Sie sich keine zu großen Hoffnungen, was Ihre Tochter betrifft. Sie wird die kommenden sechs Monate vermutlich nicht überleben. Darauf sollten Sie gefasst sein.«

Er rechnete fast damit, dass sie weinte oder hysterisch wurde, aber sie zeigte keinerlei Reaktion. Immerhin hatte sie Monate Zeit gehabt, sich für diese Nachricht zu wappnen. Er hatte lediglich bestätigt, was sie insgeheim schon gewusst hatte. Sie hatte ein krankes Kind zur Welt gebracht. Ihre Züge waren wie versteinert.

Er beendete seine Untersuchung und gab ihr das Kind dann zurück, damit sie es wieder anziehen konnte. Die Frau saß mit schräg gelegtem Kopf da, irgendwie erwartungsvoll, als flehe sie ihn an, ihr zu sagen, es wäre alles nicht wahr, es sei nur ein grausamer Scherz gewesen.

Theodore konnte den Ausdruck in ihren Augen nicht länger ertragen. Er tätschelte ihre Hand und verließ das Zimmer. Er fluchte leise in sich hinein, nicht sicher, ob er wirklich richtig gehandelt hatte. Er hätte ihr nicht die Wahrheit zu sagen brauchen. Vielleicht wäre es besser gewesen, sie im Unklaren zu lassen. Er hätte sie schonen können, aber was hätte das letztlich geändert?

KAPITEL 29

Kitty saß auf der Bettkante und blickte gedankenverloren auf Rose. Maddies Worte hallten in ihrem Kopf wieder. Rose ist nicht normal ... nicht wie andere Kinder. Vor Jahren hatte es in Kiama einen kleinen Jungen gegeben, der so apathisch gewesen war wie sie, mit leerem Blick und offen stehendem Mund. Sie betrachtete Rose. Das musste ein Irrtum sein. Rose war körperlich perfekt. Nur ein wenig langsam.

Sie kochte Maddie Hafergrütze, wobei sie darauf achtete, dass sich oben auf der Milch keine Haut bildete. Anschließend gab sie Zucker und Zimt auf die Süßspeise und noch einen großzügigen Schuss aus Teds Rumfässchen. »Das hilft dir vielleicht«, sagte sie, als sie Maddie die Schale reichte.

Maddie hob ihre kleine Tochter auf und reichte sie Kitty. »Hier, nimm du sie. Ich habe nicht die Kraft ... Ich bin so müde.«

Kitty versuchte, in Maddies Augen zu lesen, aber der Ausdruck in ihnen war unergründlich. Und so nahm sie Rose, legte die Wange an das dunkle Köpfchen ihrer Nichte und atmete ihren süßlichen Babygeruch ein. Das war nicht fair. Womit hatte Rose das verdient? Das Baby lag passiv in ihren Armen und atmete seltsam pfeifend. Es ist nicht schwer, dieses Kind zu lieben, dachte Kitty. Manchmal kommt es mir vor, als wäre es mein eigenes.

Maddie fing an, Rose zu vernachlässigen. Mit jedem Tag verwandte sie weniger Zeit auf den Säugling. »Kümmere du dich um sie, Kitty, du machst das so gut«, sagte sie. »Außerdem ist sie an dich gewöhnt.«

»Ich glaube, Rose bekommt nicht einmal mit, wer sie versorgt«, entgegnete Kitty, die Maddies Haltung als Zurückweisung sah. Fast kam es ihr vor, als würde Maddie sich vor dem Kind fürchten. »Aber ich tue es gern. Das weißt du.«

Ted arrangierte, dass ein zweites Mädchen aus dem Eingeborenenlager Layla bei der Hausarbeit zur Hand ging, sodass Kitty praktisch ihre ganze Zeit Rose widmen konnte, eine Aufgabe, die sie gern erfüllte. Sie schnürte sich ein Tragetuch und trug das Baby vor der Brust, während sie Hausarbeiten erledigte. Rose war so leicht, so klein. Sie spürte ihr Gewicht kaum.

Kitty pflegte sie liebevoll, wusch sie und zog sie um, sah, wie sie unkontrolliert mit den Beinchen strampelte. Jetzt da sie sich mehr oder weniger rund um die Uhr um das Baby kümmerte, sah sie die Diagnose des Arztes eindeutig bestätigt. Rose weinte nie, war völlig lethargisch. Die dunklen, fast schwarzen Augen blickten ins Leere. Rose lag stundenlang friedlich in ihrem Bettchen und versuchte nicht einmal, das Köpfchen zu heben. Kitty kitzelte sie an den Füßen und wartete, dass sie die Zehen bog, aber sie zeigte nicht die leiseste Reaktion. Rose blickte nur völlig unbewegt zu ihr auf.

Freitags, wenn die Post kam, wartete Maddie auf der Veranda auf Clarrie. Sie freute sich immer auf seine Besuche und die Briefe mit Neuigkeiten aus Kiama und noch entfernteren Orten. Bridie und Mayse besuchten sie regelmäßig, was sie immer für kurze Zeit aufzuheitern schien. Manchmal nahm sie ihre jüngste Tochter auf den Arm und betrachtete sie kurz, als wollte sie sehen, wie sie sich entwickelte, bevor sie sie an Kitty zurückreichte.

Aber Kitty wusste, dass trotz aller Besucher sie selbst die wichtigste Bezugsperson für Maddie war. Sie kümmerte sich um Rose und teilte Maddies Geheimnisse. Und die Bürde lastete schwer auf ihr.

Bei Randolph war seit dem Vortag alles schief gegangen. Es fing damit an, dass bei seiner Ankunft in Beenleigh die Hotelbesitzerin nicht da war, um ihn zu empfangen. Sie sei bis zum Monatsende zu Besuch bei ihrer Schwester in Brisbane, teilte ihm ein Zimmermädchen mit. Randolph freute sich immer auf seine gelegentlichen Besuche bei Aldyth Hennessy, und ihre Abwesenheit ärgerte ihn. Dass sie ausgerechnet jetzt weg sein musste.

Enttäuscht zog er sich mit einer Flasche Rum auf sein Zimmer zurück, in der Hoffnung, ein paar Gläser Schnaps würden ihm beim Einschlafen helfen. Er dachte an seinen Termin beim Bankdirektor am nächsten Tag. Er hatte sich gut überlegt, was er sagen wollte; diesmal konnte er ihm einen zusätzlichen Kredit nicht versagen.

Trotzdem versank er im Laufe des Abends zunehmend in Melancholie. Was sollte werden, wenn die Bank sich weigerte, ihm das Geld vorzuschießen? Nachdem er den Gedanken bis jetzt verdrängt hatte, regten sich so kurz vor dem Augenblick der Wahrheit doch erste Zweifel. Es hatte Probleme mit dem Zuckerrohr gegeben, nichts Ernsthaftes, aber doch genug, um die Produktion zu verzögern, und der Gedanke, erneut Cordelia anzubetteln, passte ihm gar nicht.

Nach ein paar Gläsern Rum wurde er zu später Stunde von einer Welle der Einsamkeit übermannt. Er hatte seine ganze Hoffnung auf Aldyth Hennessy gerichtet, sich darauf verlassen, dass sie hier sein und ihn in ihr Bett holen würde. Sie fehlte ihm. Gern hätte er ihren fülligen Körper gestreichelt. Er hatte in letzter Zeit mehrmals versucht, Bridie in sein Bett zu holen, aber sie war scharfzüngig und clever geworden. Cordelia lag ihm wegen des Geldes in den Ohren, und Dominic ... Ah, Dominic zeigte weder Respekt noch Liebe für Glengownie. Die Gleichgültigkeit seines Sohnes gegenüber seinem Erbe brachte ihn schier um.

Als Randolph am nächsten Morgen aufwachte, war sein Zimmer in strahlendes Sonnenlicht getaucht. Er leckte sich mit pelziger Zunge die trockenen Lippen. Er setzte sich auf und wartete, bis das Schwindelgefühl nachließ. Überrascht sah er, dass er noch vollständig angezogen war.

»Allmächtiger!«, brummte er. »Ich kann mich nicht einmal erinnern, ins Bett gegangen zu sein.«

Dieser schlechte Start in den neuen Tag hatte nichts Gutes verheißen. Als er endlich fertig war und gewaschen und umgezogen bei der Bank vorstellig wurde, war er viel zu spät dran. Und der Bankdirektor, der ihm sein Zuspätkommen sichtlich verübelte, war entsprechend unkooperativ.

»Ich schlage vor, Mr. Tarlington, dass Sie ernsthaft in Erwägung ziehen, etwas von Ihrem Land zu verkaufen. Mal sehen ... Es sind insgesamt vier separate Parzellen, die sich in Ihrem Besitz befinden, das sollte also kein Problem darstellen. Land erzielt dieser Tage in Boolai ganz ordentliche Preise. Ich habe sogar gehört, dass eine Eisenbahnlinie geplant ist.«

»Eine Eisenbahnlinie?« Davon hörte er zum ersten Mal.

»Natürlich wird es, auch wenn die Regierung die Kosten aufbringt, noch Jahre dauern, bis sie gebaut ist. Trotzdem wird es dazu beitragen, die Grundstückspreise in die Höhe zu treiben.«

»Und das ist alles, was Sie mir raten können?«, fragte Randolph düster.

»Behalten Sie die beiden ursprünglichen Parzellen Glengownies. Es besteht keine Veranlassung, sie zu splitten. Ich würde Ihnen dazu raten, eine der weiter entfernten Parzellen abzustoßen.« Er warf einen Blick auf die Karte, die Randolph mitgebracht hatte. »Boolai Creek«, sagte er mit einer ausholenden Handbewegung. »Konsolidieren Sie Ihren Besitz. Die Tage der Großgrundbesitzer sind vorbei, Tarlington. Das sollten Sie sich endlich klarmachen.«

Deprimiert suchte Randolph das Grundbuchamt auf. Vielleicht kannte Stokes ja jemanden, der interessiert war.

»Und welchen Kaufpreis haben Sie sich so vorgestellt?«, fragte der Beamte von oben herab.

Randolph nannte eine Summe, die den Wert des Landes weit überstieg. Verdammt, er wollte das Land nicht verkaufen.

Der Beamte schnaubte nur. »Zu dem Preis werden Sie kaum einen Interessenten finden. Für die Hälfte bekommt man eine gleich große Parzelle dichter bei Boolai.«

»Was ist mit den Investitionen, die ich dort getätigt habe?«

»Ein paar alte Zäune, und das Land hat seit Jahren

keine ordentliche Ernte mehr abgeworfen. Kommen Sie, Tarlington. Halten Sie mich für blöd?«

»Auf einer der Parzellen steht ein kleines Haus«, meinte Randolph.

»Ein Haus bringt gar nichts ein, Tarlington. Das Einzige, was zählt, sind ein ordentlicher Viehbestand oder besonders ertragreiche Ernten. Das wären die einzigen beiden Punkte, die einen Interessenten bewegen könnten, diese Summe zu zahlen.«

»Das ist der Preis, Stokes. Und kein Penny weniger. Natürlich würde auch für Sie ein nicht unerhebliches Sümmchen abfallen, wenn Sie mir einen Käufer beschaffen. Es gibt allerdings eine Bedingung.«

»Und die wäre?«

»Ich will nicht, dass Hall davon Wind bekommt.«

»Ted Hall?«

»Genau. Sehen Sie, was Sie tun können, Stokes.«

Im Jahr 1881 hielt ein neuer Industriezweig Einzug in Boolai – die Milchwirtschaft. Mehrere Farmer rodeten daraufhin den übrig gebliebenen Busch auf ihrem Land und pflanzten Hirse und Gras für die Futterproduktion. Die meisten größeren Bäume waren ohnehin längst gefällt, und an ihrer Stelle gediehen die Grasweiden prächtig.

Jim Morgan, Clarries Bruder, kehrte aus den Downs zurück, mit einer ansehnlichen Herde Ayrshire-Rindern, von denen zwei Drittel bereits verkauft waren.

»Was ist mit Ihnen?«, fragte er Ted. »Wollen Sie nicht ins Milchgeschäft einsteigen? Ich könnte Ihnen ein paar Kühe zu einem anständigen Preis überlassen.«

Ted dachte sehr sorgfältig über das Angebot nach. Jim war ein schlauer Bursche. Wahrscheinlich hatte er Recht. Obwohl es immer noch reichlich Bäume abzuholzen gab, mussten sie heutzutage bereits ziemlich weit raus, um wirklich große Zedern zu finden. Außerdem war da noch Rose ... wenn die Milchwirtschaft sich als profitabel erwies, bräuchte er nicht mehr von zu Hause fort. Dann müssten Maddie und die Kinder nicht mehr jedes Jahr Monate am Stück ganz allein zurechtkommen. Und er musste zugeben, dass die Winter im Holzfällerlager ihm immer schwerer fielen. Gott, er war immerhin 36 Jahre alt. Bäumefällen war etwas für junge Kerle wie Dan.

Ted kaufte sechs Kühe und einen Bullen. Er plünderte die Geldkassette, die er im Stall verbuddelt hatte, und zählte noch einmal nach, nachdem er die Scheine entnommen hatte. Es waren noch fast 3000 Pfund übrig. Das Holz und die Ernte, vor allem der Pfeilwurz, hatten im vergangenen Jahr Rekordpreise erzielt, sodass er nach Abzug ihrer Lebenshaltungskosten und der Pacht noch mehrere hundert Pfund hatte beiseite legen können. Er wollte noch ein Jahr warten, bis die nächste Pacht fällig wurde, und dann von dem Geld die Parzellen kaufen. Bei einem Kaufpreis von einem Pfund pro Morgen würde das zwar ein großes Loch in seine Ersparnisse reißen – 480 Pfund abzüglich der 7 Pfund 10 Cent, die er bis dahin an Pacht gezahlt hatte, um genau zu sei – aber dafür konnte man ihnen das Land nicht mehr wegnehmen, und die jährliche Pachtbelastung entfiel.

KAPITEL 30

Lächeln«, zischte Maddie durch zusammenge-
bissene Zähne.

Der Fotograf kam unter dem schwarzen Stoff hervor,
stemmte die Hände in die Seiten und betrachtete seine
Modelle stirnrunzelnd. Dann kam er kopfschüttelnd auf
sie zu. »Nein! Nein! So sieht das nach nichts aus. Sie
müssen mehr zusammenrücken. So«, befahl er und
schob Dan dichter an die anderen heran. »So ist es schon
besser. Sie dürfen die Gruppe nicht so weit auseinander
ziehen.«

Sie hatten sich, obwohl es schon um neun Uhr früh
unerträglich heiß war, in ihren besten Kleidern draußen vor der Hütte aufgestellt. Dan bewegte steif eine
Schulter und streifte dabei Kittys Arm. Er konnte es
kaum ertragen, ihr so nah zu sein. Er musste an sich
halten, um ihr nicht zärtlich über das Haar zu streichen, das sie geflochten und hochgesteckt hatte, wodurch sie viel älter aussah als sechzehneinhalb Jahre.
Aus der Nähe konnte er erkennen, wie makellos ihre
helle Haut war und wie lang ihre gebogenen, dunklen
Wimpern. Sie stand reglos da, Rose auf dem Arm, die
sie so gut es ging vor der sengenden Sonne schützte. Er
war ganz atemlos, nicht von der Hitze, sondern von der
Nähe zu ihr.

Er versuchte, etwas abzurücken, weil er eigentlich
gar nicht auf dem Foto sein wollte, aber Maddie beorder-
te ihn zurück an seinen Platz. Er zupfte nervös an seinem Kragen. Heiland, war das heiß!

Sie standen eine Ewigkeit da, während sich der Fotograf, ein übergewichtiger, stark schwitzender Mann, wieder unter dem schwarzen Stoff an seiner Kamera zu schaffen machte. Dan fühlte, wie das Lächeln, das er für das Foto aufgesetzt hatte, ihm entglitt.

Maddie zeigte Dan das Foto, als es einige Wochen später mit der Post kam.

»Na? Wie findest du's?«

Er nahm es ihr vorsichtig aus der Hand. Es war schärfer, als er erwartet hatte. Von dem Papier blickten die vertrauten und geliebten Gesichter zu ihm auf. Ted, sehr gerade und mit gestrafften Schultern, Maddie an seiner Seite von fast königlicher Würde in ihrem besten Sonntagskleid, und vorn die schüchtern lächelnde Beth und Emma mit herausfordernd rebellischer Miene.

Auf der Seite stand Kitty mit Rose. Ihre Züge waren ganz weich und von beinahe ätherischer Schönheit. Und da, neben Kitty, war er selbst, und erst jetzt fiel ihm auf, dass er sich ihr unbewusst leicht zugewandt hatte. Auf seinem vom Fotografen auf Papier gebannten Gesicht lag ein gequälter Ausdruck.

Maddie nahm das Foto wieder an sich. »Ich weiß, dass du sie liebst«, sagte sie leise.

Dan bog den Kopf weit zurück und rieb sich mit einer Hand den Nacken. »Nicht, Maddie.«

»Aber ich weiß es«, beharrte sie. »Streite es nicht ab. Dieses Foto und auch meine eigenen Augen haben es mir verraten.«

»Und wenn es so wäre. Was hätte ich ihr schon zu bieten?«

Ihre schlanken Finger legten sich wie Vogelklauen um sein Handgelenk. »Stell dein Licht nicht unter den

Scheffel. Du bist ein wundervoller Mann. Emma betet dich an. Wenn man jemanden liebt, ist das Kostbarste, das man ihm bieten kann, man selbst.«

»Ich?« Dan streckte die Hände aus, die Handflächen nach oben. Sie waren rau von Schwielen und Blasen. »Meinst du? ... Wenn ich sie frage ...«

Maddie legte die Hände auf seine, und als er die Weichheit ihrer Berührung fühlte, zog seine Kehle sich zusammen. »Nein, Dan. Hier gibt es keine Zukunft. Weder für dich noch für sie.«

Er wich einen Schritt zurück; damit hatte er nicht gerechnet. »Warum sagst du das? Hat sie etwas gesagt? Dass sie mich nicht mag? Was?« Er fühlte sich wie betäubt, unfähig, sich zu rühren.

»Nein. Das ist es nicht. Der Busch ist kein Ort für eine Frau, und ich wünsche mir ein besseres Leben für meine Schwester. Ich habe da eine Idee, die ich mit ihr besprechen wollte. Bridie kennt jemanden in Brisbane, eine Freundin, die im nächsten Jahr ihr Hauspersonal aufstocken möchte.«

»Soll das heißen, Kitty soll für jemanden die Dienstmagd spielen? Was sagt Ted dazu?«

Maddies Züge verdüsterten sich. »Nein! Er weiß nichts davon. Du darfst ihm nichts sagen.«

»Und was ist mit Kitty? Was glaubst du, wie sie dazu stehen wird?«

»Ich tue es für Kitty«, entgegnete sie vehement. »Eines Tages wird sie mir dankbar sein, dass ich es ihr ermöglicht habe, von hier wegzukommen. Und Beth und Emma werden folgen, wenn sie erst alt genug sind.«

Als Erstes fiel ihm auf, dass sie Rose nicht erwähnte. Sie hatte also akzeptiert, dass Rose nicht gesund war.

Seine Aufmerksamkeit wandte sich wieder Maddie zu, die immer noch redete.

»Stell dich ihr nicht in den Weg. Wenn du sie liebst, dann lass sie gehen.«

Lass sie gehen! Lass sie gehen! Lass sie gehen!

Die Worte hallten wie eine nicht enden wollende Litanei in seinem Kopf wider und betäubten seine Sinne. Kitty hatte die ganzen letzten Monate seine Gedanken beherrscht, er hatte gewartet, sie beobachtet, versucht zu ergründen, wie sie zu ihm stand. Es hatte ihn fast wahnsinnig gemacht. Und jetzt verlangte Maddie von ihm, den Traum aufzugeben, für den er gelebt hatte.

Dan sah, wie Kitty mit Rose aus der Hütte trat. Sie schlenderte mit ihrer kleinen Nichte auf dem Arm über den Hof, zeigte ihr geduldig die scharrenden Hühner und die blühenden Rosen, die in der Hitze die Köpfe hängen ließen. Wenn man sie so sah, hätte man nie vermutet, dass das Kind sie gar nicht verstehen konnte.

Lass sie gehen! Lass sie gehen!

Er wandte sich abrupt ab, ging zu seinem Pferd und ritt heim. Ein dumpfer Schmerz erfüllte ihn und gesellte sich zu der quälenden Leere.

Die Fahrt nach Beenleigh erinnerte Ted an andere solche Fahrten, die er in den vergangenen Jahren unternommen hatte. Er hatte diese Strecke schon mehrfach zurückgelegt, wenngleich die Straße so massiv verbessert worden war, dass sie keine Ähnlichkeit mehr hatte mit der holprigen, staubigen Piste, auf der sie im Dezember vor sechs Jahren ihrem neuen Zuhause entgegengefahren waren.

Maddie saß neben ihm auf dem Bock und erzählte gutgelaunt, was sie alles kaufen wollte. Er hörte jedoch nur mit halbem Ohr zu, da er in Gedanken bei seinem eigenen Vorhaben war. Dieser Tag war ein Meilenstein für Ted; heute würde er die fast 500 Pfund bezahlen und zum Besitzer des Landes werden, das er bisher nur gepachtet hatte. Es würde keine staatlichen Kontrollen mehr geben, keine Vorschriften und Bedingungen. Von heute an würde er tun und lassen können, was ihm beliebte.

Alf Stokes vom Grundbuchamt schien sich ehrlich zu freuen, ihn zu sehen. Nachdem die Männer sich begrüßt hatten, zog Ted das Geld aus der Brieftasche. »Hier«, sagte er und schob dem Beamten das Geld über den staubigen Tresen hinweg zu. »Von jetzt an gibt es für mich keine Pacht mehr. Ich bin gekommen, um die Parzellen zu kaufen.«

Alf nahm das Geldbündel und zählte die Scheine. »Sie haben es geschafft, Ted. Gratuliere.« Es mussten einige umfangreiche Dokumente unterzeichnet werden, bevor das Land endgültig in seinen Besitz überging.

Als alles erledigt war, gingen die Männer in den Pub. Die Bar war verräuchert und roch säuerlich nach fermentierendem Hopfen. Alf und Ted nahmen an dem langen polierten Tresen Platz und genehmigten sich ein kühles Bier.

»Und, Ted«, fragte Alf und wischte sich mit dem Taschentuch den Schaum von der Oberlippe. »Planen Sie, Ihr Land noch weiter zu vergrößern?«

»Ich habe darüber nachgedacht. Kommt drauf an. Wenn eine geeignete Parzelle angeboten würde, würde ich darüber nachdenken.«

»Was ist mit der Parzelle gleich nebenan?«

»Tarlingtons?«

»Er sucht einen Käufer. Sind Sie interessiert?«

»Vielleicht«, entgegnete Ted zurückhaltend.

»Könnte ein cleverer Schachzug sein, Ted, wenn es für Sie gut läuft. Damit hätten Sie drei zusammenhängende Parzellen.«

»Wie viel verlangt er?«

Stokes nannte die Summe, die Randolph haben wollte.

»Grundgütiger!«, rief Ted aus und stellte sein Bier so schwungvoll ab, dass es überschwappte.

»Ich habe Tarlington auch gesagt, das wäre viel zu viel.«

»Allerdings. In Boolai finden sich zahlreiche Parzellen, die nur einen Bruchteil davon kosten. Natürlich wären sie für mich nicht so günstig gelegen. Trotzdem komisch, dass ich bislang nichts von Tarlingtons Verkaufsabsichten gehört habe.«

»Er hat mich vor ein paar Monaten gefragt, ob ich einen Käufer wüsste. Ich kümmere mich nicht um private Landverkäufe, aber er dachte, ich wüsste vielleicht jemanden. Allerdings hat er von mir verlangt, Ihnen nichts davon zu sagen.«

Ted lachte und schlug mit einer Hand auf die Bar, dass sein inzwischen leeres Glas erzitterte. »Nachdem er all die Jahre hinter meinem Land her war, ist das wirklich eine bemerkenswerte Wendung.« Ted überlegte eine Weile. »Er muss knapp bei Kasse sein. Komisch, ich dachte immer, Geld wäre bei den Tarlingtons kein Thema.«

»Ich kenne die näheren Umstände nicht. Ich habe

auch nicht nachgefragt. Und Sie wissen es auch nicht von mir, klar? Dann sind Sie interessiert?«

»Nicht zu dem Preis. Geben wir ihm noch sechs Monate. Wenn er wirklich in finanziellen Schwierigkeiten steckt, wird er bis dahin soweit sein, förmlich darum zu betteln, dass jemand ihm das Land abnimmt. Ich bin ein geduldiger Mann.«

Weihnachten 1881. Die Sonne brannte unbarmherzig auf das Land herab, und weit und breit war keine Regenwolke zu sehen. Buschfeuer brachen in den Bergen aus, und blauer Rauch legte sich über die Täler. Bald roch alles nach verbranntem Eukalyptus: Haare, Kleider, die Hütte. Sogar das Essen fing an, danach zu schmecken.

Maddie und Layla bereiteten in der Küche besondere Köstlichkeiten vor. Ted hatte in einem Laden in Brisbane einen Korb voller Leckereien bestellt, den Clarrie in der vergangenen Woche gebracht hatte. Er war prall gefüllt mit Delikatessen, wie sie sie schon Jahre nicht mehr gesehen hatten: ein kleiner geräucherter Schinken, Pflaumenmus, verschiedene Nüsse noch in der Schale, Früchtekuchen und eine Fülle von Süßigkeiten wie Marzipan, Lakritzpastillen, saure Bonbons, Fondant, Karamellbonbons, glasierte Maronen und Konfekt.

Dan brachte seine Mundharmonika mit und spielte zum Entzücken aller ein paar Weihnachtslieder. Ted hängte einen grünen Zweig über die Küchentür. »Das ist zwar kein richtiger Mistelzweig, aber der tut es auch«, erklärte er und verblüffte sie alle, als er sich Maddie im

Vorbeigehen schnappte und sie vor aller Augen küsste. Maddie errötete und drohte damit, das bevorstehende Festmahl zu boykottieren.

Ted wartete bis nach dem Mittagessen, um die Geschenke für die ganze Familie hervorzuholen. Dan bekam ein neues Buschmesser, Beth ein Rüschenkleid, Emma eine Puppe. Kitty bekam zu ihrer Überraschung ein Buch: *Little Women* von Louisa May Alcott.

Rose bekam eine hübsche Haarspange, die Kitty ihr sofort ins Haar steckte. Schließlich hatten alle außer Maddie ihre Geschenke ausgepackt.

»Los, Mama«, rief Emma. »Schnell, ich möchte sehen, was Papa für dich gekauft hat.«

»O Ted«, hauchte Maddie überwältigt und strahlte über das ganze Gesicht, als sie ihr Präsent ausgepackt hatte. »Der ist wunderhübsch.« In der Hand hielt sie einen schönen silbernen Bilderrahmen, der seitlich mit kleinen Blumen verziert war.

»Für das Familienfoto«, sagte er sanft.

Maddie ging ins Schlafzimmer und kehrte mit der Fotografie zurück. Kitty wusste, dass sie sie in der Bibel aufbewahrt hatte, wo sie gut geschützt war. Ted löste den Rücken des Rahmens und legte das Bild ein. Anschließend stellte Maddie das Bild in die Mitte des Esstisches.

»Wenn alle fertig sind, räume ich jetzt ab«, verkündete Kitty. Maddie machte Anstalten aufzustehen. Dan trat hinter sie und legte ihr eine Hand auf die Schulter.

»Nein, du hast für heute genug geschuftet. Ich mache das.« Er nahm sich einen Stapel Teller und folgte Kitty hinaus.

Kitty blieb in der Küchentür stehen und strich sich

mit der freien Hand eine Haarsträhne aus dem Gesicht. Er holte sie dort ein, legte ihr den Arm um die Schultern und zog sie an sich.

»Darauf habe ich den ganzen Tag gewartet«, flüsterte er und neigte den Kopf. Sie fühlte den Druck seiner Lippen auf ihren, die Berührung warmer Haut. Instinktiv wollte sie zurückweichen, aber er hielt sie fest. Er roch nach dunklem Rum und Seife. Sie entspannte sich und gab die Gegenwehr auf. Nur die schmutzigen Teller waren zwischen ihnen. Seine Lippen ließen von den ihren ab und glitten über ihre Wange. Eine Bewegung an der Tür zum Esszimmer, gefolgt von einem Kichern. Schuldbewusst rückten sie voneinander ab. Emma stand vor ihnen, ihre neue Puppe unter den Arm geklemmt.

»Mama sagt, ihr sollt kommen und euch von den Süßigkeiten nehmen«, sagte sie.

Später, nachdem das Geschirr gespült war, kehrte Kitty zurück ins Esszimmer. Die anderen hatten sich nach der reichhaltigen Mahlzeit zu einem Mittagsschläfchen hingelegt, doch dafür war Kitty viel zu rastlos und nervös. Angespannt wanderte sie durch den Raum, rückte Kissen zurecht und entfernte welke Blüten aus dem Rosenstrauß in einer Vase. Dort auf dem Tisch, inmitten von Geschenkpapier und Bändern, lag Dans Mundharmonika. Er hatte sie vergessen.

Kitty nahm das Instrument auf und wog es in der Hand. Dann hob sie es an den Mund. Es roch nach ihm, so als hätte er es eben erst abgesetzt. Sie dachte daran, wie er darauf gespielt hatte. Einzelne Noten waren erklungen, hatten Formen angenommen und sich zu blechernen Melodien verbunden, die den Raum erfüllten.

Kitty stand da und atmete ganz in die Erinnerung vertieft seinen Geruch ein. Sie legte die Finger auf die Lippen, dachte zurück an seinen Kuss und verspürte ein eigentümliches Prickeln. Ihr erster Kuss. Dan, der immer wie ein Bruder für sie gewesen war, hatte sich gewünscht ... Verwirrt hielt sie inne. Warum hatte er sie so unerwartet geküsst? Sie schüttelte den Kopf, in der Hitze zu keinem klaren Gedanken fähig.

Monate verstrichen, bevor Dan den Mut aufbrachte, mit Kitty zu sprechen. Auch hatte sich bis dahin keine Gelegenheit ergeben, mit ihr allein zu sein. In der Hütte herrschte ein ständiges Kommen und Gehen, sie wurden andauernd gestört. Dort gab es keine Privatsphäre.

Als er über die Weiden ritt, dachte er an sie und schmiedete Zukunftspläne. Er musste eine neue Hütte bauen. Kitty würde niemals in Heinrichs altem Häuschen wohnen wollen; sie hatte ihn in den Jahren seit dem Tod des Deutschen kein einziges Mal dort besucht. Er hatte genug Geld, um sein eigenes Land zu kaufen. Wäre das nicht etwas? Ein hübsches Holzhaus mit Rosenbüschen davor. Und sie könnte Rose mitbringen, wenn sie das wollte. Er hätte nichts dagegen.

Es war später Herbst. Mai. Es hatte angefangen zu regnen. Und auch wenn die Wolkendecke am Nachmittag ein wenig aufriss, war der Boden voller Pfützen, und von den nassen Bäumen tropfte es.

Dan wartete auf dem Pfad, der von der Hütte zum Fluss führte, auf Kitty. Sie war diesen Weg an jedem der letzten Nachmittage gegangen. Er hatte sie vorbeigehen sehen und sich tiefer ins Gebüsch zurückgezogen, damit sie nicht glaubte, er würde ihr nachspionieren. Diesmal zeigte er sich, bemüht, sie durch sein plötzliches Auftauchen nicht zu erschrecken.

»Heh, Kitty. Warte!«

Sie wandte sich ihm zu. »Ach du bist es, Dan!«

Sie gingen gemeinsam weiter, Seite an Seite, ihr Atem in der kühlen Luft dampfend. Kitty schlang die Arme um sich, als wolle sie einen inneren Aufruhr im Zaum halten. Schweigend folgten sie dem Trampelpfad. Schließlich hakte Dan sie unter. Jetzt fühlte er sie ganz nah bei sich, fühlte beim Gehen jede Bewegung ihrer Hüfte. Prickelnde Erregung durchströmte ihn.

Sie erreichten den Fluss. Die natürlichen Felsbecken wurden von grauem, schäumendem Wasser überspült. Die Blätter der Eukalyptusbäume tropften, und in der Luft lag der Geruch feuchten Mooses. Dan blieb stehen, und Kitty tat es ihm gleich. Sie zog die Hand aus seiner Armbeuge und trat dichter ans nasse, glitschige Ufer. Er starrte auf das Wildwasser, und in seinen Gedanken überschlugen sich die Worte, die er ihr sagen wollte.

Was sage ich als Erstes? Ich darf sie nicht drängen. Sie weiß ja gar nicht, was ich empfinde.

»Es sieht aus, als hätte das Wasser es eilig, zum Ozean zu gelangen«, sagte er bedächtig und folgte mit dem Blick der schnellen Strömung des Wassers, das sprudelnd über Stock und Stein schoss.

»Ja«, stimmte sie zu. »Und wenn es dort ankommt, wird es sich mit dem Wasser dort vermischen und sich im Meer verlieren. Es macht sich falsche Hoffnungen, denkst du nicht auch?«

Sie klang zynisch. So als hätte sie viel darüber nachgedacht. Er nickte und wandte sich ihr zu.

»Maddie möchte, dass ich nach Brisbane gehe. Hast du das gewusst?«, fragte Kitty.

»Sie hat es vor Monaten einmal erwähnt. Du wirst aber doch nicht gehen, oder?«

Kitty zuckte die Achseln. »Ich weiß es nicht. Vielleicht wäre es ja ganz schön. Auf jeden Fall anders.«

Dan zeigte auf die Steine, die von der Strömung mitgerissen wurden. »Das wirst du sein, wenn du in die Stadt gehst. Du wirst dir ganz verloren vorkommen unter den vielen Menschen. Dort wirst du nie deinen Weg finden.«

»Bitte, Dan. Ich muss mein eigenes Leben leben.«

»Maddie wird niemals allein zurechtkommen. Sie braucht dich. Und das weißt du.«

Kitty nickte. »Es wird noch ein anderes Baby geben, weißt du.«

Dan fühlte sich unbehaglich. Von Babys zu sprechen machte ihn verlegen. Er verspürte das übermächtige Bedürfnis, sie zu berühren, seine verborgenen Gefühle zu prüfen, indem er die Handflächen an ihre blassen Wangen legte oder mit den Fingern durch ihr volles Haar fuhr und es weich um ihr Gesicht fallen ließ. Aber es war nicht der richtige Zeitpunkt. Es gab andere Dinge, die ihn hemmten.

»Bitte geh nicht!«

Aber es war, als hätte sie ihn gar nicht gehört. Sie fuhr munter fort, Pläne zu schmieden. »Maddie sagt, ich würde ganz sicher eine Stelle finden. Es heißt, es gäbe dort viele schöne Häuser. Bridie kennt sogar jemanden, der mir möglicherweise helfen würde.«

»Du wärst zufrieden damit, jemandes Dienstmagd zu sein?«, fragte Dan bissig. Der Gedanke, sie könnte von

verwöhnten reichen Leuten herumkommandiert werden, gefiel ihm nicht. Sie gehörte hierher, zu ihm.

»Ich weiß es nicht. Und überhaupt, was soll ich sonst
tun? Immer wenn ich versuche, mit Maddie darüber zu
reden, regt sie sich auf. ›Wirst du gehen, Kitty?‹, fragt
sie ständig.«

»Dann willst du sie entscheiden lassen, was aus dir
wird?« Dan fühlte Zorn in sich aufsteigen. Er packte
Kitty bei den Schultern. »Maddie möchte durch dich ihren Traum leben. Siehst du das denn nicht? Sie selbst
kann nicht fort, also schickt sie stattdessen dich. Sag
mir ganz ehrlich, ob du wirklich wegwillst.«

Kitty ließ sich an seine Brust sinken. »Nein! Ich will
nicht weg. Ich kann Rose doch nicht allein lassen.«

Rose, der einzige Mensch, der sie in Boolai halten
konnte. »Nein!«, gab er ihr in einem Anflug von Hoffnung Recht. Das Atmen fiel ihm schwer, und das Herz
schlug ihm bis zum Hals.

Dan legte ihr eine Hand unter das Kinn, hob ihren
Kopf an und blickte ihr in die vertrauten, grün gefleck-
ten Augen. Dann küsste er sie. Ihre Lippen schmeckten
salzig wie das Meer. Es war niemand da, der sie störte,
anders als an jenem heißen Weihnachtstag. Es drängte
sie nichts und niemand. Es war, als hätten sie die ganze
Welt für sich allein. Aber er sah nur sie. Wie ihr Haar im
Wind wehte und einzelne Strähnen ihr ins Gesicht fielen, ihr makelloser Teint, ihre samtweiche Haut. Sie
standen inmitten der Bäume und merkten gar nicht,
dass es vom tropfnassen Laub auf sie herabregnete. Dan
fühlte die Wärme ihres Körpers, als sie sich an ihn
schmiegte. Er legte die Arme um sie, nicht sanft und
vorsichtig, wie er es sich vorgestellt hatte, sondern

kraftvoll und fordernd, wie ein Mann, der zu lange gewartet hatte.

»Ich liebe dich, Kitty«, flüsterte er. Die Worte hatten Monate in seinem Herzen gelauert. Jetzt war es endlich, unwiderruflich heraus.

Dan hielt Kitty auf Armeslänge von sich, um zu sehen, wie sie auf sein Eingeständnis reagierte. In ihre Augen trat ein verwirrter Ausdruck. Er musste sie überzeugen, ihr sagen, wie viel sie ihm bedeutete.

»Ich liebe dich mehr als sonst ein Mann je eine Frau lieben könnte. Ich denke ständig nur an dich, an uns und daran, wie perfekt unser gemeinsames Leben sein könnte. Glaubst du, du könntest mich auch lieben, nur ein bisschen?«

Sie nickte, und Dans Herz tat einen Sprung.

»Wir könnten heiraten«, fuhr er hastig fort.

»Heiraten?« Sie schlug eine Hand vor den Mund. Wollte sie damit ein Lächeln verstecken? Er wartete, unsicher, was er tun sollte. Sie ließ die Hand wieder sinken, und er sah, dass ihre Lippen zitterten bei dem Versuch, ihre Gefühle zu beherrschen. Sie wischte sich Tränen aus den Augen.

»Wenn Maddies Baby da ist«, fuhr Dan eilig fort. Er war im siebten Himmel, und die Fantasie ging mit ihm durch. »Ich würde nicht von dir erwarten, in dem Steinhaus zu wohnen. Ich würde uns ein neues Haus bauen. Und du könntest Rose bei dir behalten. Ich hätte wirklich nichts dagegen. Ich habe mein ganzes Geld gespart. Es sind inzwischen fast 1000 Pfund. Wir können uns sogar eine eigene Parzelle nehmen. Das wäre doch ein guter Anfang für uns beide.«

Im Geäst über ihnen raschelte es; ein Vogel kämpfte

sich durch das dichte Laub und flog davon. Ein Schauer von Regentropfen ging auf sie nieder. Aus Richtung der Berge hörten sie Donnergrollen.

»Ich ... ich weiß nicht ... Bitte, Dan, ich kann im Moment keinen klaren Gedanken fassen. Das Ganze kommt zu plötzlich.«

»Ist die Idee denn so schlecht?«, fragte er verletzt. »Sag es gleich, dann werde ich nie wieder ein Wort darüber verlieren. Ich muss wissen, ob du mich haben willst.«

»Nein, die Idee ist nicht schlecht«, entgegnete sie nach einer Weile.

Sie hat nicht Nein gesagt! Dräng sie nicht, lass ihr Zeit.

»Denk darüber nach, und wenn du dich dafür entscheidest, heiraten wir nach der Geburt von Maddies Baby. Bis dahin bleibt es unser Geheimnis. Es soll eine Überraschung werden.«

Kitty nickte, und Dan küsste sie erneut. Ihre Lippen waren weich und nachgiebig, und er fühlte sich wie ein Ertrinkender.

Später starrte er durch das offene Fenster in die Nacht hinaus, ohne die kalte Luft zu registrieren, die an ihm vorbei in die Hütte strömte. Er hatte die Arme fest über der Brust verschränkt. Wenn er die Augen schloss und sich konzentrierte, konnte er sich beinahe vorstellen, sie wäre bei ihm, konnte er fast ihren Duft riechen. Rosen.

Die Weiden und Felder erstreckten sich vor ihm, blass unter einer Frostschicht. Mondlicht fiel auf die weiße Fläche und hob die Konturen des Landes hervor, die Steigung hin zu dem Wäldchen neben der Straße auf der einen Seite und den abfallenden Hang zum Fluss auf der anderen.

In Gedanken fühlte er Kittys Lippen auf den seinen. Er schmeckte sie. Sie war warm und weich, anschmiegsam und empfänglich. Er schob die Hände unter das Hemd und fühlte seine warme Haut. Wie würde es sich wohl anfühlen, wenn ihre Hände ihn berührten? Seine Finger glitten über seinen Körper, erst ganz leicht, dann fester, knetend, zupackend, streichelnd. Ihr Gesicht schwebte vor ihm, verlockend, verführerisch, mal hier, mal dort. Seine Finger bewegten sich schneller, oder waren es Kittys? Er wusste es nicht. Gelächter hüllte ihn ein, sinnlich und kehlig, lockend. Hände packten ihn. Lust flammte in ihm auf. Bilder stürzten auf ihn ein, bis ihm ganz schwindlig wurde. Schließlich sackte er in sich zusammen und sank auf den Boden.

»Kitty?«, flüsterte er.

Aber er war allein.

KAPITEL 31

Ted rief Doktor Grace, als Maddie im dritten Monat ihrer Schwangerschaft leichte Blutungen bekam und sie sich vor Schmerzen krümmte. Der Arzt sah keine andere Möglichkeit als anzuordnen, dass sie zur Niederkunft nach Beenleigh kam. Bis dahin sollte sie sechs Monate im Bett bleiben. Sie sollte ausruhen, hatte er gesagt. Gar nichts tun.

Maddie wälzte sich rastlos unter den Laken. Vier Wochen lag sie nun schon im Bett. Noch weitere fünf Monate lagen vor ihr. Der Gedanke deprimierte sie. Wahrscheinlich war sie bis dahin längst gestorben vor Langeweile.

Der einzige tröstliche Gedanke war das Kind. Sie war ganz sicher, dass es diesmal ein Junge werden würde. Sie fühlte eine leichte Bewegung und legte eilig die Hand auf den Bauch. Das Baby. Erst gestern hatte sie die ersten Bewegungen gespürt. Ganz leicht, als wäre in ihrem Bauch ein Schmetterling gefangen, der mit den Flügeln schlug und versuchte, sich zu befreien.

Seit Maddie im Bett lag, ruhte der Unterricht der Mädchen. Zu Maddies Verblüffung hatte Ted sich in Beenleigh erkundigt und Beth kurz darauf auf das katholische Internat geschickt. Sie war jetzt 13. In einem Alter, in dem die meisten Mädchen bereits von der Schule abgingen.

»Sie hat einiges nachzuholen«, sagte Ted. »Die anderen Kinder in ihrem Alter sind viel weiter. Ein paar Jahre Schule sind genau das, was sie braucht. Wir kommen hier auch ohne sie zurecht. Und im nächsten Jahr kann auch Emma gehen.«

Maddie vermisste ihre Tochter ganz fürchterlich. Sie hatte dieser Tage viel Zeit zum Nachdenken. Ihr einziger Trost war, dass Beth, wenn auch nur vorübergehend, den Klauen Boolais entrissen worden war.

Vom Bett aus konnte sie die Äcker sehen, die wieder grün waren von der heranreifenden Mais- und Pfeilwurzernte. Fünf ihrer sechs Kühe hatten gekalbt, sodass sie jetzt elf Rinder und den Bullen besaßen. Ted hatte einen der O'Reilly Jungen zum Melken eingestellt und einen neuen Stall gebaut, in dem er versuchsweise ein paar Schweine untergebracht hatte. Maddie hatte sie noch nicht gesehen, da sie ja an das verfluchte Bett gefesselt war, aber sie hörte sie vor Hunger quieken, wenn Ted sie morgens fütterte. Dann waren da noch das Holz und die Ochsen. Es geschah so vieles außerhalb ihres Zimmers, die Welt drehte sich auch ohne sie weiter.

Maddie warf einen Blick auf den kleinen Tisch neben dem Bett. Dort lag die Bibel neben der gerahmten Fotografie. Sie griff nach dem silbernen Rahmen und betrachtete das Bild genauer. Ted schaute ernst und unbehaglich drein, als könne er es kaum erwarten, wieder zu Acker und Pflug zurückzukehren. Beth hatte Maddie zuliebe ein künstliches Lächeln aufgesetzt. Emma strahlte, Grübchen in den runden Wangen. Kitty mit der Hochsteckfrisur sah älter aus und hielt Rose auf dem Arm. Dan, der so dicht bei Kitty stand, dass Maddie sicher war, dass ihre Schultern sich berührten, sein Gesichtsausdruck eine Mischung aus Hoffnung und Verzweiflung.

Erst nachdem sie die Gesichter der anderen studiert hatte, betrachtete sie ihr eigenes. Und vor ihren Augen verschwammen ihre Züge, lösten sich auf und hinterließen eine Lücke. Maddie blinzelte und schaute wieder hin. Nein, das war nur Einbildung gewesen. Da stand sie im Mittelpunkt ihrer kleinen, aber wachsenden Familie, neben Ted, den Kopf stolz erhoben.

Aus den Augenwinkeln nahm sie eine Bewegung wahr. Es war Ted. Maddie richtete sich weiter auf und beobachtete, wie ihr Mann auf dem Hof verschiedene Arbeiten verrichtete. Sie kam sich ausgeschlossen vor, wie ein Zuschauer, ein Voyeur, der kein Recht hatte, zuzusehen.

Sie wollte ihn rufen, damit er zu ihr kam. Sie sehnte sich danach, eine Hand auf seinen Arm zu legen oder seinen Bart an ihrer kühlen Wange zu fühlen, um sich zu vergewissern, dass er wirklich war und nicht nur eine Ausgeburt ihrer Fantasie. Aber er war eingebunden in die Welt der Äcker und des Viehs, während sie eine Gefangene dieses Zimmers und des Kindes war, das sich sachte in ihr regte. Ihre einst so sehr miteinander verwobenen Leben waren getrennt worden, und er war für sie fast ein Fremder geworden.

Furcht flackerte in ihrem Herzen auf. Angst, dass wenn sie und Ted einander die Hände reichen wollten, sie feststellen würden, dass zwischen ihnen eine durchsichtige Wand entstanden war, dass ihre Finger auf eine Glaswand stießen, die sich anfühlte wie kaltes Metall.

Cedric O'Shea schob die leeren Gläser beiseite und ließ den Kopf auf die verschränkten Arme sinken. Gott, war er müde. Er konnte sich nicht erinnern, jemals so erschöpft gewesen zu sein. Er hätte sich am liebsten irgendwo zusammengerollt, um zu sterben. So wie Martha.

Cedric war erst vor wenigen Tagen mit ihr in diese gottverlassene Stadt im Norden gekommen. Sie war seit Wochen krank gewesen. Erst hatte sie keinen Appetit mehr gehabt und hinterher an Erbrechen und Durchfall gelitten. Auf dem Höhepunkt ihrer Erkrankung hatte sie dann glühend vor Fieber im Bett gelegen, Blut gespuckt und geflucht wie eine Wahnsinnige.

»Fieber«, hatte der Doktor resigniert erklärt und einen langen, unaussprechlichen Namen angefügt, den

Cedric sofort wieder vergessen hatte. »Es grassiert überall auf den Goldfeldern. Es grenzt an ein Wunder, dass überhaupt jemand die Lebensbedingungen hier überlebt. Wissen Sie, was man über diese Gegend sagt?« Cedric schüttelte den Kopf, und der Doktor lächelte spöttisch. »Wenn einen nicht das Fieber dahinrafft, dann der Alkohol. Genau, das sagt man.«

Wenn die Bemerkung nicht so treffend gewesen wäre, hätte Cedric das Lächeln wohl erwidert. Aber der Doc hatte einen wunden Punkt getroffen. Er hatte in letzter Zeit tatsächlich etwas tief in die Flasche geblickt wegen der Sorgen um Martha und allem.

»Wird sie wieder gesund?«

Der Arzt legte Cedric eine Hand auf die Schulter. Kein gutes Zeichen, dachte der zynisch. »Sagen wir mal so, Mr. O'Shea. Es sieht nicht gut aus. Das Beste, was Sie für Ihre Frau tun können, ist, sie in ein Krankenhaus zu bringen, wo man sich ordentlich um sie kümmern kann. Vielleicht hat sie dann eine Chance.«

Der Doktor reichte Cedric ein kleines Fläschchen. »Was ist das?«, fragte er misstrauisch.

»Laudanum. Gegen die Schmerzen. Nur ein oder zwei Tropfen alle paar Stunden auf die Zunge geben.« Nachdenklich steckte Cedric das Glasfläschchen ein.

Nachdem der Doktor gegangen war, kehrte Cedric in die Hütte zurück und blickte auf seine Frau hinab, die Gott sei Dank eingeschlafen war. Sie war fast noch ein Kind gewesen, als sie vor Jahren zusammengekommen waren. Sogar hübsch, mit einem bezaubernden Lächeln. Sie sprühte förmlich vor jugendlichem Enthusiasmus. Er hatte ihr skrupellos allerlei versprochen und nichts davon gehalten. Sie hatte nicht darum gebeten, dass man ihr das Herz brach, aber letztlich hatte sie durch seine Schuld einiges ertragen müssen.

Er zog einen Stuhl näher an die Pritsche heran und betrachtete ihr von der Sonne, Sorgen und enttäuschten Erwartungen faltig gewordenes Gesicht. Was sollte aus ihnen werden? Sie besaßen nichts. Kein Geld, keine Familie, kein richtiges Zuhause. Nur einander. Und das musste doch nach all den Jahren auch etwas wert sein.

Und so hatte er sie vor zwei Tagen über die holprigen Straßen auf dem einzigen verfügbaren Wagen an die Küste gebracht. Jeder Ruck war für ihren ausgemergelten Körper eine Tortur gewesen, sodass sie jedes Mal vor Schmerzen aufgeschrien hatte. Nicht einmal das Laudanum hatte ihr helfen können.

Er war bei ihr im Krankenhaus geblieben. Das war allerdings nicht nur aus Zuneigung geschehen; vielmehr hatte der Transport in die Stadt seine letzten Geldreserven praktisch aufgebraucht, sodass nicht genug übrig war, um sich ein Zimmer leisten zu können. Also hatte er sich auf einem Stuhl an ihrem Bett niedergelassen und gewartet.

Als es zu Ende gegangen war, hatte sie ihn nicht wieder erkannt und nur aus glasigen Augen angestarrt, als wäre er ein Fremder. Er sah sein Gesicht in einem Spiegel in der Nähe des Schwesterntisches in der Mitte der schlafsaalartigen Krankenstation und war nicht überrascht. Tatsache war, dass er sich selbst kaum noch wieder erkannte, seit er sich einen Bart hatte wachsen lassen. Und er hatte wohl auch einiges an Gewicht verloren, seit seine Frau krank geworden war. Niemand konnte kochen wie Martha.

Cedric hatte an ihrem Bett gesessen und ihre Hand gehalten, als es soweit gewesen war. Ein anhaltender Schauer, und sie hatte einfach aufgehört zu atmen. Aus und vorbei. Nach einer Weile hatte er ihre Hand zurück auf das Bett gelegt, sich auf seinem Stuhl zurückgelehnt und nicht gewusst, was er tun sollte. Die ganze Mühe war umsonst gewesen. Er saß da, starrte sie an und gab sich die Schuld an ihrem Tod. Die Goldfelder, von denen er gehofft hatte, sie würden ihnen eine neue Heimat werden, hatten sich als eine einzige Katastrophe entpuppt. Sicher, er hatte auch ein paar Nuggets gefunden, aber der Ertrag hatte sie nicht für die schäbige neue Hütte entschädigt und auch die hohen Lebensmittelpreise nicht wettgemacht.

Schließlich, bei Tagesanbruch, kam eine Krankenschwester und deckte Marthas Gesicht mit einem Laken zu. »Gehen Sie heim«, sagte sie. »Sie können erst einmal nichts weiter für sie tun. Wir werden sie waschen und ankleiden. Sie können heute Nachmittag wiederkommen. Bringen Sie Ihren Wagen zum Eingang der Leichenhalle. Das ist hinter dem Haus.«

Cedric nickte und stolperte aus dem Raum. Ihm war schwindlig von dem Schock und vor Schlafmangel. »Heim«, hatte sie gesagt, nicht ahnend, dass er kein Zuhause hatte. Niemand, der halbwegs bei Verstand war, würde die verrostete Wellblechhütte in Thornborough ein Heim nennen.

Er hatte Marthas Leiche nicht abgeholt. Es wäre sinnlos gewesen. Er hatte kein Geld für ein Begräbnis. Die Behörden würden dafür sorgen, dass sie ein Armenbegräbnis bekam. Er verbrachte die Nacht in einer Seitengasse an eine Tür gelehnt. Ratten huschten in dunklen

Ecken umher. Der Gestank verfaulenden Abfalls aus den Mülleimern in der Nähe verursachte ihm Übelkeit und dämpfte seinen Hunger. Am nächsten Tag war er zum Hotel gegangen. Er hatte mit den letzten Münzen in seiner Hosentasche gespielt. Genug, um zu vergessen, wenigstens für eine Weile.

Jetzt erinnerten ihn die leeren Gläser vor ihm an seine leeren Taschen. Kein Geld, kein Zuhause. Und jetzt auch kein lebender Verwandter mehr. Der Alkohol schürte seine Verbitterung. Wäre Tarlington nicht gewesen, wären er und Martha heute noch bei dem alten Deutschen und hätten ein Dach über dem Kopf. Komisch, dachte er, ich vermisse Marthas spitze Zunge bereits.

»Zeit zu gehen, meine Herren«, rief der rotgesichtige Barmann. »Feierabend.«

Cedric kramte in der Uhrentasche seiner Hose und zog die Uhr heraus. Es war ein wunderschönes Stück. Ein Gehäuse aus schimmerndem Gold mit schnörkeliger Gravur und dazu passender Kette. Das war alles, was noch übrig war von dem Geld, das Randolph Tarlington ihm vor Jahren gegeben hatte. Er blickte auf die Zeiger. Sperrstunde. Und er wusste nicht, wo er hinsollte. Schaudernd dachte er an die Gasse, in der er die vergangene Nacht verbracht hatte.

Der Wirt blieb vor ihm stehen, mehrere leere Gläser in einer Hand. »Los, los, Kumpel. Ich muss zumachen, bevor die Bullen kommen und das für mich übernehmen.«

»Hier«, sagte Cedric spontan und streckte die Hand aus. »Möchten Sie eine Uhr kaufen?«

Der Barmann stellte die Gläser ab, nahm Cedric die

Uhr aus den zitternden Fingern und hielt sie sich ans Ohr.

»Sie läuft«, bemerkte Cedric pikiert.

»Die ist doch nicht gestohlen, oder?«, fragte der Wirt misstrauisch.

»Natürlich nicht. Aber geben Sie sie nur wieder her. Ich habe es nicht nötig, mich beleidigen zu lassen.«

»Schon gut, schon gut, beruhigen Sie sich. Wie viel?«

Cedric nannte einen Preis, nur ein Bruchteil des tatsächlichen Wertes. Er hatte fünfmal so viel bezahlt. »Und ein Bett für die Nacht«, fügte er hinzu. »Morgen breche ich auf nach Süden.«

Der Barmann machte ein überraschtes Gesicht. »In Ordnung. Abgemacht.« Er steckte die Uhr ein, ging zur Geldschublade und nahm ein paar Scheine heraus.

»Hier«, sagte er und schob das Geld über den Tresen auf Cedric zu. »Zimmer 15 ist frei. Die Seitentreppe rauf und dann rechts. Viel Glück.«

»Danke«, murmelte Cedric und stolperte aus der Bar, ein grimmiges Lächeln auf dem Gesicht. Es war zwar nicht viel Geld, aber es würde reichen. Morgen würde er mit der ersten Kutsche nach Süden fahren, Richtung Brisbane. Und Boolai. Er hatte mit Randolph Tarlington noch eine Rechnung zu begleichen.

Rose: so klein, so zart, so unvollkommen. Unvollkommenheit gepaart mit Vollkommenheit. Reverend Carey hatte Kitty gesagt, sie wäre ihnen aus einem bestimmten Grund geschickt worden, um sie Demut zu lehren, Mitgefühl, Dankbarkeit für die eigene Gesundheit.

Sie hatte angefangen, Rose nachts mit in ihr Bett zu

nehmen. Die Wärme schien das Kind zu beruhigen. Kitty ihrerseits schlief schlecht. Sie lag oft wach und lauschte Roses angestrengtem Atem. Pfeifendes Ausatmen. Stille. Bitte, bitte, betete Kitty. Und dann, wie in Antwort auf ihr stummes Gebet, ein keuchendes Luftschnappen. Ganz automatisch, mechanisch, einatmen, ausatmen. Nacht für Nacht. Manchmal hatte sie zu große Angst, um zu schlafen, fürchtete, dass Rose ohne ihre eigene stumme Mithilfe einfach vergessen könnte zu atmen.

Als sie an diesem kalten Julimorgen aufwachte, wusste sie gleich, dass Rose tot war. Auf ihrem Gesicht lag ein so friedlicher Ausdruck. Kitty lag da und betrachtete Roses Züge ein letztes Mal. Dann legte sie das Kind in sein Bettchen, bevor sie die anderen informierte.

Kitty hatte versucht, sich auf Roses Tod vorzubereiten. Sie hatten nie ein Geheimnis aus Roses Zustand gemacht. Sie hatten darüber diskutiert, debattiert, nachgedacht und wieder diskutiert. In ihrer Naivität hatte sie mit einer Vorwarnung gerechnet, mit einer schleichenden Verschlechterung von Roses Allgemein-zustand, bevor sie starb. Aber letztlich war es plötzlich und unerwartet geschehen, ohne Vorwarnung, ohne einen Hinweis.

Am Nachmittag hatte sie das Bedürfnis, allein zu sein, und zog die Tür der Hütte hinter sich zu. Sie wollte vor den mitleidigen Blicken der anderen fliehen. Sie waren höflich, abwartend, rechneten mit irgendeiner explosiven Reaktion von ihr oder Maddie. Niemand sprach. Maddie lag im Bett, das Gesicht bleich und angespannt. Dan hatte zuvor eine Schaufel aus dem Schuppen geholt, aus dem nun gedämpftes Hämmern drang. Ted zimmerte einen kleinen Sarg.

Draußen war es ungemütlich nach einem winterlichen Sturm. Immer noch fegten Windböen über das Land und zerrten an ihren Haaren und Kleidern. Sie fühlte sich seltsam leicht, ja schwindlig. Dunkle, zusammengeballte Wolken verdunkelten den Himmel, und einige dicke Regentropfen fielen. Es war, als hätten sich die Elemente zusammengetan, um Rose zu verabschieden.

Kitty hätte schreien können ob der Ungerechtigkeit des Ganzen. Sie hätte die Worte laut in den heulenden Wind rufen mögen. Es kümmerte sie nicht, dass es regnete. Sie würde sich nicht unterstellen. Nein, sie würde bleiben, wo sie war, und den Regen auf ihre Haut klatschen lassen, damit er den Schmerz aus ihrem Körper in die kalte Erde wusch. Das Wasser würde ihren Schmerz dämpfen, die Trauer fortspülen, ihr ihren Seelenfrieden zurückgeben.

Sie lief und lief, ohne sich darum zu scheren, dass Schlamm auf ihre Schuhe und ihr Kleid spritzte. In Abständen gingen schmale Pfade vom Hauptweg ab, dort, wo regelmäßig in der Dämmerung Wallabys auf Futtersuche kreuzten. Sie entdeckte einen Weg zur Rechten und folgte ihm atemlos. Sie wusste nicht mehr, wohin sie lief, und es war ihr auch egal.

Der Weg führte zum Fluss, weiter stromabwärts als sie für gewöhnlich herauskam. Sie lief ans Ufer und starrte in das weiß schäumende Wasser, das gurgelnd über die Felsen rauschte. Sie hob das Gesicht gen Himmel, und die Regentropfen vermischten sich mit ihren Tränen.

Dan hatte im Unterholz auf sie gewartet. Er nahm ihre Hände und zog sie an seine Brust. »Nicht, Kitty.«

Lange standen sie so da und schauten einander ins Gesicht. Kitty fühlte, wie der Wind ihr das Haar ins Gesicht wehte, wo die nassen Strähnen kleben blieben. Sie sah seine Augen, so blau wie Maddies Wedgwood-Teller, die eindringlich auf sie herabblickten. Unter anderen Umständen wäre ihr sein forschender Blick vielleicht unangenehm gewesen, aber heute konnte sie nichts mehr erschüttern. Außerdem waren es Dans Augen, lieb und vertraut.

»Es tut mir sehr Leid wegen Rose. Ich weiß, wie nahe ihr Tod dir gehen muss.«

»Nein, es sollte dir nicht Leid tun. Sie ist endlich frei.«

Jetzt, da sie sie ausgesprochen hatte, klärten die Worte ihre Gedanken. Es war, als wäre ihr eine große Last von den Schultern genommen worden.

»Wie geht es Maddie?«

Kitty zuckte die Achseln. »Sie sagt kein Wort. Ich mache mir Sorgen um sie.«

Er neigte den Kopf, bis seine Lippen die ihren fanden. Sie schmeckten süß wie wilder Honig. Ein seltsam prickelndes, angenehmes Gefühl stieg in ihr auf und verdrängte die Taubheit, die sie erfüllt hatte, seit sie am Morgen festgestellt hatte, dass Rose nicht mehr atmete. Als sie den Kuss erwiderte, wurde ihr ganz schwindlig. Ihr war, als fiele sie durch einen dunklen Schacht. Immer tiefer und tiefer fiel sie. In dieses bodenlose Loch. Sie erzitterte. Er hob den Kopf wieder, und sie schaute erneut in seine Augen.

Plötzlich weinte sie, schluchzte herzzerreißend. Tränen der Trauer um Rose, um Maddie, um sich selbst. Tränen der Verwirrung angesichts der widerstreitenden

Gefühle in ihr. Sie vermisste Rose schmerzlich, auch wenn sie andererseits wusste, dass ihre kleine Nichte nun endlich ihren Frieden hatte.

Er schloss sie in die Arme und zog sie so fest an sich, dass sie durch sein dünnes Hemd sein wild klopfendes Herz fühlen konnte.

»Es ist in Ordnung, Kitty«, hörte sie ihn sagen. »Wein, so viel du magst. Ich liebe dich und werde immer für dich da sein.«

Sie hatte Dan nicht erst erklären müssen, was sie empfand – er hatte es einfach gewusst. Und er war für sie da, hielt sie fest und war nicht peinlich berührt von ihren Tränen. Dafür liebte sie ihn, für seine Akzeptanz, sein Verständnis.

Maddie schlug die Decke zurück und schwang langsam die Beine über die Bettkante. Nach wochenlangem Liegen waren ihre Beine ganz schwach, so als hätte sie keine Kontrolle über sie. Sie stemmte die Hände rechts und links auf die Bettkante. Die Entfernung kam ihr sehr groß vor, und der Boden schien zu schwanken. Und wenn sie hinfiel? Ganz langsam ging sie ins Zimmer der Mädchen hinüber, jeder Schritt ein Triumph über ihre zitternden Beine.

Rose war tot, hatten sie ihr gesagt, aber sie musste sie sehen. Sie musste sich selbst von der Endgültigkeit ihrer Worte überzeugen. Erschöpft ließ Maddie sich auf Kittys Bett sinken und blickte in die Wiege. Rose. Die Augen geschlossen. So friedlich, als würde sie nur schlafen. Sie berührte vorsichtig die Wange ihrer Tochter. Sie fühlte sich kalt und wächsern an. Dann hob sie Roses

Arm ein paar Zentimeter hoch und ließ ihn auf das Laken zurückfallen. Es stimmte also, Rose war tatsächlich tot. Ganz langsam nahm sie das Kind aus seinem Bettchen. Arme kleine Rose. Sie war über zwei Jahre alt und kaum größer als bei ihrer Geburt. Sie hatte nie eine Chance gehabt; ihr Schicksal war schon bei ihrer Geburt besiegelt gewesen.

Maddie hatte versucht, keine Liebe zu empfinden für dieses Kind, das ein Sohn hätte sein sollen. Sie hatte das kleine Mädchen Kittys Obhut überlassen, und das war nun die Strafe. Göttliche Vergeltung. Würde Reverend Carey es als solche bezeichnen? Gottes Art, sie zu strafen, sie auf ihren Platz zu verweisen. Hatte Reverend Carey nicht gesagt: »Gott will, dass wir alle Lebewesen lieben? Gott gibt und Gott nimmt.«

Sie drückte Rose an ihren dicken Bauch, als wolle sie etwas Wärme auf sie übertragen. Sie hatte Rose einst das Leben geschenkt. Vielleicht konnte sie das noch einmal tun. Sie dachte an das neue Baby, das in ihr heranwuchs, und seufzte traurig. Tod und Leben, so nah beieinander. Die Natur ließ sich nicht aufhalten, ein endloser Zyklus. Nein, es war sinnlos. Rose war tot. Sie konnte sie nicht ins Leben zurückholen. Sie schaute noch einmal in Roses kleines Gesichtchen; es war ein zärtlicher Blick voll mütterlicher Liebe und Trauer.

»Ich wünschte, ich wäre tot«, sagte sie leise mit steifen Lippen.

So fand Ted sie später vor, wie sie Rose in den Armen wiegte, den Blick starr auf die Wand gerichtet, während sie lautlose Tränen weinte. Sanft löste er ihre Finger von dem toten Kind und trug sie zurück ins Bett. Sie registrierte das alles, wollte den Mund öffnen und ihre ganze Qual herausschreien, brachte aber keinen Ton hervor.

»Sprich mit mir, Maddie«, hörte sie Teds Stimme wie aus weiter Ferne sagen. Ganz leise, gedämpft. Sprechen! Wie sollte sie sprechen? Konnte er denn die Schreie nicht hören, die ohrenbetäubend laut in ihrem Kopf wiederhallten?

KAPITEL 32

Hätte jemand Kitty gefragt, wann ihr zum ersten Mal die Veränderungen an ihrer Schwester aufgefallen waren, hätte sie spontan geantwortet: »Bei Roses Tod.« Aber anfangs waren die Veränderungen so minimal, so subtil gewesen, dass sie erst viel, viel später, als es längst zu spät war, bis zu diesem Trauma zurückverfolgt werden konnten.

Maddie wurde stiller, in sich gekehrter, schroffer in ihrer Art. Ein eigentümlich tragischer Ausdruck überschattete ihre Züge. Mayses und Bridies regelmäßige Besuche schienen Maddie aufzuheitern, aber nur vorübergehend. Kitty blieb immer dabei und achtete darauf, dass Maddie sich nicht überanstrengte. Jetzt da Maddie im Bett lag und Rose nicht mehr lebte, übernahm sie den Haushalt, und trotz Laylas Unterstützung hinterließ Beths Abwesenheit doch eine spürbare Lücke.

An den meisten Nachmittagen schlich Kitty, wenn Maddie schlief, davon, um sich mit Dan am Fluss zu treffen. Das waren die einzigen Augenblicke, die sie für sich allein hatten, und Kitty war dankbar für diese Stunden. In den vergangenen Monaten hatte sie Dan besser kennen gelernt, nicht als Teds Bruder oder nahen Verwandten, sondern als Mann. Einen Mann, der sie, wie er sagte, liebte und verehrte und alles tun wollte, um sie glücklich zu machen.

Anfangs waren ihr seine Gefühle für sie übermächtig erschienen, aber mit der Zeit hatte sie dann erkannt, dass das einfach Dans Art war. Bei ihm gab es nur alles oder nichts. Dazwischen war nichts, keine Halbherzigkeiten.

Eines Nachmittags lagen sie wieder einmal ungestört am Flussufer und schauten in die Zweige über sich, durch die das Sonnenlicht hindurchfiel. Kittys Kopf ruhte an Dans Schulter, sein Arm schützend um ihre Schultern gelegt. Nach einer Weile stützte er sich auf einen Ellbogen, zog die Nadeln aus ihrem Haar und ließ es offen über ihren Nacken und Rücken fallen, ehe er mit den Fingern hindurchfuhr. Als seine Lippen über ihr Gesicht und ihren Hals wanderten, stieg eine ebenso tiefe wie unbestimmte Sehnsucht in ihr auf.

»Ich kann einfach nicht aufhören, an dich zu denken. Du beherrschst Tag und Nacht meine Gedanken. Das geht so weit, dass ich manchmal das Gefühl habe, ich werde noch verrückt«, flüsterte er.

Sie nickte. »Ich weiß.«

Seine Finger strichen leicht über ihren Hals und wanderten langsam abwärts zu ihrer Brust. Sie wollte, dass er sie dort berührte, fühlte, wie ihre Haut dort förmlich glühte vor Sehnsucht, aber etwas hielt sie zurück. Als hätte er ihre Gedanken gelesen, hob er die Hand wieder an ihr Gesicht.

»Ich liebe dich, Kitty, und ich würde alles dafür geben, dich berühren und dich lieben zu dürfen, aber nur als meine Frau.« Er küsste sie leidenschaftlich. »Hast du darüber nachgedacht? Darüber, mich zu heiraten, meine ich. Ich halte die Ungewissheit keinen Tag länger aus.«

Kitty nickte. Sie hatte in den letzten Wochen an nichts anderes gedacht. »Ja«, entgegnete sie ernst und bemüht, das Lächeln zu unterdrücken.

»Ja, was?«, lachte er. »Ja, du hast darüber nachgedacht, oder ja, du willst mich heiraten? Komm schon, Kitty, mach es nicht so spannend.«

»Nun, ich habe lange darüber nachgedacht ...«

»Und?«, drängte er angespannt und hielt das Gesicht dicht über ihres. »Sag Ja, und du machst mich zum glücklichsten Menschen auf der Welt.«

»Ja«, entgegnete sie schlicht. »Ich werde dich heiraten, Dan Hall.«

Ein glückliches Lächeln ließ seine Züge erstrahlen. »Du wirst es nie bereuen, Kitty. Ich werde dich lieben und ehren, und sobald Maddie ihr Kind bekommen hat ...«

Sie brachte ihn mit einem Kuss zum Schweigen.

Es war August. Kitty zählte glücklich die Wochen. Noch zwölf, elf, zehn Wochen bis zum errechneten Geburtstermin und dem Tag, da sie und Dan ihre Heiratsabsichten bekannt geben würden. Doktor Grace hatte angeordnet, dass Maddie die letzten zwei Wochen vor der Geburt in Beenleigh verbrachte. Das stellte die Familie vor ein Problem: Wie sollten sie die hochschwangere Maddie halbwegs komfortabel in die einen Tag weit entfernte Stadt bringen? Kitty beschloss, sich erst den Kopf darüber zu zerbrechen, wenn es soweit war.

»Zehn Wochen«, seufzte Maddie und ließ sich in die Kissen zurücksinken. »Noch eine halbe Ewigkeit, die ich in diesem verfluchten Bett verbringen muss.«

»Das geht ganz schnell vorbei«, sagte Kitty tröstend, als sie die Laken ordentlich unter die Matratze klemmte und noch einmal glatt strich für den bevorstehenden Besuch von Mayse O'Reilly. »Und es ist gerade ein neuer Katalog eingetroffen. Vielleicht können wir ihn uns später zusammen anschauen und die Weihnachtsgeschenke aussuchen.«

»Weihnachten? Das ist doch noch furchtbar lange hin.«

»Ich weiß, aber dann hast du etwas zu tun.« Sie beugte sich hinab und küsste ihre Schwester auf die Wange. Maddies Haut fühlte sich kühl und trocken an.

Abends nach dem Essen setzte Kitty sich oft hinaus auf die Veranda und blickte nachdenklich auf die Berge. Die Tage vergingen schleppend langsam, und sie konnte es kaum erwarten, ihr neues Leben als Dans Ehefrau anzutreten. Sie würde ihr eigenes Haus haben, das hatte Dan ihr versprochen. Und irgendwann würde es vielleicht auch Kinder geben, knuddelige kleine Babys, die nach Seife und Milch rochen. Der Gedanke an Babys erinnerte sie immer an Rose. Sie hoffte, Maddies neues Baby würde gesund zur Welt kommen. Vielleicht wurde es ja ein Junge; sie war sicher, dass Ted sich riesig über einen Sohn freuen würde. Ein Stammhalter. Die Zukunft erschien ihr viel versprechend und verlockend. Kitty zog unter dem Rock die Knie an, schlang die Arme um die Beine und stützte das Kinn auf. Ihre Augen waren halb geschlossen.

Sie hörte ein Geräusch aus der Hütte. Schritte. Die Tür öffnete sich, und Licht fiel auf die Bodendielen der Veranda. Sie drehte den Kopf. Es war nur Ted. Er setzte sich zu ihr auf die Bank, die unter seinem zusätzlichen Gewicht ächzte.

Wegen Maddies unfreiwilliger Bettruhe waren sie und Ted sich in den vergangenen Monaten näher gekommen. Kitty spürte es; ihre Beziehung, die beinahe ein Vater-Tochter-Verhältnis gewesen war, hatte sich verändert, und heute konnte sie ihre Gefühle ihm gegenüber gar nicht richtig definieren. Konnte auch er dieses unsichtbare Band fühlen, das sie zueinander hinzog?

Erst an diesem Abend hatte ihre Hand am Esstisch seine gestreift, woraufhin ihr Blick unwiderstehlich zu seinem Gesicht hingezogen worden war. Er hatte reglos dagesessen und sie angestarrt wie in Trance, als würde er den Lärm aus der Küche und am Tisch gar nicht wahrnehmen, als würde er nichts anderes sehen oder hören als sie. Peinlicherweise war sie errötet, woraufhin sie hastig die schmutzigen Teller eingesammelt hatte, um ihre Verwirrung zu überspielen. Als er ihr später beim Abtrocknen geholfen hatte, hatten sie nach derselben Tasse gegriffen, und als ihre Finger sich berührt hatten, hatte ihr Herz plötzlich so wild geklopft, als würde es jeden Moment zerspringen.

Sie nahm ihn heute ganz anders wahr als früher, nicht mehr nur als ihren Schwager, sondern als Mann. Ein lebendiges Wesen aus Fleisch und Blut, jemand mit Hoffnungen, Wünschen und Bedürfnissen. Diese Veränderung ihrer Gefühle verwirrte sie. Sie liebte Dan, wie also konnte sie so für Ted empfinden?

Warum fühlte ein Teil von ihr sich zum Ehemann ihrer Schwester hingezogen, einem Mann, der zwanzig Jahre älter war als sie und in dem sie lange Zeit eine Vaterfigur gesehen hatte. Wenn sie an Maddie dachte, plagte sie ein furchtbar schlechtes Gewissen.

Sie seufzte leise.

»Was ist?« Ted legte ihr schützend einen Arm um die Schultern. Sie fühlte die Wärme seines Körpers und errötete prompt. Sie war froh, dass es schon dunkel war, sodass er es nicht sehen konnte.

»Ich weiß nicht. Alles scheint irgendwie ... in der Luft zu hängen. So als würden wir alle nur darauf warten, dass etwas passiert.«

»Es wird wieder anders werden, wenn das Baby erst da ist.«

»Es ist nur, dass wir alle so sehr aneinander gebunden sind. Du, ich, Maddie, Dan, Beth und Emma. Und jetzt das neue Baby. Es scheint in unserem Leben keinen Platz zu geben für etwas anderes.«

»Wie meinst du das?« Er klang verwirrt.

»Ich weiß auch nicht. Ich habe mich nur gefragt, ob es in fünf, zehn Jahren immer noch so sein wird. Werden wir dann noch hier sein? Was werden wir tun? Ich möchte mehr über die Zukunft wissen.«

»Ich denke, du solltest anfangen, mehr an deine eigene Zukunft zu denken. Ans Heiraten. An eigene Kinder. Ein eigenes Leben. Wir können nicht von dir erwarten, dass du für immer bei uns bleibst.«

Beinahe hätte sie ihm von Dan und seinem Antrag erzählt. Als Dans Frau würde sie in der Nähe bleiben, weiter ein Teil ihrer kleinen Welt sein. Aber dann musste sie an Dans Worte denken. Unser Geheimnis, unsere Überraschung, hatte er gesagt. Nein, sie wollte ihm den Spaß nicht verderben. Es lag bei ihm, Ted die Neuigkeit zu erzählen.

»Kitty?« Sie wandte ihm das Gesicht zu. Sie schauten sich in die Augen, und beinahe schien es, als würde die Zeit stillstehen.

Ted neigte den Kopf, und Kitty fühlte, wie seine Lippen über ihre Wange strichen und sich schließlich auf die ihren legten. Ihre Lippen wurden unter seinen ganz weich, als er sie an sich drückte. Er roch nach Seife und Tabak. Durch sein Hemd konnte sie seinen Herzschlag fühlen. Das Blut rauschte so laut in ihren Ohren, dass sie nicht einmal mehr die Grillen hören konnte.

Ted hob den Kopf und schob sie sanft von sich. Er blieb einen Moment schwer atmend sitzen, als wäre er eben eine weite Strecke gelaufen. Kitty konnte im schwachen Licht, das durch das Esszimmerfenster fiel, seine Züge erkennen. Eine große innere Ruhe senkte sich auf sie herab.

»Entschuldige, Kitty. Das hätte ich nicht tun dürfen ...«

Ehe sie etwas darauf erwidern konnte, war er fort. Eine abrupte Bewegung, und er war nicht mehr an ihrer Seite, sondern marschierte in der Dunkelheit davon, bis er mit Gras, Bäumen und Nacht verschmolz. Die Bank fühlte sich plötzlich sehr leer an. Sie legte die Hand auf den Sitz neben sich; das Holz war noch warm. Sie blieb noch lange sitzen und dachte an die Zärtlichkeit seiner Berührung.

Die Erinnerung an den Kuss holte Ted in den sonderbarsten Momenten ein, ganz plötzlich und unerwartet. Er stellte sich vor, wie er ihre weiche Haut streichelte, und spürte, wie sein Verlangen sich regte. Seine wildesten Träume, unanständig und unmöglich. Er schämte sich ihrer. Innerlich verfluchte er sich wegen seiner Untreue Maddie gegenüber, wegen seines Verlangens. Wie konnte er sie so schamlos betrügen, seine Ehefrau, die ans Bett gefesselt war, weil sie sein Kind unter dem Herzen trug? Was war nur in ihn gefahren?

Er hoffte, das Baby würde ein Junge. Nicht so sehr um seiner selbst willen, als vielmehr Maddies wegen. Vielleicht würde ein Sohn ihre Familie vervollständigen. Er wollte nicht, dass sie noch eine Schwangerschaft wie diese durchmachte.

Er mied Kitty, ging ihr aus dem Weg, wo er nur konnte, und wagte es nicht einmal, ihr in die Augen zu sehen. Seine Gewissensbisse lasteten schwer auf ihm.

Mit dem Geld, das ihm der Verkauf der Uhr eingebracht hatte, gelangte Cedric O'Shea bis in den Pub in Beenleigh, wo er prompt den Rest in Rum umsetzte und sich so selbst für Tage außer Gefecht setzte. Als er wieder nüchtern wurde, waren seine Taschen leer. Die Inhaberin des Hotels hatte ihn auf die Straße setzen lassen. Sie sagte, er hätte nur für eine Übernachtung bezahlt. Er war nicht sicher, ob das stimmte oder nicht; er konnte sich nicht an die letzten Tage erinnern.

Cedric saß an der Hauptstraße von Beenleigh, mit dem Rücken gegen eine Pferdetränke gelehnt. Ihm war schwindlig. In den Armen hielt er einen schäbigen Koffer, der seine sämtliche weltliche Habe enthielt. Er hatte keinen Schimmer, was er tun oder wohin er gehen sollte. Irgendwie war alles schief gelaufen. Was jetzt, überlegte er und rieb sich den schmerzenden Schädel. Er musste nach Boolai. Aber bis dahin musste er von irgendetwas leben.

Plötzlich hörte er Stimmen. Er blickte blinzelnd die Straße hinunter und sah eine Gruppe von abgerissenen Männern in seine Richtung kommen. Als sie näher kamen, sah er auch die Rucksäcke, die sie auf dem Rücken trugen. Das Schlusslicht bildete ein Wagen mit Vorräten und Schaufeln. Ganz vage erinnerte er sich, dass im Pub jemand erwähnt hatte, dass die Straßenbauarbeiter sich nach Boolai aufmachen würden. Er hatte bei der Erwähnung des Namens aufgehorcht: Boolai! Sein eigenes Ziel.

Und da waren sie nun und marschierten an ihm vorbei in Richtung Süden. Die Männer sahen Cedric neugierig an. Einer lachte. Jemand warf einen Hut in die Luft. Er konnte ihre verächtlichen Blicke spüren.

»Heh!« Cedric fühlte, wie ihn jemand gegen den Stiefel trat. Er blickte auf und schaute in ein fremdes Gesicht. »Wassis?«, fragte er und kniff die Augen zusammen, um den Mann deutlicher sehen zu können. »Was woll'n Sie von mir?«

»Suchst du Arbeit?«

Arbeit! Das klang zu schön, um wahr zu sein. »Wass'n?«

»Im Straßenbau. Für die Straßenbaugesellschaft von Boolai. Ist 'ne elende Schufterei, aber die Bezahlung ist nicht übel. Mir fehlt noch ein Mann.«

Cedric rappelte sich schwerfällig auf. »Sie gehen also

nach Boolai?« Er wollte sich nicht anmerken lassen, wie groß sein Interesse war.

»Wie ich schon sagte, die Bezahlung ist nicht übel, aber du müsstest für einige Zeit das Saufen sein lassen, Kumpel.«

»Ja, klar, kein Problem.«

»Also, du kannst den Job haben, wenn du willst. Healey ist mein Name. Ich bin der Boss, und es wird gemacht, was ich sage«, fügte er hinzu und musterte Cedric abschätzig von Kopf bis Fuß. »Du solltest dich schnell entscheiden, bevor die anderen uns abgehängt haben. Also, was ist?«

Cedric hob seinen Koffer auf. »Sie können auf mich zählen. Danke, Mann.«

»Ach ... ich habe deinen Namen nicht verstanden.«

Cedric überlegte so schnell es sein Brummschädel erlaubte. »Nennen Sie mich einfach Joe, Boss«, murmelte er, den erstbesten Vornamen wählend, der ihm einfiel. »Jawohl, Joe«, wiederholte er noch einmal der Form halber.

Er schulterte seinen Koffer und setzte sich in Bewegung, dem Wagen hinterher. Es würde ein verdammt langer Marsch werden bis Boolai, aber letztendlich würde sich jeder verdammte Schritt bezahlt machen.

Kitty lächelte in sich hinein, als sie sich unter den Laken auf die Seite drehte und die Hände nach Dan ausstreckte. Sie konnte seine Wärme fühlen, seinen harten Körper, der sich an sie schmiegte. Seine Lippen wanderten über ihren Mund, ihren Hals, ihre Schultern. Hungrig erwiderte sie seine Liebkosungen. Er zog ein Bein an und legte es über ihres, und sie drängte ihm entgegen. Zärtlich zog er ihr das Nachthemd über die Schultern, bis ihre Brüste entblößt waren. Sie schloss die Augen, als seine Zunge über ihre Brustwarzen strich. Ein Brennen breitete sich in ihrem Unterleib aus, als seine Hände an ihren Beinen entlangglitten, streichelnd und massierend, um sie dann fest gegen seine Schenkel zu pressen.

»Kitty«, flüsterte er.

Fast blieb ihr das Herz stehen. Es war nicht Dan, der neben ihr im Bett lag, sondern Ted. Teds Arme drückten sie auf die Matratze, sein nackter Körper lag auf ihrem.

»Nein!«, schrie sie und stemmte die Hände gegen seine Brust. »Nein, das darfst du nicht.« Sie verhedderte sich in den Laken in ihrer Hast, aus dem Bett zu steigen. »Geh weg! Geh weg!«

»Kitty?«

Kitty schlug die Augen auf. Ihr Blick glitt durch das vertraute Zimmer. Emma lag zusammengerollt neben ihr und schlief tief und fest. Kitty atmete mit bebender Brust mehrmals tief durch. Ted stand mit einer Lampe vor ihr. Sie konnte im flackernden Licht der Petroleumlampe deutlich den besorgten Ausdruck auf seinem Gesicht sehen.

»Alles in Ordnung? Du hattest einen Albtraum. Du hast doch nicht von Heinrich geträumt, oder?«

Kitty ließ sich auf das Kopfkissen zurücksinken und zog sich das Laken über den Kopf. »Nein«, murmelte sie. »Nur ein böser Traum.«

Sie konnte die heißen Tränen auf ihren Wangen fühlen.

»Und, Ted? Kommst du nächste Woche mit zum Rennen nach Brisbane? Ein paar alte Bekannte aus Kiama wollen auch kommen. Der alte Jenkins und auch sein Nachbar, Millings, werden dort sein. Sie hoffen beide, dich dort zu treffen.«

»Der alte Jenkins, ja? Und Millings? Die beiden habe ich eine Ewigkeit nicht mehr gesehen. Ja, es wäre schön ein paar alte Bekannte wiederzutreffen. Ich würde sehr gern hingehen. Aber Maddie ... du weißt doch. Ich kann sie jetzt nicht allein lassen.«

Er wäre liebend gern mitgegangen, und sei es nur, um für ein paar Tage rauszukommen. Die Situation daheim machte ihm zu schaffen, vor allem das, was vor ein paar Tagen abends zwischen ihm und Kitty vorgefallen war. Heiland! Er wusste selbst nicht, was in ihn gefahren war. Er konnte immer noch nicht fassen, dass das wahrhaftig passiert war, dass er sie tatsächlich geküsst hatte.

Er hätte es kommen sehen müssen. Sie waren in letzter Zeit viel allein gewesen, und er hätte schon blind sein müssen, um nicht zu sehen, dass sie sich zu einer wunderschönen jungen Frau entwickelt hatte. Aus der Entfernung Maddie nicht unähnlich, aber fülliger, runder. Etwas an ihr zog ihn magisch an. Und dann der verblüffte Ausdruck in ihren Augen, als er tatsächlich die Lippen auf ihre gelegt hatte. Und dann hatte sie unerwarteterweise seinen Kuss erwidert. Es hätte noch weiter gehen können, aber Gott sei Dank hatte er sich beherrschen und die Sache beenden können, bevor etwas geschah, das nicht wieder gutzumachen war.

Und jetzt bot Clarrie ihm die einmalige Gelegenheit,

etwas Abstand von ihr zu gewinnen. Er wollte gehen, kam sich aber mies vor bei dem Gedanken, Maddie in ihrer Situation allein zu lassen. Nur noch zwei Monate, bis das Baby kam. Sie brauchte ihn jetzt mehr denn je.

»Vielleicht im nächsten Jahr«, teilte er Clarrie mit und lächelte gezwungen.

Kitty kam mit einer Kanne Tee aus dem Haus. »Worum geht es denn? Was willst du auf nächstes Jahr verschieben?«

Clarrie legte kameradschaftlich den Arm um Teds Schultern. »Ich habe Ted eben erzählt, dass ein paar von seinen alten Kumpels unten aus dem Süden, die inzwischen auch in die Gegend umgesiedelt sind, sich freuen würden, ihn beim Rennen nächste Woche in Brisbane zu treffen. Wäre eine Schande, das zu verpassen.«

»So ein Unsinn, Ted Hall. Ich komme auch ein paar Tage allein zurecht.« Sie runzelte kurz die Stirn, dann wurden ihre Züge weicher. Guter Gott! Er konnte sie nicht einmal ansehen, ohne dass ihm das Herz bis zum Hals schlug. »Geh nur. Gönn dir mal eine Pause. Du hast dir ein paar freie Tage verdient. Es ist keine Sünde, sich im Leben auch ein wenig Spaß zu gönnen, Ted.«

Sünde! Reverend Carey würde ihn wahrscheinlich für sündig halten. Wie sollte er seine Lust auf die Schwester seiner Ehefrau anders bezeichnen als gottlos? Ein Mann von fast 40 Jahren, der ein Mädchen begehrte, das beinahe jung genug war, um seine Tochter zu sein. Ein paar Tage Abstand würden ihm sicher helfen, mit sich selbst wieder ins Reine zu kommen und seine unanständigen Gelüste in den Griff zu bekommen.

Ted schwieg einen Moment und dachte nach. Kitty

hatte Recht, Maddie war in guten Händen. »Also gut, ich gehe«, sagte er schließlich. »Nur für ein paar Tage. Und ich nehme Dan mit. Kann dem Jungen nicht schaden, wenn er auch mal rauskommt.«

Und so war es beschlossen. Ted und Dan brachen an einem Septembermorgen noch vor Sonnenaufgang nach Brisbane auf.

Bis Mittag hatten sie es ohne Anstrengung bis Beenleigh geschafft. Nach einem kurzen Besuch bei Beth im Kloster unternahm Ted einen Schaufensterbummel entlang der Hauptstraße. Der Ort war in den vergangenen Jahren gewachsen. Es waren auch neue Geschäfte hinzugekommen wie die Damenboutique von Miss Bannerman. Ted überquerte die Straße und sah im Schaufenster über einen Rohrsessel drapiert die hübscheste Stola, die er je gesehen hatte. Sie war von dunklem Smaragdgrün, und in den Stoff war ein ganz feiner Goldfaden verwoben, der dem Schal in der Nachmittagssonne einen wunderschönen Glanz verlieh.

Er wusste gleich, dass er den Schal für Kitty kaufen musste. Die Farbe würde ihr großartig stehen zu ihrem rotgoldenen Haar und dem blassen Teint. Er sah sie schon mit dem Schal um die Schultern vor sich. Sie würde ihn anlächeln und ihm für das wunderschöne Geschenk danken, und er wäre der glücklichste Mann auf der Welt. Ted dachte an ihren Duft und daran, wie ihre Lippen sich angefühlt hatten.

»Der würde Maddie sicher gefallen.«

Die Stimme riss ihn aus seinen Gedanken, und Ted fuhr schuldbewusst herum.

»Hmmm.« Ted räusperte sich. Maddie! Er hatte keine Sekunde an sie gedacht! Himmel! Jetzt war er schon

Meilen entfernt von daheim und dachte trotzdem noch an Kitty. Er musste dem ein Ende machen. Er fluchte innerlich.

»Ich sage dir was«, fuhr Dan fort. »Ich schaue mich mal im Laden um. Vielleicht haben sie ja noch so einen. Den würde ich dann Kitty mitbringen.«

»Ach ja?« Ted beäugte seinen Bruder argwöhnisch. »Und warum das?«

»Sind Maddie und Kitty nicht die zwei wunderbarsten Frauen in unserem Leben? Sie haben etwas Hübsches verdient«, konterte Dan und steuerte lächelnd den Eingang des Geschäftes an.

Ted blieb noch einen Moment vor dem Schaufenster stehen, bevor er Dan hineinfolgte.

Ted verbrachte den Rest des Tages in der Hotelbar. Auf seinem Bett lag der in braunes Papier eingeschlagene grüne Schal. Jedes Mal, wenn er ihn ansah, erinnerte er ihn an seine unanständigen Gedanken. Dan hatte auch eine Stola für Kitty gekauft, blassgrau mit einem Silberfaden. Ted fand ihn farblos verglichen mit seinem eigenen Einkauf.

Es war kühl im Pub. Die Bar war erfüllt von gedämpftem Stimmengemurmel und Gläserklirren. Das Bier löschte Teds Durst, und nach mehreren Gläsern wechselte er zu Rum.

»Machen Sie gleich einen Doppelten draus«, rief er dem Barmann zu.

»Das wird dir morgen früh noch Leid tun, Ted«, warnte ihn Dan. »Vergiss nicht, dass wir noch einen Tagesritt vor uns haben.«

Ted fuhr herum und packte seinen Bruder beim Kragen. »Heh! Sag mir nicht, was ich zu tun habe. Ich bin gekommen, um mich zu amüsieren, und nicht, um mir von dir die Laune verderben zu lassen.«

Er wusste, dass er streitsüchtig klang. Teufel! Er war doch kein Kind mehr. Er konnte allein auf sich aufpassen. Dan wandte sich beleidigt ab und zog sich ans andere Ende des Raumes zurück.

Die Zeiger der Uhr über der Bar wanderten unaufhaltsam weiter, und der Nachmittag ging in den Abend über. Ted wusste bald nicht mehr, wie viel er getrunken hatte. Die leeren Gläser vor ihm auf dem Tresen konnten doch nicht alle von ihm sein? Er blickte am Tresen hinunter. Bei der Tür stand Dan und unterhielt sich angeregt mit Alf Stokes vom Grundbuchamt. Ted nahm seinen Drink in die Hand und winkte ihnen zu. Er fühlte, dass er nicht ganz sicher auf den Beinen war.

»Sagen Sie, Stokes«, hörte er sich sagen, wobei er Dan einfach ins Wort fiel. »Diese Parzelle, von der Sie mir letztes Jahr erzählt haben, ist die noch zu haben?«

Der Rum hatte ihn reizbar gemacht. Das Land hatte ihn nicht gekümmert, bis er den Beamten gesehen hatte. Erst da war ihm der lächerliche Preis, den Tarlington haben wollte, wieder eingefallen, aber auch dessen offensichtliche finanzielle Probleme. Und dann, ganz plötzlich, wusste er, dass er das Land haben musste.

»Soweit ich weiß, ja«, entgegnete der Beamte und zwinkerte Ted zu.

Ted kramte einen Moment in seiner Tasche und holte schließlich ein Bündel Geldscheine hervor. »Sehen Sie sich das an«, lachte er und fächerte sich mit dem Geld Luft zu. Alf Stokes machte große Augen. Ted schälte ein paar Banknoten von dem Bündel ab und drückte sie dem Beamten in die Hand. »Hier, mehr gebe ich nicht für sein Land. Sagen Sie ihm, er soll es nehmen oder lassen. Ich bin für ein paar Tage in Brisbane. Ich schaue auf dem Heimweg wieder bei Ihnen vorbei. Vielleicht konnten Sie ja bis dahin Kontakt zu ihm aufnehmen.«

Trotz des furchtbaren Katers, den Dan vorausgesagt hatte, erinnerte Ted sich hinterher noch gut an den Ritt nach Brisbane am nächsten Tag. Die Straße hatte nur noch wenig Ähnlichkeit mit der Piste, der sie sieben Jahre zuvor von Brisbane nach Beenleigh und Boolai gefolgt waren. Mit der ungezähmten Wildheit des Landes war es vorbei, sie war der sich immer weiter ausbreitenden Zivilisation gewichen. Heute standen kleine Farmen dort, wo früher nichts gewesen war als Buschland, kleine Häuschen entlang der Flussufer, mit Kühen vor dem Haus, die friedlich auf grünen Weiden grasten. Wäsche flatterte an durchhängenden Leinen. Ab und an liefen kläffende Hunde ein Stück weit neben ihnen her.

Dan und Ted schlossen sich unterwegs noch andere an, darunter Jenkins und Millings. Letztendlich waren sie an die 30 Mann, alle wettergegerbte, harte Männer. Die neuen Falten auf ihren Gesichtern hatten die letzten Jahre der Entbehrungen und harten Arbeit hinterlassen. Es war schön, sich nach all der Zeit wiederzusehen. Jeder hatte etwas zu erzählen; die einen hatten ihr Glück gemacht, die anderen waren vom Schicksal gebeutelt worden.

Die Gruppe kehrte im Bigg's Steam Packet Hotel am Stadtrand ein. In dem Gasthaus an der Mündung eines breiten Flusses herrschte reger Betrieb. Vom Saloon aus blickte man über das Wasser, die zahlreichen Kutter und kleinen Dampfschiffe und die Geschäftigkeit an den

Anlegern. Es war ein angenehmer Ort, um sich bei dem einen oder anderen kalten Bier etwas zu erzählen. Inzwischen ging es nach reichlichem Alkoholkonsum um die Rennen am nächsten Tag. Mit Hilfe des Rums gelang es Ted sogar, für ein paar Stunden Boolai und Kitty zu vergessen.

Am folgenden Morgen waren sie schon früh auf, und die Männer ließen sich aufgeregt über die Summen aus, die sie auf die Pferde wetten wollten.

»Einen Schilling auf Sieg?«

»Sei nicht albern. Der Klepper hat in seinem ganzen Leben noch kein Rennen gewonnen.«

»Jenkins sagt ...«

»Kümmere dich nicht um das, was er sagt. Jenkins weiß doch nicht mal, wo bei einem Pferd vorn und hinten ist. Der versteht nur was von Rindern.«

Gelächter. Grölen. Gutgelauntes Scherzen.

Die Rennen waren Mitte des Nachmittags vorbei, und hinterher begaben sich die Männer zu Baxters Fähre in der William Street. Hier ließen sie sich übersetzen, die einen grimmig wegen der verlorenen Wetteinsätze, die anderen mit ihren Gewinnen prahlend. Teds Taschen waren gut gefüllt. Er hatte eine Glückssträhne gehabt und war in Spendierlaune.

»Heh!«, rief er den anderen zu, als die Fähre am gegenüberliegenden Ufer anlegte. »Lasst mal sehen, was für Reiter ihr seid. Der Letzte bei Biggs gibt einen aus.«

Die Männer johlten. »Abgemacht, Hall!«

»Der Letzte schmeißt 'ne Runde.«

»Wir zeigen den Kerlen, was Reiten heißt, was, Harry?«

Und schon preschten sie davon, in einem Chaos aus fliegenden Erdklumpen, wirbelnden Hufen und wilden Flüchen. Männer und Tiere lieferten sich ein erbittertes Rennen. Ted fühlte, wie sein Pferd sich streckte, als er ihm den Kopf freigab. Der Wind drückte das Haar flach an seinen Schädel. Er beugte sich so weit vor, dass er fast auf dem Hals des Tieres lag. Obwohl viele hinter ihm lagen, konnte er durch den Staub auch mehrere Pferde vor sich sehen.

»Los«, rief er gegen den Wind und hieb seinem Pferd die Absätze in die Seiten. Der Gegenwind war so stark, dass er kaum atmen konnte.

Ted war nicht Erster. Als er sein schweißbedecktes Pferd vor dem Gasthaus zügelte, sah er überrascht, dass sein Bruder bereits auf der Veranda stand, sein Pferd am Geländer festgebunden.

»Wo warst du denn so lange?«, fragte Dan grinsend.

»Selbstgefälliger Mistkerl«, knurrte Ted stirnrunzelnd. Obwohl er gewusst hatte, dass er nicht verlieren würde, hätte er das Rennen gerne gewonnen. Und jetzt war sein jüngerer Bruder ihm zuvorgekommen, hatte ihm die Ehre abspenstig gemacht, die in seinen Augen ihm selbst gebührte. Er versetzte seinem Bruder einen spielerischen Kinnhaken. »Vergiss nur nicht, wer dir das Reiten beigebracht hat.«

Die Party dauerte fast die ganze Nacht. Am nächsten Morgen machte sich eine ziemlich mitgenommene Prozession auf in Richtung Süden. Je weiter sie kamen, desto mehr lichteten sich ihre Reihen. Die Männer verabschiedeten sich und versprachen einander, sich im kommenden Jahr wiederzusehen. In Beenleigh waren von der Gruppe nur noch Ted und Dan übrig.

Es war später Nachmittag und wurde bereits kühler. Dan war dafür, gleich weiterzureiten.

»Nein, nein«, widersprach Ted und befingerte das Geldbündel in seiner Westentasche. »Wir bleiben heute Nacht hier. Mrs. Hennessy wird schon ein Zimmer für uns finden. Ich zahle.«

»Was ist mit Maddie? Wird sie uns nicht zurückerwarten?«

»Kitty wird das noch einen Tag schaffen«, entgegnete Ted. »Komm. Ich gebe dir einen aus.«

Dan ließ sich überreden.

»Also gut, wie du meinst«, lachte er und hob in gespielter Resignation die Hände. »Was ist schon ein Tag mehr. Amüsieren wir uns. Morgen ist noch früh genug, um wieder an die Arbeit zu gehen.«

Aber es kam anders. Sie blieben über Nacht im Hotel und verbrachten fast den ganzen folgenden Vormittag in der Bar, wo man ihnen einen Drink nach dem anderen spendierte, damit sie vom Rennen erzählten. Sie kamen erst nach dem Mittagessen weg. Sie ritten an staubigen Baracken und windschiefen Hütten vorbei aus der Stadt. Dan fing an zu singen, ein ungehöriges Trinklied, das er am Vorabend in der Bar gehört hatte. Ted stimmte ein, nachdem er sich den Text eingeprägt hatte.

Am späten Nachmittag stießen sie auf die Straßenarbeiter.

»Kommt und esst mit uns«, rief der Boss der Kolonne und hielt einen Feldkessel in die Höhe. »Wir wollten gerade eine Pause einlegen.«

Ted war gern bereit, der Einladung nachzukommen; ihm war ganz übel geworden vom Schwanken im Sattel, und er war dankbar für diese Gelegenheit, eine Weile wieder festen Boden unter den Füßen zu haben. »Los, Dan«, befahl er, als er sich aus dem Sattel gleiten ließ.

Einer der Männer holte das Fladenbrot aus dem Feuer, kratzte die verkohlte Schicht ab und legte es dann zum Abkühlen auf einen Baumstumpf. Nach und nach fanden sich die Männer mit ihren leeren Blechnäpfen ein. Es war ein wüst aussehender Haufen, Männer mit dunkler, ledriger Haut und struppigen Bärten, den Hut tief in die Stirn gezogen.

»Erzählt uns, was es in Beenleigh so Neues gibt«, forderte einer der Männer Ted auf. »Es ist Monate her, seit wir unsere Familien das letzte Mal gesehen haben.«

»Ja«, pflichtete der Boss ihm bei, der sich als Healey vorgestellt hatte.

Sie setzten sich und tranken ihren Tee. Er war stark und schwarz, mit reichlich braunem Rohrzucker gesüßt. Der Brotfladen wurde auseinander gebrochen, und sein Inneres war weich und duftend. Dazu gab es echte Butter, das Geschenk eines Farmers. Healey schnitt dicke Scheiben ab, die er großzügig mit der goldgelben Butter bestrich. Nach einer Weile standen die Männer auf und machten sich wieder an die Arbeit. Nur der Kolonnenführer blieb und legte neues Holz auf die Glut.

»Sie haben verdammt gute Arbeit geleistet an der Straße«, bemerkte Ted, bevor er den letzten Bissen Brot mit einem Schluck Tee hinunterspülte.

Healey legte einen letzten Scheit nach und wischte sich die Hände an der Hose ab. »Hier sind wir bald fertig. Noch ein Monat, und wir gehen zurück nach Beenleigh. Dann sind wir rechtzeitig zu Weihnachten zu

Hause. Ich kann es gar nicht erwarten, meine Frau und die Kinder wiederzusehen.«

Ted zeigte auf die Männer, die bereits wieder damit beschäftigt waren, den Straßenrand zu befestigen. »Sagen Sie, der Typ in dem dunklen Hemd da drüben. Der, der das Brot aus dem Feuer geholt hat. Wie heißt der? Er kommt mir irgendwie bekannt vor, aber ich weiß nicht, wo ich ihn hintun soll.«

Healey warf einen Blick auf seine Männer. »Oh, das ist Joe. Wie er mit Nachnamen heißt, kann ich Ihnen nicht sagen. Mein Wahlspruch lautet ›Keine Fragen stellen‹. Wenn der Name, den ein Mann mir nennt, gut genug ist für ihn, ist er auch gut genug für mich. Wer weiß das bei diesen Männern so genau. Manch einer von ihnen könnte vom Gesetz, von einer Ehefrau oder einer Poker-Bekanntschaft gesucht werden. Solange sie hart arbeiten und die Finger vom Alkohol lassen, ist mir das gleich.«

Ted verabschiedete sich von Healey, bedankte sich für den Imbiss und warf einen letzten Blick auf die Arbeiter. Joe. Der Name sagte ihm in diesem Zusammenhang nichts. Egal, vielleicht hatte er sich ja geirrt.

»Fast zu Hause«, sagte er zu Dan, als sie in Richtung Boolai weiterritten. »Joe, ja? Der Typ kam mir irgendwie bekannt vor, aber ich kenne hier in der Gegend niemanden, der Joe heißt. Komisch, ich hätte schwören können ...«

KAPITEL 33

Es war bereits Abend, als sie endlich in Boolai eintrafen. Wegen der Flasche Rum, die sich die Männer auf dem letzten Abschnitt geteilt hatten, war diese Etappe etwas verschwommen verlaufen. Die Hütte lag dunkel vor ihnen, abgesehen von einem Licht im Esszimmer. Ted torkelte durch die Tür und wurde von Emma empfangen, die ihn grimmig musterte.

»Wo sind denn alle?«, fragte er. »Warum ist es im ganzen Haus dunkel?«

»Psssst.« Emma legte einen Finger auf die Lippen. »Mama schläft. Es ist ihr nicht gut gegangen die letzten Tage. Kitty ist drüben im Stall. Eine der Kühe steht kurz vor dem Kalben. Wo warst du denn? Wir haben dich schon gestern zurückerwartet.«

Dan legte Ted eine Hand auf den Arm. »Bleib du hier. Ich gehe rüber und löse Kitty ab.«

»Danke, Dan.«

Emma stellte sich auf die Zehenspitzen und küsste ihren Vater auf das kleine Stück Wange, das über dem Vollbart noch zu sehen war. Dann nahm sie eine Lampe und verschwand in dem Zimmer, das sie mit Kitty teilte.

Ted ließ den Blick durch den Raum schweifen. Was für ein Empfang! Er hasste das Alleinsein. Und in der Hütte wurde es immer stiller und leerer. Erst Dan, dann Rose, Gott sei ihrer Seele gnädig, und dann noch Beths Abwesenheit. Seine Familie wurde unaufhaltsam immer kleiner. Kitty würde vermutlich als Nächste gehen. Er dachte an Maddie. Wenigstens würde es bald ein neues Leben im Haus geben, Kindergelächter.

Bei dem Gedanken an sie torkelte er durch den Raum und zog den Vorhang zu ihrem gemeinsamen Schlafzimmer beiseite. Maddie lag auf der Seite, die Augen geschlossen und die Knie schützend vor dem Bauch hochgezogen. Sie sah aufgeschwemmt aus, ihre Züge aufgedunsen. Als er sich gerade wieder abwenden wollte, hörte er ihre Stimme so leise, dass er im ersten Moment glaubte, er hätte sie sich nur eingebildet.

»Ted? Wo warst du denn? Ich habe dich gebraucht.«

Ihre Worte waren kaum mehr als ein Flüstern. Sofort war er an ihrer Seite, drückte das Gesicht an ihre Wange und zog ihren schweren Körper zu sich heran.

»Schhht, Maddie. Es tut mir Leid. Mach die Augen zu. Schlaf weiter. Und wenn du aufwachst, ist es Morgen.«

Er legte sich zu ihr und streichelte zärtlich ihre Wange. Ihre Augenlider schlossen sich langsam, und nach einer Weile verriet ihr gleichmäßiger, tiefer Atem, dass sie eingeschlafen war.

Es kam ihm vor, als wäre er Stunden im Schlafzimmer gewesen, aber die Uhr im Esszimmer verriet ihm, dass er nur an die zehn Minuten bei Maddie gewesen war. Müde fuhr er sich mit der Hand durch das Haar. Im Haus war es erstickend warm, und nach einigen Tagen der Abwesenheit kam ihm die Hütte viel beengter vor. Er musste raus, frische Luft schnappen. Ihm fiel wieder ein, dass Dan in den Stall hinübergegangen war, um Kitty abzulösen. Er lauschte. Kitty war nirgends zu sehen, und auch in den anderen Räumen des Hauses war es still. Wahrscheinlich war sie hereingekommen und hatte sich schlafen gelegt, während er bei Maddie gewesen war.

Ted ging in die Küche und kramte in dem Wasserfass, in dem sie die Bierflaschen aufbewahrten. Er nahm eine heraus und hielt sie an seine Wange. Sie war einigermaßen kühl. Er klemmte sich mehrere Flaschen unter den Arm und verließ das Haus.

Als er den Stall betrat, war er überrascht, Kitty auf einem Heuballen sitzen zu sehen. Von Dan keine Spur. Es brannte nur eine Lampe im Stall, und die war weit heruntergedreht. Ihr schwaches Licht warf tanzende Schatten an die Wand hinter den Trensen und Sätteln, Geschirren und anderem Krimskrams.

»Hallo, Kitty«, sagte er. Die Kuh lag schwer atmend auf der Seite. »Wo ist Dan? Ich dachte, er wollte dich ablösen.«

»Dan? Der sollte bei der Kuh wachen?« Sie lachte zittrig. »Er ist fast im Stehen eingeschlafen. War wohl ein wenig angeheitert. Ich habe ihn heimgeschickt. Er wollte in ein paar Stunden zurück sein.« Sie blickte zu Ted auf, ihre Augen glänzend wie winzige Lampen. »Du hast auch getrunken«, stellte sie schließlich fest.

Ted ignorierte die Bemerkung. »Wie ist es Maddie gegangen?«, fragte er, bemüht, die Unterhaltung in allgemeinere Bahnen zu lenken. Er betrachtete ihr Gesicht, ihre Lippen, und die Erinnerung holte ihn ein, begleitet von einem Gefühl grenzenloser Zärtlichkeit. Er sehnte sich verzweifelt danach, sie zu berühren. Sein Bauch verkrampfte sich. Er sollte nicht hier sein, ganz allein mit ihr.

»Sie hat über Schmerzen geklagt. Mayse sagt, wir sollen Doktor Grace holen oder sie irgendwie nach Beenleigh schaffen.«

»Im Augenblick schläft sie. Warten wir ab, wie es ihr morgen früh geht. Dann entscheiden wir. Sonst irgendwelche Probleme?«

»Nein, alles in Ordnung.«

Als er näher kam, sah er, dass sie die graue Stola trug, die Dan in Beenleigh für sie gekauft hatte. Sie lag lose um ihre Schultern, und die Silberfäden schimmerten schwach im Lampenlicht. Verärgerung stieg in ihm auf. Er wollte nicht, dass sie diese triste Farbe trug; der smaragdgrüne Schal würde ihr viel besser stehen. Er dachte an die Stola in dem braunen Papier, die er vergessen hatte, aus seiner Satteltasche zu nehmen. Egal. Sie würde auch am Morgen noch da sein.

Kitty hielt ihm ein Stück des grauen Stoffes hin. »Sieh nur, was Dan mir mitgebracht hat«, sagte sie strahlend. »Ist der nicht hübsch?«

Ted sah die Freude in ihren Augen, als er sich neben sie auf das Heu sinken ließ. Sie duftete süß nach Stroh und Melasse, die im Vorratsraum lagerten. Er war hin- und hergerissen. In einem Teil seines Gehirns schrillten Alarmglocken, die ihn aufforderten, zu gehen, sich zu seiner Frau ins Bett zu legen, aber der Gedanke, auch nur eine Minute länger von Kitty getrennt zu sein, war ihm unerträglich. Er hielt ihr eine Flasche Bier hin. »Hier. Trink etwas.«

Sie schüttelte den Kopf und schob die Flasche beiseite. Er lachte angesichts ihrer Tugendhaftigkeit. Sie sah so hübsch aus, wie sie da saß, das Haar von hinten von der Lampe angestrahlt.

»Nur zu. Trau dich«, drängte er. »Es wird keine Probleme lösen, und ich kann auch nicht sagen, wie es deinem Magen morgen früh geht, aber für eine kurze Zeit wirst du dich wunderbar fühlen.«

Das Bier schmeckte anfangs sehr bitter, und es fühlte sich an, als würden winzige Nadeln sie in die Zunge stechen. Sie war den ganzen Tag nervös gewesen, als hätte sich in ihrem Inneren ein Sturm zusammengebraut. Das Bier löste die Anspannung, beruhigte sie, machte sie schläfrig. Im Stall war es angenehm warm, und sie fühlte sich geborgen und sicher. Nichts rührte sich, abgesehen vom rhythmischen Auf und Ab der Flanke der hochträchtigen Kuh.

»Wie geht es Beth?« Kitty wusste, dass er seine Tochter in Beenleigh hatte besuchen wollen.

»Gut. Sie hat etwas Heimweh. Sie lässt euch alle grüßen.«

Es wurde wieder still. Die Dachbalken des Stalles knarrten leise, als es draußen kälter und feuchter wurde. Eine einsame Motte flatterte um die Lampe herum und warf einen riesigen Schatten an die Wand. Kitty trank noch einen Schluck. Die Flasche war fast leer.

»Und, hattet ihr eine schöne Zeit?«, fragte sie. Sie hatte das Gefühl, nicht mehr ganz scharf zu sehen; irgendwie wirkten die Konturen um sie herum weicher.

»Ja.« Ein Lächeln erhellte seine Züge. Einen flüchtigen Moment erkannte sie Dan in diesem Lächeln wieder. Die Art, wie die Mundwinkel sich nach oben bogen, die Fältchen um die strahlenden blauen Augen. »Hast du mich vermisst?«

Seine Stimme klang leise, wie aus weiter Ferne. Sein Tonfall verriet, dass er die Frage teils im Scherz gestellt hatte. Ob sie ihn vermisst hatte? Ja, natürlich. Aber Dan hatte ihr ebenso gefehlt. Sie warf Ted einen Seitenblick zu. Er saß da und musterte sie fragend, als warte er auf eine Antwort.

»Ja.« Es stimmte. Sie hatte seine ruhige, gelassene Art vermisst, die Kraft, die er ihr ohne es zu wissen verlieh. Er starrte sie an, so eindringlich, dass es ihr vorkam, als würde sein Blick sie durchbohren. Sie griff blind nach der Bierflasche, unfähig, den Blick von ihm zu lösen.

Ihre Finger streiften etwas. Kein kaltes Glas, sondern warme Haut. Ted. Er nahm ihre Hand, betrachtete sie lange und fuhr mit den Fingern über ihre weiche Haut. Dann legte er ihre Hand einen Moment an seine Wange, ehe er sie umdrehte und ihre Handfläche küsste.

Kitty fühlte den Druck seiner Lippen auf der Haut. Ein Laut entfuhr ihr, ein kehliges Seufzen, das sich scheinbar endlos fortsetzte. Sie verspürte ein sehnsüchtiges Ziehen im Bauch, ein tiefes, vages Verlangen. Benommen vom Alkohol, vermochte sie es nicht genau zu bestimmen. Sie fühlte, wie er sie an sich zog, fühlte seinen muskulösen Körper, seine starken Arme.

Ted zog Kitty an sich. Er konnte einfach nicht anders. Eine übermächtige Kraft hatte ihn befallen und drohte, seine Brust vor Sehnsucht zu zerquetschen. Sie ließ es geschehen, wobei sie ihm die ganze Zeit unverwandt in die Augen schaute. Seine Lippen suchten und fanden die ihren. Er bekam keine Luft mehr, glaubte zu ersticken. Seine Hand legte sich auf ihren Nacken. Ihre Haut war so weich, und das rotgoldene Haar fiel ihr schimmernd wie Seide um das Gesicht. Sie duftete süß wie Honig. Grundgütiger! Etwas, das sich so göttlich anfühlte, konnte unmöglich falsch sein. Eine Welle der Lust ließ ihn erschauern. Sein Verlangen war nicht mehr aufzuhalten, es gab kein Zurück mehr. Er hatte so lange verzichten müssen. Wenn er die angestaute Lust nicht bald ausleben konnte, würde er noch den Verstand verlieren.

Ted versuchte mit vom Alkohol ungeschickten Händen, die winzigen Knöpfe ihrer Bluse zu öffnen. Er fühlte, wie sie bereits den Körper an ihn schmiegte. Sie atmete keuchend. Ein letzter Ruck, schnell, schnell. Mehrere Knöpfe flogen durch die Luft, glitzernd im Lampenlicht. Jetzt der Rock. Die Unterwäsche.

Er legte sich auf sie. Sie hob in einer halbherzig abwehrenden Geste die Hand, aber er hielt sie fest und drückte sie ins Heu.

Endlich berührte er ihre milchweiße Haut, strichen seine Finger über ihre Brüste, wie schon so oft in seinen Tagträumen. Er küsste sie leidenschaftlich, fordernd. Sanft und doch beharrlich streichelte, berührte und liebkoste er sie, bis er nicht länger warten konnte. Ihm war ganz schwindlig vor Lust. Dann wurden sie eins, und er hörte, wie sie scharf die Luft einsog. Sie riss angstvoll die Augen auf, aber er küsste sie auf die Lider.

»Ganz ruhig.«

Ihre Brüste, heiß wie glühende Kohlen, versengten seine Zunge. Sie bewegte sich unter ihm, folterte ihn, bestrafte ihn. Er führte sie, zwang sie zur Zurückhaltung, zwang sich selbst, sich zu beherrschen, damit es nicht sofort wieder vorbei war. Der Rhythmus seines Verlangens überwältigte ihn. Er verlor die Kontrolle. Sein Körper war zu einer unabhängigen Macht geworden. O Gott! Ein letzter Schauer durchfuhr seinen Körper, ein letzter kraftvoller Stoß, und er wurde von seiner quälenden Lust befreit.

Anschließend lagen sie auf den stechenden Halmen. Ihre Haut fühlte sich feucht und warm an. Ted legte den Kopf in ihre Halsbeuge, dort, wo sich mit jedem Atemzug eine kleine Kuhle hob und senkte.

Minuten verstrichen. Keiner von ihnen sagte ein Wort. Tiefe Stille senkte sich herab. Die Kuh stöhnte und versuchte aufzustehen, fiel jedoch zurück ins Stroh. Er sollte sich von Kitty lösen, aber etwas hielt ihn zurück. Der Duft ihrer Haut, das Gefühl inneren Friedens, das ihn erfüllte. Irgendetwas.

Schließlich hob Ted den Kopf und blickte auf sie hinab. Tränen liefen ihr über die Wangen und tropften lautlos ins Heu und auf die Erde. Er schüttelte den Kopf, um seine Gedanken zu klären. Allmächtiger! Was hatte er getan? Was war nur in ihn gefahren? Hatte er den Verstand verloren? Bei dem Gedanken an Maddie stieg Angst in ihm auf. Würde sie spüren, dass er sie betrogen hatte? Würde es ihm ins Gesicht geschrieben stehen, sodass es jeder sehen konnte? Er dachte an Reverend Carey. Würde Gott ihm vergeben?

Er senkte den Kopf, bis sein Kinn die Brust berührte, und erhob sich mit einem tiefen Seufzer. Sie blieb reglos liegen. Langsam hob er ihre Bluse und ihren Rock auf und deckte sie damit zu. Er musste fort. Er bekam keine Luft mehr. Konnte nicht atmen. Konnte den Ausdruck in ihren Augen nicht ertragen.

»Es tut mir Leid, Kitty. Ich weiß nicht, was in mich gefahren ist. Der Rum ...«

Nein, es gab keine Entschuldigung, Rum hin oder her. Stumme Anschuldigungen stürmten auf ihn ein, hallten in seinem Kopf wieder. »Ich verspreche, dass es nicht wieder vorkommen wird.«

Er verließ den Stall, trat hinaus in die kühle Septembernacht und kämpfte gegen die aufsteigende Übelkeit an. Er schämte und verabscheute sich für das, was er getan hatte.

Die Szene spielte sich immer und immer wieder vor ihrem geistigen Auge ab. Teds Körper, seine Haut, sein Mund, die sie in Besitz nahmen. Sie schämte sich, fühlte sich beschmutzt. Am liebsten hätte sie sich in die Wanne gesetzt und sich geschrubbt bis aufs Blut. Um die Schuld fortzuwaschen. Sie hätte ihm Einhalt gebieten müssen. Hätte weglaufen müssen. Zu Dan, der sie liebte und sie zur Frau nehmen wollte.

Er hatte getrunken. Das hatte Kitty gewusst, sobald er den Stall betreten hatte. Betrunken und ausgehungert nach monatelanger Abstinenz aufgrund von Maddies Schwangerschaft. Und jetzt hasste er sich selbst, und er hasste sie. Sie hatte die Überraschung in seinen Augen gesehen, hatte gesehen, wie die Schuld ihn erdrückte.

Ihr eigenes Gewissen quälte sie. Sie hatte Ted diesen Morgen nicht gesehen. Er war lange vor Tagesanbruch aufgebrochen und hatte eine Nachricht hinterlassen, in der stand, dass er mit den Ochsen losgefahren war, um eine Ladung Holz zu holen. Wollte er ihr aus dem Weg gehen?

Sie versorgte Maddie, wobei sie es vermied, ihrer Schwester in die Augen zu sehen. Zweifellos würde sie sofort merken, dass etwas anders war, dass sie sich irgendwie verändert hatte. Aber Maddie war mit sich selbst beschäftigt. Kitty bat Emma, Maddie vorzulesen, und eilte dann zurück über den Hof in Richtung Stall. Sie verspürte den unwiderstehlichen Drang, im Stroh zu stehen und sich von ihrer Schuld frei zu machen.

Sie war überrascht, Dan mit einer Mistgabel in der Hand im Stall anzutreffen. Er lächelte sie an, als sie durch die Tür kam. »Tut mir Leid, dass ich gestern Nacht nicht zurückgekommen bin. Ich habe geschlafen wie ein Stein. Und als ich wieder wach geworden bin, war es schon heller Tag.«

»Das macht doch nichts.« Sie hatte völlig vergessen, dass Dan eigentlich hatte zurückkommen wollen, um sie abzulösen. Furcht stieg in ihr auf. War er vielleicht hier gewesen und hatte sie und Ted gesehen?

»Hübsches neues Kälbchen«, rief er. »Bist du bis zuletzt bei der Kuh geblieben?«

Die Frage war eigentlich ganz unschuldig, und er wirkte auch völlig entspannt. Nein, sagte sie sich, Dan ahnte nichts. »Ja«, entgegnete sie und entspannte sich etwas.

»Übrigens, ich habe heute Morgen Knöpfe im Stroh gefunden. Ich habe sie dort drüben hingelegt, auf den Sims. Ich war mir nicht sicher, wem sie gehören. Möchte mal wissen, wie sie da hingekommen sind.«

Die Knöpfe, die Ted in der vergangenen Nacht von ihrer Bluse abgerissen hatte. Sie wandte den Kopf ab und hoffte, dass Dan sie nicht allzu eindringlich musterte. Aber nein, er mistete weiter den Kuhstall aus und bemerkte ihre Verwirrung gar nicht. Kitty nahm die verräterischen Knöpfe und steckte sie in die Rocktasche. Dann lehnte sie mit zitternden Händen und wild klopfendem Herzen an der Stallwand. Als Dan fertig war, lehnte er die Mistgabel an einen Strohballen und kam zu ihr herüber.

»Ich finde, es ist an der Zeit, dass wir Pläne schmieden.« Er lachte leise, legte ihr einen Arm um die Schultern und zog sie an sich. Er knabberte an ihrem Ohr. »Meine Liebe zu dir muss mir im Gesicht geschrieben stehen. Es grenzt an ein Wunder, dass nicht schon alle Bescheid wissen.«

Kitty rückte abrupt von ihm ab. »Nicht.« Sie hob eine Hand an den Mund und musste an Teds Hände auf ihrer nackten Haut denken.

»Was ist denn?«, fragte Dan verwundert.

»Nichts.«

»Du hast doch etwas. Das spüre ich. Geht es um Maddie?«

»Sei nicht albern«, entgegnete sie schroff und biss sich sogleich auf die Lippen. Tränen liefen ihr über das Gesicht, Tränen der Scham und der Reue. Dan würde es merken, oder etwa nicht? In der Hochzeitsnacht würde er wissen, dass sie nicht auf ihn gewartet hatte. Sie war sicher, dass Männer so etwas merkten.

»Ach, ich weiß auch nicht.«

Dan stand vor ihr, die Hände auf ihren Schultern. Er legte ihr einen Finger unter das Kinn und zwang sie, den Kopf zu heben, bis sie ihm direkt in die Augen sah.

»An dem Tag, an dem Maddie ihr Kind bekommt, geben wir unsere Verlobung bekannt. Dann hast du deine Schuldigkeit getan, und wir können endlich an uns denken.« Er küsste sie zärtlich.

Kitty ging zurück zur Hütte und traf dort zeitgleich mit Bridie Tarlington ein. Bridie war den Winter über in ihrem Haus in Brisbane gewesen, und Kitty wusste, dass Maddie sich schon auf ihre Rückkehr gefreut hatte. In einem smaragdgrünen Kleid, das Kitty bisher noch nicht an ihr gesehen hatte, wirkte sie frisch und damenhaft wie immer. Sie hatte ihr dunkles Haar gekonnt hochgesteckt, und an ihrem Handgelenk klimperten gleich mehrere Armbänder. Ganz egal, wie heiß oder windig es war, sie schaffte es immer, tadellos auszusehen.

Bridie zog ihre eleganten Reithandschuhe aus und legte sie auf Maddies Bett. Maddie hatte sich aufgesetzt und nähte Babykleider. Ihre Beine und Finger waren so stark angeschwollen, dass sie ihren Ehering schon vor langer Zeit hatte abnehmen müssen. Ihre Finger hielten keine Sekunde still, sondern nähten unermüdlich.

Die flinken Bewegungen irritierten Kitty. Ihre Augen brannten von Schlafmangel. Sie machte Anstalten zu gehen. »Ich setze Teewasser auf«, sagte sie. »Dauert nicht lange.«

Bridie, die auf einem Stuhl an Maddies Bett Platz genommen hatte, sprang nervös auf. »Warte. Ich helfe dir.«

Eigentlich gab es gar nichts für sie zu tun. Die Sandwiches und Plätzchen lagen schon auf einem Teller bereit, und sie brauchte nur noch Wasser zu kochen und Teeblätter in die silberne Kanne zu geben.

Bridie ging in der Küche umher, nahm einige Gegenstände zur Hand und betrachtete die Töpfe, die am Feuer von der Decke baumelten.

»Danke, dass Sie gekommen sind, Bridie«, sagte Kitty, als sie das dampfende Wasser in die Teekanne goss. Die Teeblätter wirbelten durcheinander, und das Wasser färbte sich sofort bräunlich. »Besuche heitern Maddie immer auf.«

Bridie legte eine Hand an Kittys Wange. »Du siehst müde aus, Kitty.«

Kitty seufzte und strich sich eine Haarsträhne aus dem Gesicht. »Müde?« Mit einem bitteren Lachen stellte sie die Teekanne auf das Tablett. »Es ist schon Nachmittag, und die Wäsche ist noch nicht gemacht. Laylas Baby ist noch krank, sodass sie zurzeit nicht kommen kann ... Sie wissen doch sicher, dass sie vor ein paar Monaten ihr zweites Kind bekommen hat? Gott! Babys! Babys! Es kommt mir vor, als wäre ich nur noch von Schwangeren und Babys umgeben.«

»Ich weiß, was du meinst. Die letzten Stadien der Schwangerschaft sind nicht immer einfach. Man fühlt sich so ...« Bridie legte eine Hand auf den Bauch, als würde sie an ihre eigenen Schwangerschaften denken. »... so unförmig und lethargisch. Das Baby strampelt im Bauch, und man fühlt sich hässlich und aufgebläht. Jeder Nerv im Körper prickelt erwartungsvoll und wartet auf das erste Zeichen der einsetzenden Wehen. Im ganzen Körper ziept und zwackt es in Vorbereitung auf die Geburt. Hab Geduld. Ich weiß, dass es nicht leicht ist, aber denk immer daran, dass es für Maddie noch zehn Mal schwerer ist.«

Kitty hatte sofort ein schlechtes Gewissen. Sie war so mit ihren eigenen Problemen beschäftigt gewesen, dass sie keinen Gedanken daran verschwendet hatte, wie Maddie sich fühlen musste. Als sie sich umdrehte, sah sie Bridie wie erstarrt vor der Feuerstelle stehen. Sie war kreidebleich, und ihre Hände zitterten.

»Was ist denn?« Kitty eilte an ihre Seite und führte sie

zu einem Stuhl. Bridie stand der Schweiß auf der Stirn, und ihre Augen wirkten glasig. Kitty holte hastig ein Glas Wasser und hielt es der älteren Frau an die Lippen. Bridie schob das Glas beiseite, und ein leises Stöhnen entwich ihren blassen Lippen.

»O mein Gott. Was ist denn? Was ist denn mit Ihnen?«, rief Kitty entsetzt. »So reden Sie doch.«

Bridie hob eine zitternde Hand und zeigte auf die Wand. »Kannst du es denn nicht sehen?«

»Was soll ich sehen? Sagen Sie es mir.«

Angst packte sie, drang in ihre Knochen wie Kälte in einen Stein. Was hatte Bridie nur so erschreckt? Kitty schaute sich hektisch in der Küche um. Es war alles so, wie es sein sollte.

Bridies Lippen bewegten sich langsam, und sie sprach stockend.

»Mir wurde schwarz vor Augen, um mich herum war es dunkel wie in einer mondlosen Nacht. Und dann habe ich die Farbe an der Wand hinab und über den Boden laufen sehen.«

»Farbe? Was für Farbe?« Kitty schaute sich erneut um. Die geweißten Wände waren makellos.

»Die Wände ... sie waren rot. Rot wie Blut.«

KAPITEL 34

Ted und Dan kehrten am Abend von den Weiden zurück.

»Bleibst du zum Abendessen?«, fragte Ted seinen Bruder.

Dan nickte. »Wenn Kitty nichts dagegen hat«, fügte er hinzu. »Reicht es für alle?«

»Natürlich, oder, Kitty?«, entgegnete Ted, ohne sie anzusehen.

Die Männer setzten sich nach draußen auf die Veranda. Emma machte es sich auf Dans Schoß gemütlich. Sie schlief fast ein, und ihr hellblondes Haar war über seine Brust gebreitet. Er hatte ihr eine Geschichte vorgelesen. Jetzt unterhielten sich die Männer darüber, was sie zusätzlich noch anpflanzen sollten. Sie schwankten zwischen Rüben und Süßkartoffeln, was Kitty beides herzlich wenig interessierte. Ted lehnte sich auf seinem Stuhl zurück und blickte unzufrieden über die Weiden, über denen langsam die Nacht anbrach. Kitty stand in der Tür und beobachtete die Männer.

»Das Essen ist fertig«, sagte sie schließlich. »Ich bringe Maddie ihres rüber auf ihr Zimmer. Ihr könnt euch ja in der Zwischenzeit die Hände waschen.«

Kitty stellte Maddies Essen auf ein Tablett: Teller, Besteck, eine Tasse Tee. Auf dem Tisch stand eine kleine Vase mit gerade erst erblühenden Rosenknospen. Samtige blassrosa Blütenblätter. Impulsiv stellte sie die Vase mit auf das Tablett.

In der Tür zu Maddies Zimmer blieb sie stehen und schob den Vorhang beiseite. Es war dunkel. Sie würde die Lampe anzünden müssen. Vorsichtig stellte sie das Tablett auf den Boden und tastete sich im Zimmer vor, um das Bett herum, bis sie den Nachttisch erreicht hatte. Sie wusste, dass dort Streichhölzer lagen.

Das Streichholz flammte auf. Kitty hielt die Flamme an den Docht. Er fing Feuer, und die Lampe tauchte das Zimmer in warmes Licht.

»Maddie, aufwachen. Abendessen.«

Keine Antwort. Kitty schüttelte sie sachte. Maddies Körper fühlte sich schwer an, irgendwie steif. Etwas stimmt nicht mit ihr, dachte Kitty und unterdrückte die aufkeimende Furcht. Sie packte das Laken und zog es ruckartig herunter. Maddie lag, so zusammengerollt wie ihr dicker Bauch es erlaubte, auf der Matratze in einer hellen Blutlache.

Kitty stand einen Moment da wie gelähmt, in einer Hand das Laken, die andere Hand an den Mund gehoben. O Gott! Maddie!

»TED!«

Es war ein durchdringender, fast hysterischer Schrei, der durch die Hütte hallte. Sie hörte, wie Ted ins Haus stürzte. Seine Stiefel polterten laut auf den Dielen. Plötzlich war er da und füllte die Türöffnung aus. Sein Gesicht wirkte im schwachen Licht blass und angespannt.

»Was ist denn, Kitty? Ist etwas mit Maddie?« Ted stürmte herein und stolperte dabei über das Tablett, dass sie auf der Schwelle abgestellt hatte. Besteck, Tee, Rosen und das Abendessen flogen mit lautem Klirren durcheinander. »Kitty! O mein Gott, sie blutet ja«, rief er und ließ sich neben dem Bett auf die Knie fallen.

»Ich glaube, das Baby kommt.«

Ted schüttelte den Kopf. »Es ist noch zu früh. Was sollen wir tun?«

Maddie rollte sich mit angezogenen Knien auf den Rücken. Sie stöhnte, die Arme um den Bauch gelegt, und wiegte sich leicht.

»Hilf mir, Ted. Es ist noch zu früh für das Baby. Es sind noch Wochen, bis es kommen soll. Bitte lass es nicht kommen.«

Ted fuhr ihr beruhigend mit der Hand über das Haar und strich ihr eine Strähne aus der Stirn. Sie setzte sich mühsam auf und versuchte, die Beine über die Bettkante zu heben.

»Maddie, bleib liegen. Beweg dich nicht. Es wird alles gut.« Ted drückte sie zurück in die Kissen.

»Dan!« Ted rief nach seinem Bruder, der gleich darauf mit vor Angst geweiteten Augen in der Tür erschien.

»Hol Mayse«, befahl Ted. »Sag ihr, dass Maddies Baby kommt. Sie muss die Hebamme ersetzen. Und nimm Emma mit. Sie kann über Nacht bei Paddy und den Kindern bleiben. Schnell!«

Maddie war kreidebleich. Schweiß rann ihr in Bächen über das Gesicht und sammelte sich in der Kuhle am Halsansatz. Kitty wechselte das Laken, stopfte saubere Handtücher zwischen Maddies Schenkel und wischte ihr das Blut von den Beinen. »Hier. Du kannst mit einem feuchten Tuch ihre Stirn kühlen. Ganz vorsichtig. Es wird ihr helfen, zu wissen, dass du bei ihr bist.«

Ted gehorchte und redete dabei beruhigend auf seine Frau ein. Es schien wie eine Ewigkeit, bis Kitty endlich Hufgetrappel draußen auf der Straße hörte.

Kurz darauf stolperte Mayse keuchend herein, dicht

gefolgt von Dan. »Wie geht es ihr?« Kitty blickte hilflos zu der älteren Frau auf und schüttelte den Kopf.

»Ich weiß nicht, Mayse. Wir haben sie vor etwa einer Stunde so vorgefunden. Sie blutet ziemlich stark und hat starke Schmerzen.«

Mayse wusch sich in einer Schüssel dampfenden Wassers die Hände mit Seife, die Kitty ihr reichte.

»Also gut, Maddie. Ich bin's, Mayse. Ich muss nachsehen, was los ist. Spreiz die Beine. So ist es gut.« Sie wandte sich Ted zu. »Du wartest besser draußen. Das ist Frauensache.«

Zügig untersuchte sie Maddie und rief dann Ted zurück ins Zimmer. »Es ist genau so, wie ich befürchtet habe. Es geht gerade erst los. Und die Blutung macht mir Sorgen. Das ist nicht normal. Dan sollte besser Doktor Grace holen.«

Dan brach sofort auf, obwohl es eine dunkle, mondlose Nacht war. »Nimm die«, befahl Kitty ihm und drückte ihm eine Laterne in die Hand. Ihre Finger streiften seine, aber das war nicht der richtige Zeitpunkt, etwas anderes zu empfinden als Furcht.

Nachdem Dan losgeritten war, übernahm Mayse das Kommando. Maddie schrie in Abständen auf, wenn eine weitere Wehe kam. Kitty blickte unglücklich auf das schmerzverzerrte Gesicht ihrer Schwester. Babys! Warum sollte irgendjemand sich solche Qualen antun wollen? Wenn Babys einem solche Schmerzen zufügten, dann verzichtete sie dankend.

»Es muss doch etwas geben, was wir tun können«, flehte sie, als sie Maddies Schreie nicht länger ertragen konnte.

»Wir können nicht mehr tun, als zu versuchen, die

Blutung zu stillen. Es dauert noch eine ganze Weile, bis das Baby kommt. Ich hoffe nur, dass Maddie durchhält, bis der Doktor kommt ...«

Mayse wandte sich an Ted, der immer noch mit einem feuchten Tuch Maddies Gesicht wusch. Sie war vor Erschöpfung eingeschlafen. »Lass sie, solange sie schläft. Sie braucht möglichst viel Ruhe. Nur so besteht überhaupt eine Chance, die Geburt hinauszuzögern.«

Maddie wachte erst um Mitternacht wieder auf. In ihren Augen lag ein wilder Ausdruck. Sie wimmerte zwischen den Wehen vor Qual, gab seltsame, animalische Laute von sich.

»Töte mich nicht«, stöhnte sie und warf sich von einer Seite auf die andere. »Nimm es, nimm es, nimm es! Nur lass mich am Leben!«

»Sie fantasiert«, erklärte Mayse und legte Maddie eine Hand auf die Stirn. »Sie hat Fieber und ist schweißgebadet. Wir müssen sie abkühlen. Wir waschen sie und ziehen ihr ein frisches Nachthemd an, dann hat sie es bequemer. Hilf mir, sie auszuziehen, Kitty.«

Ted zog sich in eine Ecke des Zimmers zurück und setzte sich mit hängenden Schultern auf einen Stuhl, während Kitty und Mayse das nasse Nachthemd auszogen. Maddies Augenlider zuckten, als der Schmerz sie erneut aus der Bewusstlosigkeit riss.

Irgendwie sah die Straße nachts völlig anders aus. Es war eine stille, kalte Nacht, und kein Mond leuchtete Dan den Weg. Er hielt die Laterne beim Reiten hoch, und sein Pferd trabte Meile um Meile fleißig dahin.

Er war froh, von der Hütte weggekommen zu sein. Teds panisches Gesicht und Maddies Schreie hatten ihm eine Heidenangst gemacht. War das immer so bei einer Geburt? Schmerzen, Angst und Panik? Er hatte noch nie darüber nachgedacht, aber das holte er jetzt nach.

Und so übersah er, ganz in Gedanken versunken, den tief hängenden Ast. Er fühlte flüchtig, wie die raue Rinde seine Hand streifte, dann wurde ihm die Laterne auch schon aus der Hand gerissen. Es folgte das Klirren zerbrechenden Glases, und dann undurchdringliche Finsternis. Er fluchte laut. Auch wenn die Laterne noch brauchbar gewesen wäre, hätte er keine Streichhölzer gehabt, um sie wieder anzuzünden.

So ein Pech! Vielleicht sollte er rasten, bis es hell wurde? Er dachte an Maddie. Nein, dann war es zu spät. Ted hatte gesagt, er solle sich beeilen. Das viele Blut. Vielleicht starb sie. Oder war schon tot.

Er schaute nach oben. Die Bäume hoben sich dunkel vom Himmel ab. Vor ihm lag die Straße, unsichtbar. Das Pferd würde sicher seinen Weg finden. Er fasste einen Entschluss und ließ die Zügelenden auf die Flanke des Pferdes klatschen.

»Los, mein Freund«, rief er und grub dem Pferd die Hacken in die Seiten. »Für Maddie. Wir schaffen das.«

Als der Morgen graute, traf Bridie ein. Kitty starrte sie verdutzt an. Woher hatte Bridie gewusst, dass Maddie sie brauchte? Tränen der Erleichterung schossen ihr in die Augen.

»Was ist denn passiert?«, fragte Bridie und umarmte

die jüngere Frau. »Komm, setz dich. Du siehst aus, als hättest du die ganze Nacht kein Auge zugetan.«

»Habe ich auch nicht«, keuchte Kitty. »Es ist Maddie, das Baby kommt. Es ist noch viel zu früh, und sie blutet ganz furchtbar. Mayse ist bei ihr, und Ted. Wir waren die ganze Nacht auf. Ich bin ja so froh, dass Sie da sind.«

»Hat jemand den Doktor verständigt?«

»Ja«, schluchzte sie. »Dan ist gestern Abend losgeritten, um ihn zu holen.«

»Das heißt, der Doktor müsste kurz nach Mittag hier sein, sofern er sofort aufbrechen konnte. Ich sehe nach Maddie, und du gehst und kochst Tee. Ich denke, wir können alle einen brauchen.«

Als Kitty mit dem Teetablett Maddies Zimmer betrat, wuselten Bridie und Mayse um das Bett herum und versuchten, sich möglichst nicht gegenseitig zu behindern. Ted sah müde und deprimiert aus.

Es klopfte ganz leise, und Layla steckte den Kopf zur Tür herein, einen besorgten Ausdruck auf dem Gesicht. »Missy hat viel zu lange Schmerzen für eine Frau, die schon viele Kinder bekommen hat. Soll Layla helfen?«

Bridie ging zu ihr. »Wir können nicht mehr tun, als auf den Doktor zu warten. Er müsste bald da sein.«

Er bewegte sich. Er streckte seine steifen Glieder ein wenig und hielt inne, als ein stechender Schmerz sein Bein durchzuckte. Sein Schädel brummte. Er lag auf einem Arm. Langsam schlug er die Augen auf und blickte um sich. In seltsam verdrehter Haltung lag er auf dem Boden, ein Bein stark angewinkelt. Sein Pferd stand mit herabbaumelnden Zügeln ganz in der Nähe und graste.

Dan war verwirrt. Wo war er? Was machte er hier? Er ließ den Kopf ins Gras zurücksinken und schloss die Augen. Das Letzte, woran er sich erinnerte, war, wie er durch die Nacht galoppiert war. Die Laterne! Und da fiel ihm alles wieder ein. Maddie. Das Baby. Der Doktor.

Er versuchte aufzustehen. Sein Knie schmerzte höllisch. Zögernd belastete er das verletzte Bein, aber die Schmerzen waren unerträglich. Er sah sich um. Er brauchte etwas, das ihm als Krücke dienen würde. Ein dicker Ast oder Stock. Er entdeckte die Ursache für seinen Sturz: Eine Baumwurzel, im Tageslicht deutlich zu sehen.

Dan schleppte sich von der Straße ins Dickicht, wo zahlreiche abgebrochene Äste im Gras lagen. Er fand einen geeigneten Stock und stand auf. Wenn er es bis zu seinem Pferd schaffte und es ihm irgendwie gelang, sich in den Sattel zu hieven, hatte er das Schlimmste hinter sich.

Er legte dem Pferd die Zügel über den Hals und holte es zu sich heran. »So ein Mist!«, fluchte er und zog es noch ein paar Schritte weiter in Richtung Straße. Kein Zweifel, das Pferd hatte sich bei dem Sturz ebenfalls verletzt und lahmte.

Die Zügel in einer Hand, stolperte er die Straße hinunter, das humpelnde Pferd an seiner Seite.

Es war fast Mittag. Ted ging rastlos auf und ab und rang die Hände.

»Wo bleibt nur der Arzt?«, fragte er immer wieder.

Mayse schaute besorgt drein. Paddy war am Morgen mit Emma gekommen, überzeugt, dass inzwischen alles vorbei war. Mayse hatte ihn sofort wieder heim geschickt.

Bridie wirkte von allen Beteiligten am ruhigsten. Methodisch überprüfte sie Maddies Temperatur und holte frisches Wasser, um ihre Stirn zu kühlen. Irgendwann blickte Kitty auf und sah, wie Bridie sie aus dem Zimmer winkte.

Sie gingen hinaus auf die Veranda. Von den Weiden her blies eine warme Brise. Der bevorstehende Sommer versprach heiß zu werden.

»Kitty«, sagte Bridie und wischte sich mit einem eleganten Taschentuch den Schweiß von der Stirn. »Ich weiß nicht, was mit Dan passiert ist, und wenn der Doktor nicht bald kommt, verlieren wir sie. Ich brauche deine Hilfe.«

»Was haben Sie vor?«

»Du weißt doch, dass Ted den Kühen manchmal helfen und das Kalb holen muss. Manchmal bleibt ein Kalb im Geburtskanal stecken und kann nicht heraus.«

»Ja.«

»Ich denke, wir werden Maddie helfen müssen. Das Baby steckt fest, und wenn wir es nicht holen, wird es sterben. Und die Wahrscheinlichkeit ist groß, dass auch Maddie sterben wird. Mayse hat schon früher Babys geholt, sie weiß also, was uns erwartet. Traust du dir zu, mit anzupacken?«

Es kam ihm vor, als wäre er schon Stunden gelaufen, aber die Sonne hatte ihre Position kaum verändert, er konnte also noch nicht lange unterwegs sein. Seine Kehle war staubtrocken, und sein Knie tat höllisch weh. Maddie, dachte er fieberhaft. Er musste Maddie helfen.

Abrupt hob Dan den Kopf und blickte angestrengt nach vorn, nicht sicher, ob er sich die Staubwolke in der Ferne nur eingebildet hatte. Nein, seine Augen hatten ihm keinen Streich gespielt. Sie kam langsam, aber stetig näher. Er humpelte ihr immer schneller entgegen, ließ die Zügel seines Pferdes los und stolperte allein weiter. Er biss die Zähne zusammen. Was waren seine Schmerzen verglichen mit dem, was Maddie durchmachte. Er hob eine Hand und winkte.

»Heh!«, rief er, und eine Welle der Erleichterung stieg in ihm auf. Trotz der Entfernung erkannte er Clarrie Morgan und seine Postkutsche. Er fing an zu lachen und zu weinen und zitterte vor Erleichterung am ganzen Körper.

Stimmen, lauter und wieder leiser, unverständliches Gemurmel. Ihre Haut glühte.

Die Wehen folgten inzwischen so dicht aufeinander, dass sie dazwischen keine Zeit mehr hatte, sich etwas zu erholen. Der Schmerz war unerträglich, unmenschlich. Als würde ihr Körper langsam, aber sicher auseinander gerissen. Maddie konnte sich nicht erinnern, je solche Schmerzen gehabt zu haben. Es kam ihr vor, als dauerten sie schon eine Ewigkeit an. Würden sie je wieder aufhören? Es war, als würden sich glühende Drähte durch ihren Bauch bohren.

»Maddie, Maddie«, rief jemand. Sie fühlte Finger, die

sich zwischen ihre Schenkel schoben, immer tiefer, dehnend, ziehend. Es war ihr egal. Sie wollte nur eins: dass die Schmerzen endlich aufhörten.

Die Wehen waren so schlimm, dass sie alles andere aus ihrem Bewusstsein auslöschten. Ein tiefer Atemzug. *Geh mit dem Schmerz, kämpfe nicht dagegen an.*

Kühle Hände legten sich auf ihr Gesicht. Kleine Frauenhände. Zu wem gehörten sie? Kitty, Bridie, Mayse? Sie wusste, dass sie da waren, hatte immer wieder ihre Stimmen gehört. Wo waren sie? Sie fühlte sich zu erschöpft, um die Augen aufzuschlagen.

Nach endlosen Stunden verspürte sie einen starken Druck, der sich immer weiter abwärts verlagerte. Jetzt erst setzte endlich die eigentliche Geburt ein. Ihr Körper zog sich immer wieder zusammen und presste das Kind durch den Geburtskanal. Sie hörte dicht an ihrem Ohr jemanden rufen: »Pressen, Maddie, pressen! Das Baby kommt!«

Sie versuchte, ihre letzten Kräfte zu sammeln. Hände hoben ihre Schultern an und zogen sie in eine halb sitzende Position. Ihre Brüste drückten sich schmerzhaft gegen ihren Bauch. Sie fühlte das Gewicht des Kindes in ihrem Bauch wie das eines riesigen, unverrückbaren Steins.

»Los, Maddie. Du hast es fast geschafft. Willst du dein Baby nicht sehen?«

Das Baby. Teds Sohn. Sie hielt die Luft an und presste. Wellen des Schmerzes raubten ihr den Atem, und nach einer Weile ließ sie sich keuchend in die Kissen zurücksinken.

»Ich kann nicht mehr«, flüsterte sie.

Der Schmerz kehrte zurück, und sie hörte sich schreien. Hände richteten sie wieder auf. Sie versuchte, sie abzuschütteln.

»Pressen, Maddie. Los, hilf mit!«

»Lasst mich in Ruhe. Fasst mich nicht an«, stöhnte sie. Es gab in ihrem ganzen Körper keinen Quadratzentimeter, der ihr keine Qualen verursachte. Wieder hoben sie sie an.

»Pressen! Pressen!«

Es war vergebens. Sie hatte keine Kraftreserven mehr. Wieder die Hände. Tastend, ziehend, weitend. Dann fühlte sie ganz plötzlich, wie der innere Druck nachließ. Sie riss die Augen auf. Heller Tag. Sie hatte gedacht, es wäre Nacht. Sie fühlte, wie das Baby aus ihr herausglitt.

»Es ist ein Junge.« Teds Stimme. Schwach hob sie den Kopf und sah das Neugeborene, das vor Kälte bereits blau angelaufen war.

»Mein Baby, mein Baby«, flüsterte sie. Hörte sie denn niemand?

»Edward. Mein Sohn Edward«, flüsterte sie mit rauer Stimme. Sie lauschte. Warum schrie das Baby nicht?

»Es ist zu spät«, hörte sie eine vertraute Stimme sagen.

Zu spät? Zu spät wofür? Ted hatte seinen Sohn bekommen.

Dunkelheit senkte sich wieder auf sie herab. Der Schmerz war zu einem dumpfen, nagenden Ziehen verblasst. Er war jetzt erträglicher. Jemand wusch sie. Sanfte Finger glitten über ihren Körper. Sie roch Seife. Das warme Wasser war erfrischend. Sie hörte Kittys Stimme, dann Bridies und Mayses. Sie konnte sie nur undeutlich hören, mal lauter, mal leiser, wie durch einen dichten Nebel. Sie wurde vorsichtig abgetrocknet, und jemand schob ihr Tücher zwischen die Beine.

Ein Schauer lief ihr über den Rücken. Ihr war kalt. So furchtbar kalt. Merkten sie das denn nicht? Warum deckten sie sie nicht zu? Sie fröstelte wieder und fing dann an zu zittern, konnte gar nicht mehr aufhören. Als würde das Bett unter ihr vibrieren.

»Haltet sie fest. Sie hat einen Schock! Schnell. Decken. Wir müssen sie warm halten!«

Sie fühlte das Kratzen der Wolldecken auf der Haut und wollte sie wegschieben, aber Hände hielten sie fest und drückten ihre Schultern auf die Matratze. Die Decken raubten ihr den Atem. Galle stieg in ihrer Kehle auf. Sie bekam keine Luft mehr. Ihr Mund füllte sich mit einer übel schmeckenden Flüssigkeit, die ihr über die Lippen lief, sie erstickte.

»Sie erbricht Blut! O mein Gott! Maddie!«

Teds Stimme? Er klang panisch.

Es ist alles gut, Ted. Du hast deinen Sohn bekommen.

Das Würgen nahm kein Ende, und schon bald lag sie völlig ausgelaugt und keuchend da. Sie schlug die Augen auf. Nichts. Nur Schwärze. Sie streckte blind eine Hand aus.

»Ted! Ich kann nichts sehen«, rief sie und fühlte, wie seine Arme sich um sie legten. Er roch leicht nach Pfeifentabak.

»Es ist alles gut. Es wird alles wieder gut«, sagte er beschwichtigend.

Dann sah sie durch die Finsternis hindurch ein helles Licht. Es war, als würde sie sich durch einen langen, dunklen Tunnel auf das Tageslicht zu bewegen. Von überall riefen Stimmen nach ihr, von hinten und von vorn.

Es schien, als befände sie sich auf einer Reise. Sie wurde von einer unsichtbaren Kraft immer weiter nach vorn gezogen. Sie verspürte kein Bedauern, obwohl sie wusste, dass es kein Zurück gab. Der Wind pfiff in ihren Ohren, trug sie dem Licht entgegen. Bäume ächzten, Laub raschelte. Liebliche Stimmen sangen, lockten sie weiter.

Sie zögerte, wusste, dass sie noch einmal zurückblicken musste, bevor sie in das strahlende Licht eintauchte. Sie sah sie alle traurig mit ausgebreiteten Armen dastehen. Ted und Kitty, Mayse und Bridie. Stumm riefen sie nach ihr. Ihre Lippen formten ihren Namen, aber kein Laut kam über ihre Lippen. Warum weinten sie?

»Maddie, Maddie«, formten ihre Lippen.

Es wurde dunkel um sie herum, tintenschwarz. Die Stimmen wurden drängender. Der Schmerz flammte wieder auf. Die Gesichter – Kittys, Mayses, Bridies und Teds – fingen an, sich zu drehen, erst langsam wie ein Karussell. Wusch, wusch, wusch. Dann immer schneller, bis die Züge verschwammen und in einem wirbelnden schwarzen Abgrund verschwanden.

Langsam drehte sie sich wieder dem Licht zu. Ein Schauer durchlief ihren Körper, dann senkte sich Frieden auf sie herab. Der Schmerz war wie weggeblasen.

»MADDIIIEEEEE!«

Die Stimme klang wie Teds, und das Echo folgte ihr den Tunnel hinunter. Der Ruf verhallte langsam, bis er schließlich nur noch klang wie das Plätschern von Regentropfen, die auf Blätter fielen.

KAPITEL 35

Clarrie Morgan traute seinen Augen nicht. Was machte denn der junge Hall dort mitten auf der Straße? Er brachte sein Gespann zum Stehen und sprang vom Bock.

»Maddie«, keuchte Dan. »Ich muss nach Beenleigh. Den Doktor holen.«

Clarrie band Dans Pferd an einen Baum am Straßenrand. »Wir schicken jemanden, der es holen kommt«, sagte er. Dann half er Dan auf den Wagen, wendete und fuhr zurück in die Richtung, aus der er gekommen war.

Erst als das Gespann in flotten Trab gefallen war, fragte Clarrie, was eigentlich los war. Maddies vorzeitige Wehen, Mayse O'Reillys Sorge, Dans nächtlicher Ritt zum Doktor, die zerbrochene Lampe, Dan, der erst am Morgen auf der Straße zu sich gekommen war.

»Wie spät ist es?«, fragte er Clarrie, als er wieder zu Atem gekommen war.

»Zwei.«

»Zwei Uhr! Ich bin gestern Abend um acht losgeritten!«

»Du kannst von Glück sagen, dass du überhaupt so weit gekommen bist. Bis Beenleigh ist es nur noch eine halbe Stunde. Ich fahre dich gleich zum Doc. Du solltest dein Knie behandeln lassen, wo du schon da bist. Würde mich nicht wundern, wenn es gebrochen wäre.«

Der Doktor war auf Hausbesuch auf einer Farm einige Meilen westlich von Beenleigh und wurde erst am Abend zurückerwartet, teilte ihnen seine Haushälterin mit. Sie ließ Dan herein und bettete ihn auf eine Couch in der Praxis.

Clarrie stieg wieder auf den Kutschbock und machte sich auf nach Süden. Die Straße vor ihm schien so endlos wie ein ganzes Leben. Er hatte einen seltsam bitteren Geschmack im Mund.

Ted saß schweigend in dem Stuhl neben Maddie, die Stirn auf eine Hand gestützt. Kitty stand da und wusste nicht, was sie tun sollte. Ted trösten? Bridie und Mayse helfen? Der Augenblick zog sich ewig hin, unerträglich. Dann fühlte sie eine Hand auf der Schulter, blickte auf und schaute in Bridies von Tränen glitzernde Augen. »Komm und hilf mir«, sagte Bridie und nahm das tote Kind auf den Arm. Kitty folgte ihr nach draußen.

Sie gingen in die Küche. Bridie legte das Baby auf den Tisch und holte sich ein weiches Tuch. Sie befeuchtete es und begann, die Schleimschicht von Gesicht und Körper des Totgeborenen zu waschen. Kitty schaute wie erstarrt zu. Es war also ein Sohn gewesen, der Sohn, den Ted sich so sehnlich gewünscht hatte. Endlich war die blau verfärbte Haut sauber. Bridie ging mit dem Tuch zum Ofen. Die Tür stand offen. Sie blieb eine Weile dort stehen und starrte in die Glut. Kitty hielt die Luft an. Bridie hob die Hand und warf das Tuch ins Feuer. Eine leuchtende Flamme loderte flüchtig auf. Erst als nichts mehr von dem Tuch übrig war, ließ Bridie sich erschöpft auf einen Stuhl sinken und stützte den Kopf auf die Hände.

»Was hat das zu bedeuten?«, fragte Kitty leise. Sie

461

hatte einen Kloß im Hals, und das Atmen fiel ihr schwer.

Langsam hob Bridie den Kopf. Ihre Züge waren angespannt, und ihre Lippen bebten. »In diesem Haus werden noch viele Tränen vergossen werden. Wenn du nicht fortgehst, wirst du die Trauer mittragen müssen, die hier Einkehr halten wird.«

»Ich wollte sowieso fort. Dan und ich ... wir wollen heiraten. Wir wollten unsere Verlobung bekannt geben, sobald Maddies Baby geboren war. Es sollte eine Überraschung werden«, schloss sie unglücklich.

Bridie schüttelte den Kopf. »Dann ist es zu spät. Das Leid ist schon da.«

Ted betrat die Küche, gefolgt von Mayse. Linkisch nahm er den Leichnam seines Sohnes auf die Arme und ging zur Tür.

»Wohin gehst du? Ich begleite dich.« Kitty erhob sich, ihr Körper bleischwer.

Mayse legte ihr eine Hand auf den Arm. »Nicht, Kind. Lass ihn. Er muss jetzt allein sein. Später ist noch Zeit genug für Trost.«

Später kam Paddy mit Emma herüber. Kitty nahm sie auf den Schoß. Sie war klein für ihre neun Jahre, aber kräftig wie ihr Vater, mit Haar von der Farbe gesponnenen Goldes. Ihr Gesicht war ausnahmsweise einmal ernst und verschlossen. Kitty hatte immer wieder überlegt, wie sie ihr den Tod ihrer Mutter schonend beibringen sollte.

»Emma, Liebes?«

Emma drehte sich ihr zu und schlang ihr die Arme um den Hals.

»Ja?«

»Heute ist etwas sehr Trauriges passiert. Deine Mama ist von uns gegangen.« Kitty fühlte, wie ihre Stimme brach, und verstummte. Emma sollte sie nicht weinen sehen.

»Ohne sich zu verabschieden?«

Kitty holte tief Luft und fuhr fort. »Das konnte sie nicht. Es ist alles so schnell gegangen. Sie ist jetzt im Himmel. Du weißt doch, was Reverend Carey uns über den Himmel erzählt hat. Dort ist es wunderschön. Still und friedlich.« Verstand Emma, was sie meinte? Sie wusste es nicht.

»Warum hat sie sich nicht verabschiedet?«, fragte Emma trotzig und den Tränen nah.

Kitty löste die Arme des Kindes von ihrem Hals und stellte ihre kleine Nichte auf die Erde. »Also gut. Du darfst dich von deiner Mama verabschieden.«

Sie nahm Emma bei der Hand und ging mit ihr hinüber in Maddies Zimmer. Dort war es sehr warm. Die Vorhänge waren zugezogen. Auf der Schwelle bückte Emma sich unvermittelt und hob etwas vom Boden auf. Eine Rosenblüte aus der Vase, die auf dem Tablett gestanden hatte, über das Ted am Vorabend gestolpert war.

Schweigend durchquerte Emma das Zimmer, blieb neben dem Bett stehen und schaute auf ihre Mutter hinab. Maddie sah friedlich aus, als würde sie schlafen. Die von den Schmerzen angespannten Züge hatten sich geglättet. Emma steckte die Rose zwischen Maddies übereinander gelegte Hände.

»Für dich, Mama. Kitty hat gesagt, du wärst weggegangen. Aber ich wusste, dass das nicht sein konnte. Du wärst nie gegangen, ohne dich zu verabschieden. Ich habe eine Rose gefunden. Jemand muss sie fallen gelassen haben. Du kannst sie haben. Ich weiß ja, wie sehr du Rosen magst. Wirst du bald wieder gesund?«

Irgendwie überstanden sie den Rest des Nachmittags. Kitty bereitete rasch eine Mahlzeit zu, obwohl niemand besonders hungrig war. Nachdem Emma zu Bett gegangen war, half Mayse Kitty, die Küche aufzuräumen und sauber zu machen. Ted und Paddy hatten sich nach draußen auf die Veranda verzogen. Im Raum war es still, abgesehen vom Klappern des Geschirrs und dem gedämpften Stimmengemurmel der Männer. Schließlich zog Mayse die Schürze aus und wandte sich Kitty zu.

»Wir müssen Maddie bald beerdigen. Es ist schon sehr warm. Ich möchte, dass du mir hilfst, sie für die Bestattung fertig zu machen.«

Kitty sah plötzlich wieder den aufgedunsenen, mit Fliegen bedeckten Leichnam Heinrichs vor sich. »Ich ... ich glaube nicht, dass ich das kann«, stammelte sie.

»Natürlich kannst du, Kitty. Es ist sonst niemand da, der mir helfen könnte. Ted kann ich nicht fragen.«

Neue Tränen brannten in ihren Augen. Sie konnte das nicht.

»Du brauchst dich vor den Toten nicht zu fürchten«, sagte Mayse sanft. »Sie können dir nicht wehtun. Das vermögen nur die Lebenden.«

Mayse und Paddy kehrten in der Abenddämmerung heim. Kitty legte sich ins Bett und ließ noch einmal die Ereignisse der vergangenen Tage Revue passieren. Sie wusste, dass sie keinen Schlaf finden würde; Maddies gequältes Gesicht verfolgte sie. Und auch Bridies ominöse Prophezeiung bevorstehenden Kummers ließ sie nicht los. Was hatte sie damit gemeint, es wäre zu spät, das Leid wäre bereits hier? War das wirklich nur irischer Hokuspokus, wie Mayse vor Jahren gespottet hatte? Oder besaß Bridie doch die Gabe, in die Zukunft zu sehen oder zumindest gewisse Ereignisse im Voraus zu spüren? Kitty lag noch wach, lange nachdem Ted die Lampen gelöscht hatte, aber schließlich, erfüllt von einem Chaos durcheinander wirbelnder Worte und Bilder, wurde sie doch vom Schlaf übermannt.

Gemeinsam wuschen Mayse, Bridie und Kitty Maddie und zogen sie an, um sie anschließend, umgeben von Rosen und Kerzen, aufzubahren. Die Rosen hatten gerade angefangen zu blühen. Sie pflückten Dutzende von ihnen, plünderten förmlich die Büsche vor dem Haus, bis diese ganz kahl aussahen. Sie bestreuten die Tote mit Rosenblättern, bis sie unter einer perlmuttfarben schimmernden Blütendecke verschwand.

Die Beerdigung weckte bei Kitty Erinnerungen an ihre Kindheit. Ein aufgebahrter Leichnam, bei dem gebeugte alte Frauen wachten, die kleine weiße Lehmpfeifen rauchten. Sie konnte sich an jene Beerdigung nur noch vage erinnern, wusste aber noch, dass das Gefühl der Trauer und Hoffnungslosigkeit das Gleiche gewesen war.

Eine kleine Trauergemeinde fand sich am Nachmittag zum Begräbnis ein. Bridie, Ted, Kitty, Emma, Paddy und Mayse O'Reilly und ihre ältesten Söhne, Clarrie Morgan und eine Hand voll Aborigines aus dem Lager unten am Fluss – Layla und Johnno, Old Mary und Big

Jack. Irgendwie hatte Reverend Carey von dem Unglück erfahren und traf noch rechtzeitig ein, wie immer blass und staubig von der Straße. Dan war noch nicht aus Beenleigh zurück. Der Arzt hatte ihm verboten, mit seinem kaputten Knie zu reisen. Und es war auch keine Zeit gewesen, um Beth aus dem Kloster zu holen.

Sie bestatteten Maddie und ihren Sohn neben Rose auf einer kleinen, grasbewachsenen Anhöhe nicht weit von der Hütte. Es war ein friedlicher Ort mit riesigen, Schatten spendenden Trauerweiden, in deren Geäst Horden von Papageien ihr Unwesen trieben. Bridie beobachtete Ted aus den Augenwinkeln, als Paddy und Clarrie den hastig zusammengezimmerten Sarg in die Grube hinabließen. Er sah aus wie im Schockzustand, hatte dunkle Ringe unter den Augen. Bridie wusste, dass er Tage nicht mehr geschlafen hatte. Aber wenn sie erwartet hatte, dass er weinend am Grab zusammenbrach, hatte sie sich geirrt. Vielmehr stand er reglos da und sah zu, wie Rosenblüten in die Grube fielen, als hätte er noch nicht begriffen, dass sie tatsächlich tot war. Ted hatte Maddie geliebt. Das hatte jeder sehen können. Er hatte es auf tausenderlei Art gezeigt. Und jetzt, vor den Grabhügeln seiner Ehefrau und zweier seiner Kinder stehend, wirkte er verloren, beinahe ängstlich, wie ein kleines Kind.

Nach dem Begräbnis kehrte die Trauergemeinde in der Hütte ein. Bridie war seit Morgengrauen auf und half nun Kitty, ein paar Erfrischungen und eine Kleinigkeit zu essen zuzubereiten: dünne Sandwiches, kleine Plätzchen und literweise schwarzen Tee. Sie half Kitty beim Servieren. Mit einer Platte Sandwiches in der Hand hielt sie Ausschau nach Ted, da sie wusste, dass er den ganzen Morgen noch nichts gegessen hatte. Er war nirgends zu sehen.

Schließlich fand sie ihn draußen. Er saß auf einem Baumstumpf neben dem Feuerholzstapel, den Kopf in die Hände gestützt. Bridie kniete sich vor ihn und legte ihm die Hände auf die Knie.

»Ted?«, sagte sie leise.

Er ließ die Hände in den Schoß sinken, und Bridie nahm seine rauen, schwieligen Hände in ihre. Seine Augen waren rot und geschwollen.

»Es ist alles aus.« Seine Stimme klang seltsam, kratzig. Die Wangen unter dem Bart waren eingefallen. »Hier hält mich nichts mehr.«

»Es tut mir so Leid. Aber auch wenn der Doktor früher gekommen wäre, bezweifle ich, dass er ihr noch hätte helfen können.« Er hob den Kopf und sah sie mit leerem Blick an.

»Zuerst konnte ich es nicht glauben, so als hätte ich einen Traum, aus dem ich jeden Moment aufwachen würde, um sie am Herd oder draußen im Garten stehen zu sehen. Ich habe im ganzen Haus nach ihr gesucht, aber sie war nicht da. Nicht meine Maddie. Nur eine leere Hülle ... nicht Maddie ...«

Bridie kämpfte mit den aufsteigenden Tränen. »Du musst stark sein, Ted. Für Kitty und Emma. Und für Beth, wenn sie heimkommt.«

Er lachte verächtlich, bitter. »Stark? Ich würde mich am liebsten hinlegen und sterben.« Seine Stimme brach. Er weinte jetzt, und die Tränen liefen ihm in Strömen über das Gesicht. Er schaute nach oben, in den Himmel, rang um Fassung. »Wie kann ich stark sein? Wäre sie nicht schwanger geworden, würde sie noch leben. Das ist eine Tatsache. Ihr müsst alle mir die Schuld geben an ihrem Tod. Ich tue es jedenfalls.«

»Niemand gibt dir die Schuld, Ted«, widersprach Bridie sanft. Sie tätschelte ein letztes Mal sein Knie. »Komm mit rein und iss etwas. Ich kann dir nicht helfen. Nur die Zeit kann deine Wunden heilen. Zeit und die Liebe deiner Familie. Geh zu ihnen, geh zu Kitty und Emma. Es ist auch für sie eine schwere Zeit.«

Er ging vor ihr her, gebeugt von Leid und Furcht.

Dan kehrte stark humpelnd an einem sonnigen Oktobertag zurück. Sein Knie war auch drei Wochen nach seinem Sturz noch bandagiert.

»Der Doc sagt, ich kann von Glück sagen, dass ich mir nicht die Kniescheibe zertrümmert habe«, berichtete er Kitty mit schmerzverzerrtem Gesicht, als sie seinen Verband wechselte. Er zog sie auf sein gesundes Knie und gab ihr einen schmatzenden Kuss auf den Mund. »Ich habe dich vermisst. Wie läuft es denn hier so?«

»Es ist furchtbar. Ted sagt kaum ein Wort. Er ist kaum hier, sondern fast ständig auf den Weiden unterwegs. Der junge Tom O'Reilly hat das Ochsengespann für ihn übernommen.«

»Hast du ihm von unseren Plänen erzählt? Ich möchte, dass wir möglichst bald heiraten.« Dan schmiegte das Gesicht an ihre Halsbeuge. Sie duftete einfach wunderbar. So lieblich. Er hob den Kopf und schaute ihr in die Augen. Ihre Augen waren so grün. »Ich kann nicht mehr lange warten, du raubst mir den Verstand«, stöhnte er.

Sie rückte von ihm ab, einen traurigen Ausdruck in

den Augen. »Ich weiß nicht, Dan. Irgendwie fände ich es nicht richtig, glücklich zu sein, solange Ted so deprimiert ist. Ich würde gerne noch etwas warten. Nur bis wieder so etwas wie Normalität eingekehrt ist. Emma kommt nach Weihnachten ins Internat in Beenleigh. Vielleicht sollten wir die Neuigkeit bis dahin zurückhalten.«

Enttäuschung stieg in ihm auf. Er hatte sie in den vergangenen Wochen schmerzlich vermisst. Und jetzt sollte er sich noch bis nach Weihnachten gedulden.

Später humpelte er über die Wiese zu Maddies Grab. Er hatte fast erwartet, Ted dort anzutreffen, aber der kleine Familienfriedhof lag verlassen da. Schlichte Kreuze waren aufgestellt worden.

Rose Ann Hall
1880 – 1882

Madeleine Hall
1851 – 1882

Säugling Hall, männlich, bei der Geburt gestorben,
1882

Dan betrachtete die Daten. 1882. Das Jahr, in dem fast die Hälfte seiner Familie ausgelöscht worden war.

Er wünschte, Maddie würde noch leben. Er hätte so gerne mit ihr geredet, ihr von Kitty und seiner Liebe zu ihr erzählt. Ich werde für sie sorgen, wollte er ihr sagen. Ich werde sie lieben und ehren. In gewisser Weise erinnert sie mich an dich.

Aber Maddie war nicht da. Die einzigen Geräusche

unter den Weiden waren das Wispern des Windes im Laub und das Zirpen der Zikaden.

Er senkte den Blick und betrachtete sein bandagiertes Bein, das nur bedingt belastbar war und immer noch schmerzte. Er ließ noch einmal die Ereignisse Revue passieren, die zu Maddies Tod geführt hatten. Das Blut. Maddies blasses Gesicht. Der nächtliche Ritt zu Doktor Grace. O Gott! Wenn er nur nicht so ungeschickt gewesen wäre! Wenn er nur nicht die Laterne hätte fallen lassen. Wenn er nur früher beim Arzt gewesen wäre.

Er haderte mit dem Schicksal. Alles deutete darauf hin, dass er allein verantwortlich war für Maddies Tod. Sie hatte es nicht geschafft, und er war schuld. Beth und Emma hatten nun keine Mutter mehr. Das winzige Baby. Teds Sohn. Vielleicht würde er noch leben und jetzt friedlich in seinem Bettchen schlafen. Jeder Einzelne von ihnen hatte unter seinem Versagen zu leiden.

Dan ließ sich neben dem Grab ins Gras sinken, wobei er das verletzte Bein weit nach hinten streckte. Die harten Grashalme stachen in seine Brust und Beine. Aber der Schmerz kümmerte ihn nicht. Keine Strafe wäre zu hart gewesen. Die Tränen, die er bislang nicht hatte weinen können, liefen nun in Strömen und versickerten in der Erde.

TEIL V

Die Tarlingtons

KAPITEL 36

Randolph spürte, dass etwas nicht stimmte, sobald er den Stall betrat. Die anderen Pferde waren unruhig, schnaubten und scharrten nervös. Er führte sein Pferd in eine Box und begann, den Sattelgurt zu lösen. Ein Geräusch hinter ihm – ein diskretes Hüsteln? – ließ ihn herumfahren. Dort im Schatten stand ein Mann.

»Heh. Was zum ...«

Die Gestalt trat näher. »Randolph Tarlington.« Es war keine Frage, mehr eine Feststellung.

»Ja?«

»Sie erinnern sich wohl nicht an mich?« Die Stimme kam ihm irgendwie bekannt vor, aber er wusste nicht recht, wo er sie einordnen sollte. Und dann das Gesicht des Mannes: Es war schwer, unter dem struppigen grauen Bart die Züge auszumachen.

»Nein«, entgegnete er zögernd. »Kennen wir uns?«

Der Mann lachte, ein meckernder Laut, der von den Stallwänden zurückgeworfen wurde. »O ja. Allerdings werden Sie wohl kaum damit gerechnet haben, mich irgendwann wiederzusehen. Dezember 1877. Heinrich Buhse. Na, klingelt's?«

»Cedric O'Shea?« Randolph musterte den Mann aus zusammengekniffenen Augen.

»Eben der.«

»Was tun Sie hier?«

»Zwischen uns ist noch eine Rechnung offen, Tarlington. Erinnern Sie sich noch an unsere Verabredung im Pub von Beenleigh? Ich war dort, aber Sie haben unsere Vereinbarung offensichtlich vergessen.«

»Es ist nicht planmäßig gelaufen. Hall war noch vor mir auf dem Grundbuchamt.«

»Sie haben mir Geld versprochen, unabhängig davon, ob Sie das Land bekommen oder nicht. Ich habe meinen Teil der Abmachung eingehalten. Sie sind mir noch etwas schuldig, Tarlington.«

»Die Polizei sucht Sie.«

O'Shea räusperte sich und spuckte verächtlich aus. »Die Polizei interessiert sich möglicherweise für die eine oder andere Information, die ich bisher für mich behalten habe.«

»Sie sind ein Dummkopf, O'Shea. Ich brauche nur die Behörden zu verständigen, und Sie wandern hinter Gitter.«

»Das ist mir egal«, konterte der Mann und trat langsam vom Schatten ins Licht. »Ich habe nichts mehr zu verlieren. Aber Sie sind ein hinterhältiger Schurke und ein Dieb, und ich werde dafür sorgen, dass Sie bezahlen für das, was Sie getan haben.«

»Was Sie nicht sagen. Und wie genau wollen Sie das erreichen? Es steht mein Wort gegen das Ihre. Niemand wird Ihnen glauben, einem Betrüger, der einen alten Mann um sein Land gebracht hat.«

»Manch einer hat von Anfang an geargwöhnt, dass Sie dahinter stecken, Tarlington.«

»Und wer sollte das sein?« Er hatte sich seine Überraschung eigentlich nicht anmerken lassen wollen, doch gelang es ihm nicht, sich zu verstellen.

Cedric lachte. »Das wüssten Sie wohl gern, was? Könnte jeder sein, nicht wahr? Sie haben sich in der Gegend viele Feinde gemacht. Tatsächlich können Sie mir vermutlich nicht einen Mann nennen, der Sie als seinen Freund betrachtet.«

Es stimmte. Er brauchte keine Freunde. Freundschaften waren nur lästig. Sie standen geschäftlichen Belangen im Wege und verkomplizierten nur unnötig alles. Und jetzt dieses neue Problem. Cedric O'Shea. Er musste den Mistkerl loswerden. Bevor ihn jemand wiedererkannte und anfing, Fragen zu stellen.

»Wie geht es Ihrer Frau?«, fragte Randolph, um vom Thema abzulenken. Sie war eine unscheinbare Person gewesen, und er konnte sich nicht einmal an ihren Namen erinnern.

»Martha ist tot.« Cedrics Stimme zitterte einen Moment. »Sie hat sich auf den Goldfeldern ein Fieber geholt. Wenn wir nicht von hier weggegangen wären, wäre sie noch am Leben.«

»Ich habe Sie zu nichts gezwungen. Und die Polizei ist nicht hinter mir, sondern hinter Ihnen her. Ich würde Ihnen dringend raten, zu verschwinden. Sie halten sich unbefugt auf meinem Land auf.«

»Sie weigern sich also, Ihre Schulden bei mir zu begleichen?«

»Ich schulde Ihnen gar nichts, O'Shea. Keinen Penny.«

Cedric trat näher. »Sie sind ein Lügner und Betrüger. Ich werde mein Geld bekommen, und wenn es das Letzte ist, was ich tue. Und wenn ich mein restliches Leben dafür brauche, ich werde dafür sorgen, dass ich bekomme, was mir zusteht. Halten Sie die Augen auf, Tarlington, wo Sie auch sind. Ich werde dort sein und warten.« Er spuckte erneut auf den Boden. »Ich komme in einigen Tagen wieder. Ich erwarte, dass Sie mir die ursprünglich vereinbarte Summe auszahlen.«

»Verziehen Sie sich, O'Shea. Sie vergeuden Ihre Zeit. Sie werden von mir gar nichts kriegen. Weder jetzt noch sonst irgendwann.« Er wandte sich wieder seinem Pferd zu, und als er nach einer Weile über die Schulter sah, war O'Shea verschwunden.

Randolph ging zur Stalltür und lauschte. Da, ein Knacken im Unterholz. Dieser O'Shea versuchte gar nicht erst, leise zu sein oder seine Spur zu verwischen.

O'Shea führte ihn zur Hauptstraße. Randolph folgte ihm in großem Abstand. Kein einziges Mal blickte O'Shea zurück. Schließlich gelangten sie zum Lager des Straßenbautrupps. Cedrics entschlossener Schritt verriet Randolph, dass das Camp sein Ziel war.

»Heh, Joe. Wo warst du denn?«

Randolph zog sich hinter den Stamm eines Eukalyptusbaumes zurück. Weiter vorn lehnte einer der Straßenbauarbeiter lässig auf seiner Schaufel und unterhielt sich mit Cedric, der bei ihm stehen blieb.

Joe? Dachte er. Joe? Der Mann sprach mit Cedric. Warum nannte er ihn Joe? Natürlich! Warum hatte er nicht früher daran gedacht? Cedric war dünner als früher, und auch der Bart veränderte sein Aussehen beträchtlich. O'Shea konnte sich in Boolai frei bewegen, ohne fürchten zu müssen, wiedererkannt zu werden, zumal er sich einen anderen Namen zugelegt hatte.

Randolph kehrte zurück nach Glengownie. Er ging in

den Stall, suchte sich eine Bürste und fing an, sein Pferd zu striegeln und das schweißverklebte Fell zu glätten. Ein Dutzend Fragen beschäftigte ihn. Fragen, die alle eine Antwort verlangten. Aber streng genommen gab es nur eine Antwort. O'Shea musste verschwinden. Er war für sie alle ein Risiko. Ein rachsüchtiger Mann, der nichts mehr zu verlieren hatte. Das Letzte, was Randolph brauchen konnte, war, dass der Constable von Beenleigh auf Glengownie herumschnüffelte.

Cedric O'Shea stapfte zurück zum Lager der Straßenbauarbeiter. Er ging zum Feuer und hielt die zitternden Hände über die Flammen. Die Wärme tat ihm gut. Jetzt noch einen Happen essen, und er war bereit für die Nachmittagsschicht.

Der Trupp hatte mehrere Monate gebraucht, um nach Boolai zu gelangen. Ein kleiner Nebenjob hier und da unterwegs hatte ihr Weiterkommen ein wenig verzögert. Neue Farmen entlang der Straße bedeuteten auch neue Straßenabschnitte. Cedric hatte das nichts ausgemacht. Vermutlich war die Verzögerung sogar vorteilhaft für ihn; sie hatte ihm Gelegenheit gegeben, alles zu durchdenken.

Es war eine sonderbare Zeit gewesen. Zuerst hatte er sich daran gewöhnen müssen, dass Martha nicht mehr da war, so sehr war ihre scharfe Zunge Teil seines Lebens geworden. Mit der Zeit erkannte er, dass ihr Meckern Sorge gewesen war, und rückblickend fand er auch ihre Übellaunigkeit verzeihlich. Die Erinnerung an das kleine Krankenzimmer, in dem er die letzten Tage bei ihr gewesen war, ließ ihn lange nicht los. Die

Leere an seiner Seite, vor allem nachts, machte ihn ganz nervös. Er wusste ja nicht einmal, wo sie sie begraben hatten.

Er hatte den Großteil seines Straßenarbeiter-Lohns gespart, und das Geld war sicher unter dem Futter seines Koffers versteckt. Er hatte keine speziellen Wünsche, nur ein Dach über dem Kopf und etwas zu essen. Nach den Goldfeldern kam ihm das Leben auf der Straße vergleichsweise angenehm vor. Jetzt brauchte er nur noch seine alte Rechnung mit Tarlington zu begleichen, dann würde er fortgehen.

Mit verschränkten Armen betrachtete Randolph Tarlington das Stoppelfeld vor sich. Er war zufrieden. Ein erster Teil der Zuckerrohrernte war bereits zur Weiterverarbeitung zur Zuckermühle gebracht worden. Die Sonne schien und glitzerte auf den Rohrstümpfen. Die eingeborenen Feldarbeiter jäteten bereits das Unkraut und bereiteten den Acker für die nächste Saat vor. Randolph lächelte. Oben im Norden, in den Tropen, hatte man noch einen anderen Namen für das Zuckerrohr: süßes Gold.

Seinen Berechnungen zufolge würde es eine Rekordernte geben. Sobald der Scheck eintraf, konnte er diesem Mistkerl von Stokes einen Besuch abstatten. Und jenen, die über seinen Entschluss, Zuckerrohr anzubauen, gespottet hatten, würde das Lachen noch im Halse stecken bleiben. Vor allem diesem selbstgefälligen Banker in Beenleigh.

Die Aussicht auf eine reichliche Zuckerernte beruhigte ihn. Alles in allem lief es sehr gut. Es hatte jahrelange Planung erfordert, um so weit zu kommen. Noch ein paar gute Ernten, und er würde Glengownie weiter ausdehnen und auch seine Schulden bei Hoffnann bezahlen können.

Das Einzige, was seine gute Laune trübte, war O'Shea. Es war ein Schock gewesen, ihn am vergangenen Abend im Stall anzutreffen. Randolph hatte geglaubt, er wäre längst und für immer aus seinem Leben verschwunden. Aber nein, da war er. Das Leben war eben voller Überraschungen. Doch er hatte schon eine gewisse Vorstellung davon, wie er mit dem nachtragenden O'Shea verfahren sollte.

Randolph kehrte zurück zum Haus, wobei er weiter den Anblick und den Duft des Zuckerrohrs genoss, das im Wind wogte. »Süßes Gold«, murmelte er in sich hinein. Ja, das gefiel ihm.

Der Verwalter der Müller erwartete ihn daheim auf der Veranda. Randolph stieg die paar Stufen schwungvoll hinauf. »Morgen, Dukes«, begrüßte er den Mann nickend. »Ein Tee? Whisky?«

»Noch etwas früh für Whisky. Tee wäre aber schön.«

Randolph deutete auf das kühle Innere des Hauses. »Die Küche ist hinten durch. So! Sie sind sicher gekommen, um sich nach dem Zuckerrohr zu erkundigen. Ich erwarte eine gute Qualität und somit einen anständigen Preis pro Tonne. Wie Sie sehen, ist auch der Rest reif zum Ernten. Ich warte nur auf das Eintreffen zusätzlicher Erntehelfer.«

»Das wäre Geldverschwendung«, entgegnete der Verwalter düster.

Was sollte das heißen? Das Zuckerrohr brauchte nur noch eingebracht zu werden. Endlose Felder des süßen

Goldes. »Ich verstehe nicht«, sagte Randolph und blickte fragend auf das ausdruckslose Gesicht seines Gegenübers. »Es sei denn, Sie wollen die Ernte direkt vom Feld kaufen.«

»Ich werde es kurz machen, Tarlington. Schicken Sie mir kein Zuckerrohr mehr zur Mühle. Es taugt nichts.«

»Was soll das heißen ›es taugt nichts‹? Ich habe gestern bei der Ernte zugesehen. Das Rohr ist erste Klasse, wenn Sie mich fragen.«

»Ich frage Sie aber nicht. Ich sage, das Rohr ist wertlos. Krank.«

»Krank!«, stammelte Randolph fassungslos, und die Muskeln an seinem Kiefer zuckten unkontrolliert. »Was heißt das, krank?«

»Sehen Sie selbst.«

Der Müller fischte ein Stück Zuckerrohr aus seinen Satteltaschen und reichte es Randolph. »Da, die Flecken am Stamm.«

Randolph drehte das Stück Rohr in den Händen und betrachtete es eindringlich. Und dann sah er die winzigen gelben Flecken auf der Unterseite der Blätter. Eisige Kälte stieg in ihm auf. »Und was jetzt?«, fragte er.

»Der Rest der Ernte muss geschnitten und aufgeschichtet werden. Wenn das Zeug trocken ist, muss es verbrannt werden. Und wenn Sie die alten Wurzeln verwenden, um eine neue Ernte heranzuziehen, wird auch die krank sein.«

»Aber wie ...«

»Sieht aus, als hätten Sie bereits infizierte Setzlinge gekauft. Es hat oben im Norden eine große Epidemie gegeben. Und es gibt skrupellose Händler, die auch verdorbene Schösslinge verkaufen, nur um einen Teil ihrer eigenen Verluste abzufangen.«

Nachdem der Mühlenverwalter gegangen war, inspizierte Randolph jedes Feld, jeden Abschnitt, in der Hoffnung, Dukes Prognose würde sich als falsch erweisen. Vielleicht war ja nur ein Teil der Ernte befallen, vielleicht war der Rest völlig in Ordnung. Aber mit jeder Stichprobe wuchs seine Verzweiflung. Überall fand er die gleichen unmissverständlichen Flecken. Komisch, dass sie ihm bisher nicht aufgefallen waren. Und jetzt war die ganze Ernte verdorben. Nicht einmal die Kosten für das Schneiden und Verbrennen würden hereinkommen.

Er hatte das Geld fest eingeplant, um einige dringende Rechnungen zu bezahlen. Eine Alternative, um den Verlust aufzufangen, gab es nicht. Vor allem hatte er anfangen wollen, Hoffnann seinen Kredit zurückzuzahlen. Cordelia hatte ihn Schuldscheine unterzeichnen lassen; inzwischen mussten es Dutzende sein. Er war sich nicht schlüssig, inwieweit diese Schuldscheine rechtswirksam waren, da er zu dringend Geld gebraucht hatte, um sich genauer zu erkundigen. Aber Hoffnann würde seine Ansprüche genau kennen. Und was, wenn Hoffnann Schulden einforderte, die Randolph nicht zahlen konnte? Oder Hedley nahm ihm das Land weg, unter Berufung auf ihre Vereinbarung, dass es sich nach zehn Jahren selbst tragen musste.

Schließlich fasste er einen Entschluss. Er hatte keine andere Wahl. Er würde noch einmal nach Brisbane reiten, zu Cordelia.

Es war ein anstrengender Ritt. Erschöpft brachte er sein Pferd in Cordelias Innenhof zum Stehen und schwang sich ermattet aus dem Sattel. Er blickte sich suchend nach dem Stallburschen um, der jedoch nirgends zu sehen war.

Ein Bediensteter führte ihn in den Salon, wo Cordelia am Schreibtisch saß und Briefe schrieb.

»Und, wie geht es Max?«, fragte er scheinbar beiläufig, nachdem er sie auf die dargebotene Wange geküsst hatte.

»Du weißt doch, dass er es nicht leiden kann, wenn man ihn so nennt!«, wies sie ihn schnippisch zurecht.

Er war nicht in der Stimmung für höfliches Geplauder, aber Cordelias schlechter Laune musste Rechnung getragen werden, wenn es ihm gelingen sollte, ihr noch mehr Geld für Glengownie zu entlocken. »Schon gut, Maximilian«, gab er nach.

»Gut«, entgegnete sie schroff.

»Ich konnte den Stallburschen nicht finden und habe mein Pferd einfach auf dem Hof angebunden.«

»Er hat gekündigt, und wir haben bis jetzt keinen Ersatz finden können. Du wirst dein Pferd selbst versorgen müssen.«

Er seufzte innerlich. Das war das Letzte, wonach ihm der Sinn stand – das Pferd absatteln und striegeln. Himmel, diese Arbeit war ja auf Glengownie in Ordnung, aber bei Cordelia in der Stadt hatte er sich etwas mehr Annehmlichkeiten erhofft. Und jetzt sollte er die Arbeit eines Bediensteten verrichten.

Cordelia versiegelte einen Brief und lehnte ihn an den Behälter mit den Schreibfedern. »Und womit habe ich die Ehre deines Besuches verdient? Ich bekomme dich doch nur zu Gesicht, wenn du etwas willst.«

»Das ist nicht fair, Cordelia«, protestierte er schwach.

»Nun, was ist es diesmal? Noch mehr Geld?«

Peinlich berührt scharrte er mit den Füßen. Er konnte ihr nicht in die Augen sehen.

»Aha, verstehe. Wie viel? Zwanzig? Fünfzig?«

»Hundert«, entgegnete er hoffnungsvoll. »Wenn es irgendwie geht.«

KAPITEL 37

Als er wieder gegangen war, legte Cordelia das Papier in die oberste Schublade ihres Sekretärs. *Ich, Randolph Tarlington,* stand dort, *schulde meiner Schwester, Mrs. Maximilian Hoffnann, die Summe von einhundert Pfund, zahlbar zuzüglich Zinsen, errechnet nach aktuellem Zinsstand und Kreditlaufzeit.* Unterzeichnet war der Schuldschein mit einem eiligen Gekritzel, als hätte er es nicht erwarten können, zu seinem geliebten Glengownie zurückzukehren.

Cordelia legte das Papier oben auf den Stapel Schuldscheine. Zehn Pfund hier, zwanzig Pfund dort. Gelegentlich auch fünfzig oder einhundert. Regelmäßige Bitten um Geld, das sie ihm gern gegeben hatte. Sie strich mit der Hand durch die Zettel und lächelte in sich hinein. Inzwischen schuldete Randolph ihr fast so viel wie das Land wert war. Nicht mehr lange, und Glengownie gehörte ihr.

Maximilian war ihr Verbündeter. Er befürwortete ihren Plan. Er sah sich schon als Großgrundbesitzer. Nicht, dass er sich je die Hände schmutzig machen würde bei der Bewirtschaftung Glengownies. Dazu würde er Leute einstellen. Außerdem liebte er das Stadtleben viel zu sehr. Und dann war da ja noch Celeste zu berücksichtigen.

Celeste war nicht seine erste Geliebte, und sie würde wohl auch nicht die letzte sein, wenn man sich die lange Liste ihrer Vorgängerinnen ansah: ein französisches Dienstmädchen, die junge Witwe Carmody, die hübsche junge Gouvernante, die die Kinder des Direktors der Queensland National Bank unterrichtete, um nur einige zu nennen. Maximilian dachte, dass sie über seine Eskapaden nichts wusste, aber da irrte er gewaltig: Sie war bestens informiert.

Sie liebte ihn nicht, und so nahm sie seine Liebschaften hin. Was sie interessierte, war sein Geld. Geld, mit dem sie sich einen Anteil an Glengownie erkaufen konnte. Geld und Ansehen. Als Tochter Hedley Tarlingtons, eines angesehenen Großgrundbesitzers und Geschäftsmannes, und Ehefrau Maximilian Hoffnanns, der sich als Rechtsanwalt einen Namen gemacht hatte, standen ihr in Brisbane ganz automatisch alle Türen offen. Und bis die Zeit gekommen war, da sie Anspruch auf Glengownie erheben konnte, bis sie endlich den ihr zustehenden Platz wieder einnehmen konnte, würde sie sie alle ertragen, die eitlen Parvenüs, die langweiligen Dinnerpartys, auf denen nur von Investitionen und Portfolios geredet wurde, die Frauen, die Maximilian ihr vorzog. Das alles war unwichtig, sagte sie sich. Sollte er doch seinen Spaß haben. Außerdem kam er doch immer wieder zu ihr zurück.

Und trotzdem nagte leises Unbehagen an ihr. Das Fehlen des Stallburschen, das auch Randolph bemerkt hatte. Das war eine neue Manie von Maximilian, das Hauspersonal einzuschränken. Der Junge war der Erste gewesen, dem gekündigt wurde, aber ihm waren noch weitere gefolgt. »Wir müssen uns eine Weile einschränken«, hatte Maximilian gesagt. »Umfangreiche Investitionen, du verstehst.« Er hatte ihr zugezwinkert, aber seine Züge wirkten in letzter Zeit angespannter, sein Teint fahler, und seine Augenpartie schien aufgedunsen, als schlafe er schlecht.

Maximilian war sehr blass, als er später den Raum betrat.

»Was gibt es denn?«, fragte sie und küsste ihn auf die Wange. Vielleicht hatte er ja mit Celeste gestritten.

Sein Blick fiel auf das Scheckbuch, das aufgeschlagen auf dem Sekretär lag. Er griff danach und wedelte damit vor ihrem Gesicht herum. »Hast du wieder Schecks ausgestellt? Ich dachte, ich hätte dir gesagt, du sollst in den nächsten Wochen etwas vorsichtig sein mit deinen Ausgaben.«

»Nur eine kleine Finanzspritze an Randolph.«

»Dein Bruder war hier?«

»Heute Morgen.«

»Was wollte er? Nein, lass mich raten«, sagte er verächtlich. »Noch mehr Geld natürlich. Wie viel war es diesmal?«

»Nur einhundert Pfund.«

Maximilian stöhnte. »Einhundert Pfund!«

»Aber du hast mir doch selbst gesagt, es wäre in Ordnung, Geld in Glengownie zu stecken. Dass Randolph uns eines Tages so viel schulden wird, dass er gezwungen ist, das Land an uns abzutreten.«

Sein Blick verriet ihr, dass sie Recht hatte. Er wollte

Glengownie haben, wollte das Anwesen der wachsenden Zahl seiner Immobilien auf den grünen Darling Downs hinzufügen. Außerdem wusste sie, dass er ein schrecklich schlechtes Gewissen hatte wegen Celeste, und indem er Geld in Glengownie steckte, hatte er das Gefühl, seine Untreue ihr gegenüber wieder gutzumachen.

Aber es stimmte auch, dass er sie gebeten hatte, einige Wochen nicht so verschwenderisch mit Geld umzugehen. Sie hätte vorher mit ihm sprechen sollen. Jetzt war es zu spät. Es war Stunden her, dass sie Randolph den Scheck ausgestellt hatte. Zweifellos hatte er ihn längst eingelöst und war auf dem Weg nach Hause.

Maximilian fuhr sich mit einer Hand durch das Haar. Seine Züge wirkten eingefallen. »Ist mit dir alles in Ordnung?«, fragte sie besorgt.

»Nur Kopfschmerzen. Ich lege mich ein wenig hin.«

Cordelia ging in die Küche und löste ein weißes Pulver in etwas Wasser auf. Sie brachte das Glas mit der milchigen Flüssigkeit nach oben und sah zu, wie er den Inhalt in einem Zug leerte. Als sie den Raum verließ, rief er ihr nach: »Falls jemand nach mir fragt, ich bin nicht zu Hause.«

Stirnrunzelnd musterte sie ihn. »Warum sollte dich jemand mitten am Tag zu Hause aufsuchen?«

»Ach, nur jemand, dem ich Geld schulde.«

»Du hast Schulden ...?«

»Vergiss es, Cordelia. Es ist unwichtig. Vergiss es einfach.« Er drehte sich um und kehrte ihr den Rücken zu. Ganz offensichtlich betrachtete er das Gespräch für beendet.

Eine Stunde später blickte sie von dem Brief auf, an dem sie gerade schrieb, als sie ein lautes Klopfen an der

Haustür hörte. »Ich gehe«, rief sie, als ihr einfiel, dass Maximilian auch das Hausmädchen entlassen hatte, das dafür zuständig gewesen war, Besucher an der Tür zu empfangen. Ihre Absätze klapperten laut auf den Fliesen, als sie die Eingangshalle durchquerte, um zu öffnen. Auf der Schwelle stand ein korpulenter Polizeibeamter in Begleitung eines Mannes in einem schwarzen Anzug.

»Mrs. Hoffnann?«

»Ja. Was kann ich für Sie tun, Gentlemen?«

»Wir suchen Ihren Mann. Soweit ich weiß, ist er zu Hause.«

»Sie irren. Er ist in der Regel tagsüber nicht zu Hause.«

»Wir wissen aber aus sicherer Quelle, dass er vor einer Stunde das Haus betreten hat.«

»Ich ... ich weiß nicht«, stammelte sie.

»Wenn Sie so freundlich wären, ihn zu rufen. Es handelt sich um eine wichtige Angelegenheit. Es geht um veruntreute Gelder.«

Sie zögerte. »Warten Sie bitte hier. Ich werde nachsehen, ob er da ist. Vielleicht ist er tatsächlich nach Hause gekommen, ohne dass ich es bemerkt habe. Ich werde oben nachsehen.«

Maximilian war im Schlafzimmer, wo er hastig Kleidungsstücke in mehrere Koffer warf. »Was tust du denn da?«, fragte sie verdattert.

Er hielt kurz inne und warf ihr einen flüchtigen Blick zu. »Ich muss weg. Nur für ein paar Tage. Bis die Wogen sich geglättet haben.«

»Was ist denn nur los? An der Tür ist ein Polizeibeamter. Und bei ihm ist ein Herr im schwarzen Anzug. Sie wollen dich sprechen. Es ginge um veruntreute Gelder, haben sie gesagt.«

Er ließ sich auf das Bett sinken und stützte den Kopf in beide Hände. »O Gott. Dann ist es zu spät.«

»Zu spät wofür? Sag doch etwas, Maximilian. Was ist passiert?«

Er erhob sich, aschfahl im Gesicht. »Frag nicht. Geh runter und sag ihnen, ich komme gleich.«

»Gut«, entgegnete sie, zutiefst beunruhigt von dem panischen Ausdruck in seinen Augen. Langsam stieg sie die Treppe hinab. Übelkeit stieg in ihr auf. Wo wollte Maximilian hin? Was hatte er so Schlimmes getan, dass er davonlaufen musste? Wollte er sie verlassen?

Als sie wieder an der Tür war, funkelte der Mann im schwarzen Anzug sie böse an. »Nun?«

Cordelia riss sich zusammen und setzte eine freundliche Miene auf. »Sie hatten Recht, Gentlemen. Mein Mann ist da. Er kommt gleich.« Sie zeigte auf den Salon, der durch einen verzierten Türbogen hindurch zu sehen war. »Wenn Sie hereinkommen möchten ...«

Sie hatte kaum ausgesprochen, als ein lauter Knall durch das Haus hallte. Schockiert blickte sie von einem der Männer zum anderen. Der Polizeibeamte stürzte an ihr vorbei die Treppe hinauf. Cordelia stand da wie gelähmt.

Kurz darauf tauchte der Beamte am oberen Treppenabsatz auf. »Er hat es getan«, sagte er, an den Mann in Schwarz gewandt, als wäre sie selbst gar nicht anwesend. »Er hat sich erschossen!«

»O mein Gott! O mein Gott! O Gott!«

Ihre Worte überschlugen sich. Das konnte doch nicht wahr sein. Maximilian hatte sich in ihrem Schlafzimmer erschossen. Er hatte sich die Pistole an die Schläfe gesetzt und abgedrückt. Wie hatte er so etwas tun können? Wer würde jetzt für sie sorgen?

Das Letzte, was sie sah, bevor sich undurchdringliche Schwärze auf sie herabsenkte, waren die Hände des Polizisten, die nach ihr griffen.

Clarrie Morgan brachte den Brief an einem sonnigen, windigen Tag. Hedley runzelte besorgt die Stirn, als er laut vorlas. *Maximilian ist tot ... Die Beerdigung wird sich ein paar Tage hinauszögern ... Es müssen einige finanzielle und rechtliche Dinge geregelt werden ... Bitte komm. Ich brauche Deine Hilfe.*

»Das ist ja furchtbar«, sagte Bridie. »Sie muss heimkommen. Nach Glengownie.«

Hedley nahm ihre Hand. »Hältst du das für klug? Ihr seid doch nie miteinander ausgekommen.«

»O Hedley, das ist Jahre her. Sie ist deine Tochter, und wir sind die einzige Familie, die sie noch hat.«

»Nein! Ich liebe dich für deine Selbstlosigkeit, aber es würde niemals gut gehen. Sie hat ihr eigenes Leben in der Stadt, und ich denke, sie würde sich auf dem Land schrecklich langweilen. Aber ich fahre hin, gehe zur Beerdigung und unterstütze sie, wo ich kann. Mag sein, dass ich sie hinterher mitbringe, aber dann nur für einen kurzen Aufenthalt, damit sie Abstand von allem gewinnen kann.«

»Ich packe dir ein paar Sachen ein. Wann willst du los?«

»Morgen bei Tagesanbruch.«

Am nächsten Morgen brachte Bridie ihm ein Teetablett ans Bett. Draußen war es noch dunkel. Sie liebten sich, als die ersten Sonnenstrahlen den Horizont rot färbten. Hedley war so zärtlich und rücksichtsvoll wie immer. Hinterher hielt er sie noch eine Weile in den Armen und fuhr mit den Fingern durch ihr langes Haar. »Wenn ich die Augenblicke meines Lebens benennen sollte, die mir das größte Glück bescheren, dann wären es diese«, sagte er. »Die Momente, in denen wir ganz allein sind. Dann kommt es mir vor, als existiere der Rest der Welt gar nicht.«

Sie rückte von ihm ab, stützte sich auf einen Ellbogen und blickte auf ihn hinab. Sie strich mit einem Finger über seine Lippen, zeichnete ihre Konturen nach. Sie liebte es, wenn er sie so zärtlich ansah. Schließlich beugte sie sich vor und küsste ihn. »Komm nur bald wieder«, sagte sie. »Du wirst mir fehlen.«

Sie schaute ihm beim Ankleiden zu. Abschließend stopfte er sich noch ein Paar Handschuhe in die Hosentasche und nahm die Peitsche vom Schrank.

»Ich werde etwa eine Woche brauchen, um Hoffnanns Angelegenheiten zu regeln. Falls es länger dauert, gebe ich dir Bescheid.« Er küsste sie zum Abschied. »Bleib liegen. Schlaf noch etwas.«

Bridie hörte, wie die Haustür leise ins Schloss fiel, dann das Wiehern von Hedleys Pferden drüben im Stall und kurz darauf die Geräusche vom Anschirren. Das Quietschen von Rädern, und dann war er fort. Sie schwang die Beine aus dem Bett und trat ans Fenster. Sie konnte gerade noch sehen, wie der Buggy vom Hof rollte. Hedley hatte den Hut tief in die Stirn gezogen, die Pferde trabten stolz vor dem Wagen, und das Gras glitzerte von Morgentau.

Seufzend drehte sie sich um und schaute einen Moment auf das leere Bett, die zerwühlten Laken und die kleine Mulde in Hedleys Kopfkissen, dort wo noch vor weniger als einer Stunde sein Kopf geruht hatte. Unerwartet stieg eine Woge der Trauer in ihr auf.

»Meine Güte«, sagte sie laut, um die Melancholie zu vertreiben. »Es gibt so viel zu tun. Ich habe gar keine Zeit, mich zu grämen. Ich muss ein Zimmer für Cordelia vorbereiten. Er wird zurück sein, ehe ich überhaupt dazu komme, ihn zu vermissen.«

Die Wahrheit war niederschmetternd. Maximilian war tief verschuldet gewesen. Ihr ausschweifender Lebensstil, der Unterhalt seiner Mätressen, die Darlehen an Randolph und die Landkäufe in den Darling Downs hatten alles Bargeld aufgebraucht. Er hatte es mit Glücksspiel versucht. Anfangs nur ein paar kleine Wetteinsätze, die aber mit der Zeit gestiegen waren. In seiner Verzweiflung hatte er Gelder aus von ihm verwalteten Fonds seiner Mandanten veruntreut.

»Es geht nicht anders«, hatte der Mann im schwarzen Anzug Cordelia eröffnet. Wie sich herausgestellt hatte, handelte es sich um den Direktor von Maximilians Bank. »Das Haus muss verkauft werden, um die Schulden zu begleichen.«

»Es muss aber doch noch anderes Kapital vorhanden sein. Was ist mit den Grundstücken in den Downs?«

»Die hat er von Krediten gekauft. Er besaß kein Eigenkapital. Gar nichts.«

Für Cordelia verging die Zeit schleppend langsam. Sie fühlte sich wie betäubt von den Ereignissen, irgendwie losgelöst, als ginge sie das alles nichts an, als wäre sie nur ein unbeteiligter Zuschauer. Jeden Moment würde sie aufwachen und feststellen, dass alles nur ein schrecklicher Albtraum war. Nur ein Traum.

Sie wusste nicht, wie sie diese Zeit ohne Hedleys Hilfe durchgestanden hätte. Er kümmerte sich um die rechtlichen Angelegenheiten und hielt höflich, aber bestimmt die Gläubiger von ihr fern, indem er die dringendsten Rechnungen bezahlte und sie gegen alles Unangenehme von außen abschirmte. Ein Makler war von der Bank mit dem Verkauf des Hauses beauftragt worden, und sie musste tolerieren, dass fremde Menschen durch ihr Haus spazierten.

Am Morgen vor dem Begräbnis betrat Hedley ihr Zimmer. Es war nicht das Zimmer, das sie mit ihrem Mann geteilt hatte, ihr ehemaliges Schlafzimmer hatte sie seit jenem Tag nicht mehr betreten. Sie hatte eins der großen Gästezimmer am anderen Ende des Hauses bezogen.

»Cordelia?« Sie lag mit geschlossenen Augen im Bett und hörte seine leisen Schritte auf dem Teppich. Vielleicht würde er sie in Ruhe lassen und wieder gehen, wenn sie vorgab zu schlafen.

»Cordelia. Wach auf. Wir haben einiges zu besprechen. Es müssen Entscheidungen getroffen werden. Ich muss zurück nach Glengownie. Zu Bridie.«

Bridie! Seine geliebte Bridie. Allein der Name machte sie wütend. Sie schlug die Augen auf und blickte grimmig zu ihrem Vater auf. »Was für Entscheidungen?«

»Der Makler war hier. Er hat einen Käufer gefunden. Er hat den Kaufvertrag dagelassen.«

»Dann ist das Haus weg?« Sie lachte bitter. »Gott sei Dank. Ich hätte sowieso nicht länger hier wohnen können, nachdem ...« Ihre Lippen zitterten. Sie stand kurz davor, in Tränen auszubrechen.

»Nein, natürlich nicht. Das würde auch niemand erwarten. Jedenfalls ist die Entscheidung dir jetzt abgenommen worden. Was ist mit dem Begräbnis morgen? Hast du etwas Passendes anzuziehen?«

Cordelia versuchte, sich zu konzentrieren, und ging in Gedanken ihre Garderobe durch. Sie hasste Schwarz. Die Farbe stand ihr nicht. In Schwarz saß sie gouvernantenhaft und blass aus.

»Nein«, entgegnete sie kopfschüttelnd.

»Vielleicht wäre ein neues Kleid angesagt?«

Sie schaute ihn an. »Sie haben alle Konten eingefroren.«

»Hier«, sagte er freundlich, kramte in seiner Westentasche und reichte ihr dann zwei Zwanzig-Pfund-Noten. »Das müsste reichen.«

»Danke, Vater. Ich zahle es zurück, wenn die Kontosperrung aufgehoben wird.«

»Cordelia, es ist an der Zeit, dass du die Wahrheit erfährst. Ich habe mit Maximilians Buchhalter gesprochen. Trotz des Hausverkaufs ist kein Geld übrig. Nichts. Wenn Maximilians sämtliche Schulden bezahlt sind, bleibt kaum genug übrig für das Begräbnis.«

»Nichts«, wiederholte sie tonlos. Sie hatte ja gewusst, dass Maximilian verschuldet war, aber in ihrer Naivität hatte sie angenommen, dass etwas übrig bleiben würde. Genug, um ein anderes Haus zu kaufen, wenn auch ein bescheideneres, Geld, um ihren Lebensstil aufrecht zu erhalten. Und jetzt eröffnete Hedley ihr, dass nichts mehr da war. Sie war ruiniert, mittellos. Und das alles zusätzlich zu dem Grauen und der Schande von Maximilians Freitod.

»Mir ist also nichts geblieben«, schluchzte sie. »Wo soll ich denn hin?«

»Bridie möchte, dass ich dich nach Glengownie bringe.«

»Glengownie?«

»Ich habe eingewandt, dass diese Möglichkeit nur eine vorübergehende Lösung sein kann. Unser Lebensstil würde dich doch nur langweilen, aber für eine Weile wirst du dort Ruhe haben, um Abstand zu gewinnen und Zukunftspläne zu schmieden.«

»Zukunftspläne?« Sie barg das Gesicht in den Händen. »Was für eine Zukunft? Eine Witwe ohne Mitgift? Die Schulden meines Mannes, sein Freitod ... Niemand wird mehr Einladungen an den Hoffnann-Haushalt schicken, da kannst du ganz sicher sein.« Bitterkeit schwang in ihrer Stimme mit.

»Keine Sorge, Cordelia. Ich werde nicht zulassen, dass du im Elend lebst. Triff nur keine überhasteten Entscheidungen. Komm nach Hause. Du gehörst zur Familie, und das ist alles, was zählt.«

Sie antwortete nicht. Die Antwort war klar. Sie hatte gar keine andere Wahl. Sie konnte nirgendwo anders hin als nach Glengownie. Das Zuhause ihrer Kindheit. Das Heim ihrer Träume. Das Zuhause ihrer Todfeindin Bridie.

Ja, sie würde heimgehen. Ihr blieb gar nichts anderes übrig.

Randolph schritt über den Acker und sah mit grimmiger Miene zu, wie der Stapel Zuckerrohr wuchs. Alles war schief gelaufen, seine Pläne waren gescheitert, und langsam musste er sich der Erkenntnis stellen, dass dies das Ende war. Das Ende seiner Träume, das Ende des Lebens, so wie er es bisher gekannt hatte. Das Ende von Glengownie.

Bridie sagte immer »Ein Unglück kommt selten allein« und »Aller schlechten Dinge sind drei«. Die verdorbene Zuckerrohrernte war nur der Anfang gewesen. Jetzt war auch noch Maximilian tot. Er dachte an Bridies Worte und schauderte bei dem Gedanken daran, was noch alles schief gehen mochte.

Und dann war da noch Cedric O'Shea. Er hatte gedroht, in einigen Tagen wiederzukommen, aber inzwischen war eine Woche vergangen, ohne dass er sich hatte blicken lassen. Vielleicht hatte er es sich ja anders überlegt? Vielleicht waren seine Drohungen nur ein Bluff gewesen? Wer weiß? Vielleicht war O'Shea längst über alle Berge, weit weg von Boolai, dorthin verschwunden, wo er die letzten Jahre verbracht hatte.

Randolph hatte im Augenblick ganz andere Sorgen. Hedley hatte vor seiner Abreise erwähnt, dass Cordelia in finanziellen Schwierigkeiten steckte. Schulden! Ha! Er wusste, was das bedeutete. Cordelias Scheck war geplatzt, die Bank in Brisbane hatte sich geweigert, ihn einzulösen. Es wäre zwecklos gewesen, zu Cordelia zurückzugehen. Außerdem hatte Randolph Hoffmann nach Hause gehen sehen, als er noch in der Bank wartete, und er hatte keine Lust verspürt auf eine Auseinandersetzung mit seinem Schwager. Nun wusste er nicht, wie er seine Erntehelfer bezahlen sollte.

Er hatte keine andere Wahl. Er würde Hedley um Geld bitten müssen, und Hedley würde verlangen, nein fordern, dass Glengownie verkauft würde. War das nicht ihre Abmachung gewesen vor all den Jahren? Zehn Jahre hatte Hedley ihm gegeben. Nun, die zehn langen Jahre waren vergangen, und er war keinen Schritt weitergekommen. Im Gegenteil. Das Einzige, was in dieser Zeit gewachsen war, waren seine Schulden. Geld für Saatgut, für neue Pflüge, Hilfskräfte. Gott sei Dank zahlte Hedley wenigstens die laufenden Lebenshaltungskosten.

Er überquerte das Feld und betrachtete voller Abscheu das wertlose Zuckerrohr. Sein Herz zog sich schmerzhaft zusammen. Wie sollte er es ertragen, dieses Land zu verlassen?

KAPITEL 38

Cordelia saß vorn bei Hedley auf dem Bock des Buggys, der ratternd über die holprige Straße rumpelte. Sie schloss die Augen und wurde sofort von der Erinnerung eingeholt. Maximilians Begräbnis: Es war nur eine Hand voll Trauergäste gekommen, und auch das vermutlich mehr aus Neugier, als um dem Verstorbenen die letzte Ehre zu erweisen. Dann das Haus; Maximilians Garderobe auszuräumen war ihr schwerer gefallen als erwartet. Ihre eigene Habe wurde in Kisten und Truhen verstaut, die jetzt hinten im Buggy gestapelt waren. Sie hatte nicht viel mitgenommen, nur ihre

Kleider und ein paar Kleinigkeiten, nichts, was sie zu sehr an das Leben erinnerte, das bereits Vergangenheit war.

Erst nach und nach hatte sie begriffen, was Maximilians Selbstmord für sie bedeutete. Zuerst hatte sie gedacht, dass er aus Scham gehandelt hatte und um Peinlichkeiten, wie dem Ausschluss aus der Anwaltskammer, zu entgehen. Heute wusste sie, dass nicht das allein ihn in den Tod getrieben hatte, sondern das Bewusstsein um seinen finanziellen Ruin.

Ihre Gedanken richteten sich auf die kleine Gobelin-Reisetasche neben ihr auf dem Sitz. Sie enthielt die vielen Schuldscheine von Randolph, die sich im Laufe der Jahre angehäuft hatten. Bisher nicht eingelöste Zahlungsversprechen. Beinahe hätte sie sie beim Ausräumen des Hauses irrtümlich ins Feuer geworfen. Gott sei Dank hatte sie schnell genug reagiert. Sie hatte alles verloren, ihren Mann, ihr Heim, ihre Einkommensquelle, ihre Unabhängigkeit. Und irgendwie war auch Randolph an ihrer Misere nicht ganz unschuldig. Die Kredite an Glengownie hatten Maximilians Schulden nur erhöht. Schulden, die hätten vermieden werden können, wenn Randolph sie nicht bedrängt hätte. Besitzergreifend legte sie eine Hand auf die Tasche.

Gerade als sie glaubte, es nicht länger ertragen zu können, durchgerüttelt zu werden, gelangten sie an den Boolai Creek. Sie erinnerte sich noch gut an die Weiden, deren Äste bis ins Wasser reichten, und an die schmale Felsschlucht.

»Der Wasserpegel ist etwas hoch«, bemerkte Hedley, als er die Pferde die Böschung hinunter auf das Wasser zulenkte. Es hatte geregnet, nicht sehr viel, nur ein leichter Schauer, gerade genug, um den Staub von den Bäumen zu waschen. Der Geruch feuchter Erde lag in der Luft.

Cordelia atmete tief ein. »Fast zu Hause«, sagte sie aufgeregt.

Sie warf einen Blick auf Hedley. Er sah müde aus und war sehr blass. Er hatte früher am Tag über Kopfschmerzen geklagt. Sie wusste, dass die vergangene Woche sehr anstrengend für ihn gewesen war. Maximilians Tod war ein Schock gewesen, nicht nur für sie, sondern auch für ihren Vater. Die unerwarteten Sorgen und die Verantwortung, die Schulden zu tilgen, hatten einige zusätzliche Furchen in seinem bereits gealterten Gesicht hinterlassen. Sie drückte seine Hand.

Seine Finger waren kalt. Cordelia musterte ihn eindringlich. »Geht es dir gut, Vater?«, fragte sie mit einem Anflug von Unbehagen.

Die Pferde erreichten das Wasser. Hedley nahm die Zügel an und verlangsamte das Tempo.

»Vater?« Sein Gesicht war ganz grau. Plötzlich verzog er vor Schmerzen das Gesicht. Er ließ die Leinen fallen und griff sich an die Brust.

»Was ist denn?«, schrie sie hysterisch.

Keine Antwort. Hedley blickte mit vorquellenden Augen starr nach vorn. Er war lila angelaufen und gab einen erstickten, gurgelnden Laut von sich.

Cordelia zog an seinem Ärmel. »Antworte mir! So antworte doch!«

»Bridie!«, keuchte er und streckte die Hände aus, wie es ein Blinder tun würde.

Die Pferde stampften durch den Fluss, und Wasser regnete auf sie herab. Da die Leinen durchhingen, beschleunigten sie das Tempo und drängten immer schneller vorwärts durch das schäumende Wasser.

Ihre Finger gruben sich in seinen Arm. »Ich bin hier, Vater. Ich bin's, Cordelia.«

Er sackte zusammen, fiel ganz langsam zur Seite. Sie versuchte, ihn festzuhalten, aber er war zu schwer. Er drohte, vorn auf die Deichsel zu fallen. Sie zerrte an seinen Kleidern, packte mit aller Kraft zu und schrie. »O mein Gott, hilf mir doch jemand.«

Die Räder drehten sich schneller und schneller. Mit einem lauten Klatschen fiel Hedley ins Wasser. Die Pferde scheuten, legten sich ins Geschirr, steuerten das Ufer an. Es gab ein widerliches Geräusch, als die Räder über Hedleys leblosen Körper fuhren. Cordelia packte die Leinen und zog mit aller Kraft, aber die Pferde kamen erst zum Stehen, als sie auf dem Trockenen waren.

Steif stieg Cordelia vom Kutschbock. Sie konnte ihren Vater mit dem Gesicht nach unten im seichten Wasser treiben sehen, das sich um ihn rot färbte.

Sie wusste nicht, wie lange sie im Wasser saß und Hedley in den Armen hielt, betend, dass er wieder zu sich kam, dass er sich bewegte, die Augen aufschlug und sie ansah. Aber er rührte sich nicht. Er war kalt und steif, sein Kopf in seltsamem Winkel vom Körper abstehend, und Blut rann ihr über die Hände, das Kleid, wurde in roten Schlieren vom Wasser davongetragen. Hedleys Blut. Sie konnte nicht glauben, dass er tot war. Konnte nicht glauben, dass er nicht mehr Teil ihres Lebens war.

Nach einer Zeit, die ihr vorkam wie eine Ewigkeit, hörte sie Stimmen, Gelächter. Hugh und Dominic, auf dem Heimweg vom Anleger. Sie hoben sie aus dem Wasser und wickelten sie in eine Decke aus dem Buggy, bevor sie dann Hedley zur Kutsche trugen.

Als sie sich Glengownie näherten, sah sie Bridie auf der mit Jasmin und Schafgarbe umrankten Veranda stehen. Sie war aschfahl im Gesicht. Bridie, die es instinktiv, intuitiv geahnt hatte.

Bridie wusch ihn liebevoll, wischte das Blut von seinem Körper und kleidete ihn für das Begräbnis an. Es war keine lästige Pflicht, sondern ein letzter Akt der Liebe zu diesem sanften Mann, der sie auf seine eigene, ganz besondere Art umsorgt hatte.

Hugh, Dominic und Randolph betteten ihn auf das Sofa im Salon, und die Farmer der Umgebung kamen, einer nach dem anderen, um ihm die letzte Ehre zu erweisen. An einem bewölkten, windstillen Tag bestatteten sie ihn auf einem kleinen Hügel oberhalb des Hauses. Bridie sah zu, wie Hedleys drei Söhne der Tradition folgend eine Schaufel voll Erde auf seinen Sarg häuften. Sie fühlte sich innerlich tot, ausgetrocknet wie eine Hand voll Herbstlaub.

Sie wollte allein sein, hasste den Gedanken an leeres Gerede und Plattitüden und fürchtete sich doch auch vor der Einsamkeit. Erst war Maddie gestorben, und jetzt auch noch Hedley. Das war fast mehr, als sie ertragen konnte. Ihre Trauer war wie eine große offene Wunde.

Am Abend, als die Trauergäste gegangen waren, wanderte sie rastlos durch das Haus und setzte sich schließlich auf die dunkle Veranda, um dem Konzert der Zikaden zu lauschen. Hier war es kühler. Ihre nackten Füße ruhten auf den Steinfliesen, und das Haar fiel ihr offen über die Schultern. Sie brauchte Zeit zum Nachdenken, wollte mit ihrer Trauer allein sein. Ohne Hugh und Dom, die mit sorgenvoller Miene um sie herumwuselten.

Eine leichte Brise kam auf und raschelte in den Baumwipfeln. Hier und da flatterte eine Fledermaus umher. Aus einem unerfindlichen Grund musste sie an den vergangenen Winter denken. Sie hatten die heißen Monate in Brisbane verbracht, und es war eine ruhige Zeit gewesen, fern von den Spannungen auf Glengownie. Sie waren auf verschiedenen Partys gewesen, hatten mit alten Freunden diniert, aber vor allem hatten sie das friedliche Beisammensein genossen, wenn sie ganz für sich gewesen waren: Hedley hatte stundenlang mit einem Stoß Bücher im Wintergarten gesessen, und Bridie hatte in einen Sessel gekuschelt die Sonne genossen und dabei gestrickt und genäht. Ab und an hatte sie aufgeblickt und Hedley dabei ertappt, wie er blind durch die großen Glasscheiben auf die Boote unten auf dem Fluss starrte.

Aus einem unerfindlichen Grund waren es nostalgische Monate gewesen. Erinnerungen, die Jahre im Verborgenen geschlummert hatten, waren ungebeten wieder an die Oberfläche gestiegen. Vergangene Sommer mit Hugh und Dom am Strand oder Momente am Kamin, wenn die Jungs im Internat waren. Das unvermutete Aufkommen dieser Erinnerungen hatte sie ein wenig geängstigt. Hatten sie ihr vielleicht etwas sagen wollen? Aber abgesehen von einem hartnäckigen Husten war Hedley körperlich gut beieinander gewesen ...

Irgendwo im Haus wurde eine Tür zugeschlagen.

Dann wurde ein Streichholz angerissen, und gleich darauf fiel das Licht einer Öllampe durch das große Bürofenster auf die Veranda. Sie hörte gedämpftes Husten.

»Schnell, hier herein, Cordelia.«

Bridie war überrascht, wie nah die Stimme klang. Sie lauschte. In Randolphs Stimme schwang ein ungewohnt verzweifelter Unterton mit. Sie hob eine Hand an die Brust und umfasste unbewusst die Brosche, die Hedley ihr vor Jahren geschenkt hatte. Sie wollte nicht lauschen und machte Anstalten aufzustehen. Offensichtlich ahnte Randolph nicht, dass sie hier draußen war.

»Was ist denn so wichtig, dass du mich hierher schleifst? Du weißt doch, dass ich diesen Raum hasse. Er hat so viel von ... *ihr*.« Cordelia klang gereizt.

»Es geht um Vaters Testament. Bridie hat gesagt, der Anwalt aus Brisbane käme morgen her.«

Hierauf folgte Stille. Dann Schritte. Randolphs Silhouette tauchte am offenen Fenster auf. Er schaute in die Dunkelheit. Dann drehte er sich um und setzte sich mit dem Rücken zum Fenster auf den Sims. Bridie wagte nicht, sich zu rühren. Ihr war der Fluchtweg versperrt; sie konnte nicht unbemerkt ins Haus zurückkehren.

»Ich weiß gar nicht, weswegen du dir solche Sorgen machst. Du wirst Glengwonie ganz sicher bekommen.«

»O, das weiß ich«, entgegnete Randolph. »Und noch ein ordentliches Sümmchen dazu, das reichen dürfte, alle offenen Rechnungen zu begleichen. Ich muss Hugh und Dominic auszahlen, sonst macht Bridie mir wieder die Hölle heiß.«

»Und Vater? Glaubst du wirklich, er hat nichts gemerkt?«

»Hat er nicht«, prahlte Randolph. »Ich habe die Bücher frisiert, sodass ihnen nicht zu entnehmen war, woher das Geld tatsächlich kam. Er hat sich immer beschwert, dass meine Buchhaltung so chaotisch wäre, dass er nicht schlau daraus würde.«

»Und jetzt bist du fein raus. Niemand kann dich mehr zwingen, das Land zu verkaufen. Wie praktisch.«

Randolph überhörte ihre zynische Bemerkung. »Ich wollte mit dir über das Geld sprechen, das ich dir schulde ... oder genauer Maximilian geschuldet habe. In Anbetracht seines finanziellen Ruins denke ich, dass die Summe beschlagnahmt würde, um irgendwelche Gläubiger zu befriedigen.«

Bridie versteifte sich. Cordelia? Sie hatte Randolph Geld geliehen?

»Nein!«

»Ich glaube, meine liebe Schwester, dass du feststellen wirst, dass es stimmt.«

»Du irrst, Randolph. Die Schuldscheine sind nicht auf meinen Mann ausgestellt, sondern auf mich. Mrs. Maximilian Hoffnann. Ich erwarte die Rückzahlung, sobald du dein Erbe angetreten hast. Bis zum letzten Penny.«

»Herrgott!«, fluchte er leise. Er rutschte unruhig auf dem Fenstersims hin und her, wie sie an seinem Schatten erkannte, der über die Steinfliesen glitt. »Und was, wenn ich nicht zahle?«, fragte er verächtlich.

»Dann nehme ich dir Glengownie weg.«

»Das würdest du nicht wagen!«

»Ich würde es an deiner Stelle nicht darauf anlegen. Die Schuldscheine sind rechtskräftig, und der Gesamtbetrag ist wahrscheinlich höher als der Wert des Landes. Was hast du denn schon vorzuweisen? Nur mehrere Hundert Morgen wertloser Zuckerrohrernte.«

»Das war nur Pech«, knurrte er.

»Ich gestehe dir zu, dass das Haus sehr ordentlich ist. Das ist sicher einen guten Preis wert. Aber Glengownies Wert als landwirtschaftlicher Betrieb?«

»Und was würdest du mit Glengownie anfangen? Wie würdest du das Land bestellen?«

»Die Bewirtschaftung?« Sie lachte. Es klang hart. »Wach auf, Randolph. Die Zuckerpreise sind im Keller. Und ich habe sogar Gerüchte gehört, denen zufolge möglicherweise sogar die Mühle schließen wird. Sieh dich doch um. Mais, Pfeilwurz, Kartoffeln, sogar Zitrusfrüchte. Das bauen die anderen Farmer in der Gegend an. Damit muss Geld zu machen sein. Jedenfalls ist die Bewirtschaftung des Landes meine geringste Sorge. Ich habe ein vorrangigeres Ziel.«

»Und das wäre?«

»Ich weiß eins ganz bestimmt: Wenn das Land meins wäre, würde ich dafür sorgen, dass Bridie Tarlington und ihre beiden Söhne nie wieder einen Fuß auf mein Land setzen.«

Bridie hielt schockiert die Luft an. Dass Cordelia sie nach all den Jahren immer noch so sehr hasste.

»Du Miststück! Du hast das alles von langer Hand geplant, habe ich Recht? Du und dein hinterhältiger, diebischer Mann. Ihr wolltet mir Glengownie wegnehmen.« Randolph erhob sich und entfernte sich vom Fenster.

»Du hast immer gewusst, was dieses Land mir bedeutet«, fuhr er fort. »Du weißt, wie sehr mir daran gelegen ist. Und jetzt da Hedley tot ist, kriegen keine zehn Pferde mich von hier weg. Ich werde dich von meinem Erbe auszahlen. Du kannst dein Geld nehmen und verschwinden. Geh zurück in die Stadt, wo du hingehörst. Und ich dachte die ganze Zeit, du wolltest mir helfen, wolltest, dass Glengownie im Besitz der Tarlingtons bleibt. Dabei wolltest du das Anwesen die ganze Zeit nur für dich haben. Und das Schlimmste ist, dass du es zu dem alleinigen Zweck haben willst, deinen perversen Hass auf Bridie auszuleben.«

»Es ist mir egal, was du von mir hältst. Zahl mir das Geld zurück, das du mir schuldest, oder überschreib mir Glengownie. Die Entscheidung liegt bei dir.«

Cordelia verließ den Raum und zog die Tür mit lautem Knall hinter sich zu. Ihre Schritte entfernten sich. Bridie hörte Randolph seufzen. Das Licht wurde schwächer, dann wurde es dunkel; er war seiner Schwester aus dem Zimmer gefolgt. Bridie wurde bewusst, dass sie immer noch die Luft anhielt. Langsam atmete sie aus und streckte ihre steifen Glieder.

Das war es also, sagte sie sich und dachte an die Vereinbarung zwischen Randolph und Hedley. Randolph hatte all die Jahre nur gelogen, sich Geld geborgt und seinen Vater glauben gemacht, dass Glengownie sich langsam selbst trug.

Bridie dachte an den kommenden Tag und die Testamentseröffnung. Um sich selbst machte sie sich keine Sorgen; für sie hatte Hedley vorgesorgt. Das Haus in Brisbane gehörte ihr, ebenso wie zahlreiche Geschäftsbeteiligungen und Aktien-Portfolios, die in der Stadt hinterlegt waren. Alles in allem war sie bereits eine wohlhabende Frau. Randolph und Cordelia würden nicht schlecht staunen angesichts des Vermögens, das Hedley ihr schon zu Lebzeiten vermacht hatte. Aber der

Gedanke, dass Cordelia Randolph das Land wegnehmen könnte, war absurd. Glengownie gehörte Hedleys Söhnen: Randolph, Hugh und Dominic.

Der Anwalt traf pünktlich um zwei Uhr am Nachmittag ein. Seine Miene war ernst, beinahe säuerlich. Sie nahmen im Arbeitszimmer Platz, wo am Vorabend das Gespräch zwischen den Geschwistern stattgefunden hatte. Randolph zupfte nervös an seinen Hemdmanschetten. Cordelia saß ruhig da, die gefalteten Hände auf dem Schoß, und wartete. Hugh und Dominic wirkten irgendwie fehl am Platze und fühlten sich sichtlich unwohl in ihren dunklen Anzügen.

Der Testamentsvollstrecker räusperte sich, öffnete den versiegelten Umschlag mit dem Testament und fing an zu lesen.

»Meinem ältesten Sohn, Randolph Tarlington, hinterlasse ich Glengownie mit allem, was sich auf dem Land befindet, unter der Bedingung, dass Glengownie allen Mitgliedern der Familie bis zu ihrem Lebensende ein Zuhause sein wird, wenn sie das wünschen.«

Bridie warf einen Blick auf Randolph, der sich ein triumphierendes Grinsen nicht verkneifen konnte.

»Jedem meiner jüngeren Söhne, Hugh und Dominic«, fuhr der Anwalt fort, »hinterlasse ich die Summe von 30.000 Pfund, die bis zu ihrem 25. Geburtstag in einem Fonds für sie verwaltet werden. Meiner Frau, Bridget Tarlington, hinterlasse ich den Rest meines Vermögens. Sie kann nach eigenem Gutdünken damit verfahren.«

Der Testamentsvollstrecker legte Hedleys letzten Willen auf den Tisch.

»Ist das alles?«, fragte Randolph. Er lächelte nun nicht mehr, sondern hatte sorgenvoll die Stirn gerunzelt. »Was ist mit den Betriebskosten von Glengownie? Ich brauche ein gewisses Kapital. Mein Vater hat doch diesbezüglich sicher vorgesorgt.«

»Mein Mandant hatte den Eindruck, Glengownie wäre ein gut gehender Betrieb, Mr. Tarlington.«

Cordelia erhob sich unsicher. »Und was ist mit mir? Sie haben meinen Namen gar nicht erwähnt. Da muss ein Irrtum vorliegen.«

Der Mann machte ein beleidigtes Gesicht. Er richtete sich zu voller Größe auf und musterte sie durch die Gläser seiner Hornbrille. »Das Testament ist rechtskräftig, Mrs. Hoffnann. Ich habe es persönlich im Auftrag Ihres Vaters aufgesetzt.«

»Und was soll ich jetzt tun?«, fragte Cordelia leise. »Ich besitze nichts. Er hat versprochen, sich um mich zu kümmern. Auf der Heimfahrt von Brisbane hat er gesagt, dass er für mich sorgen wird.«

»Ich bedaure, Ma'am. Das Testament ist eindeutig. Als Mr. Tarlington dieses Testament aufgesetzt hat, ging er davon aus, dass Sie durch Ihren Ehegatten gut versorgt wären. Er war der Ansicht, dass seine Verantwortung für Sie mit Ihrer Heirat erloschen wäre. Es mag durchaus sein, dass er in Anbetracht der Ereignisse der vergangenen Woche die Absicht hatte, das Testament zu ändern, aber ...« Er beendete den Satz nicht, sondern hüstelte nur und fuhr dann fort. »Natürlich steht es Ihnen frei, das Testament anzufechten, aber ich denke, jeder Richter würde die Klage abweisen. Mr. Tarlington war bei klarem Verstand.«

Bridie ging langsam die Ironie der Situation auf. Zwar

hatte Randolph das Land geerbt, konnte aber seine Schulden bei Cordelia nicht bezahlen. Rein rechtlich mochte Cordelia Glengownie zur Begleichung der Schulden verlangen können, aber sie besaß ebenfalls nicht das notwendige Kapital, um zu expandieren und Investitionen zu tätigen. Stattdessen hatte sie, Bridie, alles. Die Kontrolle über verschiedene Geschäfte, Anteile und Portfolios.

Plötzlich kam ihr ein Gedanke. Cordelia würde nichts anderes übrig bleiben, als Glengownie zu verkaufen. Bridie schüttelte kaum merklich den Kopf. Ihre Gedanken überschlugen sich. Glengownie verkaufen? Undenkbar.

Ohne es zu wissen, hatte Hedley das Schicksal Glengownies in ihre Hand gelegt. Jetzt hatte sie das Geld, und Randolph war arm wie eine Kirchenmaus. Wie sehr er an dem Land hing. Hatte er ihr nicht tausend Mal gesagt, dass es eines Tages Dominic gehören sollte, den er für seinen Sohn hielt? Das war wirklich ein Witz. Dom hatte nichts übrig für Glengownie und noch weniger für den Mann, der sich als seinen Vater betrachtete. Und was war mit Hugh? Ihm stand auch ein Anteil an Glengownie zu.

Jetzt waren sie quitt, Randolph und sie. Unbemerkt von den anderen lächelte sie in sich hinein.

KAPITEL 39

Cordelia ließ sich zum Abendessen nicht blicken. Langsam stieg Bridie die Treppe hinauf und klopfte an ihre Zimmertür. Sie bekam keine Antwort. Zögernd drehte sie den Knauf und öffnete die Tür. Das Zimmer war leer.

Als es Nacht wurde, war Cordelia immer noch nicht zurück. Bridie ging mit einer Lampe hinaus auf die Veranda. »Cordelia«, rief sie, hielt die Lampe hoch und spähte in die Finsternis. Es regnete in Strömen, und sie konnte nur wenige Meter weit sehen.

Randolph trat an ihre Seite. »Nichts von ihr zu sehen?«, fragte er.

»Nein. Was meinst du, wo sie sein könnte?«

»Wahrscheinlich ist sie in ihrer Wut losgerannt und vom Regen überrascht worden. Sie wird sich irgendwo unterstellen. In einer alten Hirtenhütte vielleicht. Ich könnte ein paar Männer zusammentrommeln und sie suchen, aber bei dem Wetter wäre das ein ziemlich aussichtsloses Unterfangen. Man kann ja nicht die Hand vor Augen sehen.«

»Du glaubst doch nicht, dass sie sich etwas antun könnte?« Sie musste an den alten Deutschen denken, der sich vor Jahren erhängt hatte. »Sie hat in letzter Zeit viel durchmachen müssen.«

»Cordelia?« Randolph schnaubte. »Die ist aus härterem Holz geschnitzt. Nein, sie ist durch und durch eine Tarlington. Und die finden immer einen Weg.«

»Apropos, Randolph, wie gedenkst du, deine Schwierigkeiten zu meistern?«

Er wirbelte herum, einen verblüfften Ausdruck auf dem Gesicht. »Was meinst du damit?«

Sie fühlte sich zerschlagen, erschöpft von ihrem Hass auf den Mann, der vor ihr stand. »Du brauchst mir nichts vorzumachen, Randolph. Ich weiß über deine Schulden bei Cordelia Bescheid. Du hast auf eine größere Geldsumme von Hedley gehofft, aber deine eigenen Betrügereien sind dir letztendlich zum Verhängnis geworden.«

»Du hast gelauscht. Du hast unser Gespräch mitgehört. Du neugierige Schnüfflerin, du ...«

»Nein! Ich hätte niemals bewusst gelauscht. Außerdem ist das nicht der Punkt. Die Schulden sind real. Du hast kein Geld, und Cordelia verlangt die Rückzahlung ihrer Kredite, sonst will sie dir Glengownie wegnehmen.«

»Wenn du das alles weißt, weißt du auch, dass sie als neue Herrin von Glengownie als Erstes dich und deine Söhne hinauswerfen wird.«

»Sie sind auch Hedleys Söhne, und sie haben ein Recht darauf, hier zu sein.«

»Du vergisst eins, meine liebe Bridie. Dominic ist mein Sohn und nicht Hedleys.«

Alles war egal, jetzt da Hedley tot war. Randolphs Lügen konnten ihr nichts mehr anhaben. Sie wollte ihm die Augen öffnen, ihm die niederschmetternde Wahrheit präsentieren, aber sie war zu müde für eine Auseinandersetzung.

»Ich habe das Geld, Randolph«, sagte sie seufzend. »Und in Zukunft werde ich hier die Entscheidungen treffen.«

Er stand nur da und starrte sie sprachlos an.

»Ich habe sehr gründlich darüber nachgedacht«, fuhr sie fort. »Ich werde Cordelia die Summe auszahlen, die du von ihr geborgt hast. Dann wird Glengownie mir gehören, nachdem du die entsprechenden Dokumente unterzeichnet hast.«

»Und wenn ich mich weigere? Oder sie?«

»Cordelia hat kein Geld, um Glengownie zu bewirtschaften. Sie hat keine andere Wahl, als das Land zu verkaufen, und dann werde ich es erwerben. Auf jeden Fall wird Glengownie mir gehören, so oder so.«

»Und was ist mit mir?« Er war sehr blass geworden.

»Du wirst Glengownie weiter verwalten, allerdings unter meiner Anleitung. Kein Zucker mehr. Wir werden uns daran orientieren, was andere Farmer der Gegend erfolgreich anbauen. Es spricht nichts dagegen, dass sich mit etwas Startkapital aus diesem Anwesen ein gut gehender landwirtschaftlicher Betrieb machen lässt.«

Randolph machte ein gequältes Gesicht. »Dann bin ich also jetzt der Verwalter des Landes, das mir bisher gehört hat?«

»Du kannst von Glück sagen, dass ich überhaupt bereit bin, dich hier zu behalten.«

Sie ging zurück ins Haus. Randolph blieb auf der Veranda zurück, starrte in den Regen und dachte grimmig über ihre Worte nach.

»Wir müssen einen Suchtrupp zusammenstellen«, teilte Bridie Randolph am nächsten Morgen beim Frühstück mit.

»Wozu denn das?« Randolph warf ihr über den Rand seiner Teetasse hinweg einen unwilligen Blick zu.

»Cordelia ist immer noch nicht wieder da. Ihr Bett ist unbenutzt, und eins der Pferde fehlt auch.«

Randolph schnaubte verächtlich. »Tu, was du willst«, sagte er schroff. »Ich habe heute schon etwas anderes vor.«

»Ist sie dir denn völlig gleichgültig?«, fragte Bridie verblüfft. »Sie ist deine Schwester. Sie könnte verunglückt sein und hilflos irgendwo dort draußen liegen.«

»Cordelia? Verletzt?«, sagte er zynisch. »Unwahrscheinlich. Sie hat ihre ganze Kindheit hier verbracht. Sie kennt die Gegend wie ihre Westentasche. Und auch wenn sie lange in der Stadt gelebt hat, wird sie schlau genug gewesen sein, irgendwo Schutz zu suchen und abzuwarten, bis das Unwetter sich verzogen hat. Sie kennt das Land. Sie würde schon nichts Dummes tun.«

»Glaubst du das wirklich? Das ist doch nicht zu fassen!«

»Was kümmert mich meine Schwester. Sie hat seit Jahren keinen Anteil an unserem Leben mehr.«

Ganz offensichtlich war das die Retourkutsche für ihr Gespräch vom Vorabend; er war noch wütend, dass sie ihm die Herrschaft über Glengownie streitig gemacht hatte. Gut, dachte sie verärgert. Wenn er nicht will, organisiere ich die Suche eben allein. Wütend schickte Bridie nach Johnno.

»Miss Cordelia ist verschwunden«, teilte sie ihm mit.

Der Aborigine nickte. »Johnno Missus Spuren suchen. Sie finden und zurückbringen.«

Hugh und Dominic waren auf den unteren Weiden, um die kleine Rinderherde auf höher gelegenes Gelände zu treiben. Randolph war zwischenzeitlich weiß Gott wohin verschwunden. Bridie zog einen von Hedleys alten Mänteln über. »Ich begleite dich, Johnno.«

Es war sinnlos. Die Hufabdrücke von Cordelias Pferd

waren nur ein paar Meter weit zu sehen; die restlichen Spuren hatte der sintflutartige Regen der vergangenen Nacht verwischt. Es regnete immer noch, und das Wasser lief Bridie über das Gesicht, während sie geduldig auf ihrem Pferd wartete, während Johnno im Kreis herumlief und den Boden untersuchte. Schließlich kam er zu ihr. »Nicht gut, Missus. Spuren alle fort. Regen hat weggewaschen.«

Bridie ritt weiter zum Lager der Straßenbauarbeiter. Johnno lief leichtfüßig vor ihr her und ließ mit nackten Sohlen zähen Schlamm aufspritzen. Die Männer hatten sich unter ein Zeltdach zurückgezogen, tranken und spielten Karten. Als Bridie nahte, erhoben sie sich respektvoll.

»Ich suche Mrs. Hoffnann«, teilte sie Healey mit. »Sie ist seit gestern Nachmittag verschwunden. Ich wollte fragen, ob einer Ihrer Leute sie vielleicht gesehen hat.«

Healey kratzte sich am Kinn und blickte in die Runde. Einer nach dem anderen schüttelten die Männer den Kopf. »Sieht nicht so aus, Mrs. Tarlington. Uns fehlt allerdings auch ein Mann. Joe. Wir haben ihn gestern allein im Lager zurückgelassen; er hatte Küchendienst. Als wir zurückkamen, war er weg – zusammen mit einem meiner besten Pferde.«

»Oh.« Das konnte kein Zufall sein. Zwei Menschen, die in einem Unwetter verschwanden, und eine gründliche Suche war ausgeschlossen, solange die Bäche und Flüsse das Umland überschwemmten. »Ist er ein erfahrener Buschmann?«

Healey zuckte die Achseln. »Keine Ahnung. Der Idiot ist wahrscheinlich ertrunken. Jetzt muss ich mir Ersatz suchen, und das wird nicht leicht sein in der Gegend.«

Nachdenklich ritt Bridie heim. Randolph erwartete sie bereits, übellaunig und gereizt. »Und, habt ihr etwas gefunden?«

»Nein. Ich mache mir Sorgen. Und einer von Healeys Leuten ist ebenfalls verschwunden. Ein gewisser Joe, wenn ich mich recht erinnere.«

»Mehr kannst du bei Hochwasser nicht tun. Vielleicht braucht sie nur etwas Zeit für sich allein. Die alten Hütten sind alle mit Vorräten bestückt. Darauf hat Hedley immer bestanden. Die Lebensmittel reichen für etwa eine Woche.«

»Dir käme es gerade recht, wenn ihr etwas zugestoßen wäre, nicht wahr. Dann wären deine Schulden hinfällig.«

Sie konnte sich die Bemerkung nicht verkneifen. Und es stimmte; wenn Cordelia starb, konnte Randolph Glengownie behalten.

Randolph besaß zumindest den Anstand, ein schockiertes Gesicht zu machen.

KAPITEL 40

Gott sei Dank war in der Hütte eine ganz ordentliche Menge an Vorräten und trockenem Feuerholz vorhanden. Es gab sogar einen Stapel alter Zeitungen, von denen manche mehrere Jahre alt waren. Cordelia las sie alle von der ersten bis zur letzten Zeile, um sich die Zeit zu vertreiben, während der Regen weiter ohne Unterbrechung auf das Dach trommelte. Sie fand ein altes Kartenspiel, und Joe brachte ihr einige neue Spiele bei. Der freundliche Straßenarbeiter, den sie bei ihrer etwas überstürzten Flucht aus Glengownie zufällig getroffen hatte, hatte sich erboten, sie nach Brisbane zu geleiten. Schließlich konnte sie als Frau nicht alleine durch den Busch reiten. In der Stadt wollte sie dann einen Anwalt beauftragen, das Testament anzufechten. Doch der Regen hatte aus allen Wasserläufen in der Gegend reißende Flüsse gemacht, und nun saßen sie in dieser Hütte fest. Gelegentlich ging sie nach draußen und blickte über die von Nebel und Regen verhangenen Berge. Die Luftfeuchtigkeit war quälend hoch; das ganze Land dampfte. Sie konnte es kaum erwarten, in Richtung Stadt aufzubrechen. Sie war ungeduldig und gereizt.

Am dritten Tag zog Joe drei Flaschen Whisky aus seiner Satteltasche und stellte sie nebeneinander auf den Tisch.

»Ich hoffe, Sie haben nicht vor, das alles zu trinken«, bemerkte Cordelia abfällig.

Joe schenkte etwas von der bernsteinfarbenen Flüssigkeit in eine Blechtasse. »Weiß nicht«, sagte er. »Habe Monate nichts mehr getrunken. Healey erlaubt es nicht. Aber es hilft, die Zeit totzuschlagen.«

Sie musterte ihn angewidert. Sie musste daran denken, wie Maximilian des Öfteren angetrunken nach Hause gekommen war, mit einer Schnapsfahne und nach billigem Parfum riechend.

Joe trank den ganzen Tag, wurde beim Mischen und Austeilen der Karten immer ungeschickter, bis er sie schließlich sogar auf den Lehmboden fallen ließ.

»Ich wünschte, Sie würden endlich aufhören zu trinken«, rief Cordelia schließlich aus, als sie ihm zum wiederholten Male half, die Karten einzusammeln.

Er hielt inne und musterte sie, ein hämisches Grinsen auf dem Gesicht. »Sie sind eine verdammte Nervensäge, Mrs. Cordelia Wie-auch-immer.«

»Wie bitte?«

»Ein verdammt überhebliches Weibsbild mit Ihrem vornehmen Getue. Dabei seid ihr Frauen drunter alle gleich.« Er stand auf und rieb mit einer Hand anzüglich ihr Bein.

Cordelia fuhr zurück. »Lassen Sie das!«

»Ach komm. Was ist denn dabei? Du und ich.«

Er knöpfte seinen Hosenstall auf und holte sein Glied heraus. Zu voller Größe angeschwollen, ragte es pochend in die Höhe.

Cordelia schnappte nach Luft. »Hören Sie auf damit! Sie sind ja betrunken.«

»Ha! Betrunken. Vielleicht. Aber ich erkenne auf den ersten Blick, wenn eine Frau einen Fick nötig hat. Na, was ist? Das macht dich ein bisschen lockerer.«

Sie wich zurück, aber er war mit wenigen Schritten bei ihr. »Heh, bleib hier«, sagte er, wobei ihr sein stinkender Atem ins Gewicht wehte. Cordelia fühlte Panik in sich aufsteigen. Sie wollte davonlaufen, sich von diesem stinkenden Ungeheuer befreien, aber er war stärker als sie.

Er legte die Arme um sie, und als sie zurückweichen wollte, verfing ihr Schuhabsatz sich im Saum ihres Kleides, und sie stürzten auf den feuchten, modrig riechenden Boden. Joe fiel ungebremst auf sie, und als sie mit dem Rücken aufschlug, verspürte sie einen Schmerz in den Rippen, der ihr schier den Atem raubte. Joe schob ihr Rock und Unterrock hoch bis zur Taille. Dann zerrte er ihre Unterwäsche herunter, erst mit den Händen, dann mit einem Fuß.

»Die wirst du nicht mehr brauchen«, lachte er. »Sind doch nur im Weg.«

Cordelia konnte sich nicht wehren; sie bekam immer noch keine Luft und war wie gelähmt von den Schmerzen in ihrem Brustkorb. Dann schob er ein Knie zwischen ihre Schenkel und begann mit ersten tastenden Stößen seines Beckens. Sie versuchte, ihn abzuwehren, versuchte, ihn von sich zu stoßen, aber vergebens. Er packte mit beiden Händen ihre Hüften und hielt sie fest. Dann drang er mit einem kräftigen, gezielten Stoß in sie ein.

Sie schrie und hörte, wie der schrille Ton durch die kleine Hütte hallte. Er nahm sie mit der Raserei eines Wahnsinnigen.

»So, meine feine Miss Tarlington«, sagte er keuchend, »ich habe ja gleich gesagt, dass du drunter nicht anders bist als alle anderen. Ein guter Fick ist alles, was Frauen brauchen. Ich tue dir nur einen Gefallen.«

Als er den Kopf neigte und sie küssen wollte, biss sie ihm in ihrer Verzweiflung ins Kinn. Er heulte auf. »Du verdammte Schlampe!«, fluchte er und schlug ihr mehrfach die Faust ins Gesicht. Ihre Lippen platzten auf, und ein Auge schwoll sofort an.

Hinterher fischte er ein kleines Fläschchen aus seiner Hemdtasche. »Da«, sagte er und träufelte ein paar Tropfen der seltsam schmeckenden Flüssigkeit auf ihre Zunge. »Gleich fühlst du dich besser.«

Cordelia verzog das Gesicht und versuchte, die Flüssigkeit auszuspucken, aber Joe legte ihr eine Hand auf den

Mund und zwang sie, das Zeug herunterzuschlucken. Sie würgte und wollte ihm mit den Fingernägeln das Gesicht zerkratzen, aber er packte ihre Handgelenke und drückte sie mühelos zu Boden, bis sie weinend resignierte.

Erst dann ließ er von ihr ab. Cordelia lag schluchzend auf der Erde und zog nicht einmal ihren Rock herunter, um ihre Blöße zu bedecken. Joe wandte sich ab und ließ sie allein. Sie weinte um Hedley, um Glengownie, um sich selbst und ihren geschundenen, geschändeten Körper.

KAPITEL 41

In Brisbane war es heiß und staubig. In den Straßen drängten sich Menschen, und es kam ihm alles enger und erdrückender vor als früher. Nach einer schlaflosen Nacht in einer kleinen Pension stand Cedric O'Shea im Büro von Cobb & Co.

»Morgen.«

Der Angestellte, der ganz in irgendwelche Korrespondenz vertieft war, blickte ärgerlich auf. »Ja, Sir? Was kann ich für Sie tun?«, fragte er höflich, aber doch hörbar gereizt, weil jemand es gewagt hatte, ihn zu stören.

»Ich möchte eine Fahrkarte kaufen.«

Der Angestellte legte seufzend die Feder aus der Hand. »Und wohin, Sir?«

Cedric sah sich suchend um. Er hatte noch gar kein konkretes Ziel, wollte einfach nur weg aus der Stadt mit ihrer schwülen Luft und den lärmenden Straßen. Wohin? Irgendwohin, wollte er entgegnen, möglichst weit weg von Boolai und Randolph Tarlington.

Sein Blick fiel auf eine Zeitung auf einer Ecke des Tresens. Die Schlagzeilen waren voll von der neuen Eisenbahnlinie zwischen Townsville und Charters Towers, die in wenigen Wochen in Betrieb genommen werden würde. Die Eisenbahn, die das Land erschließen und schäbige Postkutschenbüros wie dieses überflüssig machen würde.

»Ich habe gefragt, wohin Sie möchten?«, sagte der Angestellte ungeduldig.

Oben auf der Titelseite der Zeitung stand *Western Champion – Blackall*. Er kannte jemanden, der nach Blackall gezogen war. Besuch mich mal, hatte er seinerzeit gesagt.

»Blackall«, entgegnete er. »Wie viel kostet eine Fahrt nach Blackall?«

Bridie riss mit zitternden Fingern das Telegramm auf. Vielleicht war das ja die Nachricht, auf die sie wartete. Dass Cordelia in Sicherheit und wohlauf war. Stattdessen handelte es sich um eine rätselhafte Nachricht:

Mrs. Tarlington, bitte kommen Sie sofort her.
A. Hennessy
The South Coast Hotel, Beenleigh

Dominic fuhr sie mit der Kutsche hin, und als sie verschwitzt und müde von der langen Fahrt in Beenleigh eintrafen, führte Mrs. Hennessy Bridie sofort in ihr Büro.

»Wo ist sie? Was ist mit ihr?«, fragte sie.

»Ein Holzfäller hat sie auf der Straße ein paar Meilen vor der Stadt aufgelesen. Sie war verletzt und ... verwirrt. Ich habe mich um sie gekümmert. Sie redet wirres Zeug, aber ich glaube, verstanden zu haben, dass sie über Tage hinweg nicht nur misshandelt wurde, sondern auch ... nun ja, Sie wissen schon. Er hat sie ziemlich übel zugerichtet.«

»Haben Sie den Doktor verständigt?«

»Er sagt, sie hätte zwei gebrochene Rippen. Dazu ein blaues Auge, Prellungen und Verbrennungen, die ihr offenbar mit einer glühenden Zigarette beigebracht wurden. Sie sieht schlimm aus. Und das sind nur die äußeren Wunden.«

»Was meinen Sie damit?«

»Noch viel schlimmer sind die seelischen Wunden, die sie davongetragen hat. Es ist, als hätte diese Bestie ihre Seele zerstört. Sie ist völlig apathisch, eine leere Hülle. Sie liegt nur da und starrt an die Decke. Ich weiß auch nicht. Man sollte diesem Schwein, das ihr das angetan hat, bei lebendigem Leib die Haut abziehen.«

»Haben Sie die Polizei verständigt?«

»Davon will sie nichts wissen. Sie will nicht mit dem Sergeant sprechen und auch keine Anzeige erstatten.«

»O Gott! Ich sollte jetzt besser zu ihr gehen«, sagte Bridie erschüttert und erhob sich.

Cordelia war endlich in friedlichen, traumlosen Schlaf gefallen. Als sie schließlich aufwachte, kam es ihr vor, als trete sie nach einem langen, beschwerlichen Marsch durch anhaltenden Regen und Dunkelheit ins

Sonnenlicht. Sie schlug die Augen auf und schaute an die weiße Decke. Die Laken unter ihren Händen waren sauber und leicht gestärkt. Sie war nicht mehr in der Hütte, in der Joe sie Tage gefangen gehalten und misshandelt hatte. Sie war in Sicherheit. An einem Ort, an dem ihr nie wieder etwas Böses wiederfahren würde.

Sie erinnerte sich nur bruchstückhaft an die letzten Tage. Es war wie ein Puzzle, von dem einige Teile fehlten. Es gab einige größere Lücken, Bereiche, die sie meiden musste. Sie erinnerte sich noch vage daran, wie eine Frau, eine Mrs. Hennessy, sie in ihre kräftigen Arme genommen hatte, aber hierauf war eine Zeit der Qualen gefolgt, die ihren ganzen Körper mit unerträglichen Schmerzen erfüllten.

Verschlafen stützte sie sich auf einen Ellbogen und schaute sich um. Kommode, Kleiderschrank, Waschtisch. Ein Landschaftsgemälde, ein Aquarell, in einem schönen dunklen Holzrahmen. Durchscheinende Gardinen, die ein filigranes Spitzenmuster an die gegenüberliegende Wand warfen. Eine Fotografie von Königin Victoria. Und in einem Sessel neben dem Bett schlief Bridie.

Verwundert betrachtete sie die zierliche, dunkelhaarige Frau, die sie nun schon so viele Jahre kannte und hasste. Was machte sie in ihrem Zimmer, und warum schlief sie in einem Sessel? Warum kümmerte sie sich um jemanden, der sie vom Tag ihrer ersten Begegnung an verabscheut und aus ihrer Abneigung nie einen Hehl gemacht hatte?

Bridie bewegte sich und schlug die Augen auf. »Cordelia?«

»Wie lange war ich fort von Boolai?« Die Antwort war ihr plötzlich wichtig, obwohl sie selbst nicht wusste, warum.

»Über drei Wochen.«

Drei Wochen! Wo war nur die Zeit geblieben?

»Seit dem Tag nach Hedleys Begräbnis«, fügte Bridie hinzu.

Das Begräbnis. Etwas nagte an ihrer Erinnerung.

»Hedley ist tot?« Ihre Stimme klang unnatürlich hoch wie die eines kleinen Kindes.

»Erinnerst du dich nicht?«, fragte Bridie besorgt und legte die Stirn in Falten. »Er hatte einen Herzinfarkt und ist vom Buggy ins Wasser gefallen.«

Es war, als würde sich in ihrem Kopf ein Nebel lichten, und die Erinnerung kehrte zurück. Hedleys Körper, der schwer ins Wasser klatschte, das grässliche Geräusch, als die Wagenräder über ihn hinweggefahren waren. Wie sie im Wasser gehockt und ihn liebevoll in den Armen gehalten hatte, wie eine Mutter ihr Neugeborenes hielt, wie sie versucht hatte, ihn durch reine Willenskraft wieder ins Leben zurückzuholen. Die Beerdigung. Das Testament. All das stürzte auf sie ein, so plötzlich, dass sie die einzelnen Informationen gar nicht richtig verarbeiten konnte. Ihre Flucht aus dem Haus. Joe. Die Hütte. Der Regen. Ihr Marsch nach Beenleigh. Sie schaltete ihren Verstand ab, wollte nicht weiter denken, sich nicht erinnern.

»Ich wollte nach Brisbane. Mir einen Anwalt suchen.« Sie lachte heiser. »Ich fürchte, der Schuss ist nach hinten losgegangen.«

Bridie erhob sich aus ihrem Sessel und kam zu ihr. Mütterlich legte sie die Arme um Cordelias abgemagerten Körper. Sie roch Bridies Haar, ihre Haut, den dezenten Duft ihres Eau de Toilettes, und sie spürte die Wärme und Liebe, die von dieser Frau ausging.

»Du brauchst keinen Anwalt. Ich habe Randolph Glengownie abgekauft. Es ist alles geregelt. Ich habe einen Fond für dich eingerichtet, damit du ein Auskommen hast, so wie Hedley es gewollt hätte.«

Cordelia registrierte gar nicht, was sie sagte; sie war ganz in die Vergangenheit versunken.

»Das Letzte, was Vater gesagt hat, bevor er vom Wagen fiel, war dein Name. Er hat die Arme nach dir ausgestreckt. ›Bridie‹, hat er gerufen. Mich hat er gar nicht wahrgenommen. Das hat weh getan, ich meine, zu wissen, dass er nicht mich, seine Tochter, bei sich haben wollte, sondern dich. Aber ich denke, jetzt kann ich damit umgehen.« Sie senkte den Blick und starrte auf ihre Fingernägel. »Wir haben beide viel verloren, nicht wahr? Hedley, Max, beide tot.«

»Und ein Teil von uns ist mit ihnen gestorben. Aber wir fangen noch einmal von vorn an. Machen dort weiter, wo sie aufgehört haben.«

»Du bist ein guter Mensch, Bridie Tarlington«, sagte Cordelia leise. »Ich habe dich gar nicht verdient. Keiner von uns. Und ich habe keinen Grund, dich zu hassen. Aber der Hass hat mich so lange begleitet, war so lange ein Teil von mir ... Es tut mir Leid ...« Ihr fielen die Augen zu, und sie war wieder eingeschlafen.

Nach einigen Tagen hatte Cordelia sich so weit erholt, dass sie reisen konnte. Sie freute sich auf ihre Rückkehr nach Glengownie, konnte es kaum erwarten, den Duft der Eukalyptusbäume zu riechen und die Vögel am Himmel und in den Bäumen zu beobachten.

Die Rückfahrt verlief ereignislos, bis auf die Erinnerung, die sie erneut einholte, als sie die Stelle passierten, an der Hedley gestorben war. Sie schloss die Augen, um die vertraute Landschaft auszublenden, und lauschte dem Knirschen der Kutschenräder, als sie durch das schäumende Wasser fuhren. Sie hatte bisher versucht, diesen fürchterlichen Tag aus ihrem Gedächtnis zu streichen. Hatte Bridie nicht gesagt: »Wir fangen noch einmal von vorne an? Machen da weiter, wo sie aufgehört haben?«

Das Haus war unverändert. Jasmin und Geißblatt umrankten den Dachüberstand. Die gefliese Veranda lag kühl und schattig hinter dem grünen Vorhang. Das Haus wirkte ungeachtet der kreischenden Papageien in den Baumkronen über ihnen friedlich. Glengownie. Unverändert. Geborgenheit spendend. Ihr Zuhause.

Sie verbrachte die ersten Tage auf der Veranda mit Blick über die Felder und Weiden. Das Gras war verdorrt und trocken in der Hitze des nahenden Sommers. Bridie hatte die Äcker bestellen lassen. Mais, Pfeilwurz und ein kleines Feld Tabak. Die grünen Pflänzchen mühten sich durch den trockenen Boden, nach Sonne und Feuchtigkeit strebend.

In diesen Tagen erlangte sie eine völlig neue Perspektive der Dinge. Vieles betrachtete sie nun mit ganz anderen Augen: Bridie. Randolph. Maximilians Tod, so dicht gefolgt von Hedleys. Die Art und Weise, in der ihr Leben sich verändert hatte, eine Kehrtwende vollzogen hatte, um sie zum Ausgangspunkt zurückzuführen. Der Kreis hatte sich geschlossen. Bridie hatte ihr angeboten, ihr ein Haus in der Stadt zu kaufen, aber sie wollte sich Zeit lassen, keine übereilten Entscheidungen treffen, wollte das beschauliche Leben auf Glengownie noch eine Weile an sich vorbeiziehen lassen. Glengownie: kein Besitz, sondern fast so etwas wie eine eigenständige Persönlichkeit mit einer eigenen Seele und eigenen Prinzipien.

Bridie wollte, dass sie Anzeige gegen Joe erstattete. »Er sollte bezahlen für das, was er dir angetan hat«, hatte sie zornig gesagt.

Cordelia hatte den Kopf geschüttelt und entschieden abgelehnt.

Die Wahrheit war, dass sie sich kaum überwinden konnte, an jene Tage in der Hütte zu denken, und schon gar nicht wollte sie die Geschehnisse einem völlig Fremden schildern. Außerdem konnte sie selbst sich nur noch verschwommen an Einzelheiten erinnern, so benommen wie sie gewesen war von dem Laudanum und den Schmerzen.

Randolph begegnete ihr kühl und distanziert. »Ich bin froh, dass du wieder daheim bist«, hatte er bei ihrer Rückkehr gesagt und sie flüchtig auf die Wange geküsst. Er wirkte verändert, weniger großspurig und selbstsicher. Bridie hat ihn zurechtgestutzt, dachte Cordelia befriedigt. Sie wusste, dass der Verlust Glengownies ihn geschmerzt hatte, aber schon jetzt war zu erkennen, dass Bridie seltsamerweise ein besseres Gespür für das Land zu haben schien als er.

Am folgenden Tag kam er, um sich zu verabschieden. »Kann sein, dass ich länger weg bin. Pass auf dich auf«, sagte er.

»Wohin gehst du?«, fragte sie neugierig.

»Es ist an der Zeit, offene Rechnungen zu begleichen«, knurrte er. Einen Moment glaubte sie, den alten Randolph vor sich zu haben, hart und unerbittlich.

»Randolph, bitte ...«

»Zerbrich du dir nicht den Kopf. Das ist Männersache.«

Sein erstes Ziel war Beenleigh, wo er in Aldyth Hennessys kräftigen Armen Kraft tankte, die Gelegenheit jedoch auch nutzte, um ihr Einzelheiten darüber zu entlocken, was Cordelia durchgemacht hatte. Er ließ seine Fragen ganz harmlos einfließen, und sie antwortete ihm in ihrer leidenschaftlichen Umarmung bereitwillig. Aldyth erzählte ihm alles, was sie wusste. Irgendwie war es ihr und Bridie gelungen, die wahre Identität der missbrauchten, misshandelten Frau geheim zu halten; der Name Hoffnann sagte den Menschen in Beenleigh nichts.

Randolph ging es gar nicht um Cordelia. Er war nicht auf Rache aus. Und er fühlte sich auch nicht berufen, Cordelias guten Ruf zu schützen. Teufel, sie war eine erwachsene Frau, und er war nicht ihr Kindermädchen. Vielleicht hatte sie ja nur bekommen, was sie verdiente. Welche Frau ritt schon ganz allein durch den Busch. Nein, er wollte O'Shea nur zum Schweigen bringen, wollte sichergehen, dass niemand je seinen Namen mit dem Tod des alten Heinrich in Verbindung brachte.

Randolph lauschte angestrengt den Stimmen in der Bar, wo die Zungen vom Rum gelöst waren. Er hielt Augen und Ohren offen und hoffte, früher oder später Näheres über O'Sheas Verbleib zu erfahren. Schon am zweiten Tag hatte er Glück. Zwei Männer standen an der Bar und unterhielten sich über den günstigen Erwerb zweier guter Pferde, für die sie nur je zwei Pfund bezahlt hatten. Randolph schlenderte unauffällig nach draußen und sah sich die beiden Tiere an. Bei einem von ihnen handelte es sich um das Pferd, auf dem Cordelia am Tag der Testamentseröffnung davongeritten war.

Er überlegte, was er tun sollte. Was würde O'Shea als Nächstes getan haben? Randolph war sicher, dass er inzwischen Beenleigh weit hinter sich gelassen hatte. Aber der Verkauf der Pferde bedeutete, dass er über kein unabhängiges Transportmittel verfügte. Randolph dachte einen Moment angestrengt nach, dann war er sicher, die Antwort zu haben. Natürlich! Die Postkutsche!

Randolph eilte zum Büro von Cobb & Co. Der Angestellte schaute zuvorkommend in den Büchern nach und ging die Passagierliste durch. »Nein, kein Mr. O'Shea«, sagte er schließlich bedauernd.

Randolph schäumte. Er war so sicher gewesen, dass O'Shea Beenleigh mit der Postkutsche verlassen hatte.

»Lassen Sie mich mal sehen«, sagte er und drehte das Buch zu sich herum. Der Angestellte trat verblüfft einen Schritt vor.

»Sir, das geht nicht. Das sind vertrauliche Unterlagen ...«

»Mein Gott, es ist wichtig, Mann. Ich suche einen Mann mittleren Alters mit grauem, schulterlangem Haar und grauem Bart. Kann sein, dass er unter falschem Namen gereist ist.«

Der Postkutschenangestellte machte ein nachdenkliches Gesicht. »Ja«, sagte er schließlich. »Jetzt erinnere ich mich. Das muss letzte Woche gewesen sein.«

Randolph nickte. »Genau.«

»Wirkte etwas verdächtig, irgendwie nervös. Joe Smith hat er sich genannt.«

Randolph fuhr noch einmal mit einem Finger an der Namensliste entlang. Da war er. In ordentlicher Schrift, blaue Tinte auf weißem Untergrund: Joe Smith. Reiseziel Brisbane.

In der Stadt gab es reichlich Hotels und Pensionen. O'Shea dort zu suchen wäre wie die Suche nach einem Käfer auf einem Eukalyptusbaum. Er konnte überall sein. Randolph klapperte sie alle ab, vom edelsten Hotel bis zur schäbigsten Hinterhof-Absteige. Nach mehreren Tagen gab es immer noch keine Spur von einem Joe Smith oder Cedric O'Shea. Randolph war müde und zornig. Es schien, als wäre die ganze Reise umsonst gewesen. Noch ein Tag, dann würde er zurückreiten.

Als er an seinem letzten Tag noch beim Frühstück saß, kam ihm plötzlich ein Gedanke. Er war davon ausgegangen, dass O'Shea in der Stadt geblieben war, aber was, wenn er weitergereist war? In Queensland gab es viele Möglichkeiten, um unterzutauchen. Randolph konnte einfach nicht glauben, wie dumm er gewesen war. Er hätte zuallererst bei Cobb & Co. nachfragen sollen.

Volltreffer. Der Angestellte hinter dem Tresen, auf dem sich Berge von Unterlagen stapelten, schaute in einem Register nach. Die Suche hatte Erfolg. Ja, ein Mr.

Cedric O'Shea hatte eine Fahrkarte nach Blackall gekauft.

O'Shea: der Umstand, dass er wieder seinen rechtmäßigen Namen angenommen hatte, konnte nur eins bedeuten. Offenbar betrachtete er Randolph Tarlington nicht mehr als Bedrohung, wähnte sich sicher außerhalb der Stadt. Da hast du dich aber geirrt, du Mistkerl, dachte Randolph grimmig.

KAPITEL 42

Die Postkutsche rumpelte auf Rockhampton zu und schaukelte dabei ständig in ihrer ledernen Aufhängung, dass man seekrank werden konnte. Die Kutsche war voll besetzt, sodass die Beinfreiheit entsprechend eingeschränkt war. Nachdem sie Bundaberg passiert hatten, regnete es ein paar Stunden, dicke warme Tropfen, die auf den trockenen Boden klatschten und einen süßlich-modrigen Geruch nach feuchter Erde verbreiteten. Der Kutscher ließ eilig die Jalousien aus grobem Leinen herunter, und im Inneren der Kutsche wurde es noch stickiger. Randolph rutschte nervös auf seinem Sitz hin und her. Sein Schädel pochte, und vom Schaukeln der Kutsche wurde ihm ganz übel. Das Einzige, was ihn daran hinderte, aus dem verfluchten Vehikel auszusteigen, war der Gedanke an Cedric O'Shea, der ahnungslos an einem fernen Ort namens Blackall wartete.

In Rockhampton stiegen die Fahrgäste in eine andere

Kutsche um und fuhren weiter nach Westen. Randolph hatte noch nie eine Landschaft wie diese gesehen. Das flache Land erstreckte sich bis zum Horizont, wo es in der flimmernden Hitze mit dem Himmel verschmolz. Sie passierten Orte mit seltsamen Namen – Blackwater, Emerald, Jericho und Barcaldine. Von Barcaldine aus fuhren sie nach Süden, bis sie schließlich an einem besonders heißen Dienstagnachmittag in einer Staubwolke vor einem staubbedeckten Gebäude Halt machten.

Blackall: 625 Meilen nordwestlich von Brisbane, am Ufer des Barcoo River, mit Flaschenbäumen entlang der staubigen Hauptstraße. Randolph stieg steif aus der Kutsche und ließ den Blick über die umliegenden Gebäude schweifen. Es gab mehrere Hotels, und er entschied sich letztendlich für das Prince of Wales, da ihm der Name gefiel. Es klang ordentlich und vertrauenswürdig, solide und anständig, all das, was Cedric O'Shea nicht war.

»Nur eine Nacht, Sir?«, fragte die Frau an der Rezeption.

»Ja, ich reise morgen früh wieder ab.«

»Wie Sie wünschen, Sir. Das Abendessen wird um sechs Uhr im Speisesaal serviert. Haben Sie noch irgendwelche Wünsche?«

»Schicken Sie mir bitte einen Teller Brote aufs Zimmer. Und vielleicht könnte mich jemand morgen früh wecken. Eine Stunde vor Abfahrt der Postkutsche.« Das würde reichen, um sich zu rasieren und zu frühstücken.

Als Nächstes ging er in die Bar und genehmigte sich etwas Kaltes zu trinken. Bei einem schaumbedeckten

Bier fragte er den Barmann, ob er einen Mann namens O'Shea kenne.«

»O'Shea?«

»Genau. Eine etwas heruntergekommene Erscheinung. Graues Haar und ebensolcher Bart. Muss vor etwa einer Woche hier angekommen sein.«

»O ja. Das muss der Typ sein, der drüben bei Dixon im Sägewerk, ein paar Meilen die Tambo Street runter, angefangen hat. Ich glaube, er hat gesagt, er hieße Cedric. Kommt jeden Tag kurz vor Feierabend vorbei, um noch schnell einen zu heben.«

Randolph wartete an der Bar. Endlich sah er Cedric durch die Tür kommen. Sofort zog er sich in eine dunkle Ecke des Schankraumes zurück. Er wollte nicht, dass O'Shea wusste, dass er hier war. Randolph wartete, bis der Barmann vorbeikam, um leere Gläser einzusammeln. »Hier«, sagte er und schob ihm über den Tisch hinweg eine Hand voll Münzen zu. »Ein paar Drinks für den Typen, nach dem ich mich vorhin erkundigt habe.«

»Was soll ich sagen, von wem ...?«

»Mein Name tut nichts zur Sache«, entgegnete Randolph brüsk und ging zur Tür. »Sagen Sie einfach, von einem alten Freund.«

Er bezog hinter einem alten Pfefferbaum Position, bis die Bar zumachte. Endlich hörte er den Barmann rufen: »Feierabend, meine Herren«, und kurz darauf torkelten die ersten späten Gäste hinaus in die stickige Nacht. O'Shea stolperte durch die Tür. Er hatte mehrere Flaschen Schnaps unter die Arme geklemmt und stand einen Moment schwankend da, ehe er sich dem Balken zuwandte, an dem ein dürres, struppiges Pferd festgemacht war. Er steckte die Flaschen in die Packtaschen und hievte sich schwerfällig in den Sattel. Das Pferd setzte sich in Bewegung und ging im Schritt in Richtung Ortsausgang.

O'Shea sang unmelodisch vor sich hin und legte in Abständen immer wieder kurze Pausen ein, um aus einer Whiskyflasche zu trinken. Randolph folgte ihm unauffällig zu Fuß. Gott sei Dank befand sich die Sägemühle nur wenige Meilen außerhalb der Stadt.

Randolph stellte befriedigt fest, dass O'Sheas Hütte mindestens eine halbe Meile vom Haupthaus entfernt war. O'Shea wäre beim Absteigen fast gestürzt und durchquerte dann wankend den kleinen Vorgarten. Er hatte vergessen, das Pferd anzubinden, und Randolph wickelte die Zügel ganz automatisch um einen tief hängenden Ast, bevor er dem Mann hineinfolgte.

Drinnen sah er sich angewidert um. Die Hütte war eine regelrechte Müllhalde. Schmutziges Geschirr türmte sich auf dem massiven Tisch, der fast den ganzen Raum einnahm. Kleidungsstücke lagen auf dem Boden verstreut. Das Feuer war längst erloschen.

»O'Shea!«

Cedric O'Shea, der mit dem Rücken zur Tür stand, war vollauf damit beschäftigt, sich die Schnürstiefel auszuziehen. Er war vom Alkohol so benebelt, dass er ständig hinzufallen drohte. »Scheißstiefel«, fluchte er und wandte sich der Stimme zu. »Sieht aus, als müsste ich in ihnen schlafen.«

Als sein Blick auf Randolph fiel, erstarrte er, blinzelte und hielt eine Hand über die Augen, wie um sie gegen zu grelles Sonnenlicht abzuschirmen. »Randolph Tarlington? Was machen Sie denn hier?«

»Ich dachte mir, ich schaue mal auf einen Sprung vorbei, O'Shea. Wollte mal sehen, wie es Ihnen so geht, wie Sie zurechtkommen in der Fremde.«

Cedric ließ sich an den Türrahmen hinter sich sinken. Die Angst stand ihm ins Gesicht geschrieben. »Ich ...«

Randolph durchquerte mit wenigen Schritten den Raum. Aus den Augenwinkeln sah er das unordentliche Schlafzimmer, das an die Küche grenzte. »Sie haben es ja hier richtig gemütlich, O'Shea«, knurrte er und trat einen Stuhl beiseite. »Nur eins fehlt.«

»Und das wäre?«, fragte O'Shea argwöhnisch.

»Eine Frau.«

Cedric lachte bitter. »Frauen! Die Schlampen taugen alle nichts.«

Randolph beugte sich über den kleineren, älteren Mann. Er hatte genug von dem Spielchen. »Jemand hat mir geflüstert, dass Sie eine Schwäche für Frauen haben. Dass Sie sich einen Spaß draus machen, sie zu misshandeln.« Er griff nach der Peitsche, die inmitten schmutziger Laken auf dem Bett lag. »Hiermit vielleicht? Die Schnur auf nackten Schenkeln. Das hinterlässt schöne rote Striemen, vor allem, wenn man die Spitze ein ganz klein wenig anfeuchtet.«

Cedric musterte Randolph wachsam. »Ich weiß gar nicht, wovon Sie reden.«

»Ich denke doch. Eine kleine Hütte in Boolai. Eine nicht mehr ganz junge Frau, zufällig meine Schwester. Sie hat mir da so einiges erzählt.«

Cedrics Augen weiteten sich. Randolph sah ihm an, dass er versuchte, sich trotz des Alkoholnebels zu konzentrieren.

»Was wollen Sie von mir?«, fragte er. Seine Züge wirk-

ten jetzt klarer, als hätte die drohende Gefahr ihn er-
nüchtert.

Er packte O'Shea beim Kragen und zog das Gesicht
des Mannes ganz dicht zu sich heran. In den blutunterlaufenen, rot geränderten Augen stand nackte Angst.
Randolph stieß den Mann von sich, und O'Shea stolperte ein paar Schritte zurück. »Aber das ist nicht der
Grund, weshalb ich hier bin.«

»Nicht?«

»Nein. Wie ich schon sagte, ich wollte mal sehen, wie
es Ihnen so geht. Hübsch und gemütlich haben Sie's.
Weit weg von Boolai.« Er trat auf O'Shea zu. »Ich mag es
nicht, wenn man versucht, mich zu erpressen. Ich will
Sie nie wieder in der Nähe von Glengownie sehen.«

Cedric zuckte zurück, als Randolph ausholte und seine Faust durch die Luft flog. Der Mann war kein Gegner
für Randolph, schon gar nicht in seinem Zustand. Ein
Schlag von unten ans Kinn gefolgt von einem linken
Haken, und O'Shea lag besinnungslos auf den Dielen.
Gut! Der erste Teil seines Plans war wunschgemäß verlaufen.

Randolph trat an den Küchentisch. Dort, zwischen
schmutzigen Tellern und Tassen, lag O'Sheas Brieftasche. Randolph nahm sie an sich und schaute in den
einzelnen Fächern nach. Etwas Kleingeld und mehrere
Zwanzig-Pfund-Noten. Im letzten Fach steckte etwas
Großes, Hartes. Er nahm es heraus und schnappte nach
Luft. Bridies Brosche, die sein Vater ihr vor all den Jahren geschenkt hatte. Sie war nach Hedleys Beerdigung
verschwunden. Bridie war außer sich gewesen und hatte darauf beharrt, sie hätte sie in der Küche liegen lassen. Die eingeborenen Farmarbeiter und Hausangestell-

ten waren befragt worden, aber niemand hatte etwas über den Verbleib der Brosche sagen können – oder wollen. Zuerst hatte er gedacht, Bridie hätte sie in der Aufregung einfach verlegt, aber jetzt hatte sich gezeigt, dass sie tatsächlich gestohlen worden war. Cordelia musste sie an sich genommen haben.

Er drehte das Schmuckstück im Licht. Die Brosche war ein Meisterwerk der Goldschmiedekunst und von erlesenem Geschmack. Sie war mit Dutzenden winziger Smaragde und Diamanten besetzt und glitzerte sogar im schwachen Licht der schäbigen Hütte. Er zog ein sauberes Taschentuch aus der Hosentasche, wickelte die Brosche hinein und steckte sie ein. Er würde bei seiner Rückkehr entscheiden, was damit geschehen sollte.

Randolph nahm die Lampe aus O'Sheas Hütte und ging rüber zum Sägewerk. Es lag nur wenige hundert Meter entfernt, Überall lagen Baumstämme, die einen süßen Holzgeruch verströmten. Randolph ging zielstrebig zur Maschine. Ja, da war sie. Gut. Ein Wasserkessel von Cornish, der gleiche wie jener in der Mühle, die sein Zuckerrohr nicht hatte haben wollen. Er tastete nach dem Überdruckventil. Seine Finger legten sich um das Metall, das noch ganz warm war von der Arbeit des Tages. Langsam drehte er das Ventil im Uhrzeigersinn, bis es sich nicht weiter bewegen ließ.

Zufrieden kehrte er vor sich hin summend auf dem mondbeschienenen Weg zurück zum Hotel. Er hatte kurz überlegt, O'Sheas Pferd zu nehmen, um sich den Fußmarsch zu ersparen, war aber zu dem Schluss gekommen, dass der Diebstahl des Pferdes gewisse Schwierigkeiten nach sich ziehen konnte, wenn ihn jemand sah. Er konnte keinen Ärger brauchen. Er wollte nur möglichst schnell weg von hier und zurück nach Boolai. Ein dummer Fehler, und sein ganzer ausgeklügelter Plan wäre vergebens gewesen.

Randolph betrat das Hotel durch die offene Vordertür. Er hatte einen Bärenhunger. Er hatte seit dem Mittagessen nichts mehr zu sich genommen. Die Uhr auf seinem Nachttisch zeigte ein Uhr nachts an. Neben seinem Bett stand der Teller mit den Broten, die er früher am Tag bestellt hatte. Er schlang sie hinunter und spülte sie mit mehreren Gläsern Wasser aus dem Waschkrug hinunter.

Anschließend ließ er sich todmüde ins Bett fallen und schlief tief und traumlos, bis die ersten blassen Sonnenstrahlen über das flache, konturlose Land krochen und der Hotelmanager laut an seine Tür klopfte.

»Die Postkutsche fährt in einer Stunde los!«

Eine Stunde. In einer Stunde würde er weg sein. Auf dem Heimweg. Heim nach Glengownie.

Cordelia blickte auf die Berge, die in der Ferne purpurn im Nebel schimmerten. Dahinter lag die Stadt, ein Ort, an dem ein anderer Rhythmus herrschte, wo die Menschen von früh bis spät hetzten. Ihre Wunden waren weitgehend verheilt, und auch innerlich hatte sie wieder zu sich gefunden. Sie schloss nun nicht mehr gänzlich aus, dass es ihr gelingen könnte, ihre Vergangenheit hinter sich zu lassen und noch einmal von vorn anzufangen.

Ihr Traum war geplatzt wie eine Seifenblase. Sie hatte die Wahl: Sie konnte sich von Zorn und Hass auffressen lassen, aber das würde niemandem etwas bringen. Was geschehen war, war geschehen und ließ sich nun einmal nicht rückwirkend ungeschehen machen. Sie hatte über Bridies Angebot nachgedacht, ihr ein neues Haus in der Stadt zu kaufen. Es war an der Zeit, dass sie wieder ihr eigenes Leben lebte. Sie gehörte nicht hierher. Seit Jahren nicht mehr. Glengownie war Bridies Zuhause.

Randolphs Rückkehr riss sie aus ihren Gedanken.

Er warf ihr eine Zeitung auf den Schoß. Sie war an einer bestimmten Seite aufgeschlagen. »Ich bin auf einen interessanten Artikel gestoßen«, bemerkte er nur und ging gleich wieder.

Neugierig nahm sie die Zeitung und überflog die aufgeschlagene Seite. Ein kleiner Artikel unten rechts war mit einem Kreuz markiert.

Ein Unfall in der Sägemühle von Mr. Geo Dixon in Blackall hat einen Angestellten namens Cedric O'Shea das Leben gekostet. Mr. O'Shea hatte den Dampfkessel der Sägemühle angeschaltet, der kurz darauf explodierte. Das Opfer erlitt schwerste Verbrühungen am ganzen Körper. Hinzu kamen ein Schädelbruch sowie zahlreiche Frakturen im Gesicht, die offenbar vom Schwungrad herrühren, sodass der Mann bis zur Unkenntlichkeit entstellt war. Der Eigentümer des Sägewerks hat einen Defekt am Dampfkessel abgestritten. Eine polizeiliche Untersuchung soll die Unfallursache klären. Inzwischen wurde bekannt, dass O'Shea von der Polizei von Beenleigh in Zusammenhang mit einem mutmaßlichen Diebstahl, der mehrere Jahre zurückliegt, gesucht wurde.

Cordelia runzelte die Stirn. Sie kannte niemanden namens O'Shea. Sie verstand nicht, was an dem Bericht interessant sein sollte.

Bridie kam mit dem Teetablett auf die Veranda. »Hier«, sagte Cordelia und hielt ihr die Zeitung hin. »Was hältst du davon?«

Bridie las den Artikel und seufzte. »Dann hat ihn also doch noch das Schicksal ereilt, das er verdient hat.«

»Wie meinst du das? Wer war dieser Mann?«

Bei einer Tasse Tee erzählte Bridie Cordelia die ganze Geschichte. Von Heinrich, dem vertrauensseligen alten Deutschen, dem O'Shea das Geld für die Pacht gestohlen hatte. Von Heinrichs Tod, der für sie alle ein Schock gewesen war, vor allem für Kitty, Maddie Halls jüngere Schwester. »Es war schrecklich«, schloss sie. »Wir haben uns alle gefragt, was aus O'Shea geworden sein mag.«

Cordelia war nicht viel schlauer als vorher. Was hatte der Tod Cedric O'Sheas denn mit ihr zu tun?

»Ich habe übrigens gute Nachrichten«, fuhr Bridie fort. »Sieh nur, was Randolph unter einem der Sessel im Salon gefunden hat. Ich muss in den vergangenen Wochen hundertmal daran vorbeigelaufen sein.«

Sie kramte in ihrer Rocktasche und hielt Cordelia dann die offene Hand hin. Cordelia traute ihren Augen nicht. Dort lag in all ihrer glitzernden Pracht Bridies heiß geliebte Brosche.

»Und ich dachte schon, sie wäre verloren.« Bridie steckte sich das Schmuckstück an.

Cordelia war sprachlos. Das letzte Mal hatte sie die Brosche in der Hütte gesehen, in der Joe sie gefangen gehalten hatte. Joe hatte sie ihr weggenommen. Und jetzt steckte sie wieder an Bridies Kragen.

Sie blickte wieder auf den Zeitungsartikel. Cedric O'Shea. Farmarbeiter in Boolai. Joe, Straßenbauarbeiter in Boolai. Die Brosche, die unmittelbar nach Randolphs Rückkehr von Gott weiß wo wieder auftauchte. Ihre Gedanken überschlugen sich. O'Shea war tot. Joe. Die Brosche. Randolph.

Cordelia schauderte. Ihr war, als fließe Eiswasser durch ihre Adern.

TEIL VI

Kitty

KAPITEL 43

Nach Maddies Tod waren sie alle ganz benommen, geschockt davon, dass der Tod gleich zweimal seit Jahresbeginn zugeschlagen hatte. Zum Zeichen der Trauer blieben die Fensterläden geschlossen.

Ted verbrachte lange Tage auf den Feldern und kam erst nach Einbruch der Dunkelheit heim. Er schlief auf einer Pritsche in Dans altem Zimmer, zusammengerollt wie ein Fötus. Er wollte nicht über Maddie sprechen. Aber Kitty sah ihn oft mit verwirrtem Gesichtsausdruck in der Tür des Zimmers stehen, das er bis vor kurzem noch mit Maddie geteilt hatte. Als habe er erwartet, seine Frau dort vorzufinden.

Johnno überbrachte die Nachricht von Hedley Tarlingtons Tod. Ted überwand seine Antipathie gegenüber Randolph Tarlington und ritt nach Glengownie, um der Familie sein Beileid auszusprechen und am Begräbnis teilzunehmen. Kitty war froh darüber. Bridie war für sie da gewesen, als Maddie gestorben war, und so war es nur recht, dass sie ihr ihre Anteilnahme nun vergalten. Es war das erste Mal, dass Ted das Anwesen aus der Nähe sah, und wie er Kitty später berichtete, war er beeindruckt von seiner Größe und Eleganz.

Das Begräbnis schien Ted noch mehr zu deprimieren.

Als er zurückkam, wirkte er müde und niedergeschlagen. Frühling. Traditionell die Jahreszeit, in der neues Leben entsprang, und doch hatte er nur einen weiteren sinnlosen Tod gebracht. Kitty fragte sich betrübt, wo das noch enden sollte.

In der Woche nach Hedley Tarlingtons Beerdigung regnete es ohne Unterbrechung. Ted trieb die Kühe auf höher gelegene Weiden. Der Fluss schwoll an und wurde zu einem unpassierbaren, gefährlichen Wildwasser, das sie von der Außenwelt abschnitt.

Dann endlich riss die Wolkendecke auf, die Sonne kam hervor, und das Land dampfte wie eine einzige große Waschküche. Beth kam für eine Weile heim. Sie wirkte rastlos, als fühle sie sich in der Hütte beengt und eingesperrt. Kitty, Beth und Emma stiegen auf den Grashügel, auf dem Maddie und ihre beiden Kinder begraben waren. Sie brachten riesige Sträuße Blumen mit: Rosen, Feldblumen und Mimosenzweige. Die drei Mädchen setzten sich im Schatten der Weiden ins Gras und bedeckten die Gräber mit den Blumen. Kitty betrachtete die Erdhügel. Bald würden sie wieder mit Gras bewachsen sein, und abgesehen von den drei Holzkreuzen würde nichts mehr darauf hindeuten, dass hier drei Menschen begraben lagen. Noch ein paar Monate, und dieser Ort würde das leicht verwahrloste Aussehen annehmen, das für die Gegend charakteristisch war.

»Ich habe eine Idee«, sagte sie unvermittelt. »Lasst uns hier oben Rosen anpflanzen. Ein paar Damaskus-Rosen, die wir verwildern lassen können. Das würde Maddie gefallen.«

Ihre Nichten waren sofort einverstanden. Clarrie

brachte die Rosen, und einige Wochen später pilgerten die drei Mädchen mit Schaufeln, Eimern voller Wasser und je drei Rosen pro Grab zu dem kleinen Friedhof.

Die Tage gingen ereignislos ineinander über, und langsam kehrte wieder der Alltag ein. Beth kehrte widerstrebend zurück aufs Internat.

»Kommst du Weihnachten nach Hause?«, fragte Kitty, bevor sie davonfuhr.

»Ich weiß nicht«, entgegnete Beth vage. »Es ist alles so anders hier, seit Mama tot ist. Irgendwie leer.«

Kitty brauchte nicht erst an die Lücke erinnert zu werden, die Maddie hinterlassen hatte. Sie spürte sie tagtäglich, stündlich. Sie sah sie in Teds Augen und in Emmas Tränen.

»Pass auf Papa auf«, flüsterte Beth Kitty zu und umarmte sie kurz, bevor sie zu Clarrie Morgan auf den Kutschbock kletterte. Sie saß ganz still da, als der Wagen die Straße hinunterrollte, und blickte kein einziges Mal zurück. Ted blieb der Hütte weiterhin tagsüber fern.

Kitty überlegte, ob sie Bridie besuchen sollte. Es war Wochen her, seit sie ihre Freundin das letzte Mal gesehen hatte. Aber Layla berichtete, dass Bridie ganz plötzlich nach Beenleigh gefahren wäre und niemand auf Glengownie wisse, wann sie zurückkommen werde. Und so wanderte sie ruhelos in der Hütte umher, einsam, so ganz allein mit Emma.

Kitty war es auch, die schließlich auf Maddies Zimmer zu sprechen kam.

»Mach damit, was du willst«, entgegnete Ted schroff. »Es wird ja doch irgendwann ausgeräumt werden müssen.« Seine Stimme klang belegt und leicht zögerlich.

»Ted, bitte. Können wir darüber reden?«

»Was gibt es da noch zu reden? Maddie ist tot. Und Worte werden sie nicht zurückbringen!«, entgegnete er zornig, fast so, als gäbe er ihr die Schuld an der Tragödie.

»Warum bist du wütend auf mich?«

»Ich bin nicht wütend auf dich«, entgegnete er und wandte sich ab.

Sie holte tief Luft. »Ist es wegen dem, was in jener Nacht im Stall passiert ist?«

Er fuhr herum, einen gequälten Ausdruck auf dem Gesicht. »Gott, Kitty. Glaub nicht, dass ich nicht schon tausendmal gewünscht hätte, es wäre nie geschehen.«

»Ist es aber!«, entgegnete sie verletzt.

»Lass es uns einfach vergessen«, fuhr er müde fort. »Es lag am Bier, an dieser Nacht ...«

»Ha!«, zischte sie und senkte gleich darauf die Stimme, als ihr einfiel, dass Emma draußen im Garten spielte. »So tun, als wäre es nie geschehen! Wie praktisch.«

Sie war wütend, weil er das, was zwischen ihnen gewesen war, einfach abtat, und wegen seiner Unfähigkeit, Dinge auszudiskutieren. Ihre angestaute Frustration machte sich Luft. »Was habe ich denn getan? Ist es, weil ich noch lebe und Maddie tot ist?« Sie dachte an seine Lippen auf den ihren. Seinen Körper.

Er lehnte sich kraftlos an den nächsten Türrahmen. Er sprach langsam, und seine Stimme klang bitter. »Glaub mir, ich bin nicht wütend auf dich. Wenn ich auf jemanden wütend bin, dann auf den Gott, den Maddie so verehrt hat. Die vielen Gebete und die frommen Rituale. Die haben ihr letztendlich auch nicht geholfen, oder? Ich nehme an, dieser Carey hat vielleicht Antworten, natürlich alle plausibel, nur dass ich sie mir nicht anhören werde.«

»Es gibt nicht auf alles eine Antwort«, entgegnete sie sanft. Aber er war bereits fort, hatte mit ausholenden Schritten das Haus verlassen.

»Tu, was du tun musst. Es ist mir egal«, rief er noch, als er die Treppe der vorderen Veranda hinunterpolterte. »Hast du gehört? Es ist mir scheißegal!«

Kitty zögerte einen Moment in der Tür zu Maddies Zimmer, den Vorhang mit einer Hand zur Seite haltend. Schmale Lichtstreifen fielen durch die geschlossenen Fensterläden herein. Tanzende Staubflöckchen wurden von einem unsichtbaren Luftzug herumgewirbelt. Ein muffiger Geruch stieg ihr in die Nase.

Entschlossen stieß sie die Fensterläden auf und ließ die Sonne herein.

Der Raum wirkte leer, verlassen. Das Bett war schon seit Wochen abgezogen, und die blau-weiße Matratze schien sie vorwurfsvoll anzusehen. Alles war mit einer dicken Staubschicht bedeckt. Staub auf dem Kopfteil des Bettes, der Kommode, dem Silberrahmen.

Kitty schleppte einen Eimer dampfendes Seifenwasser nach dem anderen herein und schrubbte und wischte, bis ihre Arme schmerzten und ihre Finger taub und wund waren. Anschließend sammelte sie Maddies Kleider, ihre Bürsten und Kämme und ihre halb leere kleine Flasche Rosenparfum ein und verstaute das Ganze in einer Truhe in ihrem Schlafzimmer, wo Ted sie nicht finden würde. Sie wollte es ihm ersparen, diese Dinge selbst forträumen zu müssen.

Hinterher stellte sie keuchend die Möbel um. Als die

Kommode unter dem Fenster stand und das Bett an der gegenüberliegenden Wand, sah das Zimmer völlig anders aus. Die späte Oktobersonne fiel durch das Fenster herein. Kitty holte frische Laken und fing an, das Bett zu beziehen. Dann trat sie zurück, um ihr Werk zu betrachten, höchst zufrieden mit dem Ergebnis ihrer Anstrengungen. Das erste Zimmer war fertig. Als Nächstes wollte sie sich systematisch durch die ganze Hütte arbeiten, wischen und schrubben und die Läden aufstoßen, um die Sonne wieder hereinzulassen.

»Hallo, jemand zu Hause?«

»Hier drüben, Mayse.« Kitty ließ einen letzten Blick durch das Zimmer schweifen und ging dann zur Tür. Sie musste lächeln. Mayses laute, burschikose Art brachte sie immer zum Lächeln.

Mayse stürmte ins Esszimmer und füllte einen Moment mit ihrer massigen Figur den Türrahmen aus. »Ich dachte, ich schaue mal vorbei, um zu sehen, wie es dir so geht. Ich habe ein paar Plätzchen mitgebracht. Dazu wäre ein Tässchen Tee wunderbar, Schätzchen.« Mayse schaute sich im Zimmer um. »Meine Güte ist das düster hier drin. Was hältst du davon, wenn wir etwas Licht und frische Luft hereinlassen?«

Mayse wartete ihre Antwort gar nicht erst ab, sondern zog energisch Vorhänge beiseite und stieß Fensterläden auf. Typisch Mayse, sofort das Ruder an sich zu reißen, dachte Kitty voller Zuneigung. Wenn sie nicht organisieren und herumwirtschaften kann, ist sie nicht glücklich. Sie überlegte, wie Maddie an ihrer Stelle gehandelt hätte. Diplomatie war Maddies Stärke gewesen. Kitty versuchte es.

»Das Wasser kocht gleich. Komm mit in die Küche,

dann kannst du die Beine ausruhen nach dem langen Marsch.«

Mayse ließ sich dankbar auf einen Stuhl fallen und fächerte sich mit einer Hand Luft zu. »Ah, meine Beine. Wie aufmerksam von dir, dir Sorgen um die arme alte Mayse zu machen.« Sie ließ den Blick um sich schweifen. »Wo sind denn alle? Ist furchtbar still hier.«

»Ted und Dan sind draußen auf den Feldern. Jim Morgan, du weißt schon, Clarries Bruder ... er und seine Frau waren heute Vormittag da. Sie haben Emma für ein paar Tage mitgenommen. Und Beth ist seit vorgestern wieder in Beenleigh im Internat.«

»Dann bist du ganz alleine mit Ted?«, fragte Mayse überrascht.

»Nur bis nach Weihnachten«, gestand Kitty. Sie hatte das Geheimnis nun schon so lange für sich behalten, dass sie es einfach jemandem erzählen musste, sonst würde sie noch platzen. »Eigentlich ist es noch ein Geheimnis. Aber Dan hat mir einen Antrag gemacht.«

Mayse schien erfreut und verzog den Mund zu einem breiten Lächeln. »Du hättest es wirklich schlechter treffen können, Kitty. Dan ist ein fleißiger junger Mann und wird einen anständigen Ehemann abgeben.« Nach einer kurzen Pause fügte sie hinzu: »Du hast doch Ja gesagt?«

Kitty nickte.

Mayse sprang entzückt auf und drückte Kitty an ihren vollen Busen. »Das sind die besten Nachrichten seit Wochen. Eine Hochzeit! Genau das Richtige, um uns abzulenken. Du brauchst ein Kleid, und die Einladungen müssen verschickt werden. Ted wird euch natürlich helfen.«

»Also, um ehrlich zu sein, weiß Ted noch gar nichts

davon. Nach allem, was passiert ist, wollten Dan und ich die Neuigkeit noch eine Weile für uns behalten. Es wäre uns gefühllos erschienen, so kurz nach ...«

Ihre Augen füllten sich mit Tränen. Eigentlich sollte sie glücklich sein, aber stattdessen war ihr seit Wochen nach Weinen zumute. Die Anspannung war einfach zu groß. Sie sollte glücklich sein und ihre Liebe zu Dan laut hinausschreien. Stattdessen musste sie ihre wahren Gefühle verstecken, als müsse sie sich schämen, inmitten der ganzen Trauer so glücklich zu sein.

»Ted weiß es noch nicht?« Mayse war sichtlich überrascht.

Kitty zögerte. Einen Moment schien es, als würde der Boden unter ihren Füßen schwanken. Ihr wurde schwindlig. Sie schloss die Augen und atmete tief durch. Als sie die Augen wieder aufmachte, war alles in Ordnung.

»O Mayse. Es geht alles so drunter und drüber. Hier ist es manchmal so einsam. Ted ist nie zu Hause. Und jetzt wo Beth nicht mehr da ist ...«

»Armes Kind.« Mayse gab tröstende Laute von sich wie eine besorgte alte Glucke. »Und ich beklage mich immer, dass ich nie meine Ruhe habe. Wir haben eben alle unser Kreuz zu tragen.«

Kitty dachte im Stillen, dass sie nichts dagegen hätte, mit Mayse O'Reilly zu tauschen, die Einsamkeit gegen den Lärm einer großen Familie. Sie konnte die Stille nicht mehr ertragen.

»Ich mache mir Sorgen um Ted. Er sagt kaum noch etwas und hasst es, wenn jemand Maddies Namen erwähnt. Er will nicht einmal in ihrem alten Bett schlafen.«

»O Liebes, so sind Männer eben. Das ist ihre Art zu trauern. Wahrscheinlich gibt er sich die Schuld. Ohne das Kind wäre sie heute noch am Leben, das ist nun einmal eine unumstößliche Tatsache. Ich sage immer zu Paddy, Paddy, ich hoffe, der liebe Gott holt dich zuerst. Männer! Sie kommen ohne Frau nicht zurecht.«

Als Kitty an den Herd trat und kochendes Wasser in die Teekanne gab, drehte sich plötzlich alles um sie, Stühle, Tisch, Herd, Töpfe, alles schwankte, als befände sie sich an Bord eines Schiffes bei rauer See. Sie verspürte ein seltsames Brennen im Hals. Ihr wurde wieder schwindlig, und sie fühlte sich plötzlich ganz schwach, als würden ihre Beine sie nicht mehr tragen. Sie klammerte sich haltsuchend an die Rückenlehne eines Stuhls und hoffte, dass Mayse nichts merkte. Aber die war gerade damit beschäftigt, die mitgebrachten Plätzchen auf einen Teller zu legen. »Hier, Liebes. Nimm einen. Sind ganz frisch. Habe sie erst heute Morgen gebacken.«

Kitty biss in den mürben Teig und genoss den Geschmack hausgemachter Butter. Dabei überlegte sie, was der Grund für ihre Schwindelanfälle sein mochte. Offenbar hatte das Putzen von Maddies Zimmer sie überanstrengt. Ja, das musste es sein, sie hatte sich übernommen. Sie war erleichtert, eine logische Erklärung gefunden zu haben. Sie würde ein warmes Bad nehmen und früh zu Bett gehen, dann würde sie sich morgen früh ganz bestimmt besser fühlen.

Von einer Sekunde auf die andere wurde ihr übel. Plätzchen und Tee vermischten sich mit Galle. Sie lief nach draußen auf die Veranda und erbrach sich über das Geländer.

»Was ist denn mit dir, Kitty? Bist du krank?« Mayses sonst so laute Stimme klang plötzlich ganz weich und besorgt.

Als Kitty sich der älteren Frau zuwandte und sich haltsuchend an ihr festhielt, ging ihr auf, dass ihr schon seit Tagen immer wieder übel wurde und sie auch ungewöhnlich müde war.

»Ich weiß nicht. Ich fühle mich hundeelend. Mir dreht sich der Magen um, wenn ich nur ans Essen denke. Ich bin müde, mir ist schwindlig. Glaubst du, ich könnte krank sein?«, fragte sie besorgt. »Vielleicht etwas Ernstes?«

Mayse holte ein verknittertes, aber sauberes Taschentuch aus der Tasche. Zärtlich wischte sie Kitty die Tränen vom Gesicht. »Wie lange fühlst du dich denn schon so?«

»Seit ein paar Tagen. Vielleicht eine Woche.«

»Und deine Blutung? Ist sie ausgeblieben?«

Kitty nickte stumm. »Dann bin ich also doch krank?«

Mayse ergriff ihre Hände und wirbelte sie herum. »Du kleines Dummerchen.« Sie legte sich eine Hand auf den Busen und atmete schwer, als ringe sie nach Luft. »Nein, Kitty, du bist nicht krank. Du hast nichts, was nicht schon Tausende von Frauen vor dir durchgemacht haben. Du bekommst ein Baby.«

»Ein Baby?« Daran hatte sie noch gar nicht gedacht. Sie musste an Maddie denken, die schwer atmend in einer Blutlache im Bett gelegen hatte, verzweifelt bemüht, ihr Kind auf die Welt zu bringen. Was hatte sie sich da nur eingebrockt? Furcht ergriff sie. »Nein, nein ... das kann nicht sein«, stammelte sie.

Mayse ignorierte ihren Einwand. »Warum? Warum

hast du nicht gewartet? Bis Weihnachten sind es doch nur noch ein paar Monate. Ich muss mit Dan sprechen. Wir besprechen das in aller Ruhe, und dann lassen wir baldmöglichst Reverend Carey kommen, damit er die Trauung vollzieht.«

»Nein, nein. Du darfst nicht mit Dan sprechen!« Kittys Augen weiteten sich vor Furcht.

»Es bringt doch nichts, ihn beschützen zu wollen, Kitty. Außerdem ist es nicht das erste Mal, dass eine Braut den Saum ihres Brautkleides herauslassen muss. Passiert ist passiert, und Dan muss sich der Verantwortung stellen. Solange er tut, was der Anstand gebietet, ist doch alles in Ordnung.«

Kitty schüttelte heftig den Kopf. »Nein, das ist es nicht.« Kraftlos lehnte sie sich an die Wand und wagte kaum zu atmen vor Scham. Sollte Mayse ruhig die Wahrheit wissen; sie würde ja doch früher oder später ans Licht kommen. »Das Baby«, flüsterte sie, »ist nicht von Dan.«

»Nicht von ...« Mayse stand sichtlich verblüfft mit verschränkten Armen da und brauchte eine Weile, um diese Information zu verdauen. Dann versteifte sie sich und beugte sich vor. Eindringlich musterte sie Kitty. »Das Baby ist von Ted, habe ich Recht?«, sagte sie leise.

Kitty nickte und blickte verzweifelt in die unergründlichen Augen der älteren Frau.

»O Gott, was für ein Durcheinander. Komm.« Mayse schob Kitty vor sich her zum Schlafzimmer. »Du legst dich jetzt ins Bett. Und da bleibst du bis morgen früh, oder du bekommst es mit mir zu tun. Du hast jetzt Verantwortung für ein Baby zu tragen.«

Energisch schlug sie die Tagesdecke zurück und half

Kitty ins Bett, wobei sie sich wieder gebärdete wie eine besorgte Glucke.

»Ich schicke dir Paddy mit etwas Gemüsesuppe rüber. Aber erst rede ich mit Ted.«

»Bitte sag Dan nichts, sonst gibt es ein Unglück.«

»Zerbrich dir nicht den Kopf wegen Dan. Er wird nichts erfahren. Meine Lippen sind versiegelt.« Hierauf marschierte sie entschlossen aus dem Zimmer und schloss im Vorbeigehen die Fensterläden.

Kitty zupfte nervös am Bettlaken. Ihre Gedanken überschlugen sich. Ein Baby! Sie konnte es noch gar nicht fassen. Eine Mischung von Furcht und Aufregung ließ sie schaudern.

Sie zog ihren Rock bis über die Hüften hoch und legte eine Hand auf ihren Bauch. Er fühlte sich warm und fest an unter ihrer langsam kreisenden Hand. Sie dachte an das Kind. Ein winziger keimender Samen, ein mikroskopisch kleines Herz, das bereits Blut durch den kleinen Organismus pumpte. Ihr Körper eine harte Schale mit dem Baby als weichem Kern.

Und Ted ... Was würde er dazu sagen? Kitty versuchte, sich seine Reaktion vorzustellen, aber vergeblich. Zorn? Überraschung? Vielleicht hatte Mayse sich ja geirrt. Vielleicht war sie gar nicht schwanger. Sie seufzte. Sie wollte nicht länger nachdenken, verwirrt von ihren Gefühlen. Sie schloss die Augen. Die Müdigkeit übermannte sie, und sie war bald eingenickt.

KAPITEL 44

Mayse saß im Schaukelstuhl auf der Veranda und wartete auf Teds Rückkehr. Sie war furchtbar nervös. Grundgütiger, in was für eine unmögliche Lage hatte das Kind sich da nur gebracht. Ted Witwer, und Maddie erst fünf Wochen tot. Ruhelos stieß sie sich mit einem Fuß ab und schaukelte vor und zurück, wobei sie in Gedanken das bevorstehende Gespräch mit Ted durchging. Sie würde nicht um den heißen Brei herum reden. Sie würde kein Blatt vor den Mund nehmen, sondern offen ihre Meinung sagen, so wie es ihre Art war, und Ted würde ganz sicher nicht begeistert sein von dem, was sie zu sagen hatte.

Als die Dämmerung anbrach, hörte Mayse Stimmen. Ein Lachen und ein Ruf, der Refrain irgendeines Liedes. Einige Minuten später sah sie die zwei Männer aus der Dunkelheit auftauchen. Ted schritt energisch voraus, und Dan humpelte so gut es ging nebenher. Sie stand auf und wartete oben auf der Treppe, die Arme über dem vollen Busen verschränkt, ihren fülligen Leib auf zwei stämmigen Beinen balancierend.

Dan bemerkte sie als Erster. »Hallo, Mayse. Was machst du denn so spät noch hier?«

»Guten Abend, Dan.« Mayse wusste, dass ihr Tonfall schroff klang. Sie wandte sich an Ted. »Ich muss dich sprechen. Unter vier Augen.«

Ted verabschiedete den verdutzten Dan, und Mayse nahm wieder auf dem Schaukelstuhl Platz. Die Hütte in ihrem Rücken lag dunkel da.

»Wo ist Kitty?«, fragte er.

»Sie schläft.« Der Stuhl schaukelte heftig.

»Oh.« Ted musterte die Frau ihm gegenüber aufmerksam. »Was ist los, Mayse? Es ist schon spät, und Paddy wird sich wundern, wo du bleibst.«

Der Himmel hatte sich schon indigoblau verfärbt, von purpurnen Streifen durchzogen, dort wo eben noch die Sonne gewesen war. Nur noch wenige Minuten, und es würde vollends Nacht sein. Eine knappe Erklärung, eine Auflistung der Fakten. Und hinterher würde er sie mit dem Wagen heimfahren müssen.

»Ich werde gleich auf den Punkt kommen, Ted. Du kennst mich ja inzwischen lange genug. Ich bin kein Mensch, der lange drum herum redet. Kitty ist schwanger, und ich möchte wissen, was du jetzt zu tun gedenkst.«

»Kitty erwartet ein Kind!«

Ted ließ sich auf die oberste Stufe sinken, fuhr sich mit einer Hand über die Stirn und versuchte zu begreifen, was sie eben gesagt hatte. Er war geschockt. Sein Hirn hatte ausgesetzt; sein Kopf war erschreckend leer. Schwanger! Das Wort wirbelte erst ganz allein durch die Leere in seinem Verstand und verursachte gleich darauf einen dumpfen, pochenden Schmerz an seiner rechten Schläfe. Langsam ließ er den Kopf sinken und stützte ihn auf die Hände.

Mayse holte tief Luft und beugte sich vor. »Reiß dich zusammen, Ted. Du kannst dich nicht mit dem Mädchen verlustiert haben, ohne dir über die möglichen Konsequenzen im Klaren gewesen zu sein.«

Er blickte ungläubig zu ihr auf. Verlustiert? Was für ein unpassendes Wort. Es klang billig, als wäre das, was in jener Nacht im Stall passiert war ... Ganz durcheinander brach er den Gedanken ab, nicht in der Lage, seine Gefühle für Kitty in Worte zu fassen. »Wie kommst du darauf, dass Kitty ein Kind bekommt?«, fragte er schließlich.

Mayse bedachte ihn mit einem strafenden Blick. »Nach neun eigenen Kindern habe ich, denke ich, genug Erfahrung, um die Symptome richtig zu deuten. Wenn du mir aber nicht glaubst, wird ein Besuch bei Dr. Grace in Beenleigh es bestätigen.«

»Nein, nein! Wenn du es sagst, glaube ich dir.« Er konnte ihren anklagenden Blick nicht länger ertragen, ließ sich gegen den Verandapfosten sinken und starrte blind auf die länger werdenden Schatten der Nacht. »Allmächtiger, Mayse. Es war doch nur ein Mal.«

»Kein Grund, Gott zu lästern.«

»Ich habe nichts gegen ihren Willen getan, falls du das glauben solltest.«

»Was ich denke, tut nichts zur Sache. Es ist passiert und lässt sich nicht ungeschehen machen. Die Frage ist, was jetzt werden soll.«

»Was werden soll? Himmel, ich weiß es nicht. Das kommt so unerwartet. Ich kann im Moment keinen klaren Gedanken fassen. Ich bin so müde. Können wir nicht ein anderes Mal darüber reden? Morgen vielleicht, nachdem ich eine Nacht darüber geschlafen habe.«

Die Neuigkeit hatte ihn umgehauen. Er konnte nicht klar denken. Die Vorstellung, dass Kitty schwanger war, vermischte sich mit Gedanken an Maddie, Rose und den tot geborenen Sohn, verwirrte ihn, legte sich wie ein eisernes Band um seinen Brustkorb und machte ihm das Atmen schwer.

»Um Himmels willen, Ted.« Mayse schüttelte den

Kopf, die Lippen grimmig entschlossen zu einem schmalen Strich zusammengepresst. »Du machst es mir nicht gerade leicht. Es müssen Entscheidungen und Vorkehrungen getroffen werden. Es bringt nichts, sie hinauszuschieben. Morgen wird sich an der Situation nichts geändert haben. Das Problem wird sich nicht einfach in Luft auflösen.«

Verdammt, dachte Ted und rieb sich die müden Augen. Er stand auf und ging auf der Veranda auf und ab. Seine Schritte hallten laut auf den Dielen. Sie forderte Entscheidungen von ihm. Entscheidungen. Seine Gedanken überschlugen sich. Er sah Kitty wieder vor sich, wie sie weinend im Heu lag. Himmel! Waren diese paar gestohlenen Augenblicke es wert gewesen?

»Sie könnte nach Brisbane gehen und das Kind dort bekommen. Es zur Adoption freigeben. Niemand müsste etwas erfahren«, meinte Mayse.

»Nein!« Ted wirbelte entsetzt herum. »Es muss einen anderen Ausweg geben.«

»Du könntest sie heiraten.«

Er hielt in seinem rastlosen Auf und Ab inne, einen schockierten Ausdruck auf dem Gesicht. Kitty heiraten? Die jüngere Schwester seiner Frau, die er vor Jahren aufgenommen und wie ein eigenes Kind großgezogen hatte? Kitty, das schlaksige junge Ding, das zu einer schönen und begehrenswerten Frau herangereift war? Und doch hatte all das ihn in jener schicksalhaften Nacht nicht davon abgehalten, mit ihr zu schlafen. Plötzlich kam ihm das Ganze beinahe inzestuös vor.

»Kitty heiraten? Das ... das kann ich nicht. Was ist mit Maddie? Sie ist noch keine zwei Monate ...«

Er brachte es nicht über die Lippen. Tot! Tot! Tot! Das

Wort hallte laut in seinem Kopf wider. Maddie: Er würde sie nie wiedersehen, würde nie wieder den betörenden Rosenduft ihres Haares riechen. Das war die Ironie dieses Gesprächs. Maddie, seine geliebte Frau, war tot, und schon drängte ihn Mayse in eine neue Ehe. Er fühlte sich leer, ausgeliefert, als hätte er jegliche Kontrolle über sein Leben verloren.

»Maddie ist tot, Ted«, entgegnete Mayse sanft. »Und daran kann keiner von uns etwas ändern.«

»Und was sagt Kitty zu alledem?«, fragte er müde, »Was ist, wenn sie mich gar nicht heiraten will?«

Er war 37 Jahre alt, zwanzig Jahre älter als Kitty. Er dachte an die lebhafte und attraktive Bridie Tarlington, die nach Jahren an der Seite eines viel älteren Mannes früh verwitwet war. Ob sie die Heirat bereute? Er wünschte, er könnte offen mit ihr reden und sie um Rat fragen. Aber sie hielt sich in einer dringenden Familienangelegenheit in Beenleigh auf, wie Johnno ihm berichtet hatte. Und Mayse verlangte sofort Antworten, Entscheidungen, die er nicht mehr frei treffen konnte.

»Hat sie denn eine Wahl? Hat irgendeiner von uns eine Wahl?«

Ted dachte einen Moment über Mayses Worte nach. »Nein«, sagte er schließlich. »Ich denke nicht. Niemand wird ein Kind von mir einen Bastard schimpfen.«

Mayse erhob sich abrupt aus dem Schaukelstuhl. »Dann ist es also beschlossen. Es ist zum Besten, du wirst sehen. Die Trauung findet statt, sobald Reverend Carey es einrichten kann.« Sie blickte über die dunklen Felder. »Es ist also nur ein Mal passiert. Aber es ist nicht ohne Konsequenzen geblieben. Ihr bekommt ein

Baby. Manchmal sind die Wege des Herrn wirklich schwer nachvollziehbar.«

»Gott? Dann ist er also für diesen ganzen Schlamassel verantwortlich?«, fragte Ted zynisch.

»Wenn Kitty von dir schwanger ist, dann sollte es so sein. Dann hat das Schicksal es so gewollt.«

»Vielleicht hast du Recht. Maddie hat immer gesagt, wenn man an Gott glaubt, dann weiß man, dass fast alles im Leben einen Sinn hat.«

»Und was ist mit dir, Ted?«, fragte sie leise. »Glaubst du an Gott?«

»Ich weiß nicht mehr, was ich glauben soll. Maddies Tod, der des Babys. Rose. Es erscheint mir so sinnlos, dass einem ein Leben geschenkt und gleich wieder genommen wird.«

»Vielleicht steckt ja ein tieferer Sinn dahinter. Maddie hat jedenfalls fest daran geglaubt. Tragödien machen uns stärker, lassen uns über uns hinauswachsen. Sie sorgen dafür, dass wir zu schätzen wissen, was wir haben, bevor es zu spät ist. Und am Ende sind wir aufgrund unserer persönlichen Erfahrungen vielleicht bessere, wertvollere Menschen.«

Er wollte nichts von ihrer Predigt wissen. Der Verlust Maddies hatte ihn nicht stärker gemacht. Er sah sich selbst als eine Kette, und Maddies Tod war ein fehlendes Glied, das ihn geschwächt, ja zerbrochen hatte. Niemals würde er als besserer Mensch aus dieser Tragödie hervorgehen. Dazu noch eine Zwangsehe. Ein Kind, das nicht geplant war. Aber er hatte keine Wahl. Er hatte sich und Kitty in diese Situation gebracht, und bei Gott, es lag bei ihm, nun das Beste daraus zu machen.

»Dann wäre das also geklärt«, sagte er bedrückt.

»Und was willst du Dan sagen?«

»Dan? Was hat das denn mit Dan zu tun?«

»Kitty hat mir heute erzählt, dass sie und Dan nach Weihnachten heiraten wollten, wenn Emma aufs Internat kommt.«

»Dan und Kitty?« Er starrte sie fassungslos an. »Du musst dich irren. Dan hat nie etwas von Heiratsabsichten gesagt.«

»Jeder hat so seine Geheimnisse. Man braucht doch nicht gleich seine Seele vor aller Welt bloßzulegen, oder?«

»Und ich muss jetzt Dan beibringen, dass sie meine Frau wird und nicht seine?«

Mayse klopfte ihm tröstend auf die Schulter. »Du machst das schon, Ted. Das alte Feuer ist in deine Augen zurückgekehrt.«

Inzwischen war es stockdunkel. Die silbrigen Baumwipfel schimmerten im fahlen Licht des fast vollen Mondes, der über den Bergen aufgegangen war und nun hoch am Himmel stand. War es ein Zeichen, ein Omen vielleicht? Die geheimnisvollen Kräfte der Natur und ihres ewigen Kreislaufs.

Entscheidungen. Pläne, Lügen. Er konnte Dan unmöglich sagen, dass Kitty von ihm schwanger war. Das wäre ein unerträglicher Vertrauensbruch für ihn. Und Maddie? Er hatte ihren Tod bislang noch nicht endgültig akzeptiert, hatte sie noch nicht endgültig losgelassen.

»Komm«, sagte Ted seufzend. »Ich fahre dich nach Hause.«

Jedes Mal, wenn Ted das alte Steinhäuschen betrat, sah er Heinrichs aufgeblähten, verwesenden Leichnam von der Decke baumeln. Er konnte sich nicht vorstellen, dass Kitty das Cottage jemals wieder betreten würde, nachdem sie dort seinerzeit ihren alten Freund tot aufgefunden hatte. Dan hatte doch sicher nicht von ihr erwartet, dass sie nach der Ehe hier mit ihm lebte?

Dan rührte in einem Topf auf dem Herd. Er blickte überrascht auf, als er seinen Bruder in der Tür stehen sah. Ted war ein wenig außer Atem, nachdem er zu Fuß gekommen war. Der Marsch hierher hatte ihn ein wenig beruhigt, und er konnte jetzt auch wieder rationaler denken.

»Ich muss dir etwas sagen«, begann er. »Kitty und ich werden heiraten. Ich denke, es ist das Beste. Jetzt da Maddie tot ist, muss ich an die Mädchen denken und ...«

Ted hörte ein dumpfes Krachen, das von Knochen herrührte, die auf Fleisch trafen, Sekundenbruchteile, bevor sein von den Ereignissen des Tages benommenes Hirn registrierte, dass Dans Faust seinen Kiefer getroffen hatte. Er taumelte rückwärts durch den Raum. Zwei weitere Schläge in den Magen, und er krümmte sich und schnappte nach Luft.

»Dan! Warte! Lass mich erklären«, keuchte er und griff Halt suchend nach der Tischkante.

»Erklären!«, schrie Dan und prügelte weiter auf seinen Bruder ein. »Da gibt es nichts zu erklären.«

»Herrgott, Dan. Hör auf!«

»Kitty gehört zu mir. Wir wollten heiraten, sobald Maddies Baby da war. Aber jetzt ist Maddie tot, und alles ist verdorben. Unsere ganzen Pläne. Und jetzt erdreistest du dich, herzukommen und mir zu eröffnen, dass sie dich heiraten soll. DICH!«

Ted rappelte sich nach Luft ringend auf und sah seinen Bruder an. Dans Züge waren versteinert und hasserfüllt.

»Davon habe ich doch nichts gewusst«, sagte Ted lahm.

»Ich habe dir vertraut. Ich habe an dich geglaubt. Aber mir war nicht klar, dass du alles haben wolltest. Alles, was mir in meinem ganzen Leben je etwas bedeutet hat.«

Ted musterte Dan schwer atmend. »Warum hast du mir nichts von euren Heiratsplänen erzählt? Wenn ich das gewusst hätte ...« Er kam nicht dazu, den Satz zu beenden, da Dan sich erneut auf ihn stürzte und ihm die Linke in den Bauch rammte.

»Wirst du auch sie zerstören? Ist dir denn gar nichts heilig?«

In einem unentwirrbaren Knäuel aus Armen und Beinen rollten sie über den Boden der Hütte. Stühle fielen polternd um, Töpfe und Blechbüchsen mit Mehl und Zucker gerieten auf dem Tisch ins Rutschen und wurden von einem Arm heruntergefegt. Eine weiße Mehlschicht legte sich über den Raum. Ein kleiner Beistelltisch zersplitterte unter dem Gewicht der kämpfenden Brüder.

So plötzlich der Kampf begonnen hatte, so plötzlich war er vorbei. Dan erhob sich und klopfte sich das Mehl von der Hose. Ted setzte sich auf. Er fühlte, wie ihm Blut an der Schläfe hinunterrann. Keuchend sah er zu, wie Dan sich mit dem Hemdsärmel blutigen Speichel aus dem Mundwinkel wischte.

»Es tut mir Leid. Ehrlich. Eines Tages werde ich dir alles erklären, und vielleicht wirst du es verstehen.«

Dan bedachte seinen Bruder mit einem grimmigen Blick voller abgrundtiefer Verachtung. »Ich werde es nie verstehen. Nichts, was du sagen könntest, würde es für mich verständlicher machen. Im Übrigen würde ich dir doch nicht glauben.«

»Bitte, ich weiß, dass du verletzt bist, aber ich würde es gerne wieder gutmachen.«

»Fahr zur Hölle«, stieß Dan hervor, knallte die Tür hinter sich zu und lief hinaus in die Nacht.

KAPITEL 45

Dan blieb an den Stamm eines ausladenden Eukalyptusbaumes gelehnt stehen und blickte zurück zur Hütte. Das Herz schlug ihm bis zum Hals, und in seinem Kopf drehte sich alles nach den Ereignissen der vergangenen Minuten. Ein paar Sekunden später kam Ted durch die Tür und starrte in die Dunkelheit.

»Dan?«, rief er eindringlich.

Dan zog sich hinter den Baum zurück und betete, dass Ted sein schnaufendes Atmen nicht hören konnte. Vorsichtig betastete er seinen Mund. Die Lippen waren bereits geschwollen.

»Komm schon, Dan«, rief Ted. »Ich weiß, dass du da draußen bist. Können wir reden?«

Reden! Was sollte Ted ihm noch sagen können, das er nicht bereits wusste. Ted und Kitty! Verheiratet! Glühender Zorn hatte seinen ganzen Körper erfasst, bis er schließlich glaubte, es nicht länger aushalten zu können und beinahe laut vor Qual aufgeschrien hätte. Kitty, die ihm vor Monaten ihr Jawort gegeben hatte. Wie konnte sie ihm das antun? Ted, der alles hatte – Land, ein Zuhause, zumindest einen Rest von Familie, und der ihm das eine nahm, das er für sich begehrte. Kitty!

Er hatte so lange auf sie gewartet, und jetzt hatte Ted sie ihm irgendwie weggenommen, sie überredet, ihre geheime Verlobung aufzulösen und stattdessen Ted zu heiraten. Was hatte er ihr versprochen, um sie dazu zu bringen, ihre Meinung zu ändern? Dan war sicher, dass sie ihn geliebt hatte. Hatten ihre Küsse ihm das nicht verraten? Reden! Es gab nichts mehr zu sagen. Und was ihn betraf, hatte er von nun an keinen Bruder mehr.

Nach einigen Minuten trat Ted den Heimweg an. Dan verließ zögernd sein Versteck und ging mit schleppenden Schritten durch das feuchte Gras. Er dachte nur noch an eins: Er wollte weg. Weg von Boolai. Weg von Ted. Hier hielt ihn nichts mehr. Er konnte einfach nicht bleiben und mitansehen, wie Kitty Teds Frau wurde.

Im Inneren der Hütte herrschte das reinste Chaos. Zucker und Mehl bedeckten den Fußboden, stellenweise vermischt mit Milch aus einem umgestürzten Krug. Möbelstücke waren zu Bruch gegangen, und der Esstisch lag auf der Seite. Der Inhalt des Suppentopfes rann vorn am Herd hinunter. Aber das kümmerte ihn nicht; ihm war der Appetit vergangen.

Ohne Licht zu machen stürmte Dan ins angrenzende Schlafzimmer. Er holte den Koffer oben vom Schrank, ein Erbstück des alten Heinrich, legte den Koffer auf das ungemachte Bett und klappte den Deckel hoch.

Der Koffer enthielt alte Zeitungen und Mäusedreck. Er roch muffig. Dan leerte den Inhalt auf den Fußboden. Ein kleines Mäuschen krabbelte unter den Zeitungen hervor und stob davon.

Dan riss die Schranktür auf, zerrte Kleidungsstücke heraus und stopfte sie irgendwie in den Koffer. Hemden, Unterhosen, ein fadenscheiniger Anzug. Ein alter Mantel von Heinrich. Socken. Ein altes Paar Stiefel. Kragen, Krawatten, Bücher. Zwei Taschentücher, eine Zahnbürste, Kamm, Rasierklinge und Seife. Dan schleppte den Koffer in die Küche. Er hob einen Laib Brot und ein Pfund Käse, die auf dem Tisch gelegen hatten, vom Boden auf und legte beides oben auf die Kleidungsstücke. Anschließend drückte er den Kofferdeckel gewaltsam herunter und ließ die beiden Schlösser einschnappen.

Er fühlte sich wie betäubt, als wäre nichts mehr von Bedeutung. Alles, was er noch registrierte, war ein übermächtiger Instinkt, der ihm sagte, dass er fliehen musste, sofort und weit weg. Er hatte kein festes Ziel, wusste nur, dass er diesem Ort des Todes und der Enttäuschungen den Rücken kehren würde.

Er sattelte sein überraschtes Pferd und ritt los, den Koffer vor sich auf dem Sattel balancierend. Er sah sich ein letztes Mal um, betrachtete die Hütte, die im Mondlicht dalag.

Als Dan eben das Pferd abwenden wollte, zögerte er. Etwas stimmte nicht. Vieles war unerledigt, unausgesprochen. Er schüttelte den Kopf, um seine Gedanken zu klären. Der Kampf mit Ted hatte ihn durcheinander gebracht. Er dachte an Kitty. Er musste sie noch ein letztes Mal sehen.

Er band das Pferd in einiger Entfernung von Teds

Hütte an einen Baum und schlich zum Haus. Der Mond war hinter dicken Wolken verschwunden. Die Felder lagen dunkel vor ihm, und schulterhoher Mais wogte um ihn herum, als er sich langsam vortastete. Es war alles ruhig, abgesehen vom fernen Bellen eines Dingos.

In der Hütte brannte Licht. Er konnte durch die offenen Fenster sehen, wie sich jemand drinnen bewegte. Dan zog seine Uhr aus der Hosentasche und hielt sie ins schwache Licht. Neun Uhr. Er war überrascht. Er hatte gedacht, es wäre viel später. Die Nacht kam ihm jetzt schon endlos lang vor. Er setzte sich an die Stallmauer gelehnt auf den Boden und wartete.

Eins nach dem anderen wurden die Lichter gelöscht. Er wartete weiter, bis sein angespannter Körper schmerzte. Als er der Meinung war, dass genug Zeit verstrichen war, verließ er seinen Beobachtungsposten und schlich zur Hütte.

Die Vordertür knarrte. Dan erstarrte und wartete, dass sich etwas rührte. Nichts. Langsam trat er ein und tastete sich am vertrauten Mobiliar entlang. Eine einzelne kleine Lampe brannte, allerdings so weit heruntergedreht, dass man kaum etwas sehen konnte. Dan blickte sich in dem schwach erleuchteten Raum um; der Esstisch mit den leicht schräg stehenden Stühlen. Maddies Sekretär. Er schlich auf Zehenspitzen in das Zimmer, das sich Kitty und Emma teilten.

Kitty lag auf dem Rücken, das Haar auf dem Kissen ausgebreitet. Sie atmete tief und gleichmäßig. Verzaubert stand er da und blickte auf sie hinab. Ein Teil von ihm wollte sie wachküssen, ein anderer war erfüllt von Bitterkeit und Groll. Er war aus dem Bedürfnis heraus gekommen, sie zu sehen, sie anzuflehen, ihm zu sagen, dass das ganze Gerede von einer Heirat mit Ted nur ein grausamer Scherz gewesen war. Aber nun, da er hier stand und sie im Schlaf beobachtete, übermannte ihn grenzenloser Zorn. Kitty hatte ihn betrogen, seine Liebe mit Füßen getreten, versprochen, ihn zu heiraten, um sich dann einem anderen zuzuwenden. Er fragte sich, was vorgefallen sein mochte. Was hatte sie bewogen, ihre Meinung zu ändern? Warum hatte sie plötzlich beschlossen, statt seiner Ted zu heiraten? Er war von den einzigen beiden erwachsenen Mitgliedern seiner Familie hintergangen worden.

Langsam wandte er sich ab, verließ das Zimmer und durchquerte das Esszimmer. Er blieb kurz stehen und prägte sich das Zimmer noch einmal ein. Er hob die Hände und griff nach der Fotografie in dem Silberrahmen, der früher auf Maddies Nachttisch gestanden hatte. Jemand hatte das Bild auf ein Deckchen auf den Esstisch gestellt.

Er hob es dichter vor das Gesicht. Es war nicht hell genug, um die Gesichter zu erkennen, aber er wusste, dass sie da waren. Er und Kitty, Ted, Maddie, Beth, Emma und die kleine Rose. Er strich mit einer Hand über das Glas und stellte sich Kittys Gesicht unter seinen Fingern vor. Nach kurzem Zögern klemmte er sich den Bilderrahmen unter den Arm, so fest, dass das Metall sich durch den Stoff seines Hemdes in sein Fleisch bohrte. Dan verließ die Hütte und kehrte zurück zu seinem Pferd und dem Koffer, der seine ganze weltliche Habe enthielt.

Es gab noch eins, das er erledigen musste, bevor er Boolai endgültig den Rücken kehren konnte: Er musste sich von Dominic verabschieden. Er wusste, dass Dom überrascht sein würde von der Neuigkeit. Welche Ironie. Jahrelang hatte Dominic davon gesprochen, von daheim wegzugehen, und jetzt war er, Dan, es, der davonlief.

Dan schwang sich in den Sattel und ritt davon in Richtung Glengownie. Er schaute nicht zurück. Wenn er es getan hätte, wären die Konturen der kleinen Hütte verschwommen gewesen von seinen Tränen.

Kitty schlug die Bettdecke zurück und schwang die Beine aus dem Bett. Ihr war schwindlig und übel. Die Ereignisse des Vortages kamen ihr weit entfernt vor.

Ted saß am Esszimmertisch und starrte blind an die Wand. Als er sich ihr zuwandte, sah sie, dass sein Gesicht übel zugerichtet war.

»Meine Güte, was ist denn passiert?« Sanft berührte sie mit den Fingerspitzen seine blutunterlaufene Haut, das aufgeschürfte Kinn. Zwei zugeschwollene blaue Augen.

Er versuchte zu lächeln, was jedoch zu einer schiefen Grimasse geriet. »Ich habe mich mit dem falschen Gegner angelegt«, sagte er mit unsicherer Stimme.

»Ich hole warmes Wasser und wasche die Wunden aus.«

Sie machte Anstalten zu gehen, aber Ted packte ihr Handgelenk und hielt sie fest. »Setz dich, Kitty. Ich muss mit dir reden.«

Er wirkte unsicher und blickte auf seine Hände. Die Knöchel waren blutig. »Mayse hat mir von dem Baby erzählt. Ich hatte keine Ahnung ... ich meine, ich hätte nicht erwartet ... dieses eine Mal.« Er holte tief Luft und fuhr mit festerer Stimme fort. »Wir können heiraten, sobald ich Reverend Carey kontaktiert habe.«

Sie starrte ihn entgeistert an. Heiraten? Ted? Der Gedanke war ihr nie gekommen. Sie sah Maddie vor sich. Maddie unter dem improvisierten Mistelzweig, Weihnachten, vor noch nicht einmal einem Jahr. Maddie in Teds starken Armen.

Kitty schüttelte verzweifelt den Kopf und erhob sich. Zornig stützte sie sich mit beiden Händen auf die Tischplatte und funkelte ihn an. »Du brauchst mich nicht zu heiraten. Ich kann fortgehen, um das Baby zu bekommen. In die Stadt. Niemand muss davon erfahren.«

»Nein! Es ist auch mein Kind. Ich habe gesagt, dass ich dich heiraten werde. Das ist die einzige Lösung.« Er sah sie flehend an. »Ich weiß nicht, was ich sonst tun soll.«

Sie bebte jetzt vor Wut und gab sich keine Mühe, es zu verbergen. »Und was ist mit mir? Hast du auch nur einen Gedanken daran verschwendet, ob ich dich auch heiraten möchte? Nein! Du entscheidest einfach über meinen Kopf hinweg. Es ist auch mein Leben. Aber daran hast du offensichtlich noch gar nicht gedacht. Du tust, was du für das Richtige hältst. Kittys Gefühle sind Nebensache. Hauptsache, wir wenden die Schande ab, die Peinlichkeit.«

»So habe ich es nicht gemeint. Lass mich doch erklären ...«

Zornig ging sie auf und ab. Ein Fuß nach dem anderen. Links. Rechts. Links. Rechts. Sie trat so fest auf, dass ihr ganzer Körber vibrierte. »Jene Nacht im Stall. Was wir getan haben war falsch. Allein der Gedanke und wie Maddie sich gefühlt hätte, wenn sie davon erfahren hätte ... Und jetzt heiraten? Das käme mir vor wie der ultimative Betrug.«

Abrupt wechselte er das Thema. »Ich war bei Dan.«

»Du hattest kein Recht, mit ihm zu sprechen!«

»Niemand hat mir von euren Heiratsplänen erzählt. Wenn ich das gewusst hätte ...«

»Was dann? Willst du mir erzählen, dass es dann nicht passiert wäre? Du hast ihm doch nichts von dem Baby erzählt, oder?«

Er lächelte schief und zeigte auf sein Gesicht. »Er hat mir keine Gelegenheit gegeben, irgendetwas zu erklären. Er war wie von Sinnen. Hat um sich geschlagen und getreten wie ein Wahnsinniger. Ganz außer sich. Aber ich kann ihm wohl keinen Vorwurf machen.«

»Ich muss zu ihm. Sofort. Ich muss versuchen, es ihm zu erklären. Vielleicht versteht er es ja.« Sie wollte Dan erklären, dass sie ihn liebte und nicht Ted. Vielleicht würde er sie ja trotz des Babys heiraten wollen.

»Nein.«

Er nahm ihre Hand und betrachtete die langen, feingliedrigen Finger, die blasse Haut, durch die am Handgelenk blaue Adern schimmerten. Sie registrierte seine Berührung, die Wärme seiner Haut. Trotz ihrer Wut verspürte sie den beinahe übermächtigen Drang, die Arme um ihn zu legen, so wie eine Mutter ein kleines Kind in die Arme schloss.

»Warum? Warum soll ich nicht zu Dan gehen?«

»Ich bin heute bei Morgengrauen wieder rübergegangen. Um mit ihm zu reden. Ich dachte, er hätte sich inzwischen vielleicht etwas beruhigt.« Er verstummte, als widerstrebe es ihm fortzufahren.

»Und?«, drängte sie.

»Er ist fort.«

Seine Worte trafen sie wie ein Schlag ins Gesicht. Es kam ihr vor, als würde sie in ein tiefes Loch fallen. »Fort?« Ihre Stimme war kaum mehr als ein Flüstern. Was hatte sie getan? Was sollte aus ihnen werden, aus ihren Plänen und Zukunftsträumen? Langsam ließ sie sich auf den Stuhl neben Teds sinken.

»Er hat seine Sachen gepackt und ist weggeritten. Und da ist noch etwas.«

»Was?« Schlimmer konnte es nicht mehr werden.

»Offenbar hat er das Foto mitgenommen.«

Das Foto in dem Silberrahmen. Kitty warf einen Blick auf den Tisch. Erst gestern hatte sie das Bild dorthin gestellt. Das Deckchen war leer. Wenn Dan das Bild genommen hatte, musste er in der vergangenen Nacht im Haus gewesen sein. Er war gekommen, um sich zu verabschieden, und sie hatte nichts davon gemerkt.

Kitty ließ den Kopf hängen. Ihre Augen füllten sich mit Tränen. Dan fort? Sie konnte es kaum glauben.

»Siehst du«, sagte Ted, »wir haben gar keine andere Wahl.«

Bridie hatte die ganze Nacht nicht schlafen können und stand früh auf. Das erste Tageslicht erhellte im Osten den Horizont. Leichter Dunst hing über den Feldern, würde jedoch bald von der Sonne aufgelöst werden. Abgesehen von gelegentlichem Knarren im Gebälk war es noch ganz still im Haus. Außer ihr schien niemand wach zu sein – außer der Katze, die ihr mit eindringlichem Miauen um die Beine strich. Sie ging in die Küche. Im

Herd glomm noch ein Rest von Glut. Sie legte Zunder und einige dicke Holzscheite nach, und schon bald kochte das Teewasser sprudelnd.

Mit einer Tasse Tee durchquerte Bridie das Haus und ging hinauf zu Dominics Zimmer. Sie wollte mit ihm sprechen, über Hedley, darüber, wie sehr sie ihn vermisste, und über ihre Pläne für Glengownie. Sie klopfte leicht an die geschlossene Tür. Keine Antwort. Dominic war mit einem tiefen Schlaf gesegnet. Vorsichtig öffnete sie die Tür. »Dom«, rief sie leise.

Bridie stand mitten in Dominics Zimmer und starrte verständnislos auf das unberührte Bett ihres Sohnes. Seltsam, dass er so früh schon unterwegs war. Er war kein Frühaufsteher, war von Randolph schon oft gerügt worden, weil er regelmäßig verschlief. Nun, vielleicht hatte er wie sie nicht schlafen können und war draußen auf den Feldern.

Bridie öffnete den Schrank, um nachzusehen, ob seine Stiefel fehlten. Das würde ihre Vermutung bestätigen. Keine Stiefel. Langsam hob sie den Blick. Irgendetwas stimmte nicht. In dem unordentlichen Kleiderhaufen klaffte eine Lücke. Leere Kleiderbügel. Sie lief zur Frisierkommode. Seine Bürsten und Kämme, die für gewöhnlich unordentlich dort lagen, waren verschwunden. Hastig zog sie die Schubladen heraus und ließ sie achtlos zu Boden fallen. Sie waren alle leer. Der große Koffer, ein Relikt aus Dominics Internatstagen, fehlte ebenfalls.

Sie ließ sich auf die Bettkante sinken und schlug die Hände vor das Gesicht. Wo war er hingegangen und warum? Natürlich hatte Hedleys Tod ihn tief getroffen, aber nicht mehr als sie alle. Es konnte nur eine Erklärung für Dominics Verschwinden geben. Randolph. Er musste den Jungen mit seiner herrischen Art verjagt haben.

Bridie stieß die Tür zu Randolphs Zimmer auf, ohne anzuklopfen.

»Jetzt bist du wohl zufrieden mit dir«, schrie sie, ohne sich darum zu scheren, ob sie Hugh und Cordelia aufweckte.

Randolph setzte sich verschlafen auf und hielt sich eine Hand über die Augen. »Was zum ...! Bist du jetzt völlig verrückt geworden? Was ist denn in dich gefahren? Du kannst doch nicht einfach hereinstürmen und losschreien.«

»Dominic ist weg.«

»Was?« Er war schlagartig hellwach und starrte sie an.

Sie stürzte sich auf ihn und schlug mit den Fäusten auf sein Gesicht und seine Brust ein. »Ich hasse dich, Randolph Tarlington. Ich hasse dich!«

Er packte ihre Handgelenke und hielt sie mühelos von sich fern. »Beruhige dich doch, um Himmels willen.«

Sie sank auf die Bettkante. Wie konnte er so ruhig bleiben, wenn Dominic verschwunden war? Verstand er denn nicht den Ernst der Lage?

»Wir suchen die Straßen ab. Vielleicht hat er Spuren hinterlassen. Johnno ...«

»Wie kommst du darauf, dass er Glengownie verlassen hat?«, unterbrach er sie.

»Seine Kleider und sein Koffer fehlen.«

Randolph war wie vor den Kopf gestoßen. »Fort? Mein Sohn ist weg?«

Es war höchste Zeit, diese letzte große Lüge auszuräumen. Jetzt hatte sie die Oberhand, die Macht, das Geld. Sie und ihre Söhne waren jetzt unabhängig. Sie wandte sich Randolph zu, ihrem einstigen Liebhaber, ihrem Gegner und verhassten Opponenten. Sie sah ihm in die Augen und sprach die Worte aus, die sie über die Jahre immer wieder geprobt hatte.

»Dominic ist nicht dein Sohn. Er ist Hedleys Sohn, gezeugt, bevor ich zugelassen habe, dass du mich mit Lug und Trug in den Schmutz ziehst. Er wurde in Liebe gezeugt, und nicht im Hass. In einem Augenblick der Zärtlichkeit und nicht der Abscheu.«

Randolph war fassungslos. »Aber du hast doch gesagt ...«

»Ich habe gar nichts gesagt. Ich habe nie behauptet, dass Dominic dein Sohn ist. Du hast es angenommen, du arroganter Mistkerl ...«

»Aber du hast mich in dem Glauben gelassen, all diese Jahre. Warum hast du das getan? Warum hast du mir nicht früher die Wahrheit gesagt?«

»Ich wollte den richtigen Moment abwarten, und die Vorfreude auf dein Gesicht, wenn du es erfahren würdest, hat mir die Kraft gegeben, durchzuhalten.«

»Ha!«, rief er aus, als wäre ihm eben ein Gedanke gekommen. »Das hast du dir doch nur ausgedacht. Jetzt wo Hedley nicht mehr da ist und du nicht mehr befürchten musst, dass ich ihn damit konfrontiere.«

»Nein. Der Grund, weshalb ich es dir jetzt sage, ist der, dass du jetzt keine Macht mehr über mich hast.«

Hierauf wandte sie sich zum Gehen, weil sie ihn nicht länger ansehen konnte, ohne eine Mischung aus Hass und Mitleid zu verspüren. Hass wegen der Art, wie er sie und die Jungen behandelt hatte, und Mitleid, weil er sie sich alle mit seiner arroganten Art zu Feinden gemacht hatte. Aber er war noch vor ihr an der Tür und versperrte ihr den Weg.

»Du Miststück! Wie kannst du nach all den Jahren hier hereinspazieren und mir an den Kopf werfen, dass Dominic nicht mein Sohn ist!«

Er umfasste mit beiden Händen ihr Gesicht und kniff sie in die Wangen. Er schob das Gesicht vor, bis es nur noch Zentimeter von ihrem entfernt war. Seine schiefergrauen Augen glitzerten von unterdrückten Tränen. »Du verfluchtes, verlogenes Miststück!«

Brutal stieß er sie zurück und schlug dann mit den Fäusten auf ihr Gesicht und ihre Brüste ein. Bridie wich zurück und versuchte ihn mit ausgestreckten Händen abzuwehren. Sie stieß mit den Kniekehlen gegen die Bettkante und fiel rücklings auf die Matratze.

»Randolph, bitte.«

»Du hast mit deinen Lügen mein Leben ruiniert. Hast mich in dem Glauben gelassen, Dominic wäre mein Sohn. Wie konntest du das tun?« Er rammte ihr das Knie in den Unterleib, und sie krümmte sich vor Schmerzen. Dann legte er ihr die Hände um den Hals und drückte zu. Sie bekam keine Luft mehr. Ein pfeifendes Luftschnappen. War sie das gewesen? Randolphs Gesicht verschwamm vor ihren Augen.

»Lass sie los!«

Durch das Rauschen in ihren Ohren vernahm sie Cordelias Stimme. Die Hände lösten sich von ihrem Hals, ließen sie los. Randolph drehte sich schwer atmend seiner Schwester zu.

Ihr eigener Atem kam keuchend und ungleichmäßig. Langsam setzte sie sich auf. Cordelia stand in der Tür und zielte mit einem von Hedleys Gewehren auf ihren Bruder. Hugh stand mit offenem Mund hinter ihr.

»Ich sagte, du sollst sie in Ruhe lassen!«

»Verschwinde, du blöde Schlampe!«, brüllte er.

Cordelia trat einen Schritt vor. Ein lautes Klicken war zu hören, als sie den Hahn spannte. »Das Gewehr ist geladen. Und glaub ja nicht, dass ich zögern werde abzudrücken. Notwehr nennt man das, glaube ich, in der Juristensprache.«

»Mach dich nicht lächerlich«, höhnte er. »Leg das weg. Ein geladenes Gewehr ist kein Spielzeug, erst recht nicht wenn jemand nicht damit umgehen kann.«

Er machte einen Schritt auf Cordelia zu und streckte beide Hände aus. »Los. Gib mir das her, bevor es ein Unglück gibt.«

Cordelia lachte bitter. »Du bist hier das einzige Unglück. Ich denke, es ist an der Zeit, dass du von hier verschwindest.«

»Ich soll gehen?«, fragte er ungläubig.

»Ich mag ja von vielem keine Ahnung haben, aber eins weiß ich ganz sicher: Mir gefällt nicht, was aus dir geworden ist. Du hast etwas Böses an dir, Randolph. Etwas Abstoßendes, Widerwärtiges.«

»Ich soll Glengownie verlassen?«, fragte er noch einmal fassungslos.

»Ja. Du verschwindest. Sofort. Für immer.«

Langsam wandte er sich Bridie zu, die immer noch auf der Bettkante saß. »Sag ihr, sie soll mit dem Blödsinn aufhören«, protestierte er. »Sag ihr, sie soll das Gewehr weglegen.«

Bridie blickte auf Cordelia und von ihr wieder zu Randolph. Es war ein triumphaler Augenblick. Die Zeit schien stillzustehen, und all die Jahre des Leidens und der Qualen konzentrierten sich zu diesem einen kurzen und doch bedeutsamen Moment.

»Ja«, sagte Bridie leise und heiser. »Ich glaube, Cordelia hat Recht.«

»Und wo soll ich hin? Was soll ich tun?«

»Daran hättest du früher denken müssen«, warf Cordelia wütend ein.

»Aber was ist mit Glengownie? Du hast mir den Verwalterposten versprochen.«

Langsam stand Bridie vom Bett auf. »Cordelia, Hugh und ich werden Glengownie gemeinsam verwalten, und wir werden ohne dich wunderbar zurechtkommen.«

Randolphs Brustkorb hob und senkte sich angestrengt, als bekäme er nur schwer Luft. »Frauen!«, sagte er verächtlich. »Als ob ihr in der Lage wärt, einen Betrieb wie diesen zu bewirtschaften.«

Er machte einen Schritt auf Bridie zu und zeigte drohend mit dem Finger auf sie. »Glengownie gehört mir! Das hat Hedley mir vor Jahren versichert. Ohne Land ist ein Mann ein Nichts. Das hat er gesagt. Also gut. Du hast gewonnen. Ich werde gehen. Aber eines Tages werde ich zurückkommen, und dann wird es euch beiden noch Leid tun!«

Die beiden Frauen beobachteten vom Fenster am oberen Treppenabsatz aus, wie Randolph seinen schweren Koffer zum Stall schleppte. Als er davonritt, warf er einen letzten Blick hinauf, das Gesicht seltsam verzerrt in einer Mischung aus Hass und Wut.

Cordelia legte Bridie einen Arm um die bebenden Schultern. »Ich habe mich oft gefragt, wer nun wirklich

Dominics Vater ist. Stimmt es, was du Randolph gesagt hast? Dass er nicht Dominics Vater ist?«

Bridie seufzte. »Ja, es ist wahr. Ich habe Jahre gebraucht, um den Mut aufzubringen, es ihm zu sagen. Aber ich bin froh, dass es raus ist.«

Cordelia lächelte. »Ich auch.«

»Und ich habe auch gemeint, was ich vorhin gesagt habe. Dass du auf Glengownie bleiben und mir beim Bewirtschaften des Anwesens helfen kannst, wenn du das möchtest.«

Cordelias Züge verdüsterten sich. »Ich habe Jahre von Glengownie geträumt und davon, wie es wäre, dauerhaft hier zu leben. Aber nach allem, was passiert ist ... nach den schrecklichen Dingen, die ich gesagt und getan habe ... würde ich es dir nicht verübeln, wenn du mich hinauswerfen würdest.«

»Dann würdest du gern bleiben und mir helfen, Glengownie wieder in Schwung zu bringen?«

Cordelias Augen glänzten. »O Bridie, es gibt nichts, was ich lieber täte.«

Bridie umarmte sie spontan. »Wir sind eine Familie, Cordelia. Tarlingtons. Du und ich. Auch wenn du dir wünschst, es wäre anders. Also lass uns versuchen, die Vergangenheit zu vergessen. Glengownie. Das ist das Einzige, was zählt. Eine Zukunft für uns, für Hugh und für Dominic.«

Sie blickte auf die blau schimmernden Berge in der Ferne. Ihre Augen glitzerten von Tränen. »Dom wird eines Tages zurückkommen«, sagte sie leidenschaftlich. »Ich weiß es.«

Als sie sich wieder beruhigt hatte, setzte sie sich an ihren Sekretär und schrieb einen Brief an den Polizeichef von Beenleigh, in dem sie diesen bat, nach ihrem Sohn Ausschau zu halten. Sie würde das Schreiben Clarrie Morgan mitgeben, wenn er das nächste Mal vorbeikam. Ihre Schrift war zittrig und der Text ein wenig holprig. Sie wusste selbst, dass der Brief sinnlos war, ein Akt der Verzweiflung. Die Polizei konnte nichts tun. Dominic war 20 Jahre alt und ein erwachsener Mann. Er war frei, und sie konnte nichts tun, um ihn aufzuhalten.

Einige Tage darauf erreichten sie Neuigkeiten von den Halls. Dans Verschwinden und Teds und Kittys bevorstehende Heirat. Endlich machte alles Sinn. Dominic und Dan waren in derselben Nacht verschwunden. Sie waren seit langem Freunde. Bridie war ein wenig erleichtert zu wissen, dass Dominic nicht allein war.

KAPITEL 46

Sie träumte von Dan, Maddie und Rose. Es waren sehr reale Träume, in denen alle gesund und normal waren, und als sie aufwachte, blieb sie noch einen Moment liegen und fragte sich, ob die Ereignisse der vergangenen Wochen nicht der Albtraum gewesen waren, aus dem sie nun endlich erwacht war.

Sie war jetzt ständig müde und litt häufig unter Übelkeit. Sie musste immer noch täglich an Dan denken und brach dann unweigerlich in Tränen aus. Warum ich?, wollte sie schreien, aber die Antwort war klar. Das war die Strafe für ihre Sünden. Zweifellos hätte Reverend Carey das gesagt, wenn er um ihr Geheimnis gewusst hätte.

Ted hatte gesagt, sie hätten keine Wahl, und auf seine Art hatte er damit wohl Recht. Und Mayse stärkte ihm den Rücken. Tu, was für das Baby das Richtige ist, hatte sie gesagt. Ihr und Teds Kind. Das war das Wichtigste. Waren die Tränen, die sie um Dan weinte, darum weniger wert? Und Ted? Er saß stundenlang auf der Veranda und starrte auf den kleinen Hügel, auf dem Maddie und seine Kinder ruhten, ein von Gram gebeugter Mann. Was sie betraf, würde sie mit ihren eigenen Schuldgefühlen leben müssen.

Kitty hatte ihre Garderobe betrachtet, deprimiert von der bescheidenen Auswahl abgetragener Kleider. Obgleich ihre Schwangerschaft erst wenige Wochen alt war, passten ihr die meisten der Kleider nicht mehr. Sie spannten über Brust und Bauch. Sie besaß kein einziges Kleid, das auch nur annähernd für eine Hochzeit passend gewesen wäre.

Mayse war ihr zur Hilfe gekommen und hatte ihr ein altes Kleid geschenkt, das ihr nicht mehr passte.

»Bist du ganz sicher, dass du es nicht mehr haben willst?«, fragte Kitty und hielt sich das Kleid vor. Es war wunderschön, türkisfarben und aus weich fließendem, glänzendem Material.

»Aber Kindchen, hier im Busch habe ich ja doch keine Gelegenheit, mich fein zu machen. Außerdem passe ich nicht mehr rein. Ein paar Abnäher hier und da ...« Sie legte den Kopf schräg und betrachtete das Kleid. »Außerdem passt die Farbe wunderbar zu deinem Haar.«

Kitty hatte das Geschenk dankbar angenommen, und nach einigen Änderungen hing nun das Kleid mit dem gewagten Dekolleté frisch gewaschen und gebügelt auf einem Kleiderbügel in ihrem Schlafzimmer.

Reverend Carey traf Anfang der Woche unangemeldet ein. Ted war am Anleger, um eine Ladung Pfeilwurz abzuliefern. Kitty bat Layla, dem Reverend Tee zu kochen, während sie eins der Pferde sattelte, um Ted zu holen.

Sie war erst eine Meile weit geritten, als er ihr auf der Straße entgegenkam.

»Beeil dich«, sagte sie und wendete das Pferd. »Reverend Carey wartet.« Ted machte ein düsteres Gesicht.

Es gab noch ein kleines Problem. Wie Reverend Carey ihnen eröffnete, wurden zwei Trauzeugen gebraucht. Ob sie das vergessen hatten? Emma war zu jung. Und Layla? Widerwillig erklärte sich der junge Geistliche mit der Eingeborenen als Trauzeugin einverstanden. Trotzdem fehlte noch ein zweiter Zeuge.

Schließlich beschloss Ted, zu den O'Reillys zu reiten, um noch jemanden zu holen, der ihren Bund fürs Leben bezeugen konnte. Kitty wusste, dass es ihn wütend machte, in seinem besten Anzug fast bis Boolai reiten zu müssen.

Kitty zog sich derweil das türkisfarbene Kleid über den Kopf und kniff sich anschließend in die Wangen, um etwas Farbe in ihr blasses Gesicht zu zaubern. Dann steckte sie ihr Haar neu auf und war fertig.

Aber bevor Ted losreiten konnte, hörten sie Hufgetrappel und das Ächzen von Wagenrädern. Kitty sprang von ihrem Stuhl vor der Frisierkommode auf. Die Postkutsche. Clarrie Morgan.

Als Clarrie die Verandatreppe hinaufeilte, erwartete Kitty ihn bereits an der Tür. Er hielt zusätzlich zu den üblichen Zeitungen und Magazinen ein paar Briefe und einen großen braunen Umschlag in der Hand.

»Hallo, Kitty«, sagte er und nickte dann in Richtung des unverwechselbaren Pferdes von Reverend Carey. »Wie ich sehe, habt ihr Besuch. Da will ich nicht stören. Ist Ted zu Hause?«

»Hier. Stokes lässt grüßen.«

»Was ist das?« Ted drehte den Umschlag um auf der Suche nach einem Hinweis auf den Inhalt.

»Keine Ahnung. Stokes hat mir den Umschlag übergeben und mich gebeten, ihn dir persönlich auszuhändigen.«

Ted riss den Umschlag auf und nahm den Inhalt heraus. Dokumente? Einen Moment war er ratlos und sagte sich, dass ein Irrtum vorliegen musste. Dann ging ihm ein Licht auf. Es handelte sich um die Besitzurkunde für die Parzelle neben Heinrichs ehemaligem Land. Tarlingtons Land. Eine der Parzellen, die dieser später hinzugekauft hatte. Nach den Vorfällen der vergangenen Wochen hatte er sein lächerliches Angebot für das Stück Land bei seinem Ausflug zum Rennen nach Brisbane vor sechs Wochen völlig vergessen.

Er stieß einen Freudenruf aus und warf dann einen schuldbewussten Blick in Richtung des Esszimmerfensters, wo Reverend Carey und Kitty auf ihn warteten.

»Was ist denn, Ted? Was ist das? Und überhaupt, warum hast du dich denn so fein gemacht? Heute ist doch nicht Sonntag.«

»Es ist das Land«, entgegnete Ted aufgeregt. »Tarlingtons Parzelle, die, die an Heinrichs alte Parzelle grenzt.«

»Und?«

»Sie gehört mir. Ich habe sie gekauft. Ich habe eine lächerlich geringe Summe dafür geboten, und Tarlington ist darauf eingegangen.«

»Weiß Tarlington, dass du der Käufer bist?«

»Nein, das glaube ich nicht. Und wenn er es erfährt, wird er wütend sein. Aber das wird ihm nichts nützen. Jetzt kann er nichts mehr dagegen tun.«

»Du hast meine Frage noch nicht beantwortet. Warum der Sonntagsanzug?«

Ted lächelte etwas traurig. »Du kommst gerade recht, Clarrie, mein Freund, um als Trauzeuge einzuspringen.« Ted entging nicht, dass Clarrie eine Braue hochzog und ein verblüfftes Gesicht machte. »Frag nicht nach meinen Gründen, okay? Wünsch mir nur Glück.«

Kitty kam es vor, als würden die Worte auf einer leichten Brise an ihren Ohren vorbeigetragen. »Willst du, Katherine, den hier anwesenden Edward ...«

Sie antwortete ganz automatisch. Ted an ihrer Seite sah sehr elegant aus. Er schaute sie einmal an, und sie schenkte ihm ein angespanntes Lächeln. Mehr brachte sie unter den gegebenen Umständen nicht zustande. Dann war es vorbei. Ted steckte ihr einen Ring an den Finger. Sie waren Mann und Frau. Dann wurden die Papiere unterzeichnet, und alle lächelten ein wenig gezwungen. Clarrie und Layla setzten ihre Unterschrift unter ihre und Teds.

Anschließend stand Ted etwas abseits und plauderte

mit Clarrie, während der Reverend in ein Gespräch mit Emma vertieft war und Layla ein Tablett mit Sandwichs herumreichte, die sie zuvor in aller Hast zubereitet hatten. Kitty betrachtete die anderen und kam sich dabei vor wie ein unbeteiligter Beobachter. Ihre Hochzeit, und niemand brauchte sie. Vor ihrem inneren Auge stieg ein Bild von Dan auf. Dan. Groß und blond, ein Lächeln auf dem Gesicht. Dan sollte ihr Bräutigam sein. Es sollte Dans Baby sein und nicht Teds. Das Ganze war nicht richtig. O Dan! Kannst du mir je verzeihen?

Schließlich waren sie wieder allein. Der Reverend war schon vor Stunden auf seinem struppigen, dürren Pferd davongeritten, Layla war zu Johnno und ihren Kindern zurückgekehrt, und Clarrie lenkte angeheitert von zu viel Rum, die schwankende Kutsche in Richtung der nächsten Farm. Emma, die ganz erschöpft gewesen war von dem kleinen Fest, schlief bereits.

Ted setzte sich auf einen Stuhl auf der Veranda. Kitty hockte sich in ihrem Brautkleid auf die oberste Treppenstufe, die Arme um die angezogenen Knie geschlungen. Jenseits der Felder rief eine einsame Ente nach ihren Artgenossen. Sie wartete mit angehaltenem Atem auf die Antwort. Aber es kam keine. Der Wind raschelte im Laub der Bäume, die unten am Fluss standen. Es klang wie ein leises Seufzen. Die üblichen abendlichen Geräusche setzten ein, es raschelte hier und da im Gras, und die Zikaden zirpten. Hoch oben am Himmel funkelten Millionen von Sternen, winzige, stecknadelkopfgroße Lichter.

Kitty war müde und sehnte sich danach, zwischen kühle Laken zu schlüpfen. Jetzt, da sie seine Frau war, wurde wohl von ihr erwartet, dass sie mit ihm in dem Bett schlief, das er mit Maddie geteilt hatte, aber gesprochen hatten sie darüber bislang nicht. Ihre eigenen Kleider lagen noch ordentlich gefaltet in dem Zimmer, das sie bisher mit Emma geteilt hatte. Seufzend blickte sie zu Ted auf, der nun nicht mehr ihr Schwager, sondern ihr Gatte war.

Die Situation war noch neu und fremd. Das Schweigen zwischen ihnen war unerträglich. Sie musste etwas sagen, irgendetwas, um diese wachsende Kluft zu überbrücken. Langsam stand sie auf, trat zu ihm und legte ihm eine Hand auf den Arm. »Können wir reden?«, fragte sie leise.

Ted erhob sich abrupt und schüttelte ihre Hand ab. Er ging ans andere Ende der Veranda, legte die Hände auf das Geländer und blickte über das Land. Er schien die Aussicht förmlich in sich aufzusaugen, die Silhouette der Berge vor dem nächtlichen Himmel, den Fledermausschwarm, dessen leiser Flügelschlag langsam verhallte. So wie ein Mann, der gleich sein Augenlicht verlieren würde, sich das Letzte einprägen möchte, was er sehen würde.

Nach einer Weile drehte er sich zu ihr um. Tränen liefen ihm über das Gesicht. Sein Mund war geschlossen und seltsam verzogen. Als er sprach, klang seine Stimme brüchig und verzerrt.

»Ich habe Maddie geliebt. Sie hat mir alles bedeutet. Als sie starb, ist ein Teil von mir mit ihr gestorben. Ich habe dich geheiratet, damit deinem Kind nicht der Makel anhaftet, unehelich geboren zu werden. Ich werde für dich sorgen und alles in meiner Macht Stehende tun, um dich glücklich zu machen. Aber ich kann nicht versprechen ... ich kann einfach nicht ...« Noch nie hatte seine Stimme so traurig geklungen.

Sie ging zu ihm. »Bitte, Ted, ich erwarte nicht ...«

»Gute Nacht, Kitty«, unterbrach er sie brüsk und ging ins Haus.

Kitty setzte sich und starrte in die Nacht. Die Lampe auf dem Tisch warf flackernde Schatten auf den Rasen vor der Veranda, die sich mit den Schatten der Rosenbüsche vermischten, die kräftig gewachsen waren und unzählige Blüten trugen. Auf dem Tisch lag ein Strauß weißer Rosen: ihr Brautstrauß. Er war bereits welk geworden.

Sie dachte über die Veränderungen der vergangenen sechs Wochen nach, analysierte sie eine nach der anderen und versuchte, ihnen einen Sinn abzugewinnen. Maddies Tod, Dans Verschwinden und dieses winzige Wesen, das in ihr heranwuchs. Ihre Gedanken stimmten sie traurig. Sie sah ihr Leben vor sich. Die Ehe, ein Baby, keine freien Entscheidungen, kein Dan. Sie vermisste ihn ganz furchtbar. Vermisste seinen liebevollen Blick, die Art, wie er sich mit der Hand durch das Haar gefahren war, die Zärtlichkeit seiner Küsse. Und heute Nacht?, dachte sie enttäuscht. Ihre Hochzeitsnacht. Eine Nacht, die ihr eigentlich Stunden des Glücks hätte bescheren müssen. Mit Dan. Sie dachte an ihn, der irgendwo da draußen in der Dunkelheit war. War er auch unglücklich?

Sie drückte eine Hand auf den Bauch und fühlte durch den weichen blauen Stoff des Kleides die Wärme ihrer Haut. Wie es sich wohl anfühlen würde, wenn das Baby größer wurde? Sie wagte gar nicht, darüber nachzudenken. Ihre Erwartungen waren bisher alle enttäuscht worden. Nichts war so gekommen, wie sie es sich erhofft hatte.

Endlich kamen die Tränen, gegen die sie so lange angekämpft hatte. Tränen der Frustration, der Enttäuschung und der Scham. Sie dachte an Dan und seine selbstlose Liebe zu ihr. Eine so unkomplizierte Liebe, nicht so verworren und mit anderen Leben verstrickt wie Teds. Nicht gezeichnet von Trauer und Gram, verankert in einer Vergangenheit, die sich nicht rückgängig machen ließ. Ein einziger dummer Fehler. Was würde sie darum geben, ihn wieder gutzumachen und ihr Leben in eine andere Richtung zu lenken.

Sie blieb lange da sitzen, wusste selbst nicht, wie lange. Vielleicht Stunden. Sie nahm eine Bewegung neben sich wahr, dann berührten Finger sie an der Schulter. Warme Hände zogen sie auf die Füße, und sie blickte auf in Teds kummervolles Gesicht.

»Du bist mir nichts schuldig, Ted«, sagte sie leise. »Ich kann nicht Maddies Platz einnehmen.«

»O Kitty.« In seiner Stimme schwang ein resignierter Unterton mit. »Diese eine Nacht im Stall. Damals ist etwas geschehen. Zwischen uns beiden. Es waren Gefühle im Spiel, deren wir uns beide nicht erwehren konnten. Es war falsch, ja. Das wissen wir beide. Manchmal fühle ich mich so ... schuldig. Aber es ist getan und lässt sich nicht rückgängig machen. Und wir müssen sicher nicht bis ans Ende unserer Tage dafür büßen, oder?«

Sie schüttelte den Kopf, verwirrt, müde. Sie wollte nicht über Teds Worte und ihren tieferen Sinn nachdenken. »Nein, vermutlich nicht.«

Seine Stimme war jetzt ganz sanft. »Mayse hat einmal gesagt, dass Tragödien uns stärker machen, dass wir an ihnen wachsen. Dass sie uns lehren, das zu schätzen, was wir haben, bevor es zu spät ist. Mir wurde eine zweite Chance gegeben. Du, ich und unser Kind. Du bist kein Ersatz für irgendwen, Kitty. Vor uns liegt ein völlig neues Leben. Und letztlich liegt es bei uns, was wir daraus machen.«

Er zog sie an sich, und sie barg den Kopf in seiner Halsbeuge. Er roch leicht nach Tabak und Bier. Seine Arme legten sich schützend und Geborgenheit spendend um sie. Sie hob den Kopf und bot ihm die Lippen zum Kuss dar, schmiegte ihren schlanken Körper an ihn. Es war ein Moment tiefer Zärtlichkeit, und sie war voller Verwunderung über die seltsamen, unerklärlichen Gefühle, die die Nähe zu ihm in ihrem tiefsten Inneren entfacht hatte.

Über seiner Schulter erregte etwas ihre Aufmerksamkeit, ein strahlendes Leuchten am Himmel: der Mond, dick und rund, der eben über die Baumwipfel kletterte.

Sie musste an andere Nächte denken. Andere Monde. Andere Unterhaltungen. Dinge, die sie seinerzeit nicht verstanden hatte. Der alte Mann, Heinrich. Was hatte er gesagt an jenem Tag, da er mit Tränen in den Augen von seiner Minna erzählt hatte? Sie überlegte angestrengt, was ihr nicht leicht fiel, so müde wie sie war.

Mit dem Mond tanzen.

Sie tanzt mit dem Mond, hatte er gesagt.

Der Mond. Geheimnisvoll, mystisch veränderte er tagtäglich seine Form. Wurde immer schmaler und schmaler, als würde er vollständig verschwinden, um dann als dünne Sichel am Nachmittagshimmel ganz langsam wieder voller und runder zu werden, bis er sich schließlich in seiner ganzen Pracht präsentierte so wie heute. War er die Heimat der verlorenen Seelen, fanden sie sich nach dem Tod dort ein? Wenn sie sich konzentrierte und erwartungsvoll die Luft anhielt, konnte sie fast glauben, etwas zu sehen, vage Umrisse auf seiner blassen Oberfläche auszumachen.

Kitty blinzelte und schüttelte den Kopf. Mondlicht fiel über die Felder, die alten Schuppen, die Ställe. Die einsame Ente rief immer noch nach ihrem Partner; ihr Ruf hallte laut durch die Nacht. Der Wind drehte sich, und der Mond verschwand hinter einer Wolke.

Trotz allem, was geschehen war, war da etwas zwischen ihr und Ted. Ein Funke, ein Bedürfnis, und sie tasteten beide blind und zögernd nacheinander. Sie hatte die Zärtlichkeit gefühlt, die Weichheit seiner Lippen, als diese über ihren Körper gewandert waren, die Kraft seiner Arme, als er sie voller Hoffnung, Neugier und Zuneigung gehalten hatte. Diese Heirat musste nicht unbedingt ein freudloses Leben bedeuten. Irgendwann würden sie in der Lage sein, mit der Vergangenheit abzuschließen, und wenn sie sich anstrengte, würde er vielleicht sogar lernen, sie zu lieben.

Kitty fühlte, wie Ted von ihr abrückte, ganz sacht, fast widerstrebend. Sie fühlte die kühle Nachtluft auf der Haut, dort wo seine Arme gewesen waren. »Komm, Kitty. Komm zu Bett«, sagte er und rieb leicht ihre tauben Hände. »Morgen ist auch noch ein Tag, und irgendwie schaffen wir das schon, du und ich.«

Sie fühlte die Wärme seiner Haut und hörte ihn leise seufzen. Er schloss sie wieder in seine starken Arme, drückte sie an sich. Sie fühlte sich geborgen und sicher, als würde sie nach langer, anstrengender Irrfahrt heimkehren.

Ein Schmöker mit Sogwirkung!

Astrids Leben nimmt im Alter von zwölf Jahren eine dramatische Wendung. Ihre Mutter bringt ihren ehemaligen Liebhaber um und kommt ins Gefängnis. Für Astrid beginnt damit eine Odyssee von einer Pflegefamilie zur anderen. Ihr Bedürfnis nach Halt und Geborgenheit wird dabei sträflich vernachlässigt und das Leben des sensiblen und klugen Mädchens gerät mehr und mehr aus den Fugen ...

»Kraftvolle, geschliffene Prosa, eine gut geschriebene Geschichte, gelungene vielschichtige Charaktere und fein nuancierte Beobachtungen – in der Tat ein eindrucksvoller erster Roman.« KIRKUS REVIEWS

ISBN 3-404-14743-X

**Der neue Liebesroman von Susan Sallis –
vor der reizvollen Kulisse Südwestenglands**

Madge ist vier Jahre alt, als sie zum ersten Mal in Cornwall das Meer erblickt und sich direkt in die romantische Küstenlandschaft verliebt. Hier wird sich Madge von einer Familientragödie erholen – hier wird sie zu einer Heirat gezwungen – und hier begegnet ihr eine wilde und leidenschaftliche Liebe ...

ISBN 3-404-14748-0

BASTEI
LÜBBE